U0927489

中国人民大学农业与农村发展学院
人大农经精品书系

刘金龙◎著

自然资源治理

中国财经出版传媒集团
经济科学出版社
Economic Science Press

图书在版编目（CIP）数据

自然资源治理/刘金龙著．—北京：经济科学出版社，2020.7

（人大农经精品书系）

ISBN 978-7-5218-1646-4

Ⅰ．①自…　Ⅱ．①刘…　Ⅲ．①自然资源-资源管理-研究报告-中国　Ⅳ．①F124.5

中国版本图书馆 CIP 数据核字（2020）第 108337 号

责任编辑：申先菊　吴　敏
责任校对：郑淑艳
责任印制：邱　天　王世伟

自然资源治理
刘金龙　著
经济科学出版社出版、发行　新华书店经销
社址：北京市海淀区阜成路甲 28 号　邮编：100142
总编部电话：010-88191217　发行部电话：010-88191522
网址：www.esp.com.cn
电子邮件：esp@esp.com.cn
天猫网店：经济科学出版社旗舰店
网址：http://jjkxcbs.tmall.com
固安华明印业有限公司印装
787×1092　16 开　27 印张　360000 字
2020 年 7 月第 1 版　2020 年 7 月第 1 次印刷
ISBN 978-7-5218-1646-4　定价：118.00 元

序言

本书将自然资源治理的重心放在“自然”的治理上，而非“资源”治理。森林、草原、湿地、荒漠、海洋等生态系统及其生物多样性具有资源特征的一面，这些资源同石油、煤炭、金属矿藏等一样，是人类生存和发展重要的物质基础。近30年来，基于自然生态系统管理的治理成为国际学术界的热门研究，在理论和实践方面均取得了长足的进步。我国在从资源视角管理森林、草原、湿地、海洋等方面积累了比较丰富的知识，科学研究成就和知识密度可与先进国家比美。然而，在将从自然视角积累的科学研究，尤其社会科学研究的成就和生产实践知识运用到治理理论和实践方面，还处于启蒙阶段。自然视角的资源治理理念、理论、政策和实践还比较落后。笔者撰写本书的目的是希望开启一扇门，引起国内学者的兴趣，开展广泛而深入的研究，拉近与先进国家的研究水平差距，服务于我国自然资源治理体系及其治理能力现代化建设的需要。

改革开放以来，我国自然资源管理实践成就巨大。根据国家林业和草原局公布的数据，森林覆被率从约12%增长到22.96%，增长了近1倍，野生动植物和生物多样性保护得到了国际赞誉，湿地、草原、荒漠生态系统的退化基本得到遏制。然而，我国自然资源治理理论的进步较慢，工业化思维主导了对自然资源认知和管理。“自然资源是人类生存和发展的基础，人类经济社会活动对自然环境产生深刻的影响”以及类似于的论述成为主流的认知。

在中华民族的发展历程中，上述主流的认知促进了我国改革开放进程中的经济发展和民生改善，具有历史进步意义。然而，中国从地大物博、资源丰富的国家变为水资源、农地资源、森林资源、草场资源严重不足的国家，并且我国生物多样性资源和海洋资源退化也已经引起国际社会的高度关注。自然资源存在的种种问题是新时代我国必须直面的难题。党的十八大报告指出："面对资源约束趋紧、环境污染严重、生态系统退化的严峻形势，必须树立尊重自然、顺应自然、保护自然的生态文明理念，把生态文明建设放在突出地位，融入经济建设、政治建设、文化建设、社会建设各方面和全过程，努力建设美丽中国，实现中华民族永续发展"。生态文明建设的核心就是要探索新的人与自然的关系。

在本书，"自然资源治理"中的自然资源与我国主流社会所认知的自然资源不完全相同，但笔者也实在找不出一个恰当的词来区分两者。主流的认知偏向于将自然资源认同为一种"资源"，是相对于人类而言或相对于人类社会经济文化系统而言的一种资源，而本书则更加强调"自然"，指的是森林、海洋、湿地、草原、荒漠和生物多样性，更加趋向于自然（nature）或者生态系统（ecosystem）。

在英文语境中，很少有人使用自然资源治理（natural resources governance），而采用森林治理（forest governance）、生态系统治理（ecosystem governance）和环境治理（environment governance）。国际自然保护联盟（IUCN）2017 年采纳的自然资源治理概念与本书很相近，突出了自然和人类的相互关系，是基于弱人类中心主义的一个解释，守卫了人类中心主义所强调的人类与自然是我与他者两分的关系，在这个基础上努力维护自然生态系统的稳定和可持续管理。

笔者无意提出一个全新的自然资源治理概念，即使提出，那一定具有鲜明的中国特色和时代特征，但这对很多学者而言有悖于科学中立的原则。我们对自然资源治理的理解趋向于自然的治理和生态系统的治理。我们认同自然作为资源，可为地方经济发展、社区文化维护和居民生计改善提供基础，应当积极发挥资源的作用。自然资源不是相对于人或者人类社会经济文化系统之外的一种支持系统的概念，而是可以和人类社会经济文化系统统一为一个整体的系统的概念。“治理”不只是管理好森林或其他自然资源，更重要的是在系统基础上理顺人和自然的各种关系，协调好社会生态系统中各部分之间复杂的关系，而治理的难题在于人的部分，如何协调相关利益者的关系，控制人的贪婪等。很明显，这样的理解基于中华民族“天人合一”的思想，兼顾了资源是在经济发展和生态维护之间的平衡，在一个发展过程中实现地球生态系统可持续管理。

治理是一个理念，涉及哲学、历史学、经济学、社会学、政治学，甚至语言学和美学，具有包容、系统、综合、协调的特征，实事求是寻求人类自然资源管理的未来。治理必须直面现实问题，并能够解决现实问题。目前，中国自然资源管理领域主流的指导思想是独立于人之外的“资源”，可讨论价值、核算、追求货币化利益，实现最佳资源配置，需要制定市场规则以实现资源可交易。这些只是自然资源治理的一面。国际上，治理理论的兴起背景就是反市场原教旨主义的，反对新自由主义，而治理理论反映了对新自由主义的适度包容，拓展了政府干预的空间，以及国际社会寻求共识解决人类面临资源和环境问题的空间。

本书现实地追求尽可能“好”的自然资源治理，以延迟自然资源可能出现的退化、生态系统可能出现的崩溃，以时间换空间，迎来自然资源管理新的思想和思潮。

自然资源治理具有非常强烈的本土化导向，无法照搬先进国家的具体治理实践。本书中所运用的自然资源治理理论和方法背后虽然都有先进国家的影子，但我们更强调这些理念和理论在中国的实践。尽管很不成熟，本书尽可能回避对他国自然资源治理的实践描述。笔者钟情于我国的实践，这是我国自然资源治理走向成熟的起点。

挑战不只是如上述所说，一个高速运行的社会有着对索取自然资源的无限渴望。人类创造了美索不达米亚文明、黄河文明、印度河文明，也给这个星球留下了创伤。客观地说，本书关于自然资源治理所有的内容是为了修补工业文明对自然资源带来的伤害。人类尚没有找到医治工业文明创伤良方，但又迎来了一场新的革命——数据和网络革命。两者的冲突无情地改造了自然世界，人与自然的不平衡更加凸显。我的老领导，原国家林业局国际司原司长曲桂林老师反复叮咛：要知道并要时常提醒自己你是从哪儿来的？一个人只有反复思索，方能从容而冷静。要时刻记得人就是从大自然中走出来的。曲老爷子把初稿的字放大到一号，就第四章给我唠唠叨叨讲了一个半小时，通过 30 秒左右的微信语音一段段发给我。

本书的撰写得益于大家的智慧和辛苦付出。中国科学院内蒙古草业研究中心孙海莲研究员撰写了本书的第六章，上海海洋大学刘依阳讲师撰写了本书的第十章，其余章节由我和我的学生们共同完成。参与写作的同学有：第二章：张沛；第三章：龙贺兴；第四章：肖军、巴枫、贺苏园、刘梦瑶；第五章：肖军、龙贺兴、董加云；第七章：徐拓远、傅一敏；第九章：傅一敏；第十一章：傅一敏；第十二章：赵佳程、张沛；第十三章：傅一敏；第十四章：徐拓远。此外，上海海洋大学海洋研究院教授、原校长黄硕琳先生认真审阅了海洋治理体系一章，他的一丝不苟、严谨治学的精神值得后生们好好学习。感谢国家林业和草原局湿地司司长吴志明、荒漠化司司长孙国杰，荒漠化司林琼处长以及亚太森林恢复和可持续经营网络秘书长鲁德审阅了荒漠资源治理一章，湿地司李明博士审阅了湿地资源治理一章。感谢所有在书稿撰写过程中提供帮助的领导和同事们。

自然资源治理需要多学科深厚知识积累，远超出了笔者的能力。笔者希望，本书可为我国自然资源治理研究开启一扇门，提供一个全新的思路，在中华民族治理体系和治理能力现代化进程中，着力完善我国自然资源治理，为人类尽快走出自然资源管理的困境提供中国方案。笔者参与了所有章节的内容的设计、写作、修改和最终定稿，鉴于笔者水平有限，文中会出现不少错误，笔者对本书所有文字和观点承担责任。

刘金龙

2019 年 11 月 18 日

目 录

第一章

自然资源管理与治理

自然资源治理的发展是理论和实践相互促进的过程。自然资源治理理论创新源自当代多学科理论的交叉融合。从自然科学、社会科学、人文科学不同学科视野指导下的自然资源治理实践出现了多样的问题，期待多学科知识整合形成理论创新，而理论创新将指导自然资源管理实践，在实践中产生新的问题，这又为理论创新创造了条件。我国自然资源治理理论和实践知识主要有三个来源。第一，参与全球环境事务。环境成为全球公共事务，如气候变化、生物多样性、湿地等国际公约。我国改革开放的历史与全球环境问题政治化同步，改革开放四十多年来，我国从不懂到懂，再到必须懂，从参加到参与，再到在部分领域（如荒漠化、森林）积极深度参与全球自然资源治理，我们从中学到了不少东西。第二，国际自然资源治理相关理论引入我国。国际上有的治理理论逻辑，在我国的中文文献中都有介绍，但其中不少文献存在曲解、甚至完全误解了原作者的逻辑。第三，党的十八届三中全会明确了全面深化改革的总目标是完善和发展中国特色社会主义制度，推进国家治理体系和治理能力现代化。我国自然资源治理体系至少包括三个层次的内容：一是全球治理体系；二是国家自然资源治理体系；三是基层自然资源治理体系。

第一节　西方自然资源管理思想和发展实践

在中国政策语境中，环境保护往往指的是污染排放管理，而生态建设指的是自然生态系统管理，包括地球及其海洋、森林、湿地、草原等分系统的管理。而在英文政策语境中，环境（environment）指的是地球对应于人的其他组成，而环境管理包括中国政策语境中的环境保护和生态建设全部内容。本节中的环境管理包涵自然资源管理。

世界主要发达经济体最先感受到工业文明所带来的空气、土壤和水体污染、气候变化、生物多样性锐减、荒漠化等一系列环境问题，以及环境问题引发的诸如食品安全危机、民族冲突加剧、社会动荡等一系列经济、社会和政治问题。欧洲人带着“文明”来到美洲大陆，开发蛮夷之地。少数浪漫主义精英从另一个视角观察北美大陆，欣赏印第安人的文化和荒野之美，黄石公园由此诞生，开始了人与自然一分为二哲学指导下的自然保护政策和制度实践。自 20 世纪中叶开始，这些发达国家从哲学、伦理、科学研究、教育、立法、全球治理等不同角度寻求保护自然资源和维护生态系统的理论和方法。在西方工业化、殖民化过程中出现了种种环境问题的背景下，孕育出一批环境管理思想大师，并创作出一批环境管理巨著。例如，《沙乡年鉴》让人们认识到需正确处理并重新构建人和土地的伦理关系；《寂静的春天》让人类认识到工业化对自然环境的巨大损伤，认识到管理自己的生产、消费行为和自然资源开发利用行为的紧迫性；《盖娅：新视野看地球上的生命》动摇了人类中心主义基础；罗马俱乐部的《增长的极限》开启了人类悲观主义思潮的序幕。在 1980 年后的新一轮全球化进程和新自由主义的狂飙突进下，悲观主义因生物、智能、能源、材料技术的不断进步而备受怀疑，剧本被悬置。一代政治家布兰特仑的《可持续发展》和曼德拉领衔的“大坝委员会”推动了环境和发展国际化议程，促成了里约大会通过《联合国气候变化框架公约》《生物多样性公约》和《联合国防治荒漠化公约》等，形成了国际环境治理基本框架。主要工业化国家的政策、法律和制度迅速升级，从1.0版环境污染控制到2.0版环境管理，再到当今主流的3.0版生态系统管理。

20世纪80年代以来，国际学术界对环境问题的思索已经跨越生态学的边界，进而提出了一批又一批新概念、新话语。偏向于政策实践的名词包括：生态系统管理（ecosystem management）、景观恢复（landscape restoration）、基于自然恢复方法（nature-based solution）、权利为基础的方法（right-based approaches）、绿色经济及循环经济等。这些名词真正的内涵大同小异，都强调多利益主体参与、多部门协调、传统知识和土著居民保护、对社区民主赋权、建立透明清廉的政府等。具体到特定的生态系统类型则更多，如在森林管理主题下，在思想层面参与式林业、农用林业、社会林业、社区林业、碳汇林业、森林景观恢复等各领风骚，而技术层面，速生丰产林、工业人工林能源林、混交林、生态林、保护林、近自然林等经营技术不断革新。这期间诞生了一批又一批理论工作者，以支持环境管理实践。在经济学逻辑上，从哈丁“公地悲剧”、奥尔森的集体行动逻辑，到奥斯特罗姆的公共事务治理之道，为指引人类环境管理提供了理论上的逻辑。从单一政策、法律和机构改革变迁，到技术、权力、话语干预，再到社会生态系统、韧性、脆弱性等人与自然因素合成变量，社会科学视角的自然系统管理理论一直在演进。既可以说人类在环境管理方面知识迅速积累，也可以说人类依然在黑暗中摸索构建人与自然相处的知识体系和理论逻辑。

各种与环境相关的主义兴起，包括影响力比较大的弱人类中心主义、非人类中心主义和生态女性主义的兴起，挑战了人类中心主义的伦理观。人类中心主义伦理观认为：自然是为人而创造万物，人类利用和管理，甚至改造自然生态和资源天经地义，自然的价值因人而存在。20世纪下半叶以来，因环境问题频发，人类中心主义思想逐渐式微。弱人类中心主义承认自然的价值因人而存在，但强调人类当以理性克服感性的贪婪及欲望，否则最终会伤及人类自身的利益，自然会对人类的贪婪及欲望作出反馈。2015 年，在联合国可持续发展峰会上通过的 2030 年可持续发展议程和确立的 17 个可持续发展目标总体上采纳了弱人类中心主义的伦理。我国生态文明思想趋于采纳这一伦理。非人类中心主义与人类中心主义不同，其伦理是建立一种人与其他生物都从属于地球生物圈的伦理观。非人类中心主义认为，人类理性是有限的，从利己出发自负地按照每一代人的知识和技术水平无节制地利用自然环境，将会造成对环境要素的不可逆的破坏。非人类中心不承认人类具有探索未知世界无限的能力，甚至认为人类统治或掌握自然的过程就是自掘坟墓的过程。

环境运动，作为集环保、和平、女权为一体的全球性政治和社会运动的重要组成部分，对推动全球化学制品生产和管理、生产和消费废弃物管理、自然资源可持续管理、生物多样性保护、气候变化缓解等起到十分重要的作用。绿色和平运动在一些发达国家兴起，影响了全球的环境和自然资源管理。欧洲一些国家组建了绿党，2019 年欧洲议会选举绿党成为第三大党，绿党参与甚至主导了欧盟、德国、瑞士等集团和国家的保护地球、环境及其生物、食品安全及持续性发展政策。

在后工业化时代，先工业化国家推动全球化进程，推动经济自由化及贸易便利化，强化国际知识产权保护，在金融、设计、专利、渠道、资源控制及企业管理服务等一系列高附加值环节实现垄断。先工业化国家制定并实施严格的环保标准，促使高资源消耗、高污染排放的工业向发展中国家转移，把发展中国家当作倾倒各种工业和消费废物的垃圾场，向发展中国家直接或间接转嫁生态环境问题。在自然管理实践中，西方国家大力推动生态农业、有机农业、农业遗传资源和文化维护，自然资源的荒野化、以自然导向的生态服务优化管理，建立健全多相关利益群体参与和多部门协调机制，建构分权改革、资金机制、社会组织、教育、科研、土著民族等政策和制度框架，有力地推动了西方国家环境的整体改善。

全球环境问题仍在不断恶化中。尽管发达国家比发展中国家更有能力和社会基础去建立一个更加亲自然的绿色社会，但在美国、英国、澳大利亚、加拿大等国家存在生产和消费模式的路径依赖，难以形成主流的社会运动，难以形成政治决策推动生态文明或者类似的亲自然的发展战略。西方大国，尤其是美国，不希望成为他国人民生产和消费模式效仿的对象，甚至担心发展中大国，特别是印度、印度尼西亚、巴西、中国等国遵循美国的消费模式和发展路径。我国在工业化过程中，实际上沿袭了西方传统生产、消费模式和发展路径。

从整体上看，人类在资源与环境主要议题方面尚没有在哲学、思想、方法上达成共识，没有从根本上形成自洽的理论逻辑、技术方案以解决人类面临的资源与环境问题。西方环境管理思想和实践，一方面，依然固守欧洲文明“一分为二”的哲学基础，总要分出一个中心，或主次，要搞清楚相互间（机械）的联系；另一方面，越来越强调整体性、系统性和综合性，把人和自然合在一起寻求思想、方法、科学和技术的方案以寻求环境问题的答案。这些在向传统的东方哲学靠拢，强调“合二为一”“和”或“统一体”。

数十年来，西方科学家投入巨大的物资与人力研究全球环境问题，大量跨学科的综合研究，以及西方哲学主导下的自然资源保护理论、政策和实践所取得的影响和成效有限，很难称得上可持续。法国图尔大学的科勒等（Kohler et al.，2019）认为，要引导社会向着一个更加可持续、平等共享、环境公正的未来发展，需要更全面地评价人类与大自然的关系，更重视自然对于人类的非物质且往往难以量化的价值。为了保护与人类相依相存数百万年的物种，乃至整个生态系统，科研工作者、政府官员、决策者和社会其他成员都应加深和扩宽他们对于人类社会与大自然联结和互动的多元化途径的理解，并采取多样化的方式来保护我们的地球。

源于西方的认知对包括中国在内的发展中国家影响深刻。以自然保护商品化来说，当下中国政界、学界十分热衷于生态补偿、自然资源价值核算、自然资源产权等似乎很时髦的话题讨论。而西方发达经济体已经对他们自己提出的自然商品化产生了怀疑，这些提法背后的支撑是在国际自然保护语境中盛行的世界观仍是基于以人为中心的西方唯物主义世界观。科学家、政策制定者、保护工作者带入环境问题中的世界观与道德观决定了实际情况如何被认识、问题如何被理解，以及怎样的解决方式更受青睐。

“生态系统服务价值”的认识体系包括生态服务补偿等内容，在不少情境下有过成功运用。例如，在美国西北和芬兰的野狼保护项目，对家畜受到损害的牧场主的补偿支付制度是保护工作的中心内容。但是这样的措施在很多时候落入了短视的窘境，这是由于一种叫动机拥挤（motivation crowding）的现象。经济刺激可能与当地人现存的保护环境的动机发生冲突，这会改变人们与自然相处的观念与方式。我国桃花源基金会在四川老河沟社区保护的实践也出现了类似的现象。

生态服务补偿试图在生态服务的生产者和消费者之间建立起利益的联系，其背后的逻辑是将自然视为商品。一方面，这种理念可能与一些利益相关者的世界观相冲突，而这些利益相关者的支持是自然保护和可持续管理得以成功的关键。在保护青海三江源的雪豹中，从前牧民们认为雪豹是山神的化身，出于敬畏与信仰，自发地保护雪豹的种群与生境，但由于补偿机制的引入，牧民的观念开始向经济利益等因素倾斜。引入与本土文化难以契合的干预不可能适合当地的实际，干预不可能导向自然资源的可持续管理。另一方面，当地社区或社会的部分人接受了这样的理念，则难以在社区内就补偿金额和方案达成一致，不同的人的理解是不同的，社区中的精英阶层和基层管理者往往是补偿“多多益善”的极力鼓动者，也是受益者。

社会科学研究发现，在一些地区，从经济的角度为生态系统估值会与当地利益相关者的世界观产生冲突。一些文化对于“自然为人类提供服务”“人对自然资源有所有权”，甚至简单的“自然是一种资源”这类的概念是陌生甚至抗拒的；在许多情况下，人与自然的联系是不可计量的，也不能被用于经济性交易。

对自然估价等主流观念常常导致人类低估自然的价值，特别在非物质的人与自然的关系层面。事实上，连“人与自然的关系”这个概念在某种程度上都是有待商讨的，因为它在人类与其他物种间划分了清晰的界线。也许更应关注所谓的生物社会复合体（biosocial complex），即所有物种与它们之间关系的集合。科勒（Kohler）发现，人与自然被视为两种分离的客体的程度与根据人类可利用水平来评估自然的“价值”是成正比的。

许多当地人关于世界的概念是基于一种灵性的、超自然的联系。这些灵性论和宇宙观诞生于不同的语境，提供了非主流的认识人与自然关系的框架。总的来说，本土文化的世界观往往更完整地将人视作自然的一个有机组成部分，而人的存续与自然息息相关。这些世界观在几千年里伴随着当地的居民可持续地管理着他们的家园。

很多文献都论述了场所与场所感（sense of place）在维持人生活

健康方面的重要性。场所感为个体和群体提供了一种归属、安全、控制的感觉。当人们试着感受自然时，许多人都感受到一种归属感，一种接触到更高层次存在的满足。而当自然遭受破坏时，人们则会感到惋惜与痛苦。这样的联结可以使得个体在保护中自愿承担更重要的责任。

科勒等（Kohler et al.，2019）提倡保护政策与项目需要采取更加多样化的方式，并认识到人们在对待生物社会关系上的文化差异。他认为，平等而严肃考虑所有世界观的保护工作是战略性的（提升项目接受度）、可操作的（保护工作者更易提出适合当地的方案）、道德的（将以往被边缘化的观点考虑在内）。

实际上，这些多元的世界观已经开始影响人们的观念与实践。关于气候变化等环境问题的法规条例明确了人类的相关权利，例如，公民有权拥有一个稳定的气候系统，面对气候变化时安全应得到保障等，其中一部分法规条例也试图明确具体哪些人能拥有这些权利。在司法体系中，后代的权利以及当前一代的责任越发受到关注，人与自然在非物质层面上的联系也开始得到正视。

尽管不少司法案例已经在很多方面进行了创新，但仍仅考虑人的权利，哪怕是尚未出生的后代的权利。列维－斯特劳斯（Claude Lévi-Strauss）认为，人的权利有先天的边界，且应止于会损害到其他物种存续的程度。他提出考虑自然中非人类部分的利益并允许它们演变与适应，将使得人类的道德原则更具包容性。

事实上，人类之外的物种与自然的权利已经在一些立法实践中得到认可。例如，新西兰议会的一条法案将尤瑞瓦拉国家公园认定为一个拥有“所有权利、责任与义务”的法人，哥伦比亚最高法庭明确考虑热带雨林寻求存续的基本权利等。这些法律措施证明了自然保护自有独特的规律与方法，而其在精神层面的价值是不可忽视的，体现了非西方主流的世界观得到了越来越多的支持。

虽然个体的世界观难以被政策与法律考虑在内，但对多元世界观、价值观的研究与传播，将为更具可持续性的人与自然关系观念的诞生创造条件，这些观念包括更强调协作与团结，而非一味地竞争，将高消费水平视为人生赢家的象征。这样的非主流观念的拥护者日渐增多，它们往往以传统的人群与经验为基础，正带来一种新的道德式经济模式，重视社会关系，进行有限的和本土化的消费，尊重与团结。科勒（Kohler）相信，带着对生物社会复合体的不同认识，多样化的环境管理方式是人类引导社会走向更可持续、平等共享、环境公正的未来的最好机会。2017—2019 年，笔者参加了事实上由欧盟主导的联合国“全球生物多样性和生态系统服务评估”。一批欧盟学者愿意抛弃人类中心主义的立场，但在评估框架和方法的论战中处于下风，开展相对于人类的自然资源评价依然是主流。只是主流科学家认识到了必须认真考虑人和自然关系是综合、统一的，自然生态系统与社会经济系统是耦合的，成为主流的认同。笔者在与来自欧洲的顶级科学家交流时，他们认识到，如果推翻了人与自然一分为二的基本哲学常识，那么上一个千年的欧洲时代就翻页了，欧洲的政治家和科学家难以接受这样的事实。

第二节　西方语境中的治理

一、治理兴起的背景

20 世纪 80 年代，美国总统里根、英国首相撒切尔夫人执政，推动新自由主义，并席卷了全球。为数不少的主流学界和政界支持压缩政府权力边界，回归政府守夜人的角色，甚至主张“政府是万恶之源”，推动无政府主义。同样，也有不少学界和政界人士不同意上述观点，而治理一词正适合用以对抗新自由主义，规避了西方不少国家人民对“凯恩斯主义”政策主张的厌恶。而真正让“治理”成为国际学术主流话语，还得感谢2008年全球金融危机，或者说福山的《历史的终结》受到普遍的质疑之时。

治理指的是特定事务利益相关者之间的关系、指导其关系的原则、规范其行为的结构和过程以及划定许可边界的法律（Hamzah et al.，2016）。归根到底，治理就是指导和管理不同利益群体间利益分歧和社会、经济和政治冲突。现代主权国家成立以来，政府拥有或者被授予公共管理的权力，政府处于治理的中心地位。在主要发达国家、社会主义阵营崩坍后的东欧国家、南美和非洲市场化国家，从20世纪70年代以来，凯恩斯经济学逐渐式微，转向新自由主义和放任主义的意识形态，主张放松管制和最小限度的国家干预（Ansell and Gash，2007）。在公共事务治理中，主张无政府主义，采用多种措施尽可能减少或回避政府参与社会事务治理，甚至出现了一种思潮，认为政府是万恶之源。在这段时间内，公共部门和私营部门之间界限不断模糊，推动了私营部门和个人在治理中占据更多的角色（Mark，2013）。学界和政界热衷于推动私人或私营部门在治理中发挥更多的作用（Stoker，1998）。在这样的背景下，治理成为全球学术的热点，从更高、更宽广的视角审视政府、市场和社会之间的关系。

社会管制的许多方面越来越多地由私营机构所承担。当今，互联网、大数据、区块链技术的快速发展为私营企业介入政府管制和服务打开了想象空间。政府和私营机构越来越需要建立起相互依赖的关系来面对全球和各国治理问题，多种形式的合作治理（Ansell and Gash，2007）应运而生，政府可承担有利环境建设者的责任，而不是直接行使管理职责（Bramwell and Lane，2000）。治理包含着问责的内容，既然私营机构被赋予公共机构管理的权力，那么一样需要对私营机构问责，私营机构要对其行动所带来社会影响负责。由此推动企业社会责任运动，促进企业在减排、减少温室气体排放等生态与环境责任，劳工保护、社会福利，甚至减贫和传统文化保护等社会文化方面承担责任（Peters，2012）。然而，1998 年东南亚金融危机、2008 年全球金融危机一再证明，华尔街的金融大鳄们更加关注利润，甚至是带血的利润，企业难以控制自己不逾越责任边界去追逐利润。全球金融危机后，寄希望企业社会责任代替讨厌的政府的愿望被无情地撕碎了，而回到企业应当在法律规定范围内行使自己的责任，只有能有所为的政府，才能保障企业在法律允许的范围内开展活动（Saarinen，2014）。治理的重要性被重新认识，这不是源自治理理论的重大突破，而是人类在管理自己行为中出现了问题，需要为修正自己的行为进行重大探索。治理回应的就是现实问题，治理的意义就在于包括政府在内的行动者回应现实问题的能力。

二、治理的概念

治理的定义众说纷纭。治理概念是开放的，可包容对治理问题不同的理解和支持理论选择。1995 年，全球治理委员将治理定义为“个人与公立或私立机构管理相同事务的不同方式的总和，使相互冲突或不同的利益得以调和且采取持续联合行动的过程”。治理可包括正式机构和规章制度、非正式安排，一般来说有四大特征：（1）治理不是一套规则条例，不是一种活动，而是一个过程；（2）治理的建立不以支配为基础，而以调和为基础；（3）治理涉及公、私部门；（4）治理不意味着一种正式制度，而有赖于政府、社区、社会和市场主体间互动规则的确认和再确认。治理研究涉及治理主体、主体间责任界限、主体间权力互动、自主自治的网络体系，以及重新界定政府的作用、范围及方式（俞可平，2000）。联合国开发计划署（UNDP，1997）将治理定义为“各级公共管理事务的政治、经济和行政权力的具体呈现”。世界银行将治理定义为：权威得以实现的传统和制度安排，包括挑选、监督和更替政府的过程；政府有效制定和执行政策的能力；以及值得公民和国家信任的机构来管理经济和社会互动（World Bank，2014）。不同的学者给予治理不同的解释。治理关注的是在社会不同部门或利益群体中如何共同实现他们的权利，以便享受传统的自由，参与并成为公共利益有关决策的决定性因素（Graham et al.，2003）。治理是不同行动者参与集体行动或公共事务决策和互动的过程，通过这个过程推动社会规范和制度的建立、完善和更新（Marc，2011）。

治理理论的兴起，是各国政府对经济、政治以及意识形态变化所作出的理论和实践上的回应，这在前文已经有所说明。需要特别指出的是，从理论创新角度，以奥斯特罗姆为代表的制度分析学派提出的多中心治理理论对当今治理，尤其基层治理影响比较大。具体地说，单中心治理意味着政府作为唯一的治理主体，对社会公共事务进行排他性管理，而多中心治理则意味着在社会公共事务的管理过程中并非只有政府一个主体，而是存在着包括政府、类政府机构、非政府组织、私人机构以及个人和家庭在内的许多决策中心，它们在一定的规则约束下，以多种形式共同行使主体性权力。这种主体多元、方式多样的公共事务管理体制就是多中心治理体制（陈广胜，2007）。多中心的治理结构要求在公共事务领域中，政府、社会和社区、市场共同参与，结成合作、协商和伙伴关系，形成一个上下互动，双向度或多维度的管理过程。在国家公共事务、社会公共事务甚至政府部门内部事务的管理上，借助于多方力量共同承担责任（陈广胜，2007）。

在英文语境中，很少有人使用自然资源治理（natural resources governance），而采用森林治理（forest governance）、生态系统治理（ecosystem governance）和环境治理（environment governance）。少有的几篇关于自然资源治理的英文文献主要关注在石油、森林、矿藏等资源开发过程中，如何协调与当地社区的关系、避免荷兰病、减少与开发相关的腐败、减少环境破坏等关于全球资源开发过程普遍存在的问题。

国际自然保护联盟（IUCN）在2017—2020年在全球启动了自然资源治理框架（Natural Resources Governance Framework）项目，为各级自然资源管理决策者提供指南和标准。IUCN将自然资源治理定义为一系列规则、制度和过程，决定如何行使对自然资源的权力和责任、如何作出决定，以及权利拥有者和利益相关者（包括妇女、男子、青年、土著人民和地方社区）如何保障参与并从自然资源利用和管理中受益。IUCN的这一概念采纳了基于格兰汉等（Graham et al.，2003）提出的用于保护区的自然资源治理内容。而这个概念突出了自然和人类的相互关系，是基于弱人类中心主义的一个解释，强调了人类与自然是我与他者两分的关系。

三、自然资源治理的原则和标准

IUCN为此定义了自然资源治理评估框架的10个原则和53个标准（见表1－1），一些原则和标准间存相互妥协的关系。表1－1客观地反映了自然资源治理具有多元价值观，试图包容各式价值观和不同来源的理论创新，以实现自然资源有效治理。

表 1－1　　　　　　　　自然资源治理的原则和标准

原则	标准
1. 包容性决策 自然资源政策和行动决策是建立在所有相关行动者充分和有效参与的基础之上，特别要保障权利所有者和边缘群体的权利	• 包括强有力地将权利人和相关利益者包容在决策过程中的恰当法律、法规、政策框架； • 为保障充分有效地参与决策，建立平台或流程； • 不同群体参与的包容性决策程序在社会和文化上是适当的，并考虑到群体内部和群体之间的权利动态变化； • 权利所有者和利益相关者可以获取有关环境和自然资源的信息； • 权利所有者和利益相关者具有参与决策所需的能力和支持，包括通过适当的代表权； • 自然资源决策要考虑到通过磋商或参与机制形成所表达的意见； • 土地或资源的决定需要并获得有关土著人民和传统权利持有人自愿、事先和知情同意
2. 承认和尊重权属 土地、资源和水的权利得到承认和尊重，尤其要注意土著居民和地方社区的传统权利、集体权利和妇女的土地使用权	• 相关法律、政策、规则要求承认并尊重所有者的权属，尤其要注意传统权利（包括集体权利）和妇女权利； • 权属是强有力的，使权利持有人能够可持续地管理、使用，并从自然资源中受益，免受威胁； • 建立了认可和尊重土地和资源权利的程序和能力，包括导向正式承认权属的措施； • 建立了保护和执行权属的程序和能力； • 冲突权属能依法处理，并在实践中得以解决
3. 承认和尊重多种文化和知识体系 自然资源治理的基础是全面和多样的知识形态，并尊重各种自然资源的价值和做法	• 治理策略和行动以包括传统知识在内的全面多样的知识形态为基础； • 尊重和保护维持自然资源的多种文化价值和实践； • 治理机构营造了学习和适应性管理的文化； • 传统知识以尊重、适当和有意义的方式被整合到自然资源治理中
4. 授权 在适合所治理的社会和生态系统的最薄弱层面上作出决策，尤其要注意支持地方社区在自然资源治理中的作用和权威	• 法律和政策框架支持将自然资源管理权移交给最接近自然资源且能力强的机构； • 广泛实施自然资源放权治理的法律和政策框架，包括基于社区的自然资源管理； • 地方机构拥有有效和公平地治理自然资源所需的能力和支持； • 适当考虑当地社区在自然资源治理中的作用和权威

续表

原则	标准
5. 战略远景、方向和学习方法 自然资源治理总体上应当以环境管理和社会发展最终目标为指导方针，并能根据情况调整以保障治理措施瞄准最终目标	• 在相关的法律、政策、管理框架中确立自然资源治理的战略愿景和方向； • 通过包容性过程确定战略远景和方向，包容性过程考虑到权利持有人和利益相关者的不同价值和知识形态； • 战略愿景和方向纳入环境可持续性的关键原则，例如预先防范环境和社会风险的原则； • 战略愿景和方向能有针对性地应对当前的威胁并预测未来的挑战； • 自然资源的治理与既定战略相一致； • 治理机构通过持续的监测、反思和学习，可对不断变化的条件和需求作出响应
6. 协调与一致性 有效协调参与或影响自然资源治理的行为者，形成一致性的战略和管理实践	• 跨部门的法律、政策框架需协调好负责部门或相关部门自然资源治理； • 建立协调机制，以使在同一地理空间内开展活动的多个行为者和不同部门间能够“横向”合作和保持一致； • 建立机制，以实现对自然资源有责的多层行动者“纵向”的协调； • 机构间加强合作和适度职能重叠，以增强自然资源的韧性
7. 可持续和公平共享的资源 负责自然资源治理的行为者拥有开展可持续管理和治理活动所需的资源，包括公平分享自然资源产生的利益	• 负责自然资源治理的人员有权获得收入和谋生手段，从而能够开展管理活动； • 获取的资源和收入能为民众提供足够的财务可持续性，并为管理和保护自然资源采取了适当的措施； • 自然资源惠益分享是公平的； • 资源和惠益分享为自然资源的保护和可持续利用提供激励； • 最大限度地减少了由于限制使自然资源可持续管理而产生的损失，若难以回避，则应予以补偿； • 促进自然资源和环境可持续管理，保障代际公平获益
8. 问责制 负责或影响自然资源治理的行为者应对其行为以及所产生的环境和社会影响负责	• 负责自然资源治理的机构明确各自的作用和职责； • 自然资源治理相关机构应当透明运作，信息公开，信息易获得； • 提高相关机构的能力，建立和落实执行机制，保障相关机构有能力负责； • 事先评估治理对脆弱环境和弱势群体的影响，采用和实施有效的预防保障措施，尽可能降低甚至避免可能的负面影响； • 问责机制能有效地遏制腐败（利用公共权力谋取私利）

续表

原则	标准
9. 公平有效的法治 与自然资源有关的法律及其执行是公平、有效的，能够保护基本权利	• 法律和政策明确规定自然资源规则和惩罚措施，并得到广泛宣传； • 与自然资源有关的法律、政策和规则符合人权，并考虑到土著人民和地方社区，以及妇女和弱势群体的处境； • 与自然资源有关的法律、政策、规则纳入环境可持续性原则； • 执法机构有能力遵守既定的规则和惩罚措施； • 公平、人道地执行与自然资源有关的法律、政策、规定
10. 诉诸司法和解决冲突 人们能够寻求和获得救济，并解决有关土地和自然资源的冲突	• 确立正式或非正式的机制，以解决有关土地和自然资源的冲突和分歧； • 人们知晓拥有自然资源治理相关的权利，以及解决冲突或寻求救助的途径； • 权利持有者和利益相关者（包括弱势群体和边缘化群体）能够运用这些冲突解决机制； • 冲突解决机制能够公正有效地运行

资料来源：Springer et al.（2016）。

第三节　全球公共事务中的自然资源治理

国际自然资源保护联盟受联合国环境规划署的委托起草，并经世界野生生物基金会、联合国粮农组织等国际组织审定，于 1980 年 3 月在世界大多数国家的首都同时公布了一项保护世界生物资源的纲领性文件《世界自然资源保护大纲》。该大纲促使各国政府和人民认识到人类在谋求经济发展和享受自然财富的过程中，自然资源和生态系统的支持能力是有限的，必须考虑子孙后代的需要。如果说开发的目的是为取得社会和经济福利，那么保护的目的则是保证地球能够永续开发利用并支持所有生命生存的能力。该大纲指出，“必须研究自然的、社会的、生态的、经济的以及利用自然资源过程中的基本关系，以确保全球的可持续发展”。自此，可持续发展一直是推动自然资源国际治理体系的最重要目标，逐渐被各国所接受，成为各国或经济体自然资源管理的目标。

伴随着全球化进程的不断深入，全球环境问题越来越凸显，尤其是在近半个世纪。森林减少、干旱化、荒漠化、盐碱化、气候变化、生物多样性锐减等环境问题十分复杂，对人类健康和安全、经济与社会发展、世界经济与政治秩序以及自然生态系统的影响不断加剧。在国际多边和双边体系中，全球环境问题已经成为继和平、发展后第三个最重要的全球公共政策主题。资源环境危机的直接后果是全球资源短缺危机和冲突，进而影响整个国际体系。国际环境治理体系关于各国发展权的重新安排，国家政府和社会、市场关系的调整，关乎每一个国家民众和社会行为的调整。

各国从自身发展出发，研究生态安全、未来发展权益，贡献于构建南北与代际公平的国际环境安全体系。21 世纪是人类发展史上的重要里程碑，全球一半人口正在或已经进入资源密集型工业化社会，传统的南北关系和资源环境体系受到严重冲击，社会和市场的力量穿透国家层面，直接引领全球环境议题，全球环境治理体系出现变化。

中国对全球环境变化，包括气候变化、非法采伐、生态环境破坏等，作出了有效的回应。在国际事务中，中国作为发展中国家，需要有力并有效维护发展中国家的利益。在 20 世纪 90 年代有关发展问题的辩论中，全球自然资源“治理”能走出困境，需要各国让渡权力给国际组织和国际社会，以寻求解决气候变化、生物多样性减少、毁林、荒漠化等全球性问题。这种治理理论削弱了国家主权和主权政府在国内和国际治理中的重要作用，在客观上有可能为强国和跨国公司干涉别国内政提供理论支持。作为典型的发展中国家，我们需要高度警惕危险倾向的发生。

中国的发展依赖全球公共治理，以保障我国资源供给的稳定。气候变化、生物多样性减少、毁林、荒漠化、传染病传播、贸易保护、经济金融危机等全球问题，直接威胁中国的经济发展和社会稳定。受自然生态脆弱、对全球经济依赖性增强、抗击各类风险能力较弱等“先天”和“后天”因素的制约，全球问题对中国的破坏性远大于发达国家。中国是世界上最需要全球公共物品的国家之一。中国已经成为世界最大贸易国、第一大外汇储备国和第二大经济体，中国对全球事务的影响早已“今非昔比”，中国必须而且能够在全球经济治理机制中发挥更大作用。我国外交坚持不干涉别国内政的原则，这为我国赢得很多发展中国家的信任和支持奠定了坚实的基石。然而，参与全球自然资源治理要求必须具备自然资源管理和开发利用方面的能力。我国正处于如何参与全球自然资源治理的十字路口，这将考验我们的智慧和远见，以及实事求是寻求路径的能力。

第四节　我国自然资源管理变革主要影响因素

上一节解释了自然资源治理制度受一国国力和国际地位的影响。就国内因素而言，我国自然资源治理的决定性因素当然是国家治理总的战略、方针、政策和制度设计。自然资源治理理论重大创新，遥感、航天、通信、摄像、互联网、大数据等新技术的重大突破深刻影响了包括中国内在的各个国家自然资源治理制度的变化。

一、我国自然资源管理经历了“统一分一统”的历程

自中华人民共和国成立以来，在国有自然资源管理领域主要实施“统一所有、分级管理”的传统政府治理模式，即国家是所有自然资源

的所有权主体，并委托中央政府代为行使所有权权限。这是我国自然资源治理的底色。实践证明，我国自然资源管理的传统政府治理模式的整体成效显著。由于自然资源的复杂性与多样性，中央政府将所有权权限委托给部委以及省市县等地方政府，地方政府再委托其他机构进行直接管理。然而，多层次委托代理带来较高的监督成本，一直是传统政府治理的主要缺陷。针对该缺陷，低成本的社区治理已经在一定程度上认识到这可能成为改善我国国有自然资源管理的潜在方案。

自改革开放以来，我国成功实现了从计划经济体制到市场经济体制的转型，我国自然资源管理机构经历了多次变革。经济体制的转型，在客观上要求行政体制改革，推动上层建筑与经济基础相适应。新的市场主体迅速发展壮大，对自然资源配置提出了新要求，这在客观上要求改革自然资源管理机构，以适应采用更多的市场机制优化自然资源配置，适应我国生态文明建设的需要。党的十八大以来，明确了市场在资源配置中的决定性地位，市场主体在自然资源治理中的主动性和影响力得以迅速提升。森林、草原、湿地、荒漠、海洋等自然资源管理机构都经历了多次机构改革，这些改革对自然资源可持续管理具有重大的影响。

回顾改革开放四十多年来的历程，自然资源管理经历了由“分”到“统”的过程。改革开放初期，自然资源管理脱胎于传统的计划经济，技术型治理、专业化治理最易形成共识，也是社会最大的公约数，因而形成了行和业独立的机构。应当承认，专业化、技术化的治理有效地推动了我国自然资源利用效率的提高，我国资源利用技术和效率进步神速。然而，这种部门分割的体制安排降低了资源间的整合效率，各自为政，服务于部门利益的法律体系和规则、标准，其弊端逐渐暴露。

在 1998 年和 2018 年出现了两次自然资源管理机构由“分”到“统”的改革。1998 年，由地质矿产部、国家土地管理局、国家海洋局和国家测绘局共同组建国土资源部，其主要职能是：土地资源、矿产资源、海洋资源等自然资源的规划、管理、保护与合理利用。保留国家海洋局和国家测绘局，作为国土资源部的部管国家局。国土资源部的组建，从陆地到海洋，从土地到矿产，实行集中统一的管理，统筹土地、矿产、海洋等自然资源管理。

2018年，自然资源部组建，实现自然资源管理机构进一步统合。随着经济社会的融合发展和对自然规律认识的不断深入，对部分自然资源的统一管理已经难以适应新形势下生态文明建设的新要求。山水林田湖是一个生命共同体，人的命脉在田，田的命脉在水，水的命脉在山，山的命脉在土，土的命脉在树。用途管制和生态修复必须遵循自然规律，如果种树的只管种树、治水的只管治水、护田的只管单纯护田，那么很容易顾此失彼，最终造成生态的系统性破坏。由一个部门负责领土范围内所有国土空间用途管制职责，对山水林田湖进行统一保护、统一修复是十分必要的。基于“统筹山水林田湖草系统治理”的要求，此次改革将国土资源部的职责、国家发展和改革委员会的组织编制主体功能区规划职责、住房和城乡建设部的城乡规划管理职责、水利部的水资源调查和确权登记管理职责、农业部的草原资源调查和确权登记管理职责、国家林业局的森林和湿地等资源调查和确权登记管理职责、国家海洋局的职责，以及国家测绘地理信息局的职责进行整合，组建自然资源部，作为国务院组成部门。自然资源部对外保留国家海洋局。

为着力解决自然资源所有者不到位、空间规划重叠等问题，实现山水林田湖草整体保护、系统修复、综合治理，改革方案明确自然资源部的主要职责定位为“两统一”，即统一行使全民所有自然资源资产所有者职责，统一行使所有国土空间用途管制和生态保护修复职责。

经过2018年的改革，自然资源部强化了顶层设计，发挥国土空间规划的管控作用，为保护和合理开发利用自然资源提供科学指引。进一步精简下放有关行政审批事项，强化监管力度，充分发挥市场对资源配置的决定性作用，更好地发挥政府的作用，强化自然资源管理规则、标准、制度的约束性作用，推进自然资源确权登记和评估的便民与高效。

二、我国自然资源治理是国家治理体系的一个组成部分

党的十八届三中全会提出："全面深化改革的总目标是完善和发展中国特色社会主义制度，推进国家治理体系和治理能力现代化。"国家治理体系是在党领导下管理国家的制度体系，包括经济、政治、文化、社会、生态文明和党的建设等各领域体制机制、法律法规安排，是一整套紧密相连、相互协调的国家制度。党的十八以来，生态文明建设被提到了十分重要的位置，生态文明建设成就集中体现在我国自然资源治理体系重建上。党的十九届四中全会在科学总结中华人民共和国成立以来，特别是党的十八大以来坚持和完善中国特色社会主义制度、推进国家治理体系和治理能力现代化实践经验的基础上，概括出我国国家制度和国家治理体系在 13 个方面的显著优势。这构成了我国自然资源治理基础性的治理体系，彰显了中国特色社会主义的制度优势。

国家治理在广义上涵盖对国家一切事务的治理，等同于治国理政。广义的国家治理同时涵盖了纵向、横向、时间、空间四个维度。在纵向上，涵盖从中央到地方，再到基层以及组织、个体层面的治理；在横向上，涵盖政府、市场、社会等领域的治理；在空间范围上，涉及东中西等不同地区、不同省市县的协调与管理；在时间维度上，涉及从宏观制定当下和未来的发展战略。

国家治理主要指提供全国性公共产品和承担跨区域协调治理的职能。对自然资源而言，全国性公共产品包括资源政策、法律法规、体制机制、产权安排、产权交易规则、生态补偿。同时，由于区域之间是平级关系，跨区域治理或区域协调发展往往需要高层级政府计划、指挥、

协调、控制，这也是国家治理的应有之义。本书涉及的自然生态系统治理强调国家法律、法规、体制和机制。对我国而言，国家在自然资源治理上具有决定性的地位。这不是说，我国自然管理制度和政策上的失败需要中央政府承担主要的责任。中央政府赋予了地方政府法律和政策空间，以求适合地方的自然生态系统治理。

学术界对于我国“地方政府”所指称的范围存在不同认识。对中央来说，省以下的政府都是地方政府。但在实践中，地方政府以下还存在基层政府。故此，学术界通常把确定基层政府范围作为确定地方政府范围的前提。目前主要有两种看法：一是认为基层政府指乡镇一级政府，由此地方政府是指省市县三级政府；二是有学者将县级政府归入基层政府，由此地方政府指省市两级政府。在本书中，笔者忽视了省（区、市）和市（区、盟）一级，不讨论中央和地方权力关系沟通，直接回到基层政府，县（市、区、旗）是开展自然资源行政管理最重要的分析单元。根据《中华人民共和国宪法》第107条以及地方各级人民代表大会和地方各级人民政府组织法，县级政府是职能部门设置最完整的、最为基层的政府，是直面群众协调处理基层重大事项、重大问题的“一线指挥”。

乡镇政府是传统意义上的基层政府，其主体责任是社会治理。近年来，为强化乡（镇、街道）的社会治理能力，各地进行了一些有益探索，如北京的“街道吹哨、部门报道”、浙江的“四个平台”下沉等。2019年6月，中共中央办公厅、国务院办公厅联合发布《关于加强和改进乡村治理的指导意见》，提出“充分发挥乡镇服务农村和农民的作用，加强乡镇政府公共服务职能，加大乡镇基本公共服务投入，使乡镇成为为农服务的龙头”。中央政府正逐步引导乡镇强化其社会治理、民生保障的职能。我国乡镇曾经的“七站八所”包括土地、林业、水利、经管、农技等站所，主要充实当地自然资源技术推广和行政管理。农村税费改革后，逐步转向围绕招商引资、发展经济中心工作，随着我国基层政府工作转向社会治理，乡镇、街道的这些部门要么裁撤了，要么转向围绕社会管理事务上去了。我国基础的自然资源管理体系尚处于一个重建的阶段。

治理层级越高，治理目标应更侧重于公平性、合法性；治理层级越低，治理目标应更侧重于社会效率。国家治理强调人人均等享有公共产品，以及实现地方治理、区域治理之间的协调，这决定了国家治理主要致力于提供统一的体制机制和政策体系；基层治理要兼顾国家治理的统一性，但更重要的是强调“地方性”，即必须在特定社会背景下，因地制宜地探索治理模式。具体到自然资源管理，这需要国家治理给出充分的空间和灵活性，放权让基层自行探索合适本地特色的自然资源基层治理体系，以实现基层社会既规范有序，又充满活力。

三、适应性基层治理

我国基层自然资源治理知识十分丰富，许多地方探索出了一些行之有效的自然资源基层治理模式。一方面，考虑到我国国家自然资源治理体系尚处于一个变革的时期；另一方面，作者钟情于此，认为这是构建我国国家自然资源治理体系的基础工程，是中国能够分享给世界自然资源治理理论和知识的最有力来源。同时，越来越多的西方学者认识到自然资源治理理论和知识体系还需要基于更多来自发展中国家的本土实践的总结和提炼。

20 世纪 90 年代，美国经济学家奥斯特罗姆通过对发展中国家偏远地区自然资源管理实践的观察，提出社区治理理论。该理论的核心概念为将自然资源归类为公共池塘资源（common-pool resources），具有竞争性和非排他性等特征，如林场、渔场、牧场，由于较高的监督成本以及政府与资源利用者之间信息高度不对称等问题，传统自上而下的政府治理模式难以有效管理“公共池塘”资源。而社区治理基于成员间的广泛信任、合作，能够有效克服这些问题，从而实现对该类资源的高效管理。在实践推广过程中，社区治理模式要求将自然资源的使用权、受益权、所有权甚至执法权分配给社区组织，而政府机构蜕变为授权者角色，不再参与执法过程。

尽管社区治理理论提出后受到广泛关注，但是该理论存在先天缺陷，仅适用于封闭经济，而非开放市场经济。该理论是对东南亚落后国家偏远地区自然资源管理实践的总结，如越南热带森林的传统部落、印度尼西亚传统渔村，这些地区劳动力、资本、生产技术等生产要素流动性很低，本质上是自给自足的封闭自然经济。然而，包括我国在内的绝大多数国家或地区均为开放市场经济，劳动力等生产要素流动性较高，以致社区治理理论的适用范围较小。在自然资源管理实践中，无论是发展中国家还是发达国家，鲜有完全采用社区治理模式。在一些国际金融机构强行推广的项目中，社区治理模式的实施效果也不尽如人意。以越南为例，目前世界银行在越南开展有关水域、林业、渔业等自然资源社区治理项目 23 个，超过半数的项目实施地未能改善当地生态系统，近 1/3 的实施地的生态系统趋于衰退，其他项目的效果尚待评估，唯一较成功的项目是越南红河饮水工程（李维，2018）。此外，无论发展中国家还是发达国家，社区组织普遍结构不完整、功能不健全、执行力较弱，难以承担自然资源管理任务，将自然资源管理权限完全授予社区组织是不切实际的（李维，2018）。

在过去几千年里，我国各地广泛存在以社区治理为核心的自然资源管理模式，这些模式以乡村能人为核心的松散组织构架，在水资源领域应用最为广泛。例如，在过去的封闭经济里，南方水稻用水基本采取社区治理模式，基于道德、村约、良俗等非正式制度，由德高望重的长者决定用水分配机制，该模式运转良好。但是，改革开放后，随着我国农村市场经济的发展，传统乡村社会逐步演变为现代农业社会，水稻种植大户等逐步控制了水资源分配。在此背景下，如果我国广泛推广自然资源社区治理模式，很可能导致农村精英等对自然资源形成垄断，使得生计、收入严重依赖于自然资源的低收入群体难以从自然资源利用中获利，这将对我国农村脱贫攻坚、环境治理以及乡村振兴战略产生较大的负面影响。

鉴于当前我国农村社区组织结构和功能尚不完善，以及农村地区经济社会的高度差异性与复杂性，更适宜在借鉴社区治理模式的优势和坚持传统政府治理模式的基础上，采取多层次适应性治理模式。首先，自然资源同时具备私人物品和公共物品双重属性，政府单方面难以实现有效治理，特别是难以承受较高的执法成本。因此，在现有政府主导的治理模式下，将社区、非政府组织、企业和个人等多层次利益相关者纳入自然资源管理体系，可降低政府执法成本，提高执法效率。其次，自然资源具有明显的地域属性，与特定的经济社会特征相联系，其治理模式表现出高度差异性，如天然林集中在大小兴安岭、长白山及川滇黔藏四省份，人工林则集中在浙、赣、湘、黔、桂等南方省份。因此，自然资源管理不存在统一的“万能”模式，各地可以高度差异化。最后，自然资源是高度复杂的生态系统，不仅与当地的经济社会发展紧密相关，而且与区域甚至全球生态系统密不可分，生态系统表现出非精准性，甚至随机性。因此，自然资源管理模式应表现出适应性特征，不断调整、变化，以适应不断变动中的自然资源状况。

四、技术创新推动我国治理发生深刻的变革

地理信息系统已经证明了其对各国自然资源治理体系带来了深刻

的变革。中国幅员如此辽阔，任何一个地方的自然资源管理都可以在中央政府有限监控之下。中央政府以卫星遥感技术为后盾，能够发现任何地处偏僻保护区土地上的自然资源利用状态，信息不再成为执法的障碍。

以大数据和大数据处理技术为基础的新信息技术革命的兴起是人类历史上一场新的重大变革。大数据以其独有的特质，正逐渐影响着人类的生活方式和思维方式，影响着经济社会的发展脉象以及政府的治理模式与治理能力，成为继计算机和互联网时代之后又一信息化新时代——大数据时代的标志。在大数据、万物互联、区块链技术背景下，要想真正实现政府治理体系与治理能力现代化，必须重塑政府，倒逼行政管理体制实现从微观管理到宏观管理、从分类管理到统筹管理的转型。

“大数据”条件下的“云治理”成为美国环保局和州环保处的新手段。美国环保局耗资最大的项目之一就是建立有毒废气排放数据库。每年经营单位都提供各工厂的有毒废气排放数据，美国环保局核实这些数据并将结果在网上公布。这样公众就可以了解当地是谁在污染环境，并可以和其他地方的同类设施做比较，从而更好地监督污染企业。环保部门可以利用这些信息来要求经营单位采取措施，以减少排放量。通过向当地公众提供信息，寻求环境保护自下而上解决问题的方案。

我国在大数据和互联网技术上已经具备全球引领的能力，大数据时代对传统治理提出的挑战是全方位的，包括治理对象、治理工具和治理逻辑。我国在将大数据技术运用到社会管理、精准扶贫、气象预报等方面已经取得了重大的进展。在自然资源治理领域，尚需要一段时间艰苦的探索，但技术革新对自然资源治理的影响一定是深刻的。

第五节　生态文明建设是我国自然资源治理的中心目标

国家治理体系在党的十八届三中全会中被首次提出，是一个全新的政治概念，中共中央总书记习近平就“国家治理体系”的内涵做了专门解释，指出国家治理体系是在党领导下管理国家的制度体系，包括经济、政治、文化、社会、生态文明和党的建设等各领域的体制、机制、法律、法规的安排，是一整套紧密相连、相互协调的国家制度。

生态文明建设思想是习近平新时代中国特色社会主义思想的重要组成之一。党的十八大以来，面对经济发展与资源环境保护很不协调的局面，党中央开展了一系列的谋划和实践探索，初步构建了生态文明建设的基本框架。党的十九大报告明确“树立和践行绿水青山就是金山银山的理念”，以及“坚持节约资源和保护环境的基本国策”。成立自然资源部、组建生态环境部等国务院机构改革突出了生态文明建设的使命，保护环境与精准扶贫、化解金融风险一起，成为这一届政府的工作重心。生态文明建设成为党和国家的意志，融入我国政治、社会、经济和文化建设中，成为全球推动可持续发展的中国实践和中国方案。党的十八大以来，学界和政界十分重视生态文明概念诠释和习近平新时代中国特色社会主义生态文明建设思想的解读，有利推动习近平生态文明建设思想普及，对凝聚学界、政界的共识，推动全社会树立生态文明观，落实生态文明建设的战略部署，开创生态文明建设新时代具有十分重要的意义。

中国生态文明建设引起了国际学术界的高度关注。在西方主流群体对中国崛起尚存疑惑且心态复杂的背景下，国际主流学术界尚难以接受生态文明的话语。亨廷顿的“文明的冲突”、福山的“历史的终结”在很大程度上主导了当今人类文明的辩论。当新自由主义的旋风遭遇2008年全球金融危机，西方世界必须直面中国等发展中国家的迅速崛起。非主流学者隐约看到了人类现代化进程的“另类”选择和现代性的“另类”解释。但他们难以认同生态文明是人类现代化进程选择和现代性的解释之一，西方学者尤其难以接受人类会有一个新的、西方不熟悉的文明时代的来临。当今主流的主要由西方学者提出的关于人类与自然、发展与环境的思想和学说或许将失去意义。

一些西方政客担心中国的“一带一路”倡议，认为这个倡议将大幅降低中国与世界各地的运输成本和风险，而沿线国家的经济发展更加融入中国迅速的现代化进程中，将使中国获得全球资源、配置全球资源的能力增强。在过去20年中，西方消费者已经习惯了消费全球资源，或利用全球资源在中国等地加工的商品和服务。一旦中国的消费能力大幅提升到美国的水平，这将极大地影响西方消费者的生活水平，也必将影响西方大国从工业革命以来已经形成的寄生于发展中国家资源的政治、经济、社会及文化基础。因此，到了学术界，生态文明建设思想就真正成为具有中国特色，且从情感和学术逻辑上都很难与西方学者沟通的一个名词。

在习近平生态文明思想的指导下，我国正在对国家自然资源治理进行全方面的改革。迄今为止，对国家自然资源治理尚没有一个明确的、成熟的概念。原国家林业局局长赵树丛（2014）提出了林业治理体系的说法，认为它是林业体制机制、法律法规等各种制度安排，包含生态资源产权制度、生态资源监管制度、自然生态系统保护制度、生态修复制度、生态监测评价制度、森林经营制度、生态资源市场配置与调控制度、生态补偿制度、财税金融制度九项内容。这个概念突出了我国单一制大统一的国情，彰显了政府主导的特征，体现了政府作为“元治理”唯一供给方的特点。结合国家治理体系和林业治理体系的概念，融合政治话语与学术话语，我们将自然资源治理体系定义为由行政管理系统、社会组织系统、市场经济系统、思想文化系统等构成的有机整体，这一有机整体以治理制度为核心，包括治理目标、治理原则、治理主体、治理方式等多项治理程序。

森林、湿地和荒漠分别占我国国土面积的21.63%、5.58%和18.03%，是我国生态文明建设的根本基础。经过几十年的实践探索，我国自然资源治理成就突出，但问题也不少。突出表现在，自然资源治理体系初步形成，但破碎化问题严重；基础产权模糊不清、保护不力；利用主体无序开发、粗放利用；政府管理政出多门、各自为战、侵权和失位情况严重；各利益主体权责和收益严重脱节；社会参与分散有限；参与全球生态治理机制的建设和话语尚未成体系。这不仅导致我国自然资源面临面积减少、功能减退、压力增大等问题，限制了自然资源提供生态和文化产品的能力，还构成了建设生态文明和美丽中国的薄弱环节。对自然资源治理进行顶层设计成为解决当下自然资源治理体系破碎化、资源恶化和生态产品供给不足的基础性工作。同时，由于缺乏对中国自然资源治理经验的系统梳理和理论升华，以及与国际主流自然资源治理理论的对话，中国对全球自然资源治理的经验和理论贡献微乎其微，这与中国作为发展中国家中生态建设成就最为突出、自然资源变迁最为剧烈和丰富的国家之一的身份极其不符。

我国人口占全球总人口的近1/5，拥有这个星球最全类型、最复杂自然生态系统，加上我国文化多元、社会经济发展各异，集原始文明、农业文明、工业文明和后工业文明实践之全部，应当可以为人类自然资源治理提供中国智慧和中国方案。坦率地说，我国还没有准备好。我国主流学界和政界把视野局限在向西方学习上，基本无视我国传统的自然资源治理经验，我国基层自然资源治理创新探索。客观地说，在西方理论和经验的冲击下，加上社会管理和经济发展现实和思想不断变化，我国传统自然资源治理知识体系没有跟上时代变迁的步伐，传统知识已经不成体系，呈现碎片化，并快速流失，在实践中所起的作用越来越式微。地方无理论指导的创新和基于西方理论和实践的创新，失败率很高或短期有成效，长期失败了，极少数能够存留下来，更不可能对抗由西方系统知识体系武装起来的政界和学界精英，而形成中国经验和中国方案。

以例为证。在森林治理方面，包括联合国森林论坛、粮农组织、世界银行在内的多边体系都十分强调多相关利益群体在森林政策发起、制订、执行、监测和评估中广泛而有效的参与。这样的表述很容易与民主化、赋权、公民社会培育等话题联系起来。在西方政界和学者眼中，中国集体林地严重细碎化，基于这样的产权基础，是不可能实现森林可持续经营。然而，中国森林增长堪称世界奇迹。期刊的有关林业政策的文章大多数是围绕中国林业政策瑕疵或失灵来论述的。在中国，绝大多数学者心存对中国林业政策的不满。其实，无论是外国学者，还是中国学者，他们度量中国林业政策的尺子都是被认为成熟的西方经济理论。笔者认为，森林细碎化特征正是中国可以贡献给全球的中国方案和中国智慧。森林细碎化客观反映了中国数千年农耕文明遗留的人与土地的关系模式，是小农模式，而不是大林场主模式。集体所有制，或者学术一点叫法“社区所有者”，保障了自然资源治理最重要的原则的实现，即公平性的实现。而近三十年来，我国公益性的森林科学和技术研究体系，政府主导的包括种苗、森林管护、病虫害防治、火灾防治、林产品交易市场等社会化服务体系，以及市场主导的森林采伐、林产品加工、销售等市场化服务体系，为我国森林面积的恢复、质量的提高、市场的发育、市场效率改善、林权主体能动性的发挥等提供了强大的物质基础。更为重要的是，我国森林政策不折腾。我国大的林业政策长期稳定，比如林权安排、限额采伐管理等。长周期政策稳定为我国林业社会化服务体系和市场化服务体系建设积累了知识和经验。而在大多数发展中国家，如菲律宾、印度尼西亚、加纳、巴西等，经常在欧盟、美国、加拿大的干预下，大幅度调整林业政策，而森林面积却伴随政策的不断变化而越来越少。

中国森林政策经验对绝大多数发展中国家是具有重要价值的，老挝、越南森林面积的增长得益于我国的发展经验。中国森林政策经验还是停留在经验层次，缺乏系统研究，要形成科学理论逻辑和系统知识体系，形成让西方学者和广大的发展中国家政界和知识界读得懂的语言，尚有工作要做。就自然资源治理而言，在相当长的时间内，我国的重点还是做好自己的工作，解决我国自身自然资源管理中的问题。

第二章

自然资源的特征

自然资源治理旨在实现自然资源可持续管理，可从自然生态系统的结构和功能来评判是否实现了可持续管理。自然生态系统始终处于良好的结构状态，如在热带雨林地区，多层乔木层、灌木层、草本层、藤本植物多年一直维持在一个稳定的状态，能够有效抵抗各种自然风险，并可调节系统结构以适应外在环境的变化。自然生态系统均具有物质、调节、精神文化等多方面的功能。1987 年，世界环境与发展委员会出版《我们共同的未来》报告，将可持续发展定义为："既能满足当代人的需要，又不对后代人满足其需要的能力构成危害的发展。"这个定义突出了维护自然生态系统的功能。

在本书分章介绍森林、湿地、草原、生物多样性、海洋等自然资源治理时，都单设了一节来介绍这些生态系统的功能。侧重于导向生态系统功能维护的治理需要良好的结构支撑，生态系统的结构和功能是统一的。然而，在本书中治理强调功能，可为人类有意识能动性、有限度地调控自然资源结构，而不伤害甚至提升生态系统的功能提供了可能性。需要说明的是，生态系统结构的调控往往是自然科学和工程领域研究的重心。而社会科学工作者则会把生态系统的结构作为黑箱来处理。当然，社会科学家也可从技术经济、技术伦理、政策支持等角度，为生态系统结构调控铺就培育的温床而开展相应的研究。

本章介绍了资源、自然、自然资源、自然生态系统等名词的概念，分析总结了自然资源的四项特征，包括系统性与整体性、多功能性、空间异质性与演替性；以及自然生态系统的四项特征，包括复杂性、整体性、韧性和恢复性；梳理了人类对于自然资源认识视角的转变，即从单一学科视角转变为跨学科视角。本书常将自然资源和自然生态系统混用，本书将自然资源限定在森林、湿地、海洋、草原、荒漠、生物多样性，这些资源本身就是生态系统，或必须依赖生态系统。两者的区别在于观察事物的角度不同，自然资源侧重于自然（nature），而自然生态系统则侧重于生态系统（ecosystem）。在绝大多数情况下，在本书中两者本身的含义是一致的。

第一节　自然资源的定义

回顾人类对自然资源的认知，从强调资源到重视自然资源的自然属性，再到自然资源是一个复合生态系统。生态系统指在自然界的一定的空间内，生物与环境构成的统一整体，在这个统一整体中，生物与环境之间相互影响、相互制约，并在一定时期内处于相对稳定的动态平衡状态。生态系统的空间范围可大可小。生物圈是地球最大的生态系统，包括城市、农田、果园等人工生态系统，以及森林、湿地等自然生态系统。生物圈包括了很多生态系统，即便是一个较小的系统，比如荒漠生态系统包括绿洲、沙漠、湖泊、河流、森林、草原，也就是说，荒漠生态系统可包括绿洲生态系统、沙漠生态系统、湿地生态系统等，只是这个系统中沙漠占据非常高的比重。不同自然生态系统间通过能量流动、物质循环、物质流动、信息传递和价值流动，相互联系、相互制约，形成具有自调节功能的自然生态系统。一些自然生态系统的人工干扰很大。我国人工林在森林中的比重很高，我国普遍采用人工促进森林结构的调整。本书把森林等纳入自然生态系统，并不严格排除为了人类利益最大化所采取的人为干预。生态系统是开放系统，为了维系自身的稳定，生态系统需要不断输入能量。

一、资源

劳动力和土地是财富形成的两个原始要素。其中，劳动和自然界结合才是一切财富的源泉，因为自然界为劳动提供了材料，而劳动把材料转变成了财富（马克思，2012）。资源可以是一个非常广泛的概念，可包括狭义概念中的来源于大自然、具有经济价值的自然物，还包括人类劳动的社会、经济、技术等因素，以及人力、人才、地理位置、信息、知识等。刘文等（1996）将资源定义为：一切可被人类开发和利用的物质、能量和信息的总称，它广泛地存在于自然界和人类社会中，是一种自然存在物，能够给人类带来财富。或者说，资源就是指自然界和人类社会中一种可以用以创造物质财富和精神财富的具有一定量的积累的客观存在形态。一般来说，资源按照性质可分为三大类：自然资源、社会经济资源和技术资源。主流思想认为，自然资源指的是一切物质和自然产生过程，是在一定技术经济环境条件下对人类有益的资源；社会经济资源是直接或间接对生产产生作用的社会经济因素；技术资源则是直接的生产力，是改造客观世界的方法与手段。

二、自然

2009 年出版的《辞海》定义了“自然”的概念：统一的客观物质世界，是在意识之外，不依赖于意识而存在的客观实在。广义的大自然包括人类社会在内的整个客观物质世界，此物质世界是以自然的方式存在和变化着的，人的意识也是以自然方式发生的物质世界，人和人的意识是自然界发展的最高产物。而狭义的大自然指的是“自然界”，即与人类社会相区别的物质世界，具体可分为有机界和无机界（郭湛，2000）。这是当前最流行的一种对于“自然”的理解。

但是，该理解实际上是矛盾的。它强调自然是一种客观实在，而不是意识，但又阐述“人和人的意识是自然界发展的最高阶段”。这种自然观体现了近代二元论对人的观念的影响，即认为人既是一个自然的生物，又是一个思维的我，而后者又被近代哲学家划出了“自然”的范畴。因此，这种理解与定义将“自然”和“人”塑造成两个相对、互补的概念。

实际上，自然不是与人对立的概念，而是与人共生互补的概念。人是自然不可或缺的一部分，如果没有人，自然就完全没有意义。自然是人的条件：不仅是物理条件，也是人文条件，人只能在此条件下行事，否则即为“逆天”或者“反自然”。当然，我们也不否认自然对人也有不利的一面，例如各种自然灾害。因此，若想赞天地之化育，便要变害为利，使自然尽可能与人和谐一体（张汝伦，2011）。

三、自然资源

什么是自然资源?《辞海》中将自然资源定义为：天然存在并有利用价值的自然物，如土地、矿藏、水利、生物、气候、海洋等资源，是生产的原料来源和布局场所（刘胤汉，1988）。联合国环境规划署将自然资源定义为：在一定的时间和技术条件下，能够产生经济价值，提高人类当前和未来福利的自然环境因素的总称（陈波翀、郝寿义，2005）。大英百科全书也对此概念进行了解析：自然资源是人类可以利用的自然生成物，以及形成这些成分源泉的环境功能。自然资源是天然生成的物质来源，是人类生存和发展的物质基础。自然资源管理是指，基于经济学与人本思想，通过调查评价、确权登记、用途管制、督查监管等管理形式，对自然资源进行公平、高效率运用，以满足当前人类及未来子孙后代的发展需求，保障自然资源的永久可持续与人类福利最大化的一系列活动的总称。上述内容均为经济学视角下关于自然资源的探讨。

另外，部分学者从生态学视角出发，认为自然资源是一个系统性概念，与自然生态系统的定义类似。人与自然应是和谐共生的，农业资源、国土资源、矿产资源、气候资源、水资源等资源都具有“自然”的特征，可以与人类构成一个有机的整体。例如，我国云南的哈尼梯田、贵州的稻田养鱼、北京的京西贡米都是人类农耕文明和自然界的巧妙结合。作者赞同此观点，认为经济学视角下关于自然资源的定义反映了工业文明时代的思维，体现了人与自然二元对立的认知，鲜明表达了人类中心主义立场。这些定义的重心是相对人或人类而言的“资源”，而不是自然。一旦将农业土壤看作是“资源”，与劳力、机械、良种、化肥、农药结合就可生产粮食和财富，再盖上温室大棚，就可生产蔬菜和带来更多财富，那么农业土壤终究会“死亡”，而失去“自然”的价值。因此，本书将自然资源的重心放在“自然”，而不是“资源”上，将自然资源限定为“森林、荒漠、湿地、草原、海洋生态系统和野生动植物资源”。

四、自然生态系统

本书中，自然生态系统取其广义，即等同于生态系统。自然生态系统是生态学的概念，指的是在一定的时间和空间内，由生物群落与其环境组成的一个整体，各自然资源间通过能量流动、物质循环、物种流动、信息传递和价值流动，相互联系、相互制约，形成了具有自调节功能的复合体。

1935 年，英国生态学家坦斯利明确提出自然生态系统的概念。自然生态系统的基本概念是物理学上使用的“系统”整体，这个系统不仅包括有机复合体，也包括形成环境的整个物理因素复合体（Tansley，1935）。欧德姆博士对推动生态学作为显学作出了杰出的贡献，最先提出自然生态系统（ecosystem）一词。他认为应把生物和环境看作一个整体来研究，定义生态学是：“研究自然生态系统结构与功能的科学”（Odum et al.，1971）。

自然生态系统的组成成分非常丰富，具体包括：非生物的物质和能量（无机物、有机化合物、气候因素）、生产者、消费者、分解者。当前，全球有多种多样的自然生态系统类型，包括森林生态系统、草原生态系统、海洋生态系统、湿地生态系统、淡水生态系统、农田生态系统、城市生态系统和冻原生态系统等。其中，无机环境是一个自然生态系统的基础，其条件的好坏直接决定了生态系统的复杂程度和其中生物群落的丰富度；生物群落反作用于无机环境，生物群落在生态系统中既在适应环境，也在改变着周边环境的面貌，各种基础物质将生物群落与无机环境紧密联系在一起，而生物群落的初生演替甚至可以把一片荒凉的裸地变为水草丰美的绿洲。自然生态系统各个成分紧密联系，使自然生态系统成为具有一定功能的有机整体（Briand et al.，1987）。

地球上最大的自然生态系统是生物圈（biosphere），也是这个星球最大的生命系统。生物圈的概念由奥地利地质学家休斯在 1875 年首次提出，指地球上有生命活动的领域及其居住环境的整体，是所有自然生态系统的统合整体。作为地球的一个外圈层，生物圈的范围大约为海平面上下垂直约10千米，包括地球上有生命存在和由生命过程变化和转变的空气、陆地、岩石圈和水。从地质学广义角度上来看，生物圈是结合所有生物以及它们之间关系的全球性的生态系统，包括生物与岩石圈、水圈和空气的相互作用。

大多数现代生态学家认为，自然生态系统的主要研究对象是系统中和系统间的能量流动与物质循环。能量是自然生态系统的动力，是一切生命活动的基础。一切生命活动都伴随着能量的变化，没有能量的转化，也就没有生命和自然生态系统。物质循环可分为三大类型：水循环、气体循环和沉积式循环。在生态系统中，所有的物质循环都是在水循环的推动下完成的，因此，没有水的循环，也就没有生态系统的功能，生命也将难以维持。目前，自然生态系统的概念和原理已经被许多学科所接受（董光璧，2014）。

第二节　自然资源的特征

根据第一节对于自然资源定义的讨论与总结，本书强调的是自然资源的“自然”属性，而不是“资源”属性。据此，本节将自然资源的特征梳理总结为以下几点：系统性与整体性、多功能性、空间异质性以及演替性。

一、自然资源的系统性与整体性

地球上的各种自然资源之间相互影响、相互制约，共同构成有机联系的统一整体。“山水林田湖草是一个生命共同体”，人类若改变其中一种自然资源或生态系统某种成分，都会形成连锁反应，从而影响整个自然资源系统的变化，甚至可以用“一荣俱荣，一损俱损”来形容（成金华等，2019）。例如，森林资源与水资源之间有着十分密切的联系，森林资源的过度砍伐会导致水资源的流失；荒漠中的绿洲、湖泊是与沙漠共生的，沙漠极低的水分耗散和绿洲、湖泊较强的蒸腾构成了水循环的平衡。大自然的每个创造物都有自己的存在，都是一个特殊概念，但它们合起来又是一个整体（马中，2006）。

二、自然资源的多功能性

自然资源与生命支持系统息息相关，对于地球生命支持系统的运作发挥着关键性作用（Robert，1999）。生命支持系统是地理学上的概念，具体包括有机界（植物、动物、微生物及人类社会）、无生命的自然界（太阳能、地热能、大气、水、土壤、岩石，以及相互作用而形成的生成物、中间产物、组合环境和条件）。两者互相依赖、互相影响、互相渗透的共存，以及相克、互补、对立、转化、协调等的耦合关系，共同构成了生命支持系统的基本骨架。由此可见，生命支持系统实际上是由人类社会、多种自然资源，以及人类社会与自然资源之间、各类自然资源之间的互动关系构成。

森林、湿地、荒漠、草地等自然资源具有广泛的经济、生态、社会和精神文化多功能性，可提供人类所需要的物质产品，包括食物、燃料和其他消费品和工业原料等。自然资源具有十分重要的调节功能，保持地球及地球上各个部分生态系统处于正常的状态。自然资源还具有精神文化价值。美国著名文化地理学与历史地理学家卡尔·奥特温·苏尔曾说，“资源是文化的一个函数”，人类的认知源于自然，情感寄寓于自然，艺术创造和感观审美等也都是在模仿和学习自然的过程中受到触动和启发而形成的，所以人类特需的精神资源也是来源于自然界。中华民族向来尊重自然、热爱自然，绵延5000多年的华夏文明孕育了丰富的自然资源文化。中国的自然资源文化是伴随着自然资源事业的发展进程而产生和发展起来的，是国土文化、湖沼文化、海洋文化、森林文化、湿地文化等文化的传承、延续与发展，因此具有时代性、传承性、悠久性、广博性和包容性（陈昌笃，1988）。

三、自然资源的空间异质性

自然资源的空间异质性强调自然资源地理空间分布的区域差异性。自然资源的分布有的受地带性因素的影响，有的受非地带性因素的制约，如太阳辐射、大气环流、地质构造和地表形态结构等因素。由于影响自然资源地域分布的因素基本上是恒定的，在特定条件下必定会形成和分布着相应的自然资源区域，所以自然资源的区域分布有一定的规律性（刘胤汉，1988）。中国从北向南分别分布着寒温带针叶林带、温带针叶落叶阔叶混交林带、暖温带落叶阔叶林带、北亚热带常绿阔叶和落叶阔叶林带、中南亚热带常绿阔叶林带、南亚热带、热带、赤道带季雨林和雨林带。在武夷山，从山脚向上到山顶，随海拔递增，依次分布着常绿阔叶林带（350~1400米）、针叶阔叶过渡带（500~1700米）、温性针叶林带（1100~1970米）、中山苔藓矮曲林带（1700~1970米）、中山草甸（1700~2158米）五个植被带。

即使在同一地带，自然资源也会表现出很大的异质性。低温和干旱地区的自然会单调一些。我国北方温带干旱地区会因小气候的不同、地形地貌变化、水分空间分配不一而生发出不一样的自然，其物种构成也不一样。大概这个星球65%以上的自然已经受到了明显的人为干扰，甚至是不可逆的干扰。人类干扰的强度和频度也会生发出与原生自然不一样的自然。如果从社会经济角度来看，因人口密度、与商业中心和消费中心的距离的不同，自然资源各要素赋予的价值构成不一样，每一个人可能赋予的价值也不一样。每一片自然资源都是特别的，而不同的人认为的每一片资源特别的地方还不完全相同。

四、自然资源的演替性

自然资源的演替包括了稳定和变动两种状态，两者并不是对立的，而是同时存在的。自然资源像世界上任何事物一样，都处于运动和变化中。长期自然演化的各类自然资源能维持相对稳定的平衡。在相对稳定的生态系统内，自然资源之间的能量流动和物质循环能较长时间保持平衡状态，并对内部和外部的干扰有一种负反馈机制，使得扰动不致破坏系统的稳定性。但是，当某种干扰超过其能忍受的阈限时，系统就要崩溃。例如，结构简单的人工农田生态系统尽管能获得很高的生产力，但从稳定性来看却是十分脆弱的，稍不精心管理，杂草、病虫害就会蔓延成灾。通常，自然资源种类越丰富，系统的结构越复杂，稳定性越好。例如，热带雨林是全球最大的生物基因库，动植物种类极其丰富，从林冠到林下树木，分为多个层次，彼此套迭。

全球所有自然资源与人类社会构成了一个有机整体，且具有系统性与整体性、多功能性、空间异质性与演替性等特征。而治理自然资源，实际上是对其复杂结构与多功能的治理，从而维持自然资源的多样性和正常的自然演替规律。在人类对自然有任何举动之前，自然对于人类就已经是有意义的了，两者之间是共生互补的关系。因此，作者希望人类与自然能够和谐统一，并且自然资源能在多多保存“自然”属性的同时为人类提供服务。

第三节　自然生态系统的特征

自然生态系统是一个动态体系，其中各种自然资源间发生着能量流动、物质循环、物种流动、信息传递和价值流动，并且相互联系、相互制约。本节着重介绍自然生态系统的系统性特征，具体包括复杂性、整体性、韧性和恢复力四个方面。

一、复杂性

多样性与复杂性是对复杂自然属性的度量。自然生态系统具有结构和功能的多样性，具体指的是系统某一层次组分相异的多样化程度，描述的是现存状态，是静态的。复杂性除了包括系统中各个尺度的多样性外，还包括这些组分之间的联结与作用，是动态的。这也决定了生态系统是一个极为复杂的、多要素、多变量构成的层级系统。自然生态系统和自然界许多事物一样，具有发生、形成和发展的过程。自然生态系统可分为幼年期、成长期和成熟期，表现出鲜明的历史性特点，自然生态系统具有自身特有的整体演化规律。换言之，任何一个自然生态系统都是经过长期发展形成的（张晓春，2009）。

二、整体性

自然生态系统的整体性反映在其结构与功能上。自然生态系统由非生物成分和生物成分组成。生物成分可划分为三大功能类群，即生物者、消费者和分解者，三者之间的有机联系体现出生态系统的功能。物质和能量沿生产者、消费者和分解者这一渠道传递和流动。此外，生态系统通过各成分之间的能量流动、物质循环、信息传递，把各个成分紧密地联系起来，反映了生物彼此之间、生物与无机环境之间相互作用、相互影响。这种相互作用、相互影响使生态系统不断变化和发展，体现出生态系统的整体性。

三、韧性

自然生态系统的韧性有多种定义。它是一种缓冲能力或是系统吸收扰动的能力，又或是在系统通过更改控制行为的变量和过程来更改其结构之前可以吸收的干扰的大小。此外，韧性的其他定义强调了生态系统从干扰中恢复的速度，突出了韧性和抵抗力之间的差异（后者是将干扰实际转化为影响的程度）。部分生态经济学家认为，韧性是广义上可持续性的关键，它与生态系统的稳定性有关（Adger，2000）。

四、恢复力

生态系统恢复力是指生态系统在受到外界干扰，偏离平衡状态后所表现出的自我维持、自我调节及抵抗外界各种压力和扰动的能力，以维持其重要特征（高吉喜，2001）。

从已有研究来看，生态系统恢复力主要受到气候、植被、生物多样性、人类活动等方面的影响。具体而言，气候变化对植被等生态系统构成要素的影响会引起生态系统结构的变化，从而影响生态系统的恢复能力；植被对生态系统恢复力的影响一般通过植被的净初级生产力表达，值越大，生态系统各构成要素越健康，则生态系统恢复力越强；多数研究显示，生物多样性与生态系统的稳定性呈正相关；人类活动对生态系统产生的各种人为干扰可能会改变生态系统的结构与恢复能力，如乱砍滥伐使土壤退化、生物多样性减少、火灾风险增加，导致生态环境破坏（顾康康，2012）。

在生态系统恢复力的具体表现中，自我调节是很重要的一部分，其机能主要表现在三方面：一是同种生物的种群密度的调控，这是在有限空间内比较普遍存在的种群变化规律；二是异种生物种群之间的数量调控，多处于植物与动物、动物与动物之间，常有食物链关系；三是生物与环境之间的相互适应的调控。生物经常不断地从所在的生境中摄取所需的物质，生境亦需要对其输出及时补偿，两者进行着输入与输出之间的供需调控。生态系统对干扰具有抵抗和恢复的能力，甚至面临季节、年际或长期的气候变化的动态，自然生态系统也能保持相对的稳定。自然生态系统调控功能主要靠反馈的作用，通过正、负反馈相互作用和转化，保证系统达到一定的稳态（杨庚等，1984）。

人类社会本身只是全球自然生态系统的一个子系统，人类社会的正常运转需要以自然生态系统的正常运转作为保证。因此，充分认识自然生态系统的复杂性、整体性、韧性、恢复力等特征对于寻找一条人类与自然和谐共生的道路而言十分重要且必要。

第四节　认识自然资源：从单一学科视角走向跨学科视角

本节总结梳理了历史上人类对自然资源认识视角的转变，从强调经济利益和短期经济价值的经济学视角，逐渐侧重于强调自然资源“自然”属性的生态学视角，但这两种认识均是从单一学科视角出发的。随着社会经济的发展，复合生态系统与社会生态系统等概念的出现标志着人类对自然资源的认识进入跨学科的视角。

一、单一学科视角下的自然资源

20 世纪 70 年代之前，全球对于自然资源的利用更多地强调其经济效益的最大化。1971 年，联合国教科文组织发起的《人与生物圈计划》强调了生态意识在人类社会经济活动中的重要性，并开始将人与自然作为一个系统加以研究，从此自然生态系统理念在管理实践中开始得到应用。人类对于自然资源的理解不再只停留在经济学视角，而是开始更加关注其生态学意义。

从 20 世纪 80 年代起，环境恶化、资源枯竭等一系列资源环境问题频频发生，自然生态系统的可持续性问题逐渐成为人们关注的焦点，对生态系统管理的理论和方法的研究也受到了许多科学家的关注。科学家对于生态学的研究从重视短期产出和经济效益转变为强调长期定位、大空间尺度的研究。生态系统管理理念在 20 世纪 90 年代传入中国，许多学者对于生态系统管理的理论有着不同的探讨，例如，赵士洞、汪业勖（1997）论述了生态系统管理的基本问题；于贵瑞（2001）提出了生态系统管理学理论框架；顾传辉（2001）认为生态系统管理的目标是恢复和维持生态系统的健康、高产和生物多样性以及生命的总体质量。

总体来说，上述的传统自然资源管理与生态系统管理更多的是从单一学科视角出发展开的探讨，具体包括经济学视角和生态学视角。可是，随着科学技术、经济社会和文化的发展，学者们意识到生态系统管理具有自然、社会、经济等多种基本构成要素，并且具有复杂的层次结构和整体功能。至此，跨学科视角下的自然资源概念开始出现。

二、跨学科视角下的自然资源

我国生态学家马世俊（1984）第一次提出了复合生态系统的概念，认为复合生态系统是人与自然相互依存、共生的复合系统，组成复合系统的三个系统分别为社会生态子系统、经济子系统和自然子系统。王如松（2003）在前人的基础上，最早明确提出复合生态系统管理的概念，即“复合生态系统管理旨在倡导一种将决策方式从线性思维转向系统思维，生产方式从链式产业转向生态产业，生活方式从物质文明转向生态文明，思维方式从个体转向生态人的方法论转型。通过复合生态系统管理，将单一的生物环节、物理环节、经济环节和社会环节组装成一个有强生命力的生态系统，从技术革新、体制改革和行为诱导入手，调节系统的主导型与多样性，开放性与自主性，灵活性与稳定性，使生态学的竞争、共生、再生和自生原理得到充分的体现，资源得以高效利用，人与自然高度和谐。”

2009 年，美国政治经济学家奥斯特罗姆在《社会生态系统可持续发展总体分析框架》一文中提出，所有自然资源系统都是嵌入在复杂的社会生态系统中的一部分。社会生态系统可以分成不同的子系统，而这些子系统又可以进一步分解成不同的层级，这就好比动物体由器官构成，器官由组织构成，组织由细胞构成，细胞由蛋白质构成。据此，奥斯特罗姆提出了社会生态系统分析框架（谭江涛等，2010）。

由此可见，不同学科背景的学者不约而同提出了跨学科视角下的自然资源的相关概念。无论是生态学语境下的复合生态系统，还是经济学语境下的社会生态系统，实际上含义是相同的，都是将自然、社会、经济等要素系统地、有层次地融合在一起，达到人与自然的和谐共生。

综上所述，传统自然资源的管理主要强调人类利用资源的经济价值和对其进行短期调控；生态系统的管理以可持续发展为目标，注重保护自然生态系统的自然状态和完整性，强调生态系统的“自然”属性；而复合生态系统（社会生态系统）的管理强调人类活动对这些过程和生态系统结构、功能的影响，其本质是系统性。在理解自然资源与自然生态系统方面，从经济学或生态学等单一学科视角转变为跨学科视角是人类社会经济发展和环境演进的必经过程。

第三章

基层自然资源治理理论

在自然资源治理理论和实践中，基层治理处于基础性地位。第二次世界大战（以下简称二战）以后，发展中国家普遍采取自然资源国有化和政府管制的方式管理自然资源，地方居民普遍被排斥在资源利用和经营之外，带来了严重的生态、经济和社会问题。20 世纪 80 年代以来，自然资源治理的理论和实践逐渐从管制向治理转变，从单一治理转向多中心治理。尤其是，与自然资源相伴的地方政府、社区、农民等在自然资源治理中扮演了越来越重要的角色，被认为是实现自然资源可持续管理不可或缺的行动者。

自然科学成就深刻影响着人类自然资源的治理。法正林思想对向中国这样的少林国家影响深远。我国森林管理法律体系、组织体系、标准体系，以及森林管理单元很多是从前东欧国家复制过来的，逐步被法正林思想所修改。新时代中国森林治理存在的问题归根到底是法正林思想已经不适应我国生态文明建设的需要。二战以后，人类对森林、湿地、海洋、生物多样性等生态系统自然过程积累了丰富的知识，这些知识不断推动了自然生态系统治理的调整。20 世纪 70 年代启动的联合国人与生物圈计划和近期启动的联合国科学—政策平台把人类形成的自然科学知识，甚至零碎的社会科学知识转化到自然生态系统治理实践中。哲学、文学、心理学、经济学、社会学、政治学、法学、商学都对全球自然资源管理产生了影响。以经济学为例，生产的外部性和外部性的内部化为环境服务市场化提供了理论依据。农村发展社会学家企图从行动者、行动者的能动性、知识的生产和传播、组织等方面形成理论逻辑，指导自然资源治理实践，涉及环境的社会运动为自然资源有效治理助力。《瓦尔登湖》等文学作品的诞生推动人类反思自我，甚至反省自我，达尔文主义受到了怀疑。

我们无意忽视这些学科理论进步对自然资源管理的深刻影响，也无法穷尽与自然资源治理相关的自然科学和社会科学成就。本章主要针对20世纪80年代以来，总结与基层自然资源治理有关的理论，主要包括公共池塘资源自主治理理论、分权理论、生态补偿理论、多中心治理理论，构成了基层自然资源的基础性框架，成果丰富且影响广泛（龙贺兴等，2016；龙贺兴、刘金龙，2018）。本章旨在介绍这些理论的来龙去脉、基本观点和不足之处。

第一节 公共池塘资源自主治理理论

经济学将在消费中有竞争性但没有排他性的物品称为公共池塘资源，将既无竞争性又无排他性的物品称为公共物品。森林、草原、海洋渔业资源等自然资源在物理上都属于公共池塘资源，具有高竞争性、低排他性的特点。自然资源提供的生态产品则属于公共物品，由全社会所共享。由于难以阻止自利的个人免费或低成本使用自然资源，自然资源常常面临公地悲剧、囚徒困境和集体行动的困境，揭示了理性的个人因搭便车和机会主义行为导致的集体行动困难，造成了自然资源的退化。为此，早期的经济学家一般认为对自然资源要么采取政府管制，要么私有化，尤以哈丁的“公地悲剧”最为著名（Hardin，1968）。

20世纪80年代以来，以埃莉诺·奥斯特罗姆（Elinor Ostrom）为代表的公共池塘资源治理学派通过挖掘和整理小规模群体自主管理公共池塘资源的成功和失败案例，论证了自主治理可以成为政府和市场之外的管理公共池塘资源的第三条道路（Ostrom，2010）。公共池塘资源自主治理理论主要关注一群相互依赖的使用者如何组织起来，形成集体行动，自主治理自然资源，从而能够在所有人都面对搭便车、规避责任或其他机会主义行为诱惑的情况下，取得持久的共同收益。使用者群体通常由20~30个家庭组成，它们共同拥有全部或者部分产权，合作管理公共池塘资源。随着对自主治理的深入研究，以奥斯特罗姆等为代表的公共治理学派认为，使用者群体自主治理同样能够有效地利用和保护自然资源，甚至在某些地方更有优势。这源于自然资源具有属地性质，相比中央政府等外部干预者，当地资源使用者与自然资源的关系更为密切，并具有信息优势和社会资本优势，可以发展出符合当地自然、经济、社会特点的地方制度来解决公地悲剧问题。以奥斯特罗姆为代表的公共资源治理学派对集体行动和地方制度的研究，推动了以社区为基础的自然资源管理在理论和实践上得到前所未有的关注。

自20世纪80年代以来，寻求影响公共池塘资源集体行动的因素成为公共池塘资源领域的重要研究内容。该领域的研究可以分为三个阶段。

第一，挖掘社区自主管理公共池塘资源的成功或失败案例，论证自主治理的可行性，找出影响公共池塘资源集体行动的因素。早期公共池塘资源领域的研究学者注重在现实和历史中挖掘和整理成功以社区为基础的自然资源管理案例，涵盖森林、草原、农业灌溉、湖泊、海洋渔业等资源，以论证公地悲剧的逻辑和事实缺陷以及自我管理实践的可行性（Wade，1987；Ostrom，1990；Baland and Platteau，1996）。尤其是，奥斯特罗姆归纳了“清晰界定的边界，因地制宜的占用与供应规则，照顾少数人的集体选择安排，有效的监督，分层级的制裁，有效的冲突解决机制，存在社区自主治理的空间，分权制的管理单位”等八个社区成功自主治理自然资源的条件，构建出制度分析与发展框架（Institutional Analysis and Development，IAD），构成了公共池塘资源领域集体行动理论发展和综合分析的基础（Ostrom，1990；Ostrom et al.，1994）。这一阶段的研究成果集中体现在阿格拉沃尔（Agrawal）于 2001 年在《World Development》上发表的文献综述，文章对影响成功社区集体行动的自然、群体、制度和外部因素进行了总结，并提出了突破案例方法局限、引入大样本分析的设想。

从独立行动到合作的或集体的行动的转变是一个至关重要的问题。奥斯特罗姆（Ostrom，1990）认为，新制度的供给、可信承诺、相互监督是形成公共池塘资源自主管理的集体行动需要解决的三个问题。占用者就公共池塘资源问题采取集体行动往往是一个不确定的、复杂的事情，而个人的行为选择取决于他如何看待和评价复杂和不确定环境中的收益和成本。影响个人策略选择有四个内部变量：预期收益、预期成本、内在规范和贴现率。不能假定只要规则变革的净收益超过了净成本，占用者就会采纳新规则，因为当群体成员面对公共池塘资源问题时，通常都会有很强的规避责任、搭便车和以机会主义方式行事的倾向。但当资源恶化且被群体成员普遍认可时，或当群体领袖能够使群体成员相信“危机”迫近时，群体成员便会愿意接受限制他们使用资源活动的新规则。此外，一个自主组织的群体需要在没有外部强制的情况下解决承诺问题，由群体成员自己去监督成员的活动、实施制裁，以保持对规则的遵守。只有在解决了监督问题之后，才可能做出可信的承诺，但现实中外部强制常常被用来作为解决承诺问题的方案。

奥斯特罗姆的集体行动理论是一个多层次理论，而使用规则是联系不同层次的纽带。奥斯特罗姆认为，使用者群体的集体行动选择策略受到宪法选择、集体选择和操作规则三个层次的影响（Ostrom，1990）。

操作规则直接影响占用者有关下述问题的日常决策：何时、何地及如何获取资源单位，谁来监督并如何监督其他人的行动，何种信息必须进行交换，对行为和结果的奖励或者制裁。集体选择规则间接影响操作规则，通常是占用者及其政府官员在就如何管理公共池塘资源制定政策时使用。宪法选择规则通过决定谁具有资格决定用于制定影响集体选择规则的特殊规则，以影响操作活动和结果。集体行动困境并不必然发生在操作层次，也可以发生在集体选择和宪法层次。也就是说，可以有多个层次行动场域的同时存在。操作、集体选择和宪政选择层次不依行政层级来划分，宪政层次同样可以存在于社区层面。层次越高，面临的监督和制裁困难也越大，成本也越高。

第二，构建制度分析与发展框架，并引入计量分析、实验方法、荟萃分析等多种方法来规范和检验各种因素与社区公共池塘资源集体行动的关系。首先，在 20 世纪 90 年代中期正式提出了制度分析与发展框架，帮助不同学科学者在分析公共池塘资源时使用共同的解释语言。奥斯特罗姆及其团队基于多年对公共池塘资源管理的案例研究，从制度这一社会科学共用的概念出发构建了制度分析与发展框架，重点关注自然、社区、规则变量如何影响公共池塘资源管理的集体行动及其效果，从而推进不同学科研究者在公共池塘资源管理研究中的对话（Ostrom，1994）。经过不断完善，制度分析与发展框架已成为研究公共池塘资源管理的操作指南，被广泛用来解释森林、水资源、草场等领域自主治理组织的制度变迁和效果（Ostrom，2010）。其次，基于制度分析与发展框架建立了国际林业研究网络（IFRI），从 1993 年开始逐步收集 16 个发展中国家 200 多个社区森林使用者群体的数据，形成了多次访问和代表性相当广泛的数据库。这套数据在 2005 年以后主导了森林资源领域与集体行动有关的几乎所有重要计量研究，涉及执行、经济异质性等与集体行动的关系及其生态效果（Gibson et al.，2005；Chhatre and Agrawal，

2008；Persha et al.，2011）。

第三，拓展全球、国家层面和社会生态系统层面揭示公共池塘资源治理。这方面的工作主要包括：寻求解释国家、全球等宏观层面公共产品集体行动的条件，如气候变化、海洋保护、空气污染等（Dietz et al.，2003；Ostrom，2010）；拓展多中心治理框架在自然资源治理中的应用（Nagendra and Ostrom，2012）；发展社会生态系统框架，强调自然生态系统和社会系统之间的互动问题（Ostrom，2007）。具体而言，考虑到人类与自然的复杂互动关系，奥斯特罗姆提出了社会生态系统框架，呼吁从社会生态系统的高度对如何解决复杂、非线性、动态性的生态问题进行理论与实践探索，避免陷入某种单一措施可以包治百病的错误思维。奥斯特罗姆认为，理解社会系统与自然系统互动的复杂性是真正理解"公地悲剧"等生态问题形成机理和解决方案的基础（Ostrom，2009）。社会生态系统框架具有多层级性，每一层级都包括资源系统、资源单位、治理系统、使用者等变量单位。资源系统、资源单位、治理系统、使用者与社会经济背景和外部生态系统结合在一起，直接影响社会生态系统最终的互动结果。可以说，社会生态系统框架为发现和识别特定生态问题和情境下资源系统、资源单位、行动者和治理系统的关键变量，从社会生态系统的层面理解特定措施的适用性和效果，提供了分析工具，已经被广泛应用在海洋捕鱼、毁林、水资源管理等领域。

在公共池塘资源自主治理理论的影响下，以社区为基础的自然资源管理成为20世纪80年代以来发展中国家自然资源分权改革的重要结果。社区自然资源管理（community natural resource management，CNRM），也称为以社区为基础的自然资源管理（community-based natural resource management，CBNRM），是指在一定空间范围内具有管辖权和责任的社区，建立清晰且集中的组织架构和共同利益，有效、公平、可持续地自我管理自然资源的模式（Blaikie，2005）。以社区为基础的自然资源管理体制呈现出多样性，合作管理、共同管理、混合管理等实践层面上的概念相继被提出。该模式在社会和社区林业、社区野生动物管理、缓冲区管理、参与式多目标社区项目、公共池塘管理等领域都有着广泛的应用。由于以社区为基础的自然资源管理在扶贫、当地知识的利用、外部性问题内部化、民主参与、解决公地悲剧、解决政府失灵问题等方面有着出色的表现，自 20 世纪 90 年代起在全球范围内被开始广泛推广。例如，印度的合作森林管理（joint forest management）作为一种政府与社区的混合治理形式广受世界关注。合作森林管理通过将国有森林的部分权属转让给社区，尝试兼顾地方社区的生计需求和鼓励地方社区的自主管理，对改善生计、实现森林可持续管理发挥了一定的积极作用。

虽然社区以为基础的自然资源管理在不同领域有着不同的侧重，但是大多数都包含类似的特征：（1）保证社区成员和当地机构参与自然资源的利用、管理和保护；（2）从中央（或者省级）政府向地方机构和居民分权；（3）有意愿去对接和协调在社会经济发展与环境保护方面的不同目标；（4）有倾向去保护当地社区资源并使其产权合法化；（5）认可传统价值观和生态知识在现代资源管理体系中的重要性（Kellert et al.，2000）。

克勒特（Kellert）进一步提出了以社区为基础的自然资源管理涉及的六个经济、社会、环境方面的关键因素：（1）公平，社会经济利益和资源的公平分配；（2）赋权，权力和地位的分配，尤指当地居民和政府之间的分权，特别是决策、控制和民主；（3）冲突化解，解决社区之间、社区与当地组织、政府的争端与矛盾；（4）地方性知识，挖掘、利用、融合传统知识和当代知识；（5）生物多样性保护，生物多样性和相应栖息地的存续和保护；（6）可持续利用，长期稳定地使用消费性和非消费性自然资源，以达到代际平衡。

经验研究表明，使用者群体自主治理体制也不是包治百病的灵丹妙药。使用者群体自主治理面临的主要问题包括：（1）使用者群体自主治理需要满足一系列自然、社区、规则条件，才有可能带来良好的绩效，但在现实中很难同时具备和模仿，（Blaikie，2006）；（2）以社区为基础的自然资源管理同样存在着精英俘获、分配不公、冲突等问题（Adhikari and Lovett，2006）；（3）社区为了改善生计或公共服务供给，有可能会过度开发自然资源或者转变土地用途，带来自然资源退化和生态环境破坏（Tacconi，2007）；（4）以社区为基础的自然资源管理的绩效还受到全球、国家、地方不同层次行动者的影响，如国家发展战略、国际援助、农业政策、外贸政策、土地产权政策（Berkes，2007）。

第二节　分权理论

20 世纪 80 年代以来，全球自然资源管理向下分权的进程在加速，分权改革成为发展中国家自然资源管理最为显著的特征之一。计划经济体制和结构发展主义的失败，以及新自由主义的兴起，直接推动了发展中国家和转型国家的分权改革和市场化改革（Parpart and Veltmeyer，2004），而自然资源领域的分权改革成为其中的重要组成部分。在发展中国家，较大比例的穷人直接依靠自然资源为生，下放自然资源管理权，促进自然资源可持续利用和管理被认为是促进减贫的重要措施。随着中央政府管制的政治、经济、社会、生态负面影响逐渐凸显，越来越多的地方政府和社区也积极要求参与自然资源的管理和利用，提高农村发展活动的效率和公平。以森林为例，全球有超过 60 个发展中国家向地方政府、社区转移了不同程度的森林资源权属（White and Martin，2002；Agrawal et al.，2008）。在此背景下，分权概念和分权理论在自然资源治理领域得到了广泛的应用和实践。

自然资源分权的对象包括地方政府、社区、农户等，分权改革使他们成为部分或全部自然资源权属的拥有者。具体而言，包括以下两种类型的分权（Agrawal and Ribot，1999）：（1）将自然资源的部分或全部权属从中央政府向地方政府转移，此类分权在英文中常用 decentralization 表示；（2）将自然资源的部分或全部权属从政府向社区、农户转移，此类分权英文中既可表述为 decentralization，也可表述为 devolution（Tacconi，2007）。由于认识到中央政府向地方政府与政府向社区、农民分权的内容、主体不同，越来越多的学者倾向于使用 decentralization 表示前者，用 devolution 来表述后者。对于自然资源的部分或全部权属由社区向农民转移的行为，如中国、越南等社会主义国家将集体所有的森林分配给集体成员，一些英文文献也采用 devolution 表示。但因为中国和越南的改革林木所有权转移给了个人或农户，也被认为属于私有化（privatization）的范畴。

分权理论更多着眼于地方居民如何公平而有效地参与自然资源管理和利用。其主要观点是，自然资源具有属地特点，地方居民往往对自然资源依赖程度较高，并且他们在利用和管理自然资源方面相比层级更高的主体具有信息优势，应该赋予他们在自然资源管理和利用中更多的管理权和决策权，以期产生良好的生态效益、经济效益、社会效益。分权理论的理论渊源主要包括三个：第一个是以蒂伯特（Charles M. Tiebout）和奥茨（Wallace E. Oates）为代表的财政联邦主义理论。由于地方政府更靠近选民，具有信息优势，并受到人民的监督，因此比中央政府更有优势来提供地方公共产品。用脚投票机制将地方居民的偏好显示出来，通过影响地方政府之间的竞争来改善公共产品的供给。环境治理包括地方政府的责任，因为地方政府更能了解辖区居民的偏好并提供更满意的环境治理。第二个是以奥斯特罗姆为代表的公共池塘治理理论。他们的研究发现，在满足一定的条件下，使用者群体的成员可以通过设计规则和习俗的力量，建立起制约成员的机会主义行为和搭便车行为的制度安排，改变一次性博弈造成的悲剧性结果，形成公共资源的自主组织和自主治理，带来自然资源的可持续利用和管理。第三个是参与式发展理论和方法。随着自然资源问题逐渐成为国际政治、发展、环境议题的重要部分，国际发展赋权、可持续发展、绿色消费、公民运动等思潮和运动推动了自然资源管理思想的转变，提出了诸如参与式管理、社会林业、社区林业等多种发展思想、方法和实践措施，号召自然资源管理权和决策权的下放，动员地方居民参与自然资源管理活动，不断满足当地群众的需求和改善当地人生计。

民主分权被认为是最有效的分权形式，因为民主的地方组织被认为更加贴近地方居民，了解当地居民的需求，并对当地居民负责，而不是对上负责。阿格拉沃尔和里博特（Agrawal and Ribot，1999）建立了一个民主分权理论，用来分析自然资源领域的分权实践和效果。民主分权理论包括三个基本的维度：地方行动者、权力和问责。权力转移是地方组织参与自然资源管理和利用的关键，而向下问责的地方组织则为当地民众参与决策提供了合法的平台。民主分权理论认为，无论是向地方政府还是向社区分权，良好的分权改革绩效需要具备两个关键的条件：充分的自由裁量权和运行良好的对下问责制度。自然资源权属向地方行动者转移形成了自由裁量权，而向下问责制有助于监督地方政府或社区的行为。只有建立在对下问责制基础上的自由裁量权，才有助于实现分权改革的预期生态、经济、社会目标（Ribot，2002）。由于民主分权理论迎合了20世纪80年代以来发展中国家民主化和市场化的浪潮，成为推动自然资源分权的重要理论和分析框架（Larson and Ribot，2004）。研究者和国际组织倾向于认为发展中国家的自然资源分权没有赋予地方政府或社区足够的自由裁量权，并且没有建立起良好运行的对下负责制度，导致地方自然资源治理的恶化。现实中，民主分权作为一种理想类型，或者一种指导自然资源分权改革的策略，在发展中国家并没有完整地实现过（Tacconi，2007）。

发展中国家自然资源分权的情况不尽如人意。（1）中央机构不愿意放弃权力，假分权，或分权后又收权（Ribot et al，2006；Larson and Soto，2008）。中央机构的官员因害怕失去自然资源带来的各种经济利益，以各种理由抵制分权。在许多发展中国家，中央政府保持控制了最重要和有价值的自然资源，地方只获得一些生计性的利用权，或者退化的自然资源（Larson and Ribot，2005）。（2）地方政府和社区缺乏对下负责机制，改革收益被地方精英所俘获，地方居民收益很少（Coleman and Fleischman，2012）。将权力转移给地方机构，还有可能导致地方机构主要对中央机构负责，而不是对当地居民负责。（3）中央机构只转移了管理义务，缺乏进行财政转移和技术培训，致使地方机构缺乏履行职责的能力和激励（Larson，2002；Andersson，2004；Andersson and Ostrom，2008）。（4）权力转移到地方政府和社区之外的组织，如社会组织、公司等，形成了新的权威，弱化了政府的权威，强化了各主体之间的竞争，而不是协调关系。

学术界在理论上一直坚信，在一定的条件下，分权能够改进基层自然资源治理、推动民主化进程、改善当地居民生计、促进自然资源可持续管理和利用等。还权于地方、赋权于社区被认同为走向可持续发展的必要条件。然而，非洲、亚洲和拉丁美洲大部分国家的自然资源分权在实践中并未带来理论和倡导上的生计改善、民主化、可持续经营、治理改善，反而是资源破坏、治理恶化。这主要表现为冲突频发、腐败加剧、精英俘获、管理无序化等（Larson and Ribot，2004；Ribot et al.，2010）。产权的不稳定导致权利者获得者快速地对资源进行攫取（Mccarthy，2004）。显然，单纯的自然资源管理权和决策权下移并不能带来良好的生态、经济和社会效益。

第三节　生态补偿理论

自然资源保护的成本和收益在保护者与受益者之间的不公平分担，是自然资源治理面临的重要问题。一般而言，生活在自然资源丰富地区的农民都较为贫困，而贫困地区往往与自然资源丰富或者生态环境脆弱地区相重叠。这些地方的社区和居民因保护森林、草原、河流而不同程度地丧失了发展工业、利用自然资源改善生计的机会，加剧了贫困程度。由于社区和农民在自然资源使用权和收益权方面的限制无法得到有效补偿，制约了他们保护自然资源的积极性。另外，自然资源保护的生态价值属于公共物品，由全社会共享，即经济学上所说的正外部性，但无须或很少付费。解决生态保护与生计改善之间的矛盾关系，成为基层自然资源治理面临的重要难题。

生态服务的外部性问题导致自然资源某些有价值的生态功能并没有在法律上拥有控制它的使用者，也没有人给它定价和交易。如果对自然资源保护者不给予必要的补偿，就会导致普遍的“搭便车”行为，出现生态产品供给不足和农民生计来源不足等问题。这就需要考虑外部性内在化的问题，即改变激励，以使人们考虑自己行为的外部效应，激励他们更好地保护好自然资源和生态环境。环境经济学通常建议用英国经济学家庇古最先提出的庇古税方案来解决生态服务的外部性问题，即对有正外部性的行为进行补贴来使外部性内在化，并使补贴的额度正好等于每单位产品所产生的外部收益。这种外部收益还可以采用可交易许可证或自愿协议，在环境服务市场进行交易。

对正外部性的补贴在环境领域又称环境服务支付（payments for

ecosystem services，PES）或生态补偿，指通过让生态保护成果的受益者支付相应的费用，给予环境服务提供者适当的支付以部分或全部弥补生态服务的外部性，从而鼓励提供生态服务的供给，解决好生态产品消费中的搭便车现象。旺德（Wunder，2005）界定了生态补偿的五个标准：一是自愿的交易；二是被很好定义的环境服务；三是至少有一个消费者购买；四是至少有一个供给者；五是确保环境服务供给的连续性。在现实中，能满足上述所有标准的生态补偿项目不多。构建生态补偿机制的关键是坚持“谁保护、谁受益”和“谁受损、补偿谁”原则，确定谁在提供生态保护、谁在生态保护中受益，并量化生态补偿的经济价值。生态补偿已经长期存在于生态旅游、流域保护、生物多样性保护、碳交易等领域。

生态补偿标准的确定是生态补偿理论讨论的一个重点。目前主要存在如下三种方式使正外部性内部化：一是根据保护者的直接投入和机会成本，确定生态补偿的标准，使保护者的投入和牺牲得到补偿；二是根据受益者的获利，确定生态补偿的标准，由受益者向保护者支付这部分费用；三是估算生态系统服务功能的价值，确定生态补偿标准。对于自然资源开发活动造成的资源退化和生态退化，如水土流失、生物多样性减少，则需要对造成破坏的当事人征收庇古税或罚款来使负外部性内部化。征收或罚款额的确定主要依据生态恢复的成本投入或生态系统服务功能价值。

在现实中，生态补偿的资金来源包括政府、企业、非政府组织、私人等。一般而言，补偿方式分为政府财政补偿和市场化补偿两种。目前，政府是生态补偿项目最重要的资金来源，由政府通过征税来直接提供或向市场购买生态服务（FAO，2009）。政府推动的生态补偿项目往往规模都比较大，采用强制手段，推广速度快，市场作用有限，参与者的自主性不大。大多数自愿的、市场推动的生态补偿项目规模都比较小，交易成本高，只能提供微薄的收入和少量的保护收益。环境服务市场通过许可证或自愿协议来交易生态服务，可以在更大范围内动员市场和社会资金参与，促使生态外部性内在化。目前的生态服务补偿或购买很难等同于生态系统服务的所有价值，补偿金额和覆盖面受到政府财政能力的极大限制。

生态补偿需要实现效率、成本和公平三个目标，但现实中难以同时兼顾。实现效率目标需要补偿最有价值的自然资源，但这有可能会带来成本和不公平性的增加，因为最有价值的自然资源可能较为分散且属于富裕的所有者。实现成本有效性目标需要瞄准规模大的自然资源拥有者，以不断降低环境服务支付制度的交易成本，但这可能增加不公平性和降低效率。实现公平性目标需要覆盖大量小规模且贫困的资源所有者，但这有可能会增加交易成本和降低效率。目前，大多数生态补偿项目的首要目标是着眼于更有效地保护和修复自然资源和生态环境，其次才会考虑减贫目标。

随着越来越多生态补偿项目的实施，政府、市场主体和非政府组织对地方社区的自然资源管理的干预越来越多，然而，能否实现生态补偿项目的目标却又依赖地方和社区对自然资源的良好管理。越来越多的学者注意到全球、国家对社区的纵向整合，以及二者背后的不同话语、权力分布。在森林领域，CDM、REDD + 等环境服务支付项目的实施，使得越来越多的外部行动者进入社区，有可能造成自然资源的集权，削弱社区和农民的产权，降低社区的生计自主性，使之深受全球环境服务市场和环境政治波动的深刻影响（Phelps et al. , 2010；Beymer-Farris et al. , 2012）。在自然资源的利益和话语权方面，地方居民面临不断被外部行动者边缘化的风险。

第四节　多中心治理理论

多中心治理的思想最先由文森特·奥斯特罗姆等人（Ostrom et al.，1961）在1961年提出和阐述。多中心指存在相互独立的多个决策中心，它们相互竞争又相互合作，形成一致性的行动来供给公共物品。由于多个决策中心在不同层面上互动，像系统一般行动，可以认为它们是作为一个"体系"运作的。多中心治理挑战了传统理论中只有大规模组织才能供给公共物品的认知，立足于提高公共物品供给体制的创新性、适应性、合作水平，从而取得更有效率、平等、可持续的结果。由于认识到自然资源治理中广泛存在政府或市场可以包治百病的错误预设逻辑，奥斯特罗姆（Ostrom，2010）在总结公共池塘资源治理经验的基础上，推动了多中心治理体系在自然资源领域的应用，并逐渐成为解决复杂的自然资源问题的重要路径。

森林、草原、湿地等自然资源问题与生物多样性减少、气候变化、荒漠化等生态问题交织在一起，其背后是全球、国家、地方、社区等不同层次的行动者，不同行动者主导着不同层次的管理和服务。森林、河流、湿地、生物多样性等自然资源又具有属地性质，主要由其所在地的社区或地方管理单位所使用或管理。任何来自政府、市场、社会的外部干预都离不开属地社区或地方管理单位的配合，不可避免地受到地方经济发展水平、自然禀赋、治理水平、乡规民约等地方特征的影响。由于现实中自然资源治理存在多个层级和多个中心，如果一味地通过外部干预，将不可避免地导致各种来自政府、市场、社会的外部干预措施脱离地方行动者的生产和生活需求，降低地方行动者参与自然资源管理的积极性，最终导致自然资源管理实践的走样或失败。这凸显了从多中心治理的视角来思考和推动自然资源治理体系建设的重要性。

与政府一元治理相比，多中心治理体系主要有如下三个显著特征。

首先，政府不再是唯一的决策主体，存在不同规模、相互独立的多个决策中心来共同管理自然资源。对于庞大的自然资源系统，多层次行动者的激励十分复杂，给形成集体合作增加了困难。一些行动者可能会做出机会主义的行为，不付出任何的努力和成本。为此，自然资源治理需要考虑治理体系的多层级性，而不是依赖特定类型或者层级的治理，并寻找合适的方式，在多尺度上提供多样化的产品和服务（Nagendra and Ostrom，2012）。家庭、社区、企业、非政府组织、地方政府等每一个主体都可以成为一个决策主体，拥有自我决策和自我管理的权利（Andersson and Ostrom，2008）。不同的公共或私人行动者在中央、地方、社区等层面提供不同规模的公共物品，并不存在一个自上而下的官僚机制进行协调。由于许多自然资源问题超出了社区和区域的范畴，大规模供给主体的存在有利于减少机会主义行为，具有公共物品供给的规模经济和效率优势。中小规模的供给主体常常嵌入在大规模组织中，有利于充分利用地方知识和学习过程，对范围内的自然资源实行有效的管理。显然，自然资源治理体系需要与空间规模和分布相匹配，管理单位可以建立在社区、地区，甚至国家层面，包括众多的公共、私人主体、自我组织。这就需要建立多中心治理体系，发展行动者之间的合作网络和适应性系统，而不是采用自上而下的体制。每一个决策主体都可以在特定场景中相对独立地制定进入、转让、管理等规则并执行。不同治理层级的行动者的互动形成了自然资源治理的多样性结果。

其次，强调决策中心之间的平等协作关系。如何协调不同层级不同行动者的利益是自然资源可持续管理的关键。由于每个决策主体都追求自我利益的最大化，而各自提供公共物品的成本、规模、偏好并不相同，相互之间存在竞争的关系。在政府主导模式中，政府通常依赖行政权力自上而下来协调不同主体的利益和关系，协调方式具有强制性、权威性等特征。然而，在多中心治理体系中，每个主体既可以自我组织、自我管理，又可以与其他主体开展平等合作，共同管理自然资源。各主体之间通过协商、谈判展开合作，协调的方式可以是合作或竞争，形成一致性的行动方案或协议。这就需要形成平等协商和公开讨论的平台和网络，容纳多层次的不同主体参与，促进信息交流、技术和资金援助、纠纷调解。在多中心治理体系中，政府组织有可能发展成为协调者，但这不意味着要强制性支配其他组织，而是以市场和管理的方式来发挥作用。

最后，存在多样化的治理措施。在政府主导的治理模式中，政府常常运用法律法规和政府管理措施，直接对自然资源利用和管理的行为进行限制或管理，促进自然资源保护和生态服务供给，治理措施包括进入审批、标准控制、空间区划和管控、执法监督等。然而，多中心治理体系的治理主体是多元的，而非一元的，可以包括政府、市场、社会、社区等四类组织，每一类组织具有不同的禀赋、权威、能力和需求，相互之间又存在着网络状的复杂联系，结果带来了多中心治理体系中治理措施的多样化。除了政府的法律法规和政府管理措施之外，主要还包括三类被广泛使用的治理措施。（1）市场为基础的措施，如生态产品认证、绿色供应链、生态补偿。尤其是生态补偿，可以利用市场的自愿交易机制协调政府、企业、非政府组织、社区等不同行动者的利益和行动，已经被广泛应用于水资源保护、森林恢复、生物多样性保护、碳交易等领域。（2）社会参与措施。自然资源治理不单纯是一个经济或生态问题，也是一个社会问题。这意味着自然资源治理不能单靠市场或者政府，而需要全社会的共同关注、共同参与和共同分享。企业、社会公益组织、民众可以通过自我组织构建或参与到多层次的伙伴关系和网络中，开展能力建设、公民教育、技术推广、政策参与、环保行为、项目试点等方面的措施。（3）形成以社区为基础的自然资源管理安排。社区内部相互依赖的成员可以通过自主和与其他主体合作，建立和执行边界、监督、参与、奖惩等规则，形成有效的集体行动，管理森林、草原等自然资源，促进自然资源的可持续管理。随着自然资源治理理论和实践逐渐从管制向治理转变，以市场为基础的措施、社会参与措施、以社区为基础的自然资源管理日益受到重视，成为促进生计改善、可持续发展、生态服务供给的重要手段（Lemos and Agrawal，2006）。

多中心治理体系视角被广泛运用到自然资源管理政策实践中是必然的。（1）自然资源治理需要考虑自然资源作为生态系统具有的多功能、跨尺度、脆弱性、弹性等特征，需要在不同层面协调不同主体对不同功能需求的竞争或协同效应，探索社会生态系统中的综合和系统的解决方法。（2）传统的国家主导、自上而下治理模式在自然资源领域的失败，推动了多元和包容性治理的创新。一直以来，政府主导的自然资源治理体制主导了各个国家（尤其是发展中国家）的资源管理。但这种体制常常忽视多元主体和多样性的制度安排的存在，不愿意分权和赋权给地方行动者，带来了严重的资源退化、腐败、贫困等问题。社区、企业、非政府组织等非政府主体的兴起深刻改变了传统的自上而下的政府一元治理模式，越来越多地要求分享自然资源治理的权利，这就需要对自然资源治理体制的组织、制度和参与形式进行创新，以容纳更为多元的主体和需求。（3）迄今为止，没有充分的证据表明单一的政府、市场、社区能够彻底解决复杂多样的自然资源问题。从制度的角度，单一制度最优化的思想无法解决现实中多样化制度共存、将制度复制移植到另一个环境的困难、路径依赖等问题（Ostrom，2007）。

多中心治理理论已经被广泛运用在水资源管理、气候变化、毁林和森林退化、生物多样性等领域（Bushley，2014）。然而，多中心治理并非完美。例如，多中心治理体系仍有可能被大组织所主导，降低地方组织的自主性；多中心治理中各主体平等参与、共同协商的要求过于理想化，且未必能带来良好的生态、经济、社会效果；多中心治理体系有可能因权力过度分散而无法形成有效的合作，陷入无中心的结局。

第四章

自然资源国际治理

自然资源的国际治理是全球环境治理的重要组成部分，已经成为全球治理的重要内容。全球环境治理是规范全球环境保护进程的组织、政策工具、融资机制、规则、程序和规范的总和。自然资源治理面临诸多问题，非一国之力能解决，国际治理应运而生，成为推动解决自然资源领域的全球性问题的重要手段。全球治理是一个持续的过程，冲突或多元利益能够相互调适并能采取合作行动，包括正式的制度安排，也包括非正式的制度安排。全球治理是以全球治理机制为基础，这与主权国家以政府权威为基础，可采用国家行为对付违法者不同。全球治理的方式是参与、谈判和协调。第二次世界大战以来建立的国际政治、经济和环境秩序，包括世界银行、国际货币基金组织、美洲开发银行等政府间国际组织以及国际自然保护联盟、世界野生生物基金会等准政府间和非政府国际组织，在一定程度上是维护发达国家的利益的。自然资源管理属于国家主权事务，在全球自然资源治理上，主权国家为主导的治理主体。主权国家通过协商、谈判而相互合作，共同处理自然资源问题，进而形成一系列国际协议或规制，如《联合国气候变化框架公约》，《国际森林文书》。全球自然资源治理的基本理念是“可持续发展”，与自然资源治理相关的国际组织负担着协调、协助主权国家就全球自然资源与环境事务，进行协商，达成规制，并为成员国就规则的执行提供相关报告内容的建议等。

第一节　自然资源国际治理历史演变过程

环境议题和发展议题交织在一起，构成了全球自然资源治理的映像。自然资源治理是全球环境问题治理体系的一部分，而环境问题的不断演化是推动有关组织和机构等介入协调全球治理最重要的推手。而全球环境议程的推动必然要影响发展中国家如何管理自己的自然资源，如何平衡发展和保护环境间的矛盾。环境问题和发展问题相互交织在一起，前者为发达国家所强调，而后者关乎发展中国家当前的核心利益。自然资源则是有机地将环境问题和发展问题连接起来。尽管在全球范围，一直存在共同应对自然资源问题的意识，但是自然资源治理一直没有作为一个独立的整体凸显出来，而是作为环境问题的一部分体现在全球环境治理中。同时，自然资源又作为全球发展议程的重要组成部分而存在。

纵观自然资源国际治理的不同阶段，一方面是在全球经济发展下，环境问题逐步国际化和政治化的过程；另一方面是各国和各经济体对自然资源治理形成共识的漫长历程。前者体现为国际上在不同阶段对环境问题的定位和相互合作，甚至博弈，而后者则是隐含在这一发展路径中的指导自然资源国际治理的“内核”。尽管这些共识分散于不同类别的国际自然资源治理合作协议、规则、倡议之中，但作为指导自然资源国际治理的诸多共识，一直指向可持续发展目标的实现。

一、第一阶段：环境问题进入全球视野

自然资源治理作为全球环境问题治理体系的一部分，最早于20世纪60~80年代通过全球尺度来考量。20世纪中叶以来，现代工业文明所造成的生态环境危机逐渐令人触目惊心。在追求现代化的进程中，人类全然不顾自然界的再生增殖能力和人类补偿自然资源消耗的能力，对自然资源进行长期的野蛮开发和超负荷索取，使得人类施加给自然的污染压力已经超过了自然自身的修复能力。一系列的环境问题接踵而至，气候异常、自然资源枯竭、稀有动物面临灭绝、沙漠扩张、热带雨林缩小、地球臭氧层遭到破坏等，人类的生存和发展遭受着前所未有的威胁。面对当时主要美欧等发达国家发展方式所引起的恶果，人们不得不思考生态危机的根源和解决办法。1962年，美国海洋生物学家蕾切尔·卡逊出版了《寂静的春天》，第一次从生态学角度阐述了人类同环境的关系，标志着现代环境运动的肇始。1968年，罗马俱乐部成立，并于1972年发表了名为《增长的极限》的报告，第一次以系统的科学论证向世人敲响了环境警钟。同年6月，联合国人类环境会议在斯德哥尔摩召开，并通过了《人类环境宣言》。1973年的石油危机助推了罗马俱乐部的预言，使环境问题得到了更为广泛的关注。

在这一阶段，西方先工业化国家在经济、政治环境上的动荡和变革也催化了公众对于环境问题的关注。无论是声势夺人的后现代主义思潮，还是发起于德国的生态运动，都在拷问着资本主导的发展方式所带来的环境污染和环境危机。西方兴起群众性的生态运动，从起初的自发性组织到相继出现的绿党等政党组织，生态运动逐渐登上政治舞台，在欧美先工业化国家，以绿色作为标签的政党成为一支重要的政治力量。可持续发展目标正是在这一阶段萌芽并逐步发展起来。1972年，联合

国在瑞典首都斯德哥尔摩召开的人类环境会议催生了联合国环境署，通过了题为《人类环境宣言》的报告，指出人类面临的多方面环境污染和广泛的生态破坏，并提出环境与经济必须协调发展。《人类环境宣言》的提出被看作是可持续发展的思想萌芽。1987 年，世界环境与发展委员会向联合国提出了一份题为《我们共同的未来》的报告，对可持续发展的内涵做了界定和详细的理论阐述，这对可持续发展理论的形成和推行起到了关键性作用。报告将可持续发展定义为，既满足当代人的需要，又不损害后代人满足需要的能力。这一定义被广为接受。报告指出：在过去，我们关心的是经济发展对生态环境带来的影响，而现在我们则已经迫切地感受到生态的压力对经济发展所带来的重大影响，因此，在未来我们应该致力于走出一条资源环境保护与经济社会发展兼顾的可持续发展之路。从一般地考虑环境保护到强调把环境保护与人类发展结合起来是可持续发展思想的重要飞跃。

二、第二阶段：国际合作迅速发展

20 世纪 90 年代至 21 世纪初，随着对环境问题的关注日益增加，自然资源问题逐渐扩展到政治、经济、文化领域，国际上双边、多边合作迅速发展。其中，具有代表性的合作框架包括《联合国千年发展目标》《联合国气候变化框架公约》《生物多样性公约》等。基于政府间在不同环境领域中构建的合作框架，自然资源的国际治理从纸上的概念逐步落地成为具体行动。而在这一过程中，可持续发展理念也进一步成为国际社会和各国制定政策、选择战略的指导思想，使可持续发展理念从概念拓展到实际行动。

2000 年 9 月，在联合国千年首脑会议上，150 多个国家的国家元首和政府首脑就消除贫穷、饥饿、疾病、文盲、环境恶化和对妇女的歧视，商定了一套有时限的目标和指标，即消除极端贫穷和饥饿；普及小学教育；促进男女平等并赋予妇女权利；降低儿童死亡率；改善产妇保健；与艾滋病毒/艾滋病、疟疾和其他疾病作斗争；确保环境的可持续能力；全球合作促进发展。这些目标和指标被置于全球议程的核心，统称为联合国千年发展目标（MDGs）。联合国千年首脑会议规模空前，是国际上就环境问题召开的大规模的首脑会议。作为大会的重要产出，联合国千年发展目标提出的八项目标之一即为确保环境的可持续发展，因此，联合国千年发展目标的提出亦可被视为环境问题国际合作的重要里程碑。

1992 年 5 月 9 日，联合国政府间谈判委员会就气候变化问题达成《联合国气候变化框架公约》（UNFCCC，以下简称《公约》），该《公约》文本于 1992 年 6 月 4 日在巴西里约热内卢举行的联合国环境与发展大会上通过，对各国和经济体开放签署加入。《公约》第一次缔约方会议（Conference of Parties，COP）于 1995 年在柏林召开，此后，联合国气候变化大会每年在世界不同地区轮换举行，并在《公约》指导下先后出台了《京都议定书》《巴厘岛路线图》《巴黎协定》等重要的国际减排合作文书。《公约》是世界上第一个为全面控制二氧化碳等温室气体排放，以应对全球气候变暖给人类经济和社会带来不利影响的国际公约，也是国际社会在应对全球气候变化问题上进行国际合作的一个基本框架，目前有近 200 个缔约方。中国于 1992 年 6 月 11 日签署并于 1993 年 5 月 7 日批准《公约》。《公约》自 1994 年 3 月 21 日起对中国生效。时至今日，《联合国气候变化框架公约》仍然是指导国际间应对气候变化合作的指南，而一年一度的 COP 会议也在年复一年的谈判中艰难地探索着一条适应经济、政治发展进程的气候变化国际合作进程。

1992 年 6 月 1 日，由联合国环境规划署发起的政府间谈判委员会第七次会议在内罗毕召开。会议通过了《生物多样性公约》，并于 1992

年6月5日在联合国环境与发展大会上签署。该公约是一项保护地球生物资源的国际性公约，于1993年12月29日正式生效。常设秘书处设在加拿大的蒙特利尔。联合国《生物多样性公约》缔约国大会是全球履行该公约的最高决策机构，一切有关履行《生物多样性公约》的重大决定都要经过缔约国大会的通过。《生物多样性公约》是一项具有法律约束力的公约，旨在保护濒临灭绝的植物和动物，最大限度地保护地球上的多种多样的生物资源，以造福当代和子孙后代。《生物多样性公约》规定，发达国家将以赠送或转让的方式向发展中国家提供新的补充资金以补偿它们为保护生物资源而日益增加的费用，应以更实惠的方式向发展中国家转让技术，从而为保护世界上的生物资源提供便利；签约国应为本国境内的植物和野生动物编目造册，制订计划保护濒危的动植物；建立金融机构以帮助发展中国家实施动植物监测和保护的计划；使用一国自然资源必须与该国分享其研究成果、盈利和技术。

随着环境问题国际合作的迅猛发展，可持续发展理念成为国际社会和各国制定政策、选择战略的指导思想，由理论走向实践，同时这一理念本身也进一步得到完善。1992年，在巴西里约热内卢召开的联合国环境与发展大会通过了《关于环境与发展的里约热内卢宣言》和《21世纪议程》，使可持续发展由理论发展为行动战略，呼吁各国和经济体要在政策制定、战略选择上加以实施。1992年以后，可持续发展成为联合国有关发展问题的一系列专题国际会议的指导思想。1992年，世界银行的《世界发展报告》中专门讨论了发展中国家的发展问题，并提出“满足这代人的需要，尤其是穷人的需要，实际上是持续满足今后几代人的需要的问题”，强调实现可持续发展必须重视代内平等。1994年，在开罗召开了主题为“人口、持续的经济增长和可持续发展”的联合国人口与发展会议。会议通过的《行动纲领》指出，“可持续发展的中心是人”。2012年6月，在巴西里约热内卢举行的“里约+20”峰会上，世界各国领导人以及数千名来自私营部门的参与者、非政府组织和其他团体共聚一堂，商讨在一个人口越来越拥挤的星球上，如何减少贫困、促进社会公平、确保自然资源可持续管理。

三、第三阶段：全球可持续发展目标确立

尽管在全球范围共同应对自然资源问题的意识一致存在，但是自然资源治理一直以来并没有作为一个独立的整体凸显出来。而《2030 年全球可持续发展议程》的正式启动则改变了自然资源治理长期隐匿于环境治理的问题。作为自然资源全球治理的一个重要里程碑，“2030 年全球可持续发展议程”明确将自然资源治理纳入国际发展领域，并提出了具体发展目标。

2015 年 9 月，联合国 193 个会员国在首脑会议上一致通过了可持续发展目标。随后，《变革我们的世界：2030 年可持续发展议程》于 2016 年 1 月 1 日正式生效。《2030 年全球可持续发展议程》是联合国发展峰会的主要成果，也是当前国际发展领域的纲领性文件，该议程以《世界人权宣言》、各项国际人权条约、《千年计划》和 2005 年世界首脑会议成果文件为依据，并参照了《发展权利宣言》等其他文书，寻求巩固并延伸发展千年发展目标的途径。其核心内容是涵盖经济、社会、环境等三大领域的 17 项目标和 169 项具体目标。其中，与自然资源治理相关的目标包括：目标 13：采取紧急行动应对气候变化及其影响；目标 14：保护和可持续利用海洋和海洋资源以促进可持续发展；目标 15：保护、恢复和促进可持续利用陆地生态系统，可持续管理森林，防治荒漠化，制止和扭转土地退化，遏制生物多样性的丧失。具体内容包括：“自然资源的枯竭和环境恶化产生的不利影响，包括荒漠化、干旱、土地退化、淡水资源缺乏和生物多样性丧失，使人类面临的挑战不断增加

和日益严重”；“我们决心阻止地球的退化，包括以可持续的方式进行消费和生产，管理地球的自然资源，在气候变化问题上立即采取行动，使地球能够满足今世后代的需求”；“我们决心保护和可持续利用海洋、淡水资源以及森林、山地和旱地，保护生物多样性、生态系统和野生动植物。我们还决心促进可持续旅游，解决缺水和水污染问题，加强在荒漠化、沙尘暴、土地退化和干旱问题上的合作，加强灾后恢复能力和减少灾害风险”；要创建“一个以可持续的方式进行生产、消费和使用从空气到土地，从河流、湖泊和地下含水层到海洋的各种自然资源的世界”等（见表4－1、表4－2和表4－3）。

不置可否，自然资源治理经历了半个多世纪的发展，取得了巨大的成绩。第一，自然资源治理加速了全球发展机构的建立和完善，并达成了以可持续发展作为首要目标的一致性发展理念。第二，提高了多边和双边等形式的政府间合作，构建了发达国家与发展中国家的合作机制，而来自不发达国家的声音和倡议得到了充分的重视和采纳，在消除国际间不平等，全球的可持续发展作出了重大贡献。第三，自然资源治理的发展历程提高了各国政府和人民的全球环境的意识，将命运共同体的理念散播到全球各地，改进了各国政府和人民对自然资源取之不竭错误认知。

表4－1　可持续发展议程目标13：采取紧急行动应对气候变化及其影响

目标	具体内容
13.1	加强各国抵御和适应气候相关的灾害和自然灾害的能力
13.2	将应对气候变化的举措纳入国家政策、战略和规划
13.3	加强气候变化减缓、适应、减少影响和早期预警等方面的教育和宣传，加强人员和机构在此方面的能力
13.a	发达国家履行在《联合国气候变化框架公约》下的承诺，即到2020年每年从各种渠道共同筹资1000亿美元，满足发展中国家的需求，帮助其切实开展减缓行动，提高履约的透明度，并尽快向绿色气候基金注资，使其全面投入运行

续表

目标	具体内容
13. b	促进在最不发达国家和小岛屿发展中国家建立增强能力的机制，帮助其进行与气候变化有关的有效规划和管理，包括重点关注妇女、青年、地方社区和边缘化社区

资料来源：联合国可持续发展目标网站，https：//www. un. org/sustainabledevelopment/zh。

表 4－2　　可持续发展议程目标 14：保护和可持续利用海洋和海洋资源以促进可持续发展

目标	具体内容
14. 1	到 2025 年，预防和大幅减少各类海洋污染，特别是陆上活动造成的污染，包括海洋废弃物污染和营养盐污染
14. 2	到 2020 年，通过加强抵御灾害能力等方式，可持续管理和保护海洋和沿海生态系统，以免产生重大负面影响，并采取行动帮助它们恢复原状，使海洋保持健康，物产丰富
14. 3	通过在各层级加强科学合作等方式，减少和应对海洋酸化的影响
14. 4	到 2020 年，有效规范捕捞活动，终止过度捕捞、非法、未报告和无管制的捕捞活动以及破坏性捕捞做法，执行科学的管理计划，以便在尽可能短的时间内使鱼群量至少恢复到其生态特征允许的能产生最高可持续产量的水平
14. 5	到 2020 年，根据国内和国际法，并基于现有的最佳科学资料，保护至少 10%的沿海和海洋区域
14. 6	到 2020 年，禁止某些助长过剩产能和过度捕捞的渔业补贴，取消助长非法、未报告和无管制捕捞活动的补贴，避免出台新的这类补贴，同时，承认给予发展中国家和最不发达国家合理、有效的特殊和差别待遇应是世界贸易组织渔业补贴谈判的一个不可或缺的组成部分
14. 7	到 2030 年，增加小岛屿发展中国家和最不发达国家通过可持续利用海洋资源获得的经济收益，包括可持续地管理渔业、水产养殖业和旅游业

续表

目标	具体内容
14. a	根据政府间海洋学委员会《海洋技术转让标准和准则》，增加科学知识，培养研究能力和转让海洋技术，以便改善海洋的健康，增加海洋生物多样性对发展中国家，特别是小岛屿发展中国家和最不发达国家发展的贡献
14. b	向小规模个体渔民提供获取海洋资源和市场准入机会
14. c	按照《我们希望的未来》第158段所述，根据《联合国海洋法公约》所规定的保护和可持续利用海洋及其资源的国际法律框架，加强海洋和海洋资源的保护和可持续利用

资料来源：联合国可持续发展目标网站，https：//www. un. org/sustainabledevelopment/zh。

表4－3　可持续发展议程的目标15：保护、恢复和促进可持续利用陆地生态系统，可持续管理森林，防治荒漠化，制止和扭转土地退化，阻止生物多样性的丧失

目标	具体内容
15. 1	到2020年，根据国际协议规定的义务，保护、恢复和可持续利用陆地和内陆的淡水生态系统及其服务，特别是森林、湿地、山麓和旱地
15. 2	到2020年，推动对所有类型森林进行可持续管理，停止毁林，恢复退化的森林，大幅增加全球植树造林和重新造林
15. 3	到2030年，防治荒漠化，恢复退化的土地和土壤，包括受荒漠化、干旱和洪涝影响的土地，努力建立一个不再出现土地退化的世界
15. 4	到2030年，保护山地生态系统，包括其生物多样性，以便加强山地生态系统的能力，使其能够带来对可持续发展必不可少的益处
15. 5	采取紧急重大行动来减少自然栖息地的退化，遏制生物多样性的丧失，到2020年，保护受威胁物种，防止其灭绝
15. 6	根据国际共识，公正和公平地分享利用遗传资源产生的利益，促进适当获取这类资源

续表

目标	具体内容
15.7	采取紧急行动，终止偷猎和贩卖受保护的动植物物种，处理非法野生动植物产品的供求问题
15.8	到2020年，采取措施防止引入外来入侵物种并大幅减少其对土地和水域生态系统的影响，控制或消灭其中的重点物种
15.9	到2020年，把生态系统和生物多样性价值观纳入国家和地方规划、发展进程、减贫战略和核算
15.a	从各渠道动员并大幅增加财政资源，以保护和可持续利用生物多样性和生态系统
15.b	从各种渠道大幅动员资源，从各个层级为可持续森林管理提供资金支持，并为发展中国家推进可持续森林管理，包括保护森林和重新造林，提供充足的激励措施
15.c	在全球加大支持力度，打击偷猎和贩卖受保护物种，包括增加地方社区实现可持续生计的机会

资料来源：联合国可持续发展目标网站，https://www.un.org/sustainabledevelopment/zh。

第二节　自然资源国际治理的原则、主体和手段

一、治理原则

全球自然资源治理的主要原则包括三个部分，分别是主权原则、技术转让与政府开发援助（ODA）。

（一）主权原则

国家对自然资源的永久主权是国家主权的不可分割的组成部分，

是一国固有的、不可剥夺的权利。具体包括：（1）自由处置自然资源的权利；（2）恢复对自然资源的有效控制权和要求损害赔偿的权利；（3）按照国家环境政策来管理自然资源的权利；（4）平等地分享跨境自然资源惠益的权利；（5）对国外投资实行征收或国有化的权利。

主权原则产生于第二次世界大战后，其产生主要基于三方面的原因。首先是基于政治原因，增强经济独立与国家主权。在战后席卷第三世界的非殖民化运动中，新成立的发展中国家贸易条件普遍恶化。这些国家，尤其是原殖民地国家，虽然获得了政治上的独立，但在经济上，被外国资本广泛控制，尤其是自然资源。因此，发展中国家为了巩固并强化本国的主权，保障自身的生存和发展，要求国际社会确认并从国际法上为国家对自然资源的永久主权提供保障。其次是基于对自然资源的缺乏和利用是否合理的担忧。第二次世界大战结束后，各国与国际组织均就如何有效开发与利用自然资源及各民族和人民是否有处置自然资源和财富的权利（大部分在联合国的框架内）进行了广泛而持续的讨论。最后是促进和保护外国投资的需要。在第二次世界大战后的独立与革命浪潮中，殖民地的独立、政权的更替与国有化运动对原有的自然资源开发利用体系造成了巨大的影响。在 1947 年举行的哈瓦那会议上，与会国就外国投资的相关问题达成了一系列实质性的协议。协议一方面要求成员国保障外资的安全与平等，同时也列出了东道国的权利，包括东道国对外资的各种限制权、外资不得干涉东道国国内事务等。此外，在同一时期，还对新独立国家是否有权解除原殖民当局的国际义务或保证第三方利益的条约等问题进行了讨论。

自然资源永久主权的法律依据主要来源于联合国大会的决议、国际条约和国际司法判例。（1）联合国大会的决议。第七届联合国大会通过了《自由开发自然财富及资源的权利》的第 626（Ⅶ）号决议。该决议指出："各国有权自由使用和开采自然资源。"第十五届联合国大会通过了第 1515（XV）号决议，建议“对各国处置其财富和自然资源之主权权利应依国际法上之国家权利与义务予以尊重”。第十七届联合国大会第 1803（XVII）号决议通过了《关于自然资源之永久主权宣言》，宣布“各民族及各国行使其对自然财富与资源之永久主权”并强调各国对其自然资源的永久主权是自决权的基本要素。第二十五届联合国大会通过的第 2692（XXV）号决议和第二十七届联合国大会通过的第 3016（XXVII）号决议将对自然资源的永久主权范围从陆上扩及邻接海域和大陆架。1974 年，联合国大会第六届特别会议通过了 77 国集团起草的《关于建立新的国际经济秩序宣言》与《行动纲领》，对自然资源的永久主权做了明确规定。第二十九届联合国大会通过了《各国经济权利和义务宪章》。该宪章指出，各国有权对其自然资源充分行使永久的主权。（2）国际条约。一些国际条约，如《大陆架公约》（1958 年）、《经济、社会、文化权利国际盟约》（1966 年）、《非洲人权和民族宪章》（1981 年）、《联合国海洋法公约》（1982 年）、《欧洲能源宪章条约》（1994 年）等，均对自然资源的永久主权作出了明确的规定。（3）国际司法判例。例如，1977 年利比亚美国石油公司仲裁案与 1982 年科威特石油国有化仲裁案均对自然资源的永久主权予以肯定。

（二）技术转让

国际社会逐步认识到国际范围内的协同是环境保护取得成效的前提，并公认发展中国家的参与对自然资源治理全球化的有效实现具有重要的意义。环境公约的履行不仅涉及国家的政治意愿，还取决于各个国家的履约能力，包括资金、技术、信息和管理能力等多个方面。考虑到发达国家与发展中国家在技术资源和财力方面相差悬殊，并且发达国家是全球环境问题的历史和现实的主要责任人，基于现实考虑，许多环境公约都明确规定了发达国家应向发展中国家提供资金和技术支持以帮助发展中国家履约的义务。

以应对气候变化的无害环境技术为例，现阶段大多数的无害环境技术都为发达国家所有，因此《联合国气候变化框架公约》（UNFCCC）将国际间的技术转让视为全球共同应对气候变化的重要方法，但这一规定主要是倡导性的，而非强制的。《京都议定书》在UNFCCC的基础上提出了一些技术转让的具体措施，如以碳汇交易的方式，发达地区运用“资金+技术”从不发达地区或欠发达地区换取温室气体的“排放权”，来冲抵该地区的碳排放增加量，从而实现发达地区碳排放的降低，完成既定的碳排放标准或者碳减排任务。1995年，《阿根廷布宜诺斯艾利斯计划》和《马拉喀什协定》提出为推动向发展中国家进行技术转让而建立执行框架，并对这一目标作出了具体的规定。《巴厘岛行动计划》和《坎昆决议》启动了有关技术转让的谈判工作并明确到了具体的机构（技术执行委员会、气候技术中心）。

尽管技术转让始终是全球自然资源治理的重要手段，但进展甚微且局限在有限的范围内。据经济合作与发展组织（OECD）和伦敦政治经济学院（LSE）根据80多个国家和国际专利机构的研究，1978—2005年13类技术的转让分布表明发达国家间的技术转让占全部转让的73%，发达国家向发展中国家的技术转让率为22%。技术转让的主体仍在发达国家之间，从发达国家到发展中国家的技术转移有上升的趋势，主要集中在发展迅速的新兴经济体，且转让程度偏低。

（三）发展援助

与技术转让相同，发达国家和国际多边机构基于提升发展中国家对国际环境公约的履约能力、提升全球自然资源治理成效为目的，广泛成立了针对环境问题的发展援助计划。

以由183个国家和地区组成的全球环境基金（GEF）为例。全球环境基金管理着《联合国气候变化框架公约》缔约方大会（COP）设立的面向51个最不发达国家的最不发达国家基金（LDCF）、通常面向大型项目的气候变化特别基金（SCCF）和依据《生物多样性公约》设立的名古屋议定书执行基金（NPIF）。此外，该基金还被选定为《联合国气候变化框架公约》《关于持久性有机污染物的斯德哥尔摩公约》《联合国防治荒漠化公约》和《关于汞的水俣公约》的资金机制。

全球环境基金还为多个联合国机构行动计划提供支持，如巴巴多斯行动计划、保护海洋环境免受陆源污染全球行动计划（GPA）、联合国粮农组织捕鱼行为守则。自 1991 年成立，截至 2014 年，该基金为 165 个发展中国家的 3690 个项目提供了 125 亿美元的赠款与 580 亿美元的联合融资，用于规划和实施关于生物多样性、气候变化、国际水域、土地退化、化学品和废弃物等环境保护项目。

由 28 国与欧盟组成的经济合作与发展组织发展援助委员会（DAC）负责协调向发展中国家提供的官方发展援助，是国际社会援助发展中国家的核心机构。该机构与多家多边机构（如世界银行、联合国粮农组织、联合国环境规划署等）联合，为发展中国家提供的服务包括：（1）制定环境规划和国家保护策略；（2）帮助进行机构能力建设；（3）进行环境教育和培训；（4）加强基本环境数据收集。

此外，还有诸如联合国环境规划署、世界银行、国际发展机构环境委员会、国际热带木材组织等多个国际组织为发达国家、发展中国家提供建议、培训、融资与计划制定等各方面的援助。

以上三个原则是发展中国家愿意参与全球自然资源治理的重要前提。这些原则的设立经过了长期的协商与反复，在保证发展中国家主权的同时，部分地实现了对超国界自然资源的管理，得到了国际社会的普遍认可。

二、治理主体

全球自然资源治理的首要行为主体是主权国家。国家主要通过两个渠道来采取全球资源治理行动：一是签署国际协议或为特定主题提供行为惯例；二是通过在国内推行资源治理方面的特定的原则和概念，如公众参与、信息获取、司法救助及各类环境评估等，来影响全球自然资源治理的行动。主权国家之外的全球资源治理行为主体主要是各种国际组织。首先是联合国及其各种附属机构。它们在全球自然资源治理过程中发挥着为提供谈判平台、协调和组织的作用。联合国系统内有30多个机构和项目涉及自然资源问题和事务，形成了以联合国大会和联合国经济及社会理事会（ECOSOC）为最高决策机构，以联合国环境规划署（UNEP）为核心工作机构，以联合国各专门机构及其他机构（如可持续发展委员会）为主体的跨领域、多层次的体系，在全球自然资源治理中起着组织、协调和推动作用。其次是非联合国系统内的各类国际组织和机构，包括区域性政府间组织、非政府组织和其他国际机构等，如全球环境基金、世界银行和世界贸易组织等。

以森林治理问题为例。联合国粮农组织、联合国开发计划署、联合国环境规划署、世界银行等多边机构都在国际森林问题中承担着一定的角色。联合国可持续发展委员会（CSD）和联合国森林论坛（UNFF）在一定程度上承担了为森林国际多边谈判进程提供平台、协调和服务的工作。其中，联合国可持续发展委员会是联合国关于世界环境与发展问题（含可持续发展问题）由国家政府首脑参加的一个最高决策机构，其任务是推动全球的环境保护，监督执行《21世纪议程》的进展情况，发现存在的问题，包括所需要的资金来源、运行机制以及技术转让等问题。可持续发展委员会受联合国系统的代表、其他政府间组织和非政府组织的指导，目前有 53 个成员国，中国也是该委员会的成员国之一，促进在实施《21 世纪议程》，特别是第十一章与《关于森林问题的原则声明》方面的合作。可持续发展委员会机构组织会议把“土地、荒漠化、森林和生物多样性”列入其多年工作计划之中。联合国森林论坛成立于 2000 年 10 月，由联合国经济和社会理事会建立，是一个拥有全球会员的、高级别的政府间组织，也是联合国内唯一专注于森林问题的机构。该论坛成立之初每年召开会议，2015 年后改为每两年召开会议，加强对森林问题的长期优先关注，并回顾过去政府间组织行动的执行情况。联合国森林论坛向所有会员国开放，以透明和参与性方式开展工作，有关国际和区域组织，包括区域经济一体化组织、机构和文书以及《21 世纪议程》确定的各主要团体都可参加。森林问题与其他环境问题（如气候问题）相互联系。联合国其他专门机构（如联合国粮农组织、联合国开发计划署）也为国际森林政策的制定和知识分享提供了强有力的支持。世界银行等非联合国系统内的国际组织及机构之间已形成战略合作伙伴关系，在森林政策、战略、融资方面扮演着重要角色，旨在推动整合全球森林治理安排的国际进程。此外，司法机构、研究机构、技术类机构等也是森林问题治理结构中必不可少的组成部分，担负着森林治理过程中的立法、审核、技术支持、科学研究等重要工作。国际森林问题的治理正是在这些组织和机构的高度配合和运转之下，由主权国家参与完成。

三、治理手段

自然资源的国际治理通常依托国际性法律、国际性文件、国际间倡议等国际规则实现。从参与性质上分为强制性治理手段，如国际性法律和文件的约束；以及非强制性手段，如自愿性参与机制。从参与主体上来看，针对发达国家的强制性手段通常高于发展中国家，而针对发展中国家则提供了参与自然资源治理的自愿性机制和途径。以林业问题的国际治理为例，按照国际森林规则的类型可分为：（1）涉及林业的具有法律效力的双边和多边协定，通常覆盖多个领域，既有专门针对森林领域的规则，也有包含在其他领域中的森林规则，如《生物多样性公约》《国际热带木材协定》等；（2）不具有法律效力，由签署国自愿执行的国际规则，如1992年联合国环境与发展大会的《关于森林问题的原则声明》《21世纪议程》、UNFF历届会议决定等，该类规则通常侧重于其政治意义，对于签署国的责任没有强制性的要求；（3）规范和促进私营部门进行森林可持续经营管理的国际机制，如森林可持续认证委员会的森林可持续经营认证（FSC）、美国的可持续森林倡议（SFI），这类规则通常也具有很强的自愿性。据统计，目前在国际层面与森林相关的国际公约共有7个，其中4个具有法律约束力（见表4-4）。需要特别说明的是，即使是带有强制性的治理文件，如《联合国气候变化框架公约》，主权国家通过该国的法律程序加入，方接受该条约的约束，如果不加入或加入后退出，则难以对主权国家采取惩罚性的措施。一些具有特别影响力的大国，加入和退出都会对国际文书实际效力生产实质性的影响，但国际社会却难以约束其行为。2015年12月12日，巴黎气候变化大会通过《巴黎协定》，2016年4月12日，美国政府在纽约签署加入该协定。然而，尽管欧盟等国竭力劝说，特朗普政府于2019年11月4日正式通知联合国，退出了《巴黎协定》。

在资源治理和环境保护领域，多边合作、双边合作项目持续深入开展，有力地推动了全球资源治理体系的建设进程。例如，东北亚地区在推动地区可持续发展方面已形成多渠道、多层次、多领域的新格局，有东北亚环境合作会议（NEAC）、东北亚次区域环境合作项目

（NEASPEC）、东北亚区域环境合作高级官员会议、中日韩环境部长会议（TEMM）等合作渠道。双边合作包括1994年中日环境保护合作协议、1993年日韩环境保护合作协议、1991年日苏环境保护合作协议（集中在海洋和森林保护方面）等。此外，还有南亚区域合作联盟（SAARC，简称南盟）和南亚环境合作计划，其中南盟框架下的环境合作机制主要由环境部长会议和首脑级会议组成，南亚环境合作计划中包括“南亚区域海洋方案”，主要公约有《南亚区域合作联盟环境合作公约》《达卡宣言》《南亚区域合作联盟气候变化的行动计划》《马累宣言》《延布宣言》等。

表4－4　林业相关的主要国际规则及治理手段

林业国际规则	生效时间	决策机构	森林规则具体内容	是否具有法律约束力
《生物多样性公约》	1993年	联合国	建立总面积超过6500万公顷的热带雨林保护区，由发展中国家和新兴工业化国家提供森林，由发达国家提供资金	是
《联合国气候变化框架公约》	1994年	联合国	形成和更新对温室气体排放的清除，包括因森林砍伐和森林管理活动而发生的排放；形成减缓气候变化的程序，努力解决包括森林和土壤的排放和汇；促进较低的温室气体排放行业（包括林业部门）的技术进步；促进汇和储存的可持续森林管理；准备适应气候的影响，并为可能会受到洪水、干旱和沙漠化影响的地区制定相应的计划	是

续表

林业国际规则	生效时间	决策机构	森林规则具体内容	是否具有法律约束力
《21 世纪议程》	1992 年	联合国	各国具有按照其环境政策开发资源的主权权利；各国拥有考虑其需要和发展水平并根据与可持续发展原则和与法律相一致的国家政策，使用、管理和开发其森林的主权和不可剥夺的权利；强调发达国家对发展中国家林业发展应承担的额责任	否
《关于森林问题的原则声明》	1992 年	联合国	主权的概念和与主权相关的权利；森林利益相关者的咨询和参与，如土著居民、当地社区团体和妇女组织；整合及纳入生态方面的考虑、机构和政策方面的考虑，可持续发展的原则也包括在内；承认和评估所有森林价值和服务，如生态价值、保护价值、社会价值、土著居民价值和贸易价值；探索原始森林和种植森林之间的关系；增加发展援助和资助发展中国家森林项目，并协助实施；全球的发展和国家规制框架，以支持和鼓励森林原则的实施	否
《国际热带木材协定》	1994 年	缔约国家	促进非歧视的木材贸易作法；增进成员的能力，以执行争取在 2000 年之前实现热带木材和木材产品的出口均取自永续经营资源这一战略；促进来自可持续的来源的热带木材国际贸易的扩大和多样化；促进和支持研究与发展，争取改善森林经营和木材利用效率并提高养护能力、增进热带产材森林的其他森林价值；促进生产成员国取自永续资源的热带木材的更多和更深度的加工，以求促进它们的工业化，从而增加就业机会和收入；鼓励成员支持和发展工业用热带木材的更新造林和森林经营活动以及退化林地的恢复等	是

续表

林业国际规则	生效时间	决策机构	森林规则具体内容	是否具有法律约束力
《濒危野生动植物物种国际贸易公约》	1973 年	缔约国家	禁止濒危动植物贸易，包括森林动植物贸易	是
《国际森林文书》	2007 年	联合国森林论坛	在国家层面，要求成员国继续加强对森林可持续经营的政治承诺，制定和实施国家林业发展战略和规划，制定和实施支持林业发展的长期资金机制；加强林业行政管理、立法和执法；积极参与区域、全球合作； 在国际层面，要求国际社会建立新的额外的资金安排机制，促进技术转让和发展中国家能力建设；大力开展植树造林，加强森林资源保护和森林资源恢复，增加森林碳吸收能力，应对气候变化	否

资料来源：作者根据联合国等相关机构网站资料整理。

第三节　自然资源国际治理的主要机构

一、全球性政府间国际组织

联合国及其各种附属机构在自然资源国际治理体系中发挥着重要作用。联合国致力于协助各国管理自然资源。1952 年，联合国大会发出声明，指出发展中国家拥有“自主决定如何使用其自然资源的权利”，发展中国家必须从本国的国家利益出发，把自然资源用于实现国民经济发展的目标。联合国经济及社会理事会、负责环境与可持续发展事务的专门机构——联合国环境规划署、可持续发展委员会，以及其他相关机构，如国际法院及联合国大会等都在全球自然资源治理中扮演着重要的角色。

（一）联合国经济及社会理事会（ECOSOC）

联合国经济及社会理事会协调联合国及各专门机构的经济和社会工作；研究有关国际经济、社会、发展、文化、教育、卫生及有关问题；就其职权范围内的事务，召开国际会议，并起草公约草案提交联合国大会审议；履行其他联合国大会建议执行的职能。

能源和自然资源促进发展委员会是联合国经济及社会理事会的一个职能机构，与可持续发展委员会一道，负责制定指导方针，以便联合国经济及社会理事会及各国政府依据该方针制定相关政策和战略。能源和自然资源促进发展委员会又分成两个分组，即能源问题分组和水资源分组，各由 12 名成员组成。能源问题分组负责对能源发展趋势和有关议题进行审核，并对联合国系统在本领域的活动进行协调。水资源分组负责审核与土地资源和水资源的综合管理相关的议题，并对联合国系统在本领域的活动进行协调。

（二）联合国环境规划署（UNEP）

联合国环境规划署成立于 1972 年，总部设在肯尼亚内罗毕，是联合国内协调重大环境行动的专门机构，也是负责环境事务的核心机构，其宗旨是通过鼓励、教育和促进来领导、倡导各个国家和人民对环境进行保护，改善他们的生活质量，而不危及后代人的利益。在联合国环境规划署的组织与协调下，国际上形成了一系列的多边自然资源保护公约，如《保护世界文化和自然遗产公约》《濒危野生动植物物种国际贸易公约》等。

鉴于环境问题与资源问题的高度相关性，以及许多环境问题事实上主要是通过资源治理的形式才能够得到解决，联合国环境规划署就成为联合国各机构中最为广泛地参与全球资源治理的机构。联合国环境规划署所采取的全球资源治理行动主要体现为启动、起草和执行多边环境协议，与联合国其他机构及其他国际组织，如联合国粮食与农业组织（FAO）、国际自然保护联盟（IUCN）以及世界银行等，对落实多边环境协议及各国环境政策和法规的有效执行进行指导。

联合国环境规划署是绿色经济倡议的主要发起者，旨在通过重塑和调整各个行业的经济政策和投资方向，如清洁科技、可再生能源、水资源服务、绿色交通、垃圾管理、绿色建筑、可持续农业和森林，协助各国政府绿化它们的经济。当前的主要任务是落实联合国千年发展目标和《2030 年可持续发展议程》，整合可持续发展的经济、社会、环境三大支柱。近年来，该机构还通过促进绿色经济的各种举措，将自然资源保护、管理和可持续利用明确列为其关注的焦点之一，在淡水和海洋资源治理方面发挥了重要作用。

（三）联合国可持续发展委员会（CSD）

1992 年 6 月 3 ~ 14 日，在里约热内卢召开的联合国环境与发展大会（UNCED）在制度建设方面取得了一系列重要成果：达成了包含 27 项原则的《关于环境与发展的里约热内卢宣言》（简称《里约宣言》），通过了全球可持续发展战略文件《21 世纪议程》，签署了《联合国气候变化框架公约》（UNFCCC）和《生物多样性公约》（CBD）两个重要的国际性环境协定，通过了关于《世界荒漠化公约》（CCD）谈判的协议和《森林可持续管理原则》的声明，并成立了新的专门机构可持续发展委员会，确定了“可持续发展”的观点，第一次在承认发展中国家拥有发展权利的同时，制定了环境与发展相结合的方针，并提出“各国在和平发展和保护环境方面是相互依赖的，应按照联合国的有关决议，采取适当方法解决一切环境争端”，以推进可持续发展后续活动和在可持续发展领域协调联合国内相关机构的活动。

可持续发展委员会是联合国内高级别的专门处理环境与发展事务的政府间委员会，其宗旨是确保环境与发展大会的后续活动的开展，增强国际合作，其主要功能包括：审评执行《21 世纪议程》以及里约会议采纳的其他政策工具的进展情况，提出与里约会议后续活动和可持续发展相关的政策建议，促进政府、国际社会以及《21 世纪议程》中权益相关方之间的对话并建立伙伴关系，在联合国系统内协调里约会议后续活动以及负责世界可持续发展首脑会议（WSSD）的筹备工作等。

（四）联合国森林论坛（UNFF）

2000 年 10 月，联合国经济及社会理事会成立了一个拥有全球成员的、高级别的政府间组织——联合国森林论坛。其任务在于促进森林的管理、保护和可持续发展，监督成员国政府长期政策关注。论坛每年召开会议，加强对森林问题的长期优先关注，并回顾过去政府间组织行动的执行情况。在联合国经济及社会理事会的邀请下，相关国际组织的首脑还成立了拥有 14 个成员的森林问题合作伙伴关系网络，鼓励合作与协调，支持联合国森林论坛的目标，并在全球实行可持续的森林管理。联合国森林论坛目前参与国际自然资源治理的行动主要限于举办政府间会议，并形成了一系列不具有法律约束力的决议。

联合国森林论坛秘书处是所有与森林问题相关事项的联合国协调中心，它为年度论坛会议提供实务支持，准备技术报告和研究分析，并促进就森林问题的合作和协调对话。秘书处的主要活动有：

（1）支持作为联合国经济社会理事会职能委员会的联合国森林论坛；

（2）促进、监督和评估可持续森林管理的实施，尤其是联合国森林文书、全球森林目标及森林相关的可持续发展目标及目的；

（3）通过联合国森林论坛秘书处管理的全球森林筹资协助网络方便可持续森林管理的筹资；

（4）增强关于森林对达成可持续发展目标贡献的意识；

（5）通过作为森林合作伙伴关系的秘书处和联络里约宣言的秘书处，促进森林问题的一致、协调及合作；

（6）促进高层级政治参与，支持由主要群体和其他利益相关方参与的可持续森林管理。

（五）联合国教科文组织（UNESCO）

联合国教科文组织负责管理的多项公约与自然资源的保护和开发有直接联系。其中，最为重要的是 1972 年通过的《保护世界文化和自然遗产公约》，对承载着不可替代的文化和自然遗产的地区起到了保护作用，使其不因自然资源的开发和利用而遭到破坏。2003 年通过的《保护非物质文化遗产公约》中也涉及对特定自然资源的保护，即那些特定的非物质文化知识、实践或工艺等相关的天然材料，如果相关的自然资源无法再获得，也必将危及这些非物质文化遗产的存在。该组织主要是从将自然资源作为文化的载体而加以保护的角度，采取全球资源治理行动。

（六）联合国粮食及农业组织（FAO）

联合国粮食及农业组织是从促进农业、渔业和林业发展的角度参与到全球资源治理中来的。其参与全球资源治理的行动主要包括：从上述角度参与起草自然资源相关的公约，并为成员国相关法律法规的制定提供直接的技术支持。该组织的主要职能有：

（1）搜集、整理、分析和传播世界粮农生产和贸易信息；

（2）向成员国提供技术援助，动员国际社会进行投资，并执行国际开发和金融机构的农业发展项目；

（3）向成员国提供粮农政策和计划的咨询服务；

（4）讨论国际粮农领域的重大问题，制定有关国际行为准则和法规，谈判制定粮农领域的国际标准和协议，加强成员国之间的磋商和合作。

（七）联合国国际法院（ICJ）

联合国国际法院是国际自然资源法和环境法领域最重要的行为主体之一，其参与全球资源治理的主要行动表现为：一是为自然资源相关条约的缔约方进行纠纷调解；二是审理涉及自然资源开发利用相关的国际案件；三是通过判例，为更好地保护和利用各种自然资源制定法律。此外，常设仲裁法庭（PCA）也是自然资源相关纠纷的仲裁机构，国际海洋法法庭（ITLOS）也基于《联合国海洋法公约》而拥有仲裁权。

联合国体系外还有一些国际性金融机构，如世界银行和区域性的开发银行等，通过提供贷款支持来推动一些自然资源相关的国际法与国内法的立法，以及为相关国际公约的执行提供资金。1991 年创立的全球环境基金（Global Environment Facility，GEF），由联合国环境规划署、联合国开发计划署和世界银行三方共同管理，致力于生物多样性、臭氧层、气候变化和全球水资源四个领域的环境保护，是目前全球可持续发展的重要资金机制。世界贸易组织（WTO）与《北美自由贸易协定》等贸易方面的国际组织和协定，一方面致力于通过促进贸易来推动自然资源的充分利用；另一方面对利用过程中产生的环境问题予以关注，从投资和商品贸易的角度，为环境保护标准、技术和信息等方面提供建议。

二、区域性政府间国际组织

根据区域范围的大小，当代世界的区域政府合作主要分为两类：一是宏观区域间政府合作，如欧盟、亚太经合组织等；二是毗邻国家间的区域政府合作，如欧洲国家的“斯堪的纳维亚区域合作”“莱茵河上游的区域合作”，东亚地区的“澜沧江—湄公河地区”“新—柔—廖”

区域合作等。东南亚国家联盟、欧洲联盟作为两大宏观区域间政府合作组织，在自然资源的国际治理中起到重要作用。

（一）东南亚国家联盟（ASEAN）

东南亚国家联盟（Association of Southeast Asian Nations，ASEAN），简称东盟，在全球自然资源治理、促进地区环境可持续性发展和多边环境协定的执行等方面发挥着越来越重要的作用。东盟于 2009 年 4 月发布的《东盟共同体 2009—2015 年路线图宣言》就指出：东盟应努力实现可持续发展，通过保护经济和社会发展基础的自然资源，以促进清洁和绿色环境，包括对土壤、水、矿产、能源、生物多样性、森林、沿海与海洋资源的可持续管理和保护，以及改善东盟地区水和空气的质量。

1977 年，在联合国环境规划署的推动和支持下，东盟制订了第一个“东盟次区域环境计划”［ASEP－I（1978－1982）］。该计划包括六个优先领域和 100 多个环境项目，由东盟科技委员会下属的东盟环境专家组（AEGE）负责具体实施。1981 年，在马尼拉发布的关于东盟的环境声明中，协作目标被定义为：“确保东盟环境及其自然资源的可持续性，使其能够可持续地发展并达到一个目标，这个目标是根除贫困，并尽最大可能使东盟各国的人民获得基本生活条件。”可以说，东盟国家领导人高度重视环境保护和自然资源可持续利用和管理，并且将之视为国家和地区长期经济增长和社会发展的关键。

1992 年，东盟峰会在新加坡举行，环境问题与可持续发展得到了东盟成员国的一致认同。在发表的《新加坡宣言》中，东盟成员国承诺积极响应《21 世纪议程》，在环境方面加强合作，实行可持续发展战略。在 2007 年的东盟环境部长会议上，各国同意将可持续森林管理、自然公园和保护区的可持续管理合并为生物多样性的可持续管理。例如，东盟成立了东盟生物多样性中心（ACB）并开展了环境合作旗舰项目，如东盟遗产公园计划，截至 2017 年 9 月，已有 40 片区域被划为遗产公园。

（二）欧洲联盟（EU）

欧洲联盟（EU），简称欧盟，是一个经济、政治高度一体化的超国家区域性国际组织。欧盟不断将自然资源和环境保护纳入一体化的重要法律框架之中，包括《单一欧洲法令》《马斯特里赫特条约》《欧洲联盟条约》《阿姆斯特丹条约》等。迄今为止，欧盟已形成了一个全面系统的自然资源治理体系，共有300多个自然资源及环境法令在欧盟范围内获得通过并实施。1970年，欧盟提出了“环境无国界”的口号。自1973年欧共体实施第一个环境行动计划以来，国际环境合作一直是欧盟的工作重点，欧盟几乎参加了所有重要的国际环境会议，签订了多个国际环境公约和协议，认真贯彻落实会议的各项议案。欧盟国际环境合作的内容涉及空气污染、水污染、动植物保护、气候变化、臭氧保护、生物多样性、沙漠化、越境污染、森林和酸雨等多个方面。

2003年10月，欧盟委员会通过了欧盟森林执法、施政与贸易（Forest Law Enforcement，Governance and Trade，FLEGT）行动计划，FLEGT行动计划主要通过在木材生产国和欧盟之间签署“自愿伙伴关系协议”（VPA），帮助木材生产国建立起控制和许可程序，以确保只有合法木制品才能进入欧盟市场。该计划是欧盟与木材生产国合作打击非法木材贸易的多边长期行动计划，旨在消除欧盟范围内的非法木材贸易。自2003年启动以来，FLEGT行动计划不仅有效地减少了非法毁林，而且在促进森林的良好管理、消除贫困并促进自然资源的可持续经营方面发挥着重要作用。

2018年7月，中国与欧盟签署《中华人民共和国和欧洲联盟关于为促进海洋治理、渔业可持续发展和海洋经济繁荣在海洋领域建立蓝色伙伴关系的宣言》。双方携手推动完善全球海洋治理体系、发展可持续性蓝色经济和促进可持续渔业治理，共同应对气候变化、海洋生态环境保护、海洋资源养护和可持续利用面临的挑战，努力实现2030年可持续发展议程目标。

三、非政府国际组织

非政府国际组织在全球自然资源治理中同样发挥着重要作用，其治理权威体现在议程设定、环境监测、履约监管等方面。通过监督政府和企业行为，向国际组织和跨国公司施加压力，建立相关政策的支持联盟等，非政府组织广泛参与到自然资源的全球治理之中。同时，非政府组织也通过非正式的行动，如宣传、倡议和游说等，在保护自然资源、提高公众环保意识、募集资金等方面发挥着积极作用。比较有代表性的有国际自然保护联盟、世界自然基金会、绿色和平组织和大自然保护协会等。

（一）国际自然保护联盟（IUCN）

国际自然保护联盟（International Union for Conservation of Nature and Natural Resources，IUCN）成立于 1948 年，原名为国际自然与自然资源保护联盟，1990 年正式更名为国际自然保护联盟，总部设在瑞士。国际自然保护联盟是一个独特的国际性联盟，即政府和非政府机构都能参与合作，专注于国际自然环境保护，并在自然保护的传统领域中处于领先地位，如拯救濒危动植物种；建立国家公园和保护区；评估物种及生态系统的保护并帮助其恢复。将该组织列入非政府国际组织类型并不完全妥当，因为其兼有政府间和国际非政府组织的特点。

IUCN 的宗旨是：利用科学途径促进自然资源的利用和保护，以便为人类目前和未来的利益服务；保护潜在的再生自然资源，维护生态平衡；保护未被特殊保护的土地或管辖的海域，使其自然资源得以保护；使其众多的动植物品种和数量得以保持在适当的数量范围内；保护幸存的、有代表性的或特殊性的动植物群体的土地和新鲜海域；制定特殊措施，以保证植物和动物群体品种不受伤害或灭绝。

IUCN 是国际自然保护组织的带头人，该联盟的三大支柱是会员组织、专家委员会、专业秘书长。在可持续发展的前提下，IUCN 通过下设的专家委员会开展工作。专家委员会共有六个，涉及物种保护、环境、经济和社会政策、环境立法等内容，由技术专家、科学家、政策专家组成工作网，是世界上最大的专家网络。参加专家委员会的各国科学家无偿为自然保护和发展作贡献，负责评估世界自然资源，在 IUCN 制定保育措施时提供咨询服务。国际自然保护大会是联盟的最高层管理机构，制定整个联盟的政策，通过联盟的工作计划，并选举联盟主席以及理事会成员。

（二）世界自然基金会（WWF）

世界自然基金会（World Wide Fund for Nature，WWF）成立于 1961 年，成立时名为世界野生生物基金会（World Wildlife Fund），于 1986 年易名。自 1961 年成立以来，WWF 一直致力于环保事业，其使命是遏止地球自然环境的恶化，创造人类与自然和谐相处的美好未来。为此，WWF 致力于：（1）保护世界生物多样性；（2）确保可再生自然资源的可持续利用；（3）推动降低污染和减少浪费性消费的行动。

WWF 是世界上最大的环保组织，活跃于 100 多个国家和地区。从成立以来，WWF 共在超过 150 个国家和地区投资超过 13000 个项目，资金近 100 亿美元，这些项目大多数是基于当地问题。WWF 在中国的项目领域也由最初的大熊猫保护扩大到物种保护、淡水和海洋生态系统保护与可持续利用、森林保护与可持续经营、可持续发展教育、气候变化与能源、野生物贸易、科学发展与国际政策等领域。

（三）绿色和平组织（Greenpeace）

绿色和平组织（Greenpeace）是一个全球性的环保组织，成立于 1971 年，由美国与加拿大裔环保主义者成立，总部设在荷兰阿姆斯特丹，致力于以实践行动推进积极改变，保护地球环境与世界和平。绿色和平组织的宗旨为“保护地球孕育全部多样性生物的能力”，他们的活动聚焦于气候变化、森林采伐、过度捕捞、商业捕鲸、基因工程以及反核议题。绿色和平组织在全球超过 40 个国家和地区设有分部，这些地区分部根据全球各项目工作的计划纲要，在各地区发展与当地需要相符的项目，及筹款工作支持项目发展。

（四）大自然保护协会（TNC）

大自然保护协会（The Nature Conservancy，TNC）成立于 1951 年，是国际上最大的非营利性自然环境保护组织之一，一直致力于在全球保护具有重要生态价值的陆地和水域，维护自然环境，提升人类福祉。TNC 是全球最大的国际自然保护组织，其使命是：通过保护代表地球生物多样性的动物、植物和自然群落赖以生存的陆地和水域，来实现对这些动物、植物和自然群落的保护。TNC 总部设在美国弗吉尼亚州阿灵顿市，资产超过 37 亿美元，年融资近 5 亿美元，项目遍及全球 69 个国家及地区，拥有 100 多万会员、700 余名科学家以及近 4000 名员工。

气候变化、海洋、淡水以及保护地是 TNC 最为关注的四个方面。TNC 管护着全球超过 50 万平方千米的 1600 多个自然保护区，8000 多千米长的河流以及 100 多个海洋保护区。TNC 注重实地保护，遵循以科学为基础的保护理念。在全球围绕气候变化、淡水保护、海洋保护以及保护地四大保护领域，运用“自然保护系统工程”（Conservation By Design，CbD）的方法甄选出优先保护区域，因地制宜地在当地实行系统保护。自然保护系统工程是 TNC 长期使用的保护工具和方法，为了减少在进行保护工作决策时的不确定性，TNC 还经常使用这一框架下的两个方法生态区评估（eco-regional assessment，ERA）和保护行动规划（conservation action plan，CAP）。

（五）湿地国际（Wetlands International）

湿地国际（Wetlands International）是一个独立的非营利全球性组

织，总部设在荷兰，创建于1995年，是由亚洲湿地局（AWB）、国际水禽和湿地研究局（IWRB）和美洲湿地组织（WA）三个国际组织合并组成，在非洲、美洲、亚洲、欧洲和大洋洲设立了18个办事处，下属三个联系松散的区域机构，即湿地国际非洲、欧洲和中东组织，湿地国际亚太组织和湿地国际美洲组织。

湿地国际在全球范围内和国家层面开展工作，其宗旨是维持和恢复湿地，保护湿地资源和生物多样性，造福子孙后代。湿地国际认为，人类美好的精神、物质、文化和经济生活都离不开全球湿地的保护与恢复。因此，湿地国际致力于湿地保护与合理利用，实现可持续发展，以期使湿地和水资源的全方位价值与服务都得到保护和管理，以利于生物多样性和造福人类。

湿地国际与世界自然基金会、国际鸟类组织和世界自然保护联盟等《湿地公约》的国际伙伴组织密切合作，与《湿地公约》《生物多样性公约》和《迁徙物种公约》签署了正式的伙伴协议，还与许多国家政府和相关机构签订了谅解备忘录和合作计划，以支持湿地的保护与合理利用，如英国自然保护联合委员会、中国国家林业和草原局以及支持国际湿地能力建设项目的财团组织。

第四节　主要国际条约

自然资源国际治理在内容上一般包括国际条约体系及其缔约方会议。经过谈判，各国共同认可的公约、国际法规和决议等为自然资源的全球治理提供了制度保障。其中，公约和国际法规多以多边环境协定（MEA）形式签署，具有一定的法律约束力，属于正式文书；决议、宣言等多属于道德约束范畴或政治意愿的表达，一般不具有法律约束力。

还有一些国际论坛，作为增进各国交流合作的重要渠道，也具有较大影响力。

一、海洋资源治理

地球表面有2/3被海洋所覆盖，因此，如何保护这些海洋业已成为联合国关注的主要问题之一。联合国环境规划署的工作，尤其是它为保护海洋环境所做出的种种努力，使全世界把关注的目光集中到大江大洋上。国际海事组织（IMO）作为联合国的专门机构，负责采取相应措施，防止船舶造成的海洋污染以及加强国际航运的安全。尽管国际航运业发展迅猛，但由船舶引起的石油污染在20世纪80年代被削减了约60%，漏油事故在过去的20年中也大幅度减少。取得这一成绩的其中一个原因是引进了更好的控制废物处理的方法，另一个原因是通过公约的实施，加紧了有关控制。

具有开拓意义的《国际防止海上油污公约》于1954年获得通过，国际海事组织则从1959年起负责该公约的执行。20世纪60年代末发生的几起重大油轮事故促使国际海事组织采取进一步的行动。自那时起，国际海事组织相继出台了许多措施，旨在积极预防海上事故和漏油事故，将事故带来的后果减少到最低限度，以及防止海洋污染问题，包括因将陆上活动产生的废物倾弃于海洋而引起的海洋污染。

国际海事组织制定的几个重要公约包括：1969年的《国际干预公海油污事故公约》、1972年的《防止倾倒废物及其他物质污染海洋的公约》，以及1990年的《国际油污防备、反应和合作公约》。此外，国际海事组织还着手处理海洋环境威胁的问题。这些威胁来自海上的一些常规性业务操作，如清洗油罐、处置轮机舱废物等——就吨位而言，这些污染对海洋环境造成的威胁甚至比事故本身造成的环境威胁还要大。

在这一方面，国际海事组织采取的最为重要的措施是1973年通过的《国际防止船舶造成污染公约》（简称《油污公约》），该公约后经1978年的有关议定书修正。《油污公约》涉及的海洋污染种类不仅包括事故性油污和业务操作性油污，还包括由化学品、包装货物、污水及垃圾造成的污染。1992年通过的《油污公约》修正案要求所有新油轮都必须装备有双层船壳，或是船体设计可以为船货提供与双层船壳等同的保护力度，以防止油轮发生碰撞或搁浅事故。

二、森林资源治理

在全球层面，森林资源管理往往被作为气候变化、生物多样性等治理的一个部分而被分散地提及。一些国际公约包含了涉及森林的其他领域，如《生物多样性公约》（1992年）、《联合国防治荒漠化公约》（1994年）、修订后的《国际热带木材协定》（1994年）和世界贸易组织规则（1994年）、《关于持久性有机污染物的斯德哥尔摩公约》（2001年）。在区域层面，与森林相关的公约和议程共有44个，其中21个具有法律约束力，如《亚马孙合作条约》（1978年）、《东盟自然资源保护协定》（1985年）、《北美自由贸易协定》（1993年）、《欧盟景观公约》（2000年）。

国际社会从20世纪70年代开始注意到全球性的森林问题，并在80年代开展了两个重要的森林行动计划，即联合国贸易与发展会议框架下的《国际热带木材协定》和联合国粮农组织框架下的《热带森林行动计划》。但是，由于这两个行动计划没有触及全球森林破坏不断加快的根本原因，影响力十分有限。在这期间，国际社会普遍认为森林资源是一种排他性资源，如果没有正当的理由就对他国的森林资源管理、利用政策进行干预，很容易被认定是在干预别国主权。由于国际性森林机制的缺失，各国可以毫无顾忌地砍伐森林，部分国家的短视行为——随心所欲地开发森林资源，已经对区域，甚至全球的生态环境造成了巨大的破坏。因此，在1992年的联合国环境与发展大会期间，举行了第一次关于全球森林问题的大讨论。

2000年10月，联合国在经济社会理事会下成立了联合国森林论坛，提升了国际森林问题政策对话的层次，林业是唯一拥有专门对话场所的部门，平行于“可持续发展委员会”。联合国森林论坛每年召开一次会议，在2007年的第七次会议上，国际社会终于达成了《国际森林文书》。在文书中明确提出了到2015年期望实现的三个目标：（1）扭转全球森林覆盖率下降的趋势，尽力防止森林退化；（2）提高林业经济、社会和环境效益；（3）大力增加世界范围内森林保护区面积。

三、湿地资源治理

湿地是指天然或人工的、永久或暂时的沼泽地、泥炭地及水域地带，带有静止或流动的淡水、半咸水及咸水水体，包含低潮时水深不超过6米的海域，包括河流、湖泊、沼泽、近海与海岸等自然湿地，以及水库、稻田等人工湿地。

为保护全球湿地以及湿地资源，1971年2月2日来自18个国家的代表在伊朗拉姆萨尔共同签署了《关于特别是作为水禽栖息地的国际重要湿地公约》（简称《湿地公约》，又称《拉姆萨尔公约》）。《湿地公约》确定的国际重要湿地，是在生态学、植物学、动物学、湖沼学或水文学方面具有独特的国际意义的湿地。《湿地公约》已经成为国际上重要的自然保护公约，受到各国政府的重视。为纪念公约诞辰，1996年10月公约第19届常委会决定将每年2月2日定为“世界湿地日”。

《湿地公约》的主要内容有：各缔约国承认人类同其环境的相互依存关系；考虑到湿地的调节水分循环和维持湿地特有的动植物，特别是水禽栖息地的基本生态功能；相信湿地为具有巨大经济、文化、科学及娱乐价值的资源，其损失将不可弥补；期望现在及将来阻止湿地被逐步侵蚀及丧失；承认季节性迁徙中的水禽可能超越国界，因此应被视为国际性资源；确信远见卓识的国内政策与协调一致国际行动相结合，能够确保对湿地及其动植物的保护。

为了保护全球湿地及湿地生物资源，实现经济可持续发展，我国和国际社会之间开展了广泛的交流与合作，并与许多国家和地区签订了一系列有关的协议或协定。1980 年，中国正式加入《濒危野生动植物种国际贸易公约》，1992 年签署了《湿地公约》和《生物多样性公约》。我国与联合国开发计划署、世界银行、世界自然基金会、国际自然保护联盟、湿地国际、国际鹤类基金会等国际组织在野生动物保护、湿地资源调查、自然保护区建设、湿地管理人员培训等方面开展了广泛的合作。我国签订并认真执行了中日和中澳候鸟保护协定、中俄兴凯湖自然保护区协定，进一步强化了候鸟及栖息地保护，并在重要水禽自然保护区内对中日、中澳共同保护的候鸟进行了科学研究和保护。此外，还与湿地国际—亚太组织达成了合作谅解备忘录，交流与合作得到了进一步加强。

四、荒漠化治理

土地荒漠化是全球性的环境问题，人类活动引起的土地荒漠化也带给人类以灾难。由于长期滥用土地、不可持续的农业土地利用、落后的土壤和水资源管理方式、森林砍伐、自然植被破坏、过度放牧等行为，造成了土地的生产能力丧失，土壤逐渐退化，对全世界 30% 的农业、牧业用地造成影响，同时带来洪水、泥石流、土地退化等自然灾害。土地荒漠化对生物多样性产生了巨大的冲击，同时对气候变化造成了深远的影响。

1972 年，以非洲地区发生严重干旱带来的荒漠化影响为契机，联合国举行了斯德哥尔摩环境会议。在会议之后，联合国于 1973 年正式成立了联合国环境规划署，专门处理包括荒漠化防治在内的环境问题。1977 年，经过联合国及各方的努力，在内罗毕召开了人类首次“联合国荒漠化大会”，会上第一次对如何保护土地环境，防止荒漠化的危害进行了全球性的讨论，制订了《防治荒漠化行动计划》。自此，联合国环境规划署正式成为组织及实施荒漠化行动的负责机构。在联合国环境规划署的作用下，受荒漠化危害的国家及地区开始了具有成效的行动方案制定工作，发达国家及发展中国家之间的关系也得到有力协调。荒漠化问题作为一个影响全球政治、经济、社会发展的重要问题受到世界关注。

《联合国防治荒漠化公约》全称为《联合国关于在发生严重干旱和/或荒漠化的国家特别是在非洲防治荒漠化的公约》（UNCCD）。1992 年，联合国环境与发展大会决定启动谈判，并在之后成立了“关于在发生严重干旱和/或荒漠化的国家特别是在非洲防治荒漠化的公约谈判委员会”。1994 年，这部全球性的应对荒漠化的公约在巴黎获得通过。该公约包含导言、六个主体部分和四项附件。在导言部分，界定了有关“荒漠化”的术语，在主体部分以宣言的方式提出并确认了公约的基本原则，提出缔约方的基本任务，确认了国家对自然资源的主权权利和国家政府在防治干旱和荒漠化中的关键作用。该公约没有像《生物多样性公约》等公约一样特别强调国家行动，而是依赖于全面的措施，强调当地人民和社区的作用，这也是该公约的特点之一。

五、生物资源治理

1973 年国际社会缔结了《濒危野生动植物种国际贸易公约》，由联合国环境规划署负责执行。该公约旨在对濒于灭绝的物种实施保护。共有162个缔约国定期开会，对那些需要实行配额制或无条件禁令加以保护的动植物物种或产品（如象牙）的清单进行及时更新。1979年缔结的《养护野生动物移栖物种波恩公约》和一系列相关协议，旨在保护陆地、海洋和鸟类的迁徙与安居。到2003年底，该公约已经拥有84个缔约国。1992年以前，国际社会的普遍观点是“生物资源是自然界赋予人类的宝贵财富，归人类共同所有”。《生物多样性公约》（1992年）的缔结使各缔约国必须承担相应的义务和责任，即保护生物多样性，确保生物物种的可持续发展及确保各国公平共享使用遗传资源给人类带来的好处。《生物多样性公约》及其《卡特赫拉议定书》《名古屋议定书》分别于1993年、2003年和2010年生效。基于《生物多样性公约》等一系列在联合国和世界贸易组织等国际组织框架下的生物与环境保护方面的国际公约和协定，生物多样性的国际治理体系已经建立，并不断发展。

第五节　自然资源国际治理的困境

当前的全球自然资源治理仍然面临着重重困境。尽管适用的国际标准、规则或国际自然资源规制目标纷纷出台，但却出现了重复、重叠、零散、碎片化，甚至混乱等情况，缺乏具有广泛共识的国际协定和准则。而在执行过程中，也面临着分歧、毁约，甚至单方面退出等不确定因素，自然资源的国际治理的高度政治化，在一定程度上使其变成了主权国家之间的政治博弈，而削弱了对自然资源治理本身的责任和担当。

一、缺乏具有广泛共识的国际规则

环境问题不是铁板一块，主权国家之间的利益博弈和观点分歧，使自然资源的国际治理变得举步维艰。例如，在气候变化议题上，欧盟和美国就出现了重大分歧。在发展中国家，小岛屿国家又与非洲大陆和南美洲国家出现了截然不同的观点。每年一度的气候变化大会在艰难的谈判中蹒跚前行，尽管形成过如《京都议定书》《巴厘路线图》《巴黎协定》等阶段性文件或规则，但却因部分主权国家的一意孤行，严重削弱了其公信力和其对缔约国家的约束能力。美国拒绝签署《京都议定书》，单方面退出《巴黎协定》等行为，破坏了主权国家之间的合作框架，阻碍了国际间应对气候变化的行动进度。

国际上关于自然资源治理问题主要由联合国大会决议通过或由缔约国家之间协商通过，无论是哪一种方式，均需要主权国家之间经过漫长的磋商和辩论后，通过联合国大会等官方会议通过，具有一系列严格的审核和签署流程，致使自然资源治理的国际规则呈现出周期长、反应慢等问题。另外，缺少法律约束力也是当前自然资源国际治理规则的一个共性问题。一方面，自然资源的治理在不同的主权国家之间很难制定统一标准；而另一方面，为平衡签约国家之间的利益冲突和意见分歧，致使当前国际上多数的自然治理规则并不具有严格的法律约束力，仅以声明或倡议的形式提出治理的准则和行动指南，而缺少具体的法律约束和行为标准，针对中途退出的国家也缺少相应的法律制裁手段。

二、自然资源国际治理的碎片化

自然资源国际治理的碎片化源于自然资源类别本身的复杂性，但也受到管理组织的分散治理和治理主体多元化的影响。从自然资源的类别来看，当前的自然资源国际治理被单门类资源的全球治理所分割，比如全球森林治理、全球水治理、全球气候治理、全球生物多样性治理等，各自有不同的目标和价值体系，违背了自然资源作为整体的基本规律，呈现碎片化。

从治理机构的分布和协调上来看，有太多的国际组织在不同的地方从事环境治理，而其任务往往重复。更为严重的是，由于不同的国际组织之间的互动和合作的机会有限，致使这种各自为政的分散治理模式可能导致议程冲突、地域分散以及规则和规范不一致。原则上，国际治理协调任务应当由联合国环境规划署来承担，然而，联合国环境规划署也缺乏足够的资源来完成这项使命任务，而各国际组织都力求增加本组织的预算和影响力，因此如何协调和平衡如此众多国际机构也成为联合国环境规划署面临的一个难题。

发展依然是全球各国共同的意愿，主导了全球议程，包括环境议程。在贸易、投资和国际发展等领域，影响环境治理的重要决定越来越多，参与和主导自然资源国际治理的主体不仅仅局限于联合国下属的专门机构、非联合国的国际组织和机构，如世界银行、国际货币基金组织等机构已经比过去更加重视环境和可持续发展。众多参与主体的加入使自然资源治理的组织结构更加复杂化。然而，客观地说，全球环境议题对他们的决策影响很小，这些机构对参与全球环境治理缺乏足够的动力。

三、政治意愿与环境问题之间的博弈

国家经济和安全利益往往与环境问题背道而驰，因此，并非所有国家都希望有一个强有力的全球环境治理体系。事实上，即使在一个更强大的全球环境体系的逻辑显而易见的情况下，该体系内的行动者主要负责维护其“狭隘”的国家和机构利益，这一事实往往会使之不堪重负。自然资源的国际治理难逃政治化的命运，使环境问题成为主权国家之间的政治博弈，相互推诿、规避责任、搭便车等现象难以克服。

主流的环保主义话语大多来自西方发达国家。尽管环保主义极力营造一种“地球共同体”的理念，但不可否认的是，任何环境问题首先影响的都是当地社区的利益。因此，出现了一些无法被最直接的利益相关者，即当地社区的农户所理解的环境话语，如“碳汇”“碳交易”。环保话语仅仅停留在环境大会的谈判桌上，无法将环境问题的真实面目推到公众面前，其背后发达国家的话语主导和政治企图不得不引起我们的思考。更为严重的是，环境问题甚至成为部分发达国家玩弄话语、操纵舆论的工具。比如，把巴西森林火灾与中国进口大豆和牛肉联系起来，明显掺杂了复杂的国际政治因素；再比如，在应对气候变化问题上，将中国排挤在《京都议定书》之外，致使中国的清洁发展机制项目在审批和交易上陷入停滞状态，而同期印度等其他国家的清洁发展机制项目却顺利通过审批。这就为广大发展中国家找到了消极，甚至干脆置之不理的理由，从而削弱了国际协定的权威。

第五章

森林治理思想变迁和展望*

本章主要介绍工业革命以来他国森林治理的变迁历程，判断其总体进展和趋势，为推进我国林业治理体系和治理能力现代化建设提供相关的国际经验和教训。本章还系统总结政府、以市场为基础的措施、以社区为基础的森林管理以及混合治理（hybrid governance）在森林领域的作用机制和应用，分析全球非政府森林治理主体和形式兴起的驱动力和表现，以期推动我国林业治理体系的研究和构建。

第一节　从伙伴到出发
——人类史中的森林

在讨论森林治理这一“现代”话语前，有必要回顾森林与人类关系的旅程，这有助于在更长的历史长河中，以更加纵深的视角来思考森林治理问题。森林孕育了森林古猿，而人是从森林古猿进化来的。从森林古猿离开森林，游走于森林和草原，一直到现代人种出现的 19 万年间，现代人种依旧延续原人的生活方式，进行狩猎和采集。距今约 10000 ~ 12000 年前，随着人口的增多，人类面临的困境是如何获得足够

* 本章主要观点已经发表于《林业经济》2016 年第 3 期。

的食物和保护自己。因为野生资源的不足，人群与人群间的竞争加剧。在 10000 年前，地球上有些地区出现了饥荒，人们尽可能地迁移，寻找可生存的地区。

在相当长的时期内，森林是人类的伙伴。人类的祖先生活在森林里，靠采集野果、捕捉鸟兽为食，用树叶、兽皮做衣，在树枝上架巢做屋。现在来看，森林是人类的老家，人类是从这里起源和发展起来的。直到今天，森林仍然为我们提供着生产和生活所必需的各种资料。森林提供包括果子、种子、坚果、根茎、块茎、菌类等各种食物。在泰国的局部林区，60% 的粮食取自森林。灌木丛中的动物还为人们提供肉食和动物蛋白。据联合国粮农组织 2010 年发布的报告，大约 1000 万人在森林管理和保护岗位就业，但有更多的人直接靠森林为生，估计世界上有 3 亿人以森林为家，靠森林谋生。

到了农耕社会，森林从伙伴转变为荒野。生活在不同地区的人们分别发现不同的可栽培的物种，譬如于中东地区发现了小麦、大麦，亚洲东南地区发现了稻米，美洲则是发现了玉米等。农耕使人们有更丰盛且可靠的食物来源，亦促使人们定居，稳定的社会才得以形成。人类因此离开了森林，同时以森林为食物、药材、建筑材料等生活生产用品的主要来源地，开始迈上开发森林、改造环境的不归路。在农耕社会，森林被视为荒野的一部分，人类就是靠农耕开发的力量，利用清除森林动物和植物，改种人类需要的农作物或饲养人类需要的家畜。2019 年，亚马孙地区森林火灾引起了国际社会的高度关注，这当然与以法国为代表的欧盟挽救全球气候变化议题和体现 G7 东道主国的贡献等方面的政治需要十分相关。如果从人与森林关系角度，巴西的做法无可厚非。亚马孙地区是地球上仅存的少数且面积最大的前沿森林。数万年来，人类就一直在毁林养畜种农作物。发展中国家一直不愿意在国际森林治理中就森林开发国家主权议题让步。

森林是人类的母亲，远比人类古老。在历史长河中，相对于森林的成熟，现代人类只是孩童。也许假如人类历史再经历数万年、数十万年，人类整体上会褪去孩童的稚气，才会醒悟，认识到“人类将不可避免的老去”，那时森林才能真正成为人类的母亲、朋友和赖以生存的伙伴。地球上的生命将会终结，而人类作为地球主宰的历史估计只有恐龙的十分之一，甚至更少。工业文明以来，区区约400年的旅程，地球上的森林却消失了一半。人类要如何对待森林，这个孕育人类本身的母亲呢？只能期待人类能够早一天长大，早一点懂事，以更加理智和文明的方式对待森林母亲，这能帮助人类自身能更好地生活在地球上。从这个角度去思考，今天关于森林治理的讨论还是人类极度自私的表达。从人类从生到亡的长周期去考察，森林治理议题只能算人类生命旅程的一个极小的插曲，它没有改变工业革命以来已经形成的人与森林关系的本质。

第二节　森林经营

欧洲率先进入工业革命。早先，一些工业城市的周边森林环绕，而森林为工业提供了木材和能源。森林被视为煤炭、铁矿石一类的资源，形成了森林采掘业，为此形成了采掘规程、林道设计、贮木场布置等一些制度，甚至制定了森林条例等法律来规定森林采伐。我国在一些重要林区，如闽北、湘西集体林权、东北国有林区，至今保留了一些森林采掘制度安排。20世纪50年代，我国围绕森林采掘业而成立了森林工业部。

因工业用木材和能源需求量猛增，人们开始大规模采伐森林，而导致森林过伐。以德国为例，虽有严厉的森林条例，工业发展对森林的破坏远远超过了数千年农业文明对森林的破坏程度，无论是君主林还是私有林、公有林都出现了过伐。任何森林法规都不能遏止这场破坏，这一时期就是森林利用史上所谓的“采运阶段”。这种对经济利益的追求，给森林带来了前所未有的灾难性破坏，从而导致 18 世纪初震动德国“木材危机”。“木材危机”使人们认识到森林资源不是取之不尽用之不竭的，只有在大力培育的基础上适度开发利用，才能使森林资源持续地为人类发展服务。危机的出现促使林业工作者对森林经营自然规律进行反思和探索。这导致森林永续利用理论的产生。1713 年，德国森林永续利用理论的创始人汉里希·冯·卡洛维茨（Carlowitz）提出了森林永续利用原则，提出人工造林思想。此后，整个德国掀起了一场恢复森林的运动。

永续利用最初的定义是：生产作业和木材生产收获的不断继续，其最基本的含义是连续、均衡的木材产出。它反对把森林当成采掘性资源，突破了盲目开发森林资源的误区，永续的目的是追求最高木材产量的持续性和稳定性。森林永续利用理论成为欧美国家 100 多年来实施经营同龄林和追求森林资源永续利用的理想森林结构模式，对各国森林治理体系产生了巨大的影响。永续利用强调单一商品或价值的生产，以单一的木材生产和木材产品的最大产出为中心，把森林生态系统的其他产品和服务放在从属的位置，其目的是通过对森林资源的经营管理，源源不断地、均衡地向社会提供木材和其他林副产品。

现代“科学”意义上的林学以 1826 年德国洪德思哈根提出法正林为标志（Leuschner，1984）。这一针对同龄林经营的永续利用理论的出现与完善，标志着在森林经营作业水平上木材永续利用思想的成熟。因此，现代林学从诞生之日起，就彻底颠覆了数千年，甚至上万年，人类对于森林的基本态度。其特点表现在：（1）森林成为一个经营对象，是一个死的物体，而不再是人类生产、生活和情感、理想和信仰的不可分的组成部分，具有了主体与客体之别；（2）森林被看成一个简单的经营对象，只为生产木材和纤维的可持续，失去了森林本身的综合性和复杂性；（3）森林的功能被世俗化，能为人类创造财富，能被其他更价廉物美的东西取代，能在交换中实现个人和集团福利的最大化。简单地说，森林有用，并能为我所使用。在法正林提出后，现代林学逐步发展成为一个庞大的体系，围绕森林经营的造林学、测树学、森林经理学、森林昆虫学、森林病理学相继出现，并融合了现代生物学、生态学、材料学等科学成就，逐步形成近代和现代林业科学。

近现代林业科学成就基本围绕对森林结构和功能的认知，对森林生态系统过程的认知，将森林功能从之前的多元化，以及森林与人类关系的相互依存变化简单的木材产出和原料来源，实现木材、纤维、工业原料等简约化功能的森林经营策略、技术手段和经济、社会政策。

这些近现代林业科学通过两个途径开疆辟土，从欧洲到亚洲、非洲、美洲和大洋洲。第一条途径是直接殖民。英荷需要大量的柚木用于制作商船和军舰，导致东南亚和南亚的天然柚木资源被过度开发。因此，在19世纪下半叶，东印度公司在印度、爪哇等地人工种植柚木林，随之开始了科学语境下的森林经营。而中国、日本等属于拿来主义的途径，即第二条途径。中国几乎在英荷在殖民地开始森林经营的同时，引进了西方的林学科学。1876—1883年，中国科学家、上海格致书院创办人徐寿在其主编的《格致汇编》中收集了林业科普的文章，提出了适地适树的原则。20世纪初，在国外专攻林学并学成归国者，如凌道扬、姚传法、李寅恭、陈嵘、梁希等人，成为近代中国林学的开拓者。无论在技术、政策和文化上，西方森林治理体系、殖民地森林治理体系和非殖民地国家的森林治理体系都是基于近现代林业科学而建立起来的。

从现代林业理论和实践的发展不难看出，森林经营理论是研究如何可持续地产出更多的木材，而林业实践就是直接对森林的无节制和盲目的利用，丝毫没有考虑森林之于人类的生态、文化价值，充斥着简约主义与世俗化，主客体的二元对立。现代林学很少关注人类与森林关系悠久的历史，也较少关注在农耕时代积累的丰富的传统知识与文化。除部分欧洲国家外，绝大多数国家，现代林学只是强行植入到传统的森林管理体系中。

森林经营的问题很快呈现了出来，且不可避免。东印度公司柚木人工林没有缓解造船用木材短缺的问题，甚至没有能够赶得上使用按照“科学”规范营造的柚木林，东印度公司就破产了。19 世纪下半叶和 20 世纪上半叶，欧洲大陆、北美的森林遭到了严重的破坏，由此带来的环境问题日趋恶化。中国按照现代科学体系建立的国有森工局只经历了不到 30 年的旅程，到 20 世纪 80 年代中后期总体上全面陷入“两危”（资源危机、经济危机）境地，而现在不得不靠国家财政勉强维持局面，当年的伐木工人现在变成靠财政供养的护林员。

20 世纪 50 年代，一些工业发达国家由于人口稠密、工业集中、森林资源日趋减少，自然环境条件日益恶化。这一情况迫使人们认识到应发挥森林的多种用途。森林及其林地具有多种竞争性的用途，如生产木材、保护生物多样性、开辟为农田、建设为城市、休憩等。正如美国林务局局长麦卡德尔（Richard McArdle）在 1960 年第五届世界林业大会上致辞时说道：人类的历史就是人与人之间土地竞争的历史，获取更多自然资源的历史，然后过度消费资源的历史。半个世纪过去了，当我们再次体味这段话，不免觉得充满达尔文主义。今天，我们对待森林的态度要比半个世纪前温和得多。反映在森林经营上，不再单一强调森林林分的多种价值实现，而更加强调协调森林的不同用途，以符合当地社区、地方和国家社会经济发展的利益。半个世纪前，人们是从一个“自私”的人的角度出发来审视森林的价值，发现森林有许多用途。美国的森林的用途包括用材、流域保护、野生动植物栖息地、休憩和放牧。中国的森林被分为用材林、防护林、经济林、薪炭林、特用林。以当下的知识来判断，从森林经营“科学”发展的历程来判断，中国森林分类方法在支持理论上落后于美国，我国还没有走出单一性专业化土地利用模式思维的束缚。

第三节 政府管制

从第二次世界大战结束到20世纪70年代末期，大部分发展中国家采取政府一元治理的方式自上而下管理森林资源。强烈的发展主义思潮主导了亚、非、拉新兴独立主权国家的森林资源管理实践，森林国有化、木材生产工业化、价格管制成为发展中国家森林治理的主要措施，社区和居民普遍被排斥在森林经营之外（Haeuber，1993）。根据联合国粮食及农业组织（FAO，2011）的统计数据，地球上80%的森林为公有，18%为私有，2%为其他[①]。公有制在除欧洲（不包括俄罗斯）之外的所有区域都占主导地位，并且国家直接负责管理大部分公有森林。在很多森林覆盖率高的国家，公有制是最常见的所有制，如巴西、刚果民主共和国、印度尼西亚、俄罗斯等。政府管制不仅没有实现经济发展和人民福利改善的目标，还导致森林减少和退化，带来了腐败、资源浪费、社会冲突、林区贫困等问题（Kummer and Turner，1994；Geist and Lambin，2002）。加之这一时期人口迅速增长，毁林开垦严重，造成了贫困和毁林的恶性循环（Alen and Barnes，1985）。自然资源的诅咒普遍发生，开发森林资源只是带来短期的繁荣。很少有发展中国家能够走出一条同时实现森林可持续管理、经济发展和改善人民生计三重目标的道路。

① 联合国对“公有”和“私有”森林的定义不同于我国对“公有”和“私有”森林的定义，仅包括国家和地方政府所有，社区和土著所有被联合国定义为“私有”。

在热带国家，人口增长引起的农业扩张和商业木材采伐被普遍认为是这一时期毁林的最直接原因。由于毁林定义的模糊、木材采伐和农业扩张的内在联系、数据的缺失、利益相关者的干扰，对于直接毁林最重要的原因到底是农业扩张还是商业采伐直接毁林，一直无法达成共识，导致截然不同的价值判断和政策取向（Angelsen，1995）。持农业扩张观点的一方往往是官方和木材公司，强调是人口扩张和农民不可持续的开垦行为导致毁林的发生，小农户需要对毁林和森林退化负主要责任。例如，迁移农业在印度尼西亚、马来西亚、菲律宾、老挝等东南亚国家的毁林中发挥了重要的作用。而持商业采伐观点的一方往往是国际组织、非政府组织、学者，强调热带国家政府森林政策的失败、腐败、治理能力薄弱、商品农业扩张、采伐公司不可持续的采伐等导致毁林的发生，政府和大公司需要对毁林和森林退化负主要责任。例如，在东南亚国家，非法采伐规模巨大，常常是采伐公司、地方政府、林业部门、海关等勾结起来，形成利益链条，发展成规模化、产业化商业公司。对毁林原因不同的判断影响了治理措施的选择：持农业扩张是毁林主要原因观点的，往往寄希望通过采取强制性措施，将农民与森林隔绝开来，减少人类对森林的干扰，如建立自然保护区和限制人口迁移，推动经济发展和城镇化，从而减少毁林和森林退化的发生；相反，持商业性采伐是毁林主要原因观点的，往往试图通过民主化改革、增强立法执法能力、打击腐败、赋权等措施来减少毁林和森林退化。上述两类观点和措施的争论一直延续至今，对国际森林治理安排产生了重要的影响。

第四节　森林分权改革

20 世纪 70 年代末以来，结构发展主义的失败、新自由主义的兴起、东欧社会主义阵营的垮塌，以及可持续发展、参与式发展、公民参与等新发展理论的崛起，推动了发展中国家和转型国家去管制化以及向地方政府和社区的分权改革（Parpart and Veltmeyer，2004）。森林分权改革成为发展中国家森林资源管理最为显著的特征之一，全球有超过60个发展中国家从中央政府向地方政府、社区、农民转移了不同程度的森林资源权属（Agrawal et al.，2008）。在加拿大，环保运动推动了原住民的森林管理权逐渐得到认可和保障。森林分权改革受到了国际发展赋权、民主、可持续发展、绿色消费、公民运动等发展思潮和运动的推动，也呼应了地方政府和林区居民的需要，得到了国际上政府和非政府组织的广泛支持（Larson and Ribot，2004）。森林分权改革的基本逻辑是，因信息、赋权、基层民主、地方知识的优势，地方政府和居民比中央政府更有动力和优势来管理好森林，实现生计改善、民主参与、森林可持续经营、地方善治等目标。地方政府、社区和农户在森林资源管理、林权安排上扮演了越来越重要的角色，与1980年相比，超过2亿公顷森林的权属不同程度地向地方社区和组织进行了转移（White and Martin，2002）。

森林分权改革在不同程度上拓展了地方政府、社区和农民的权属，也为非政府组织、私营部门等其他非政府主体进一步参与森林经营提供了广阔的空间。在印度尼西亚，地方政府分享了森林资源的税收，土著社区的林权也在森林分权改革中得到了法律确定（Wollenberg et al，2006）。在玻利维亚，地方政府获得了20%的国有森林管理权（Andersson，2003）。在乌干达，地方政府获得了部分辖区内森林和保护区森林的管理和执行权（Muhereza，2006）。在印度和尼泊尔，地方社区获得了从地方政府转移来的森林经营管理权和部分收益权（Agrawal and Ostrom，2001）。在中国和越南，农民获得了集体林地的经营权。

跨国研究表明，非洲、亚洲和拉丁美洲许多国家的森林分权改革在实践中并未带来理论上的生计改善、民主化、森林可持续经营以及地方政府治理等方面的良好变化（Larson and Ribot，2004；Ribot et al.，2010），反而森林继续遭到破坏、地方森林治理恶化，如冲突频发、腐败加剧、精英俘获、森林管理无序化等（Mccarthy，2004；Persha and Andersson，2014）。在中国，20 世纪 80 年代的林业“三定”改革和国有林区改革造成了严重的乱砍滥伐或者超量采伐（徐晋涛等，2004）。从全球来看，森林分权改革没有遏止住全球森林下降的趋势，南美洲、非洲、东南亚、大洋洲的发展中国家毁林依然十分严重（FAO，2011）。究其原因，中央政府不愿意分享权力、地方政府对下负责机制不完善被认为是森林分权改革效果不理想的主要原因（Ribot et al.，2006）。塔科尼（Tacconi，2007）认为森林分权改革过于理想，忽略了改革中复杂的政治、经济、社会条件，而且也没有充分的证据表明家庭经营、以社区为基础的森林管理必然能带来森林可持续经营。

第五节　主要的森林治理形式

一、政府

政府治理是各国森林治理的基本和常见方式，而传统的治理也是指政府治理或管制。政府常常出于某种公共利益，依据法律规定直接对一些行为、价格、数量进行限制。这些规则和限制通常依赖政府的行政权力来实施，具有权威性、强制性，在管理手段上以许可、审批、标准控制等命令性控制手段为主，主要由官僚体制来实施，如木材采伐许可证、外来物种审批制度、木材价格管制、生态功能区划分等。政府也可以通过直接管理或禁止某些行为来解决市场失灵问题。公共采购政策是一种限制政府自身行为的管制措施。欧盟、日本制定了木材采购合同的限制性条例，确保购买的木材产品是合法生产的，从而促进森林可持续管理和环境保护。政府通过国有化、自然保护区、国家公园的方式来集中管理森林资源或提供生态服务。从二战结束到20世纪70年代末，国有化和控制命令是大部分发展中国家森林资源管理的主要方式。1980年以后，在环境运动的推动下，建立自然保护区逐渐成为生物多样性保护的一种重要而广泛应用的管制措施，以限制或禁止破坏生物多样性的各种活动。目前，保护区总面积大约为19亿公顷，约占全球土地面积的14.5%，其中世界上大约有13.5%的森林都被划入了不同种类的保护区（Schmitt et al.，2009）。

政府管制的理想结果是所有人的利益都得到增进，即帕累托改进。现实中，政府管制改变了原有的权属结构，使一些个体得益，而另一些个体受损。由于缺乏利益获得者对利益受损者的补偿机制，其结果往往不能带来帕累托改进。理论上，政府管制需要具备两个条件：一是政府管制的效果要好于市场机制的效果；二是政府管制所得到的收益必须大于政府本身和给社会施加的成本。否则，正如市场会失灵一样，政府会因信息不足、政策时滞或扭曲、寻租等产生政府失灵，从而导致严重的腐败、生态恶化、资源浪费、精英俘获、贫富分化等问题。国有森林和自然保护区建设还容易造成政府与农民、生态与生计之间的严重冲突，增加以林为生居民的生计脆弱性。

二、以市场为基础的措施

虽然生态服务的外部性往往会引起市场失灵，但解决这个问题并不总是依赖政府的直接管制。非排他性和外部性问题导致森林资源某些有价值的功能并没有在法律上有控制它的使用者，也没有人有权给它定价。这就需要考虑外部性内在化的问题，即改变激励，以使人们考虑自己行为的外部效应。有两种以市场为基础的手段来解决生态服务的外部性问题：第一种是英国经济学家庇古最先提出的庇古税方案，即通过对有负外部性的行为征税并给予有正外部性的行为补贴来使外部性内在化，偏重于政府干预；第二种是基于科斯定理所衍生出来的可交易许可证或自愿协议来使外部性内在化，偏重于市场主导（沈满洪，1997）。在交易成本为零的情况下，这些措施所达到的效果都是一样的。现实中，由于交易成本不为零且约束条件不同，它们的适用情况和效果有很大的差异。

对正外部性的补贴在环境领域中又称环境服务支付（PES），指通过给予环境服务提供者适当的支付，以部分或全部弥补生态服务的外部性，从而鼓励提供生态服务的供给。旺德（Wunder，2005）总结了环境服务支付的五个标准：一是自愿的交易；二是被很好定义的环境服务；三是至少有一个消费者购买；四是至少有一个供给者；五是确保环境服务供给的连续性。旺德承认，在现实中满足上述所有标准的环境服务支付项目不多。环境服务支付项目的资金来源包括政府、企业、非政府组织、私人等。一般而言，补偿方式分为政府财政补偿和市场机制补偿两种。目前，政府是环境服务支付项目最重要的资金来源，由政府通过征税来直接提供或向市场购买生态服务（FAO，2009）。政府推动的环境服务支付项目往往规模都比较大，采用强制手段，推广速度快，市场作用有限，参与者的自主性不大，如我国的退耕还林工程、生态公益林补偿。大多数自愿、市场推动的环境服务支付项目规模都比较小，交易成本高，只能提供微薄的收入和少量的保护收益。环境服务市场通过许可证或自愿协议来交易生态服务，鼓励市场的自发力量，促使生态外部性的内在化。根据科斯定理，如果市场各方可以无成本或者低成本地就资源配置进行协商，那么，市场自身就可以有效地解决外部性问题。环境服务市场可以在更大范围内动员市场和社会资金参与森林可持续管理，避免政府投资的力不从心。环境服务支付已经长期存在于生态旅游、流域保护、生物多样性保护、碳交易等领域。然而，目前的生态服务补偿或购买很难等同于生态系统服务的所有价值，补偿金额和覆盖面受到政府财政能力的极大限制。

三、以社区为基础的森林管理

社区为基础的森林管理是20世纪80年代以来发展中国家森林分权改革的重要结果。在自然资源治理的实践和理论中，社区治理处于基础性地位。这源于自然资源有属地性质，相比中央政府，当地资源使用者与自然资源的关系更为密切，并具有信息优势。森林分权改革的对象包括地方政府、社区、农户等地方行动者，改革使他们成为森林的管理者，但很少改变森林的所有制形式。发展中国家森林分权改革以从中央政府向地方政府和社区进行分权为主，向农户层面进行分权主要发生在中国、越南等转轨国家。实际上，对地方政府、社区、农户的分权常常是结合在一起的。在国际上，以社区为基础的森林管理通常指社区作为基本的森林决策和管理单位，其核心是社区的集体行动和地方制度（Agrawal and Gibson，1999）。这与家庭管理以家庭作为基本的决策和管理单位有所不同，如我国的家庭承包责任制。考虑到无论是家庭管理还是社区管理，都主要来源于森林分权改革，在社区内部分享森林管理权属，强调社区居民有能力对森林进行管理，需要不同程度的集体行动。

从产权理论的角度来讲，开放产权、国有产权、社区产权都会导致很大的外部性，相比之下，私有产权更能使外部性内在化，提高资源使用效率（登姆塞茨，1973）。明确的私有产权可以使拥有者根据激励和预期，在市场中开展竞争或合作，以充分配置手中的资源，达到资源利用的最大化，而不会产生租值耗散。然而，交易成本的存在使私有产权界定和保护过程中产生了巨大的公共领域，引起行为主体竞相对资源进行攫取或追租，导致私有产权未必能够带来效率的改进（Libecap and Johnson，1979；Anderson and Mill，1983）。私有产权拥有者的经济决策受到两方面因素的影响：首先是由所有权内容所赋予的自由处置权；其次是竞争性市场，包括产品市场和要素市场。我国集体林权改革的历程表明，所有权形式和承包经营权是可以两权分离的，但单纯赋予农户森林管理权并不能直接带来森林的良好管理和生计改善，因为产权改革发生在相应的制度环境中，需要协同进行税费、采伐制度、产权稳定性等配套措施的改革。对越南林权改革的研究也表明，向农户分权对森林增长的作用有限，反而是农产品市场的自由化改革和农业新技术的引进降低了土地的压力，带来了森林面积的增长（Sikor，2001）。

以奥斯特罗姆为代表的公共资源治理学派对公共资源私有化和政府管制的反思，推动以社区为基础的森林管理得到了前所未有的关注。公共资源学派的研究发现，长期的社区生活，可以通过设计规则和习俗，建立起制约成员的机会主义行为和搭便车行为的制度，改变公地悲剧的结果。经过一系列实证研究，奥斯特罗姆归纳了“清晰界定的边界，因地制宜的占用与供应规则，照顾少数人的集体选择安排，有效的监督，分层级的制裁，有效的冲突解决机制，存在社区自主治理的空间，分权制的管理单位”等八个社区成功自主治理自然资源的条件（奥斯特罗姆，2012；Agrawal，2001）。社区自主治理成为政府和市场之外的第三条道路，得到了世界各地森林、渔场、牧场等案例的验证，推动了20世纪80年代以来发展中国家森林分权改革的进程（Ostrom，2010）。

在现实中，单一的国有、社区、私人管理都无法完全解决复杂的自然资源问题，没有包治百病的药方或模式。这源于，一方面，自然资源治理需要考虑社会生态系统的复杂性、多层级、规模和不确定性等特点；另一方面，从制度的角度，需要考虑制度的多样性、将制度复制移植到另一个环境的困难、路径依赖问题，以及现实中多种机制、多元制度和政策的共存（Berkes，2007）。私有化、社区管理、国有管理与森林覆盖率或森林可持续管理之间仅有有限的联系，不同管理体制与森林覆盖率的关系相对较弱（Ostrom，2007）。考虑到森林的多功能性和人类目标的多样性，制度的多样性是一种常态，效率并不是森林管理追求的唯一目标。森林管理体制的绩效问题更多的是一个实证问题。

四、混合治理

单一的政府、市场、社区机制不能解决复杂多样的自然资源问题，推动了多中心治理的兴起。越来越多的混合治理机制产生，如政府与市场的公私伙伴关系、政府与社区的共同管理、市场和社区的合作伙伴关系等，以发挥多种机制的协同作用（Lemos and Agrawal，2006；Visseren - Hamakers and Glasbergen，2007）。例如，政府与社区的共同管理就试图兼顾国有林地产权、政府强制性和行政效率、地方社区生计的需要，以实现环境和发展的双重目标。印度的合作森林管理（joint forest management）作为一种政府与社区的混合治理形式广受世界关注。合作森林管理通过将国有森林的部分权属转让给社区，尝试兼顾地方社区的生计需求和自主管理，对改善生计、实现森林可持续管理发挥了一定的积极作用（Behera and Engel，2006）。自然资源治理需要强调多层级互动、伙伴关系和多样性制度的重要性，采用多元治理的思路来解决人类社会面临的生态问题，从而找到适应各种物理、社会和经济条件的综合解决方式（Ostrom，2007）。混合治理面临的难题是如何平衡各方的权利和利益，确保合作的可持续性。

第六节　非政府森林治理主体和形式兴起的驱动力和表现

20 世纪 80 年代以来，以市场为基础的措施、以社区为基础的森林管理、混合治理在森林领域的兴起是政治、经济、社会、生态等各种因素推波助澜的结果。第一，在宏观经济社会方面，计划经济体制和结构发展主义的失败，以及新自由主义的兴起直接推动了发展中国家和转型国家的分权改革和市场化改革（Parpart and Veltmeyer，2004）。自 20 世纪 80 年代以来，许多发展中国家实施了不同程度的财政、行政和民主分权改革，森林分权改革和市场化改革是其中的重要部分。第二，在国际层面，森林问题逐渐成为国际政治、发展、环境议题的重要组成部分。在国际发展赋权、民主、可持续发展、绿色消费、公民运动等思潮和运动的推动下，国际上政府和非政府组织积极促进森林领域的市场化、分权改革、发展干预，非政府组织、市场消费者、跨国公司、社区等非政府主体成为森林治理不可忽视的力量。气候变化问题推动了 CDM 和 REDD + 等环境服务市场的发展。第三，在林业部门，政府管制的政治、经济、社会、生态负面影响逐渐凸显，市场化和产权改革成为中央政府解决上述问题的主要手段，越来越多的地方政府、社区、居民也积极要求分享当地森林的权属。第四，相关理论的发展和被广泛认可，如以科斯为代表的产权理论、以奥斯特罗姆为代表的公共资源治理理论、可持续发展和参与式发展等新发展理论，以及以蒂伯特（Tiebout）为代表的公共选择理论，奠定了非政府治理主体兴起的理论基础。此外，全球化、经济社会发展、技术进步等也推动了森林资源从管制向治理的转变。这改变了过去自上而下的政府管制模式，推动了非政府治理主体和形式的日益活跃。

20 世纪 80 年代以来，以社区为基础的森林管理逐渐成为全球森林治理的研究和实践重点。森林分权改革始于 20 世纪 80 年代，成为许多发展中国家提高可持续森林管理、去管制化、赋权、改善民生的政策选择。全球有超过 60 个发展中国家从中央政府向地方政府、社区、农民转移了不同程度的森林资源权属（Agrawal et al.，2008）。与 20 世纪 80 年代相比，超过 2 亿公顷森林的权属不同程度地向地方社区和组织进行了转移（White and Martin，2002）。以社区为基础的森林管理呈现出多样性，合作森林管理、以社区为基础的自然资源管理、社区林业、社会林业、共同林业、参与式林业等实践层面上的概念相继被提出，并在南亚、东南亚、非洲、拉丁美洲广泛倡导。与森林管理相关的国际环境和发展干预也越来越强调社区参与和地方制度的重要性，关注当地的生计需要和能力建设。

过去十多年来，环境服务市场广受关注和推崇。为应对森林管理的复杂性、不确定性和压力，越来越多的利益相关者参与到森林治理中，弥补政府知识、激励、能力的不足，推动了环境服务市场的发展。以 CDM、REDD + 为代表的环境服务市场成为国际环境治理的热点（Miles and Kapos，2008）。通过实施 CDM 和 REDD + 项目，既可以帮助发达国家以较低成本履行减排义务，也可以帮助发展中国家推进可持续森林管理。以森林碳汇为主的 CDM 项目由于技术规则、市场容量、管理运行及程序的复杂性以及不确定性等诸多因素，在全球 CDM 项目中所占的比例和交易量都比较小。现阶段，REDD + 已经成长为国际森林环境服务市场的重点，世界银行“森林碳伙伴关系”与联合国 REDD 项目是当前最为重要的推动渠道，预计 2020 年，全球 REDD + 的投资将达到 300 亿美元。

各层次不同治理主体之间的伙伴关系和混合治理不断涌现，为充分利用各种机制、搭建分享和合作平台、实现优势互补和合作共赢提供了可能。在国际层面，例如，联合国森林合作伙伴关系是一个非正式的、自愿参与的平台，拥有包括世界银行、联合国粮食及农业组织、国际林业研究中心、国际自然保护联盟等 14 个国际组织的参与。森林认证作为非政府组织主导的，市场、社区、政府共同参与的混合治理形式，已经广泛地应用于森林可持续管理和木材贸易。占全球 3% 的森林已经接受了 FSC、PEFC 等森林认证机制的认证（Cashore and Stone，2012）。各国政府逐渐认识到与国际组织、民间组织、私营部门构建紧密伙伴关系的重要性。伙伴关系通过提供专业经验、资金、技术、培训，促进相互之间的协作和协调，推动可持续森林经营。以世界自然基金会与我国国家林业局的合作为例，双方的合作始于 1980 年，30 多年来，合作领域已由单纯的大熊猫保护逐渐扩大到物种保护、淡水和海洋生态系统保护与可持续利用、森林保护与可持续经营、气候变化与能源等诸多领域。世界自然基金会累计在华投入资金 3 亿多元人民币，为中国的自然保护作出了积极的贡献（国家林业局，2011）。

第七节　森林治理变迁方向

当今国际森林治理复杂多变、纵横捭阖，各种趋势相互叠加，森林治理变迁方向难以把握。全球在苦苦探寻实现全球森林可持续管理的药方：国际环境政治基本格局难以撼动，但却风云变幻，难以在森林问题上达成一致性的、可信的协议和集体行动；森林分权步伐变慢，有边缘化的风险；市场机制看着很美，但困难重重、作用有限，质疑声音很大；以社区为基础的森林资源难以模仿、复制和扩大化，不断受到挤压。然而，二战以来的国际森林治理历程仍然十分清晰地显示了三个重要的趋势。

第一，分权和集权长期共存、反复博弈。第二次世界大战以来，无论是早期的政府国有化和管制、过去30年多来一直强调的森林分权改革，还是近来推崇的国家干预活动，实则一直围绕分权和集权关系变迁。社区、农民、私营部门和非政府组织等非政府主体的大量兴起弱化了中央政府的角色，而国家干预活动又重新强化了中央政府的集权，分权和集权的交锋和融合成为国际森林治理的显著特征。森林分权改革已经对各国森林治理产生了基础性的影响，而国家主导的REDD+干预活动采取自上而下的方式，有可能带来森林权属向国家集中和对地方权力的侵蚀。新的干预措施如果不试图实现与森林分权体系的有效融合，有可能会加剧分权和集权、效率和公正、经济和生态之间的冲突与混乱，严重削弱各种治理措施的生态、经济和社会效果。分权和集权的关系又深深嵌入一国的政治经济治理格局中，没有对一国政治经济制度和森林特点的良好解释，就难以理解分权和集权反反复复的背后逻辑。

第二，多中心治理势不可当，如何协调成为难题。20世纪80年代以来的分权改革、市场化改革和国际环境政治化催生了大量的非政府行动者，如非政府组织、跨国公司、社区、林农、消费者等，政府的影响力和权力不断受到挑战，政府与非政府行动者的边界越来越模糊。这些利益群体的介入也是国际发展赋权、民主、可持续发展、绿色消费、公民运动等发展思潮和运动推动的结果。森林问题又与生物多样性减少、气候变化、荒漠化等全球环境问题交织在一起，这些复杂的问题背后是全球、国家、地方、社区等不同层次的行动者。在不同层次，行动者众多，其中部分行动者主导了不同层次的议题。政府与非政府行动者之间相互依赖关系日益增强，政府的角色逐渐从控制管理转向协调不同行动者和机制。日益壮大的非政府行动者有可能削弱政府的权威和动摇对资源的控制能力，部分资源流向市场化组织和公民社会，强化了非政府行动者对政府的质疑和冲突。

第三，提倡综合的治理机制和治理工具。政府、市场、社区、社会是森林治理的主要机制，各有其优劣势和适用性，不存在一种适合于所有情况的解决方案。在现实中，这些机制在不同层次和问题中被综合地使用，形成多层次、多样化的森林治理体系。政府管制、基于市场的措施、以社区为基础的森林管理、混合治理的适用性和绩效需要在政治、经济、社会、生态的大背景下进行考虑。公民社会的兴起、社会组织的迅速增长对森林治理的影响力呈增长的态势。20 世纪 80 年代以来，从管制向治理转变是世界森林治理变迁的共同特征。政府管制的范围和强度不断弱化，以市场为基础的措施、以社区为基础的森林管理、混合治理不断受到重视和广泛应用。尤其是，环境服务支付发展迅速，原因是以市场为基础的措施可以结合政府、社区、市场的力量，鼓励各利益相关者参与到森林治理中来，以一种尽量避免市场和政府失灵的方式促进环境外部性的内部化。随着经济社会的发展，社会也更愿意采用环境服务市场的方式，尽可能减少政府的直接管控。环境服务支付的兴起需要以明晰产权为基础，这需要森林分权改革的密切配合。完善国家林业治理体系需要尽量减少政府管制的范围和频率，这并不意味着不再需要政府，而是政府应更多地承担产权保护、执法、冲突调解、维护公平等方面的职责，促进市场、社区、社会力量的发展，推动形成多样化的森林治理安排，避免单一和“一刀切”的改革路径和方式。现实中，从管制走向治理成为一种趋势，各种治理形式和产权管理安排在不同层次和问题中被综合地使用，形成自然资源治理的综合体系。中国不能盲目迷信其他国家林业发展和产业发展的成绩，不能盲目将别国的治理安排移植到中国森林管理安排和林业产业发展上来，而要探索符合中国实际的发展和改革方向，这就需要重视每一个利益相关者，让林农参与到改革的进程中，并拓展不同利益群体参与森林治理的空间。

第六章

国际森林治理变迁和行动逻辑

20 世纪 70 年代以来，面对森林面积减少和森林质量下降，以及与森林相关的环境问题日益突出，全球森林治理逐渐建立起来。全球一直致力于探索一条能够兼顾减少毁林、改善生计和促进森林可持续发展的道路。第二次世界大战以来，国际森林治理主要因森林问题国际化而起，而各国森林治理的建立旨在确保森林管理目标的实现，目标的确定和措施选择影响了森林治理变迁，国际森林治理推动了全球森林管理目标和手段的共识形成。国际和各国森林治理呈现纷繁复杂的变迁过程，是生态系统变化、国际政治经济环境、各国政治经济社会变迁、森林治理实践和理论发展等多种力量共同作用的结果。本章分析了森林问题国际化的成因，主要的多边和双边进程，国际森林治理变迁，主要行动者及策略，国际森林治理的焦点问题，即主权、资金机制，以及关于中国参与国际森林治理的一些思考。

第一节　国际森林问题及政治化

在 20 世纪 80 年代末和 90 年代初，加拿大、欧盟等国家和地区曾试图努力达成一个全球性的具有法律约束力的森林公约。1992 年，在里约召开的联合国环境与发展大会（以下简称环发大会）因各国在法律效力、覆盖范围、资金机制等方面分歧严重，只通过了《关于所有类型森林的经营、保护和可持续发展的全球协商一致的无法律约束力的权威性原则声明》（简称《关于森林问题的原则声明》）和《21 世纪议程》的第十一章“阻止毁林”，拉开了国际森林问题的序幕。

国际森林问题这一提法是在森林问题国际化和政治化过程中形成的，尚没有形成一个明确的定义。国际森林问题与可持续发展的概念紧密相关（李绿康，1998），随国际环境问题高度重视而发展起来（陆文明、李绿康，2000）。国际森林问题主要指联合国框架下所讨论的具有普遍性的与森林相关领域的问题，也可以理解为与森林相关问题的国际化（江泽慧等，2007）。国际森林问题（International Forest Issues），指的是全球森林数量减少、质量下降，由此带来的环境问题、经济增长问题、社会发展问题和全球可持续发展问题，以及这些问题的国际化、政治化和复杂化进程。

国际森林问题是在讨论森林问题，但超越了森林经营，超越了林业行业（刘金龙，2008）。此外，森林还是《联合国气候变化框架公约》《联合国防治荒漠化公约》《生物多样性公约》《国际热带木材协定》等条约中十分重要的议题。从政治角度来看，森林逐步成为国际、区域、国家和地方各级政治议题中的重要内容，并被纳入千年发展目标、约翰内斯堡宣言、可持续生计、粮食安全、气候变化、荒漠化防治、减灾防灾和缓解冲突等全球、地区和国家重要的环境和发展议题中（Holopainen and Wit，2008）。

国际社会和各国政府经过 15 年（1993—2007 年）的艰苦谈判，作为妥协的产物，达成了《关于所有类型森林的无法律约束力文书》（简称《国际森林文书》），并在 2015 年第 11 届联合国森林论坛（UNFF）上更名为《联合国森林文书》，提升了其法律效应，但性质还是非法律约束力的。经过近30年的谈判，各国政府就是无法达成一个具有法律约束力的国际森林文书，可见各国在国际森林问题上分歧之严重。

1998年以后，主张缔结具有法律约束力的国际森林文书的欧盟逐步意识到在联合国的平台下难以实现目标，于是另起炉灶。自2002年欧盟启动了“森林执法、施政与贸易”（Forest Law Enforcement，Governance and Trade，FLEGJT）行动计划，试图以欧盟立法来达到具有实质性法律约束力国际森林文书的目标。

国际森林问题的产生具有强烈的政治背景。在欧盟及其成员国，关注绿色与环保的选民持续增加。在2002年德国大选中，社会民主党得票率为38.5%，联盟党38.5%，绿党8.6%，自由民主党7.4%。绿党与自由民主党的力量对比决定了中左、中右联盟的命运，使社会民主党和绿党组成的“红绿”联盟仅以领先中右竞选联盟不足两个百分点的微弱优势赢得了大选。2017年，德国联邦议院选举中绿党得票率为9%，成为第三大党，并成为德国的执政党之一。国内政治环境决定了政治家的选择。而在国际上，2002年之后，非法采伐成为“中国责任论”最重要的抓手，在一定程度上推动了非法采伐议题的持续发酵，以至于最后中国被指责是世界非法采伐的集散地。

源于环保运动的绿党在欧洲政坛异军突起。到2003年底，欧洲大约已有51个绿党。2004年2月，来自欧洲29个国家的绿党在意大利罗马成立了统一的“欧洲绿党”。欧洲绿党始终支持绿色政治，其政治主张主要有环境责任、个人自由、民主、多元化、社会正义、男女平等、地球永续发展等。其在欧盟议会736个议席中占有47个议席，单独组建党团，拥有一个副议长席位。在院外集团—环保组织、销售商等支持下，欧盟绿党在推动FLEGT行动计划方面起到了特别的作用。然而，大凡试图推动FLEGT行动计划的人士越来越清楚，如果不能把中国纳入FLEGT行动计划，FLEGT的影响只能是局部的，而不是全球性的，难以实现欧盟预定的目标。

伴随森林议题的政治化进程，以及国际社会对森林问题的讨论，林业专家、管理人员渐成少数，而在政府体系内，政治家、外交家、经济学家、社会学家和法学家在一定程度上主导了森林问题的讨论，此外，环境主义者、公民组织和社会运动对森林问题产生了深刻的影响。森林的概念在原有自然属性的基础上，增加了主权、贸易、人口、文化、国际责任等许多政治、经济、社会、法律方面的属性，使得原本简单的属于自然科学研究范畴的森林问题变得异常复杂。

第二节　涉及森林的重要国际规则*

一、主要类型

国际社会形成了三类主要的森林国际规则（刘金龙、肖军，2008；肖军等，2009）：第一，涉及森林的具有法律效力的双边和多边环境协定，如《生物多样性公约》《濒危野生动植物种国际贸易公约》《国际热带木材协定》；第二，不具有法律效力、由签约方自愿执行的国际森林“软”法律，如《关于森林问题的原则声明》《国际森林文书》；第三，规范和促进私营部门进行森林可持续经营管理的国际机制，如森林可持续认证委员会的森林可持续经营认证、泛欧森林认证等。世界银行、非洲开发银行、国际林业研究中心、国际农用林业研究中心、国际自然保护联盟、国际林业研究组织联盟、亚太林业委员会、欧盟委员会等全球和区域国际机构也不遗余力地推动全球森林可持续经营，其中影

* 本节主要内容已经发表于《世界林业研究》2009 年第 3 期。

响比较大的是温带和北方森林保护及可持续经营的标准和指标体系、针对热带森林的国际热带木材组织（ITTO）进程和欧盟委员会极力推动的森林执法、施政和贸易（FLEGT）行动计划。

二、规则建立的简要回顾

与森林相关的国际规则是逐步构建起来的。里约环发大会前，已经缔结了一些与森林相关的国际公约，包括《关于特别是作为水禽栖息地的国际重要湿地公约》（1971 年）、《保护世界文化和自然遗产公约》（1972 年）、《濒危野生动植物种国际贸易公约》（1973 年）、《保护臭氧层维也纳公约》（1985 年）以及《国际热带木材协定》（1986 年）。环发大会的召开掀起了国际社会对全球森林问题的密切关注。涉及森林问题的相关国际环境法规、公约主要有《21 世纪议程》《关于森林问题的原则声明》《生物多样性公约》《联合国气候变化框架公约》《联合国气候变化框架公约》京都议定书以及《联合国关于在发生严重干旱和/或荒漠化的国家特别是在非洲防治荒漠化的公约》等。此外，还修订了《国际热带木材协定》（1994 年）和世界贸易组织规则（1994 年）、《关于持久性有机污染物的斯德哥尔摩公约》（2001 年）。在国际层面，与森林相关的国家公约或协定共有 20 个，其中 19 个具有法律约束力；在区域层面，与森林相关的公约和进程共有 44 个，其中 21 个具有法律约束力，如《亚马孙合作条约》（1978 年）、《东盟自然资源保护协定》（1985 年）、《北美自由贸易协定》（1993 年）、《欧盟景观公约》（2000 年）。

在 1992 年的环发大会上达成了一个没有法律约束力的《关于森林问题的原则声明》。环发大会以后，国际社会积极倡导并召开了一系列国际会议，对森林保护与可持续经营问题进行了讨论，提出了一系列的标准与指标体系框架。目前，全球共有九大进程，150 多个国家正式参与。中国主要是蒙特利尔进程和国际热带木材组织（ITTO）进程的成员国。

里约会议后，在多边框架内旨在缔结有法律约束力的森林多边协议继续森林问题讨论并将其制度化，在联合国经济及社会理事会下专门成立了一个独立的机构“联合国森林论坛”，通过了执行政府间森林问题工作组/森林论坛（IPF/IFF）行动计划。IPF/IFF 通过的近 280 条行动建议是谈判妥协的产物，含倡议的成分，没有法律约束力。历经 15 年的艰苦谈判，国际社会仍没有达成具有法律约束力的森林公约。在联合国环境与发展大会上，达成了几个多边环境协议（MEA）：《生物多样性公约》（CBD），《联合国防治荒漠化公约》（CCD）和《联合国气候变化框架公约》（FCCC）。虽然这些多边环境协议不是关于林业问题的，但他们在很多方面与森林相关。图 6－1 展示了主要国际森林可持续经营的进程，以及与各国之间的关系。

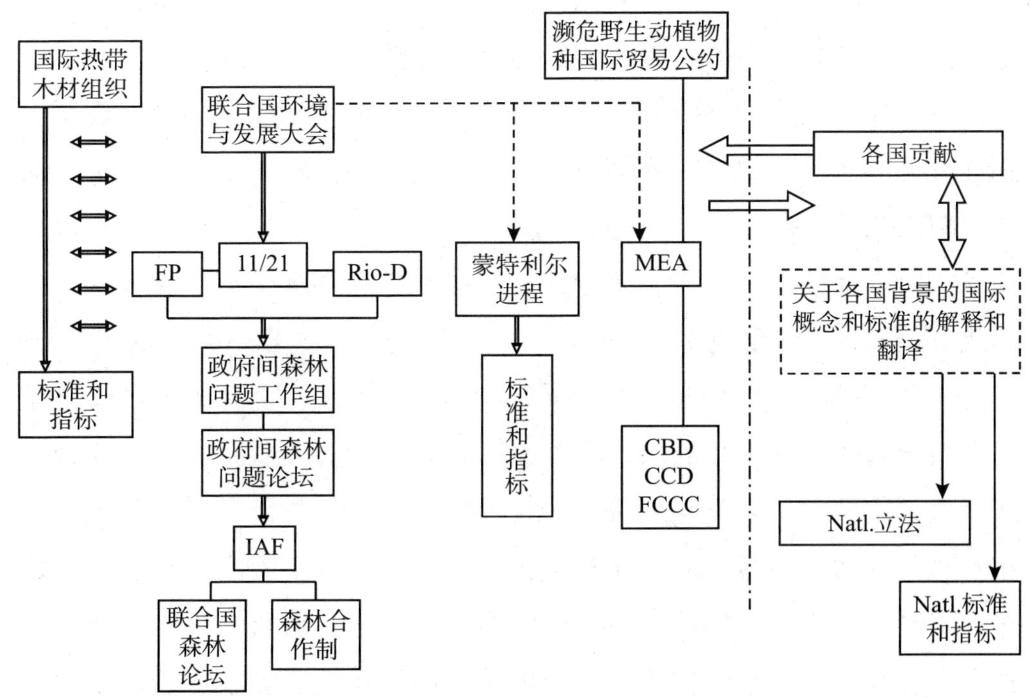

图 6－1　国际森林问题制度安排框架

三、发展趋势

自1992年在巴西里约热内卢召开联合国环境与发展大会以来，森林逐渐成为国际政治、发展、环境问题，带来了国际森林治理体系和各国林业政策的深刻变化。国际社会努力构建国际环境治理体系以应对全球自然资源和环境危机，对各国森林治理施加了越来越大的外部压力。一方面，《联合国气候变化框架公约》《联合国防治荒漠化公约》《生物多样性公约》《关于森林问题的原则声明》等一系列国际文件，以及《欧盟木材法案》和美国《雷斯法案》等影响国际木材贸易的区域或国家法案，都不同程度地强化了中央政府在森林治理中的角色。国家行动被认为是应对气候变化、毁林、荒漠化、生物多样性危机的必要举措。发展中国家政府因非法木材砍伐、毁林、生物多样性丧失等问题面临国际社会对其施政能力的指责，不断通过中央政府林业投资、森林立法执法、自然保护区建设、政府主导的环境服务市场等手段强化中央政府对森林资源的管理。例如，20多年以来，保护区建设发展迅速，保护区总面积大约为19亿公顷，约占全球土地面积的14.5%，其中大约有13.5%的森林被划入了不同种类的保护区（Schmitt et al.，2009）。各国政府仍然是环境服务支付项目最重要的资金来源（FAO，2009）。自愿的、私人推动的环境服务支付项目规模都比较小，交易成本高，只能提供微薄的收入和少量的保护收益，而政府推动的环境服务支付项目往往规模都比较大，推广速度快，如我国的退耕还林项目。

另一方面，各国之间，尤其是发达国家和发展中国家之间的信任缺失，非政府组织、市场消费者、跨国公司、土著社区等对政府间达成和执行森林有关公约的不信任与日俱增，促使国际环境领域市场手段和非政府组织大量兴起，成为国际环境治理的重要力量（Visseren-hamakers and Glasbergen，2007；Chan and Pattberg，2008）。各种非政府组织、协会、基金会等非政府主体大量涌现，市场化机制、自愿协议逐渐替代管制措施。最为典型的基于市场的治理措施——森林认证，被广泛地应用于森林管理和木材贸易。在国际非政府组织的推动下，占全球3%的森林接受了FSC、PEFC等市场化森林认证机制的认证（Cashore and Stone，2012）。然而，大部分森林认证的森林位于发达国家，毁林、森林退化则主要发生在发展中国家，森林认证对发展中国家减少毁林和森林退化的贡献有限。非政府行动者在国际森林治理中的权威、合法性、问责和能力不断增强，不断拓展自己的治理边界和参与程度。

气候变化已成为人类经济、社会发展面临的重大问题。在此背景下，近年来森林与气候变化的关系逐渐取代森林管理本身，成为国际社会关注的焦点。与全球气候变化相关的国际公约尤其值得关注，《联合国气候变化框架公约》《京都议定书》《巴厘路线图》以及《巴黎协定》等文件中明确了有关森林治理的规定，强调森林作为温室气体汇和库的作用及重要性，并要求以可持续方式进行管理，以维护和加强其作为温室气体汇和库的能力。

以CDM和REDD+为代表的市场化措施迅速崛起，代表了森林问题国际化、政治化、环境化的最新阶段（Miles and Kapos，2008；Agrawal et al.，2014）。越来越多的国际资金、发展实践、研究活动导向了国际组织和国家主导的REDD+进程，REDD+已成为发展中国家林业应对气候变化的主要手段和国际林业合作的重要渠道。在REDD+设计中，发达国家将通过公共和私人、双边和多边渠道以及其他可能的渠道，为发展中国家实施减少毁林排放等行动提供资金支持，而发展中国家不仅需要确保实现减少毁林排放等目标，还需要遵守生物多样性保护、社区参与、确保利益公平分配等原则。然而，越来越多的学者注意到REDD+下全球和国家对社区的纵向整合，以及二者背后的不同话语、权力分布

（Sandbrook et al.，2010；Wunder，2010）。这进一步强化了国家在森林治理中的角色和全球政治、经济对森林的影响，推动了越来越多的国际行动者进入社区，有可能造成权属的集中，削弱社区林地产权和生计自主性，并使地方社区深受全球环境服务市场和环境政治波动的影响（Phelps et al.，2010；Larson，2011；Beymer-Farris and Bassett，2012）。反过来，国际环境组织、碳市场、各国行动计划对地方森林资源的干预能否实现其目标却又依赖地方和社区层面对森林资源的良好管理。

从国际公约的发展趋势来看，涉及森林的公约在不断增加，但是在这些公约中，森林只是一个附带被关注的对象，森林的某些方面被多个公约涉及，而其他的一些方面却较少被注意到（见表6－1）。总体而言，现有的涉及森林的国际规则在森林方面的规定处于一种支离破碎的状态，缺乏整体性和协调性，不能有效解决国际森林问题。

表6－1　与森林相关的主要国际规则（国际层面）在特定森林功能的关系

森林功能	包含该功能规定的公约		公约之间是否存在重复
	全面包含	仅涉及部分	
森林生物多样性保护和动植物生存环境保护	《生物多样性公约》	《湿地公约》	是
与气候相关的功能	《联合国气候变化框架公约》	《保护臭氧层维也纳公约》	否
人类聚居地和工农业生产		《联合国防治荒漠化公约》	否
森林的文化价值、自然遗产	《世界遗产公约》	《生物多样性公约》	是

续表

森林功能	包含该功能规定的公约		公约之间是否存在重复
	全面包含	仅涉及部分	
商业木材和木制品、非木制林产品贸易		世界贸易组织规则、《濒危野生动植物种国际贸易公约》《生物多样性公约》《国际热带木材协定》《联合国防治荒漠化公约》	是
木材能源、能源安全		《联合国防治荒漠化公约》	否
生态旅游、娱乐		《世界遗产公约》、世界贸易组织规则	否
水源地保护和水循环		《联合国防治荒漠化公约》《湿地公约》	否
水土保持和侵蚀控制		《联合国防治荒漠化公约》	否

注：森林功能分类参照联合国粮农组织（1999 年）和世界资源研究所（2000 年）的规定。
资料来源：作者根据联合国等相关机构网站资料整理。

第三节　国际森林问题的主要分歧及其背后的逻辑*

国际森林问题的分歧主要表现为两大阵营（发展中国家和发达国家）的分歧，突出表现在森林主权、传统知识和现代科技和资金三大议题上。发展中国家坚持森林国家主权，将其提升为发展权的一部分，在森林开发、资源监测、林业政策、法律法规框架等方面必须能够体现国家对森林资源拥有主权。发展中国家提出的一个重要理由是欧洲大陆的原始森林很少，且在发展过程中已被开发。北美的发展早期，森林和矿

* 本节主要内容已经发表于《生态经济》2013 年第 9 期。

藏开发是重要的驱动力。发展中国家当然有理由通过森林开发促进国家的发展和社会、经济事业的进步。发达国家自知在这个议题上没有话语权，采取强调“良政”来转移话语。发达国家认为不是讨论谁先开发，谁后开发的问题，而是缺乏治理导致毁林和森林退化。近年来，将毁林和森林退化矛头集中指向中国，并成为遏制中国崛起的一部分。2012年，“里约 +20”峰会召开，一批学者和发达国家的政府推崇全球公共产品的治理（global commons），而森林、气候变化、生物多样性成为全球公共产品的组成部分，进一步弱化了森林的国家主权。另外，发达国家通过推崇市场机制、扩大林业海外援助等手段，进一步削弱了发展中国家对森林管理的主权议题。

发展中国家为了防范“生物海盗”的偷窃和冲破“生物专利”的围栏，强调生物基因资源的国家主权。发达国家承认传统知识和遗传资源的惠益分享，但在惠益分享方面，突出传统知识和遗传资源社区持有人的作用。发展中国家要求发达国家转让环境友好技术，但发达国家认为技术被私营企业所掌握，技术转让没有可操作性。同时，发达国家要求加强知识产权的保护，认为只有这样才能促进知识的开发的投资，保护知识开发的活力。

在资金方面，发展中国家坚持提供新的额外的发展援助，否则难以达成具有约束力的全球森林公约。发达国家则认为，（1）海外发展援助（ODA）是否用于林业或森林地区的发展，取决于政府间的安排，希望发展中国家主管林业的部门向国内的相关部门积极争取；（2）增加新的发展援助手段，如“减债换环境”；（3）采用市场化机制，如碳汇、生态旅游、清洁水等机制；（4）采用慈善行为。发达国家希望用多种资金机制或均衡的方法来代替单一强调增加新的额外的 ODA。

发达国家内部和发展中国家内部立场不是完全一致的。在发达国家内部，部分欧洲国家主张缔结具有法律约束力的森林公约，而典型的盎格鲁—撒克逊国家集团总体上主张维护自由市场贸易。加拿大联合哥斯达黎加等南美国家和瑞士等欧洲小国，竭力推动具有法律约束力的森林公约。日本、韩国等国依赖国际林产品的供应，处于观望之中。在发展中国家阵营，小岛屿国家期待国际社会关注全球环境问题，而少林国家则希望得到更多的发展援助，非洲集团把反贫困置于保护森林更为优先的位置，而亚马孙集团则强调森林是国家发展权的主要组成部分，发达国家必须拿出实际行动，才能换取保护亚马孙森林。在国际森林政策的政治对话过程中，间或迎合国际政治、经济热点的转化，不同国家不断切换国际森林问题的焦点。非政府组织和其他公民团体的加入使得分歧更加复杂化，不同国家立场的转变更加难以把握。然而，在20年森林问题政治化的过程中，发达国家总是掌握国际森林问题的主导话语权。国际社会认识到森林破坏和退化的核心是贫困，然而很少有政府间和非政府国际组织讨论这些主题，良政、气候变化、市场化机制、森林论证、非法采伐等有利于发达国家的话语总是森林政治化议题的热点。得到发达国家大量资金的国际非政府组织和媒体在一定程度上迎合了发达国家的关切，迫使发展中国家始终处于被动接受者的位置。

归根到底，各国在森林问题上因利益而产生分歧。发展中国家强调“发展”，发达国家强调“环境”，发达国家要求发展中国家扭转森林资源减少和退化的趋势，但不愿意在资金支持、技术转让和能力建设上提供帮助。一些发展中国家担心缔结具有约束力的国际森林公约变为发展中国家单方面承担“国际义务”。国际社会认可的“差别而共同的责任”并没有得到一些主要发达国家在行动上的支持。

在国际森林问题上，发达国家的立场比较稳定，背后的基本动因决定于两个因素：国内选民的环保诉求和森林资源的禀赋。欧洲绿党通过发起一系列社会运动和开展各种形式的宣传活动，唤起公民的环保意识，迫使政府和企业采取一系列措施保护自然环境，维护和改善欧洲和全球生态环境，逐步成为欧洲舞台上一支新兴的政治力量。然而，绿党依然坚持对资本主义的批判，认为资本主义生产方式是造成全球生态危机的根源，其基本立场与奉行和支持自由主义经济的盎格鲁—撒克逊集团国家的基本立场相悖。而森林资源禀赋越好，出超比较大的国家，比如芬兰、加拿大、德国等，主张缔结具有法律约束力的森林文书，认为通过文书的缔结将有可能迫使一部分森林退出市场，或减少市场的供应，那么就可能在总体上提高森林产品的价格，为出超的国家获取更多的利益。而日本和韩国人均森林资源量偏少，依赖国际市场满足国内木制品的需求，从利益角度分析，难以支持具有法律约束力的森林公约，但从环保道义角度，又必须支持，因此其观望的立场是可以理解的。人均森林蓄积量越高，趋向于支持具有法律约束力的公约，而人均森林蓄积量越低，则偏向于支持自由贸易，反对关税、非关税贸易壁垒，反对任何导致国际贸易便利化降低或交易成本上升的措施。从这点来看，中国应当是反对具有法律约束力国际森林公约的。

各国的国际森林问题立场与森林覆盖率、人均 GDP 有密切的关系（见图 6－2）。森林丰富的国家，尤其是巴西、印度尼西亚等发展中国家，关注森林，关注森林的溢出效益，大谈森林在生物多样性保护、气候变化中的作用。而少林国家则强调减贫和发展、荒漠化议题，强调增加森林面积。这里面有利益分配的问题，缔结森林公约在经济援助、技术转让、能力建设上得到的支持到底是保护森林、阻止森林退化，还是恢复和增加森林面积。多林国家强调与森林相伴的社区的发展问题，而少林国家则强调森林的破坏对发展的威胁，从而将发展议题泛化。少林的发达国家则倾向于采用贸易手段，鼓励私人投资林业以推动林业的发展，而多林的发达国家和诸如巴西的准发达国家则偏向于建立一个全球林业保护与发展的财政机制，而财政支持机制又得到了少林发展中国家强力的支持。

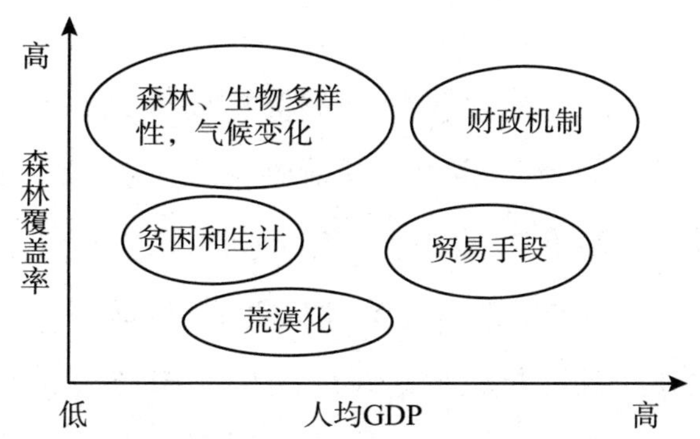

图 6－2　森林覆盖率、人均 GDP 与国际森林问题主要关注点的关系

大多数发展中国家没有对国际森林问题进行系统研究，其立场与代表国家参与谈判的官员和技术人员的能力、偏好关系密切。一些较小的发展中国家，其在国际森林问题上的立场易被利诱而改变。发达国家采用推行地区进程、强调双边合作和私营机构的作用、促进伙伴关系等手段，在一定程度上分化了发展中国家的立场。

第四节　FLEGT 行动计划*

近三十年来，国际森林问题总体上是越来越深化，各国的立场也趋向清晰，但还是受到了环境政治主导话语的干扰。2005 年后，气候议题异常火爆，在一定程度上淡化了森林议题，且大有将森林议题纳入气候议题的趋势。而真正的林学工作者和关注林业政治人士已经担忧气候议题的火爆可能会对国际社会和各国政府导向森林可持续经营的努力带来不利的影响。西方政治常带有炒作的成分，就像股票一样，暴涨后会在适当的时候回调。然而，对国际森林问题影响最大的行动还是欧盟的

* 本节主要内容已经发表于《北京林业大学学报》（社会科学版）2013 年第 1 期。

FLEGT 行动计划。

里约环发大会前后，欧盟委员会积极推动缔结具有法律约束力的森林公约，然而，其行动受到了广大发展中国家的抵制，美国、日本、澳大利亚等发达国家也对此持消极态度。到了 20 世纪末，欧盟及其成员国深感在多边场合无力推动具有法律约束力的森林公约。于是，2003 年 10 月，欧盟委员会通过了欧盟森林执法、施政与贸易（FLEGT）行动计划。该行动计划的主要手段是欧盟与木材生产国之间的 FLEGT 自愿合作伙伴协议（VPA），以建立控制和许可程序来保证合作国进入欧盟的木材制品都是合法的。2010 年 11 月，欧盟委员会颁布了《木材法案》，并于 2012 年 7 月颁布实施细则，2013 年 3 月 3 日法案正式生效。该法案生效后，欧盟市场全面禁止非法来源木材及其木材制品的进入。法案规定，木材及木材制品在第一次进入欧盟市场之前，直接将其投放市场的商家需要履行“尽职调查”的责任。通俗地说，企业在购买木材及其制品时要做到收集木材相关信息、建立风险评估体系和风险防范体系等“尽职调查”的责任，尽可能防范采购和加工非法生产的木材。

FLEGT 行动计划和 VPA 是欧盟在意识到难以缔结具有法律约束力森林公约的背景下单方面采取的行动，带有推动具有法律约束力森林公约的意图，可以纳入国际森林问题的一部分。欧盟自感作为热带木材的一个重要的消费方，加上巨额财政援助作为后盾，通过推动主要木材和木制品生产国与欧盟签署 VPA，事实上是在推动具有法律约束力的森林公约。而非洲、南美和东南亚的热带主要产材国原为欧洲的殖民地，其法律体系和社会制度在一定程度上延续了前宗主国的体系。

在 2005 年前，FLEGT 行动计划事实上无意针对中国，也没有得到美国、加拿大、日本、澳大利亚等发达国家的支持，进展缓慢。进入 21 世纪以来，中国迅速成为木材原料和初加工产品的进口大国和国际木材制品的出口大国。面对中国经济的快速增长，西方社会存在着对中国未来复杂的心情和杂乱的判断。2005 年前后，作为西方国家对中国崛起的担心，非法采伐成为围剿中国的政治策略的一部分，成为国际森林问题的主导话语。中国被指责是国际非法采伐的集散地，让中国的发展，尤其是林产工业的崛起，背负起道德不义的包袱。

2007 年以后，欧盟经济深受全球金融危机的打击，欧盟经济实力和对外援助的能力大受影响，国际影响力渐趋衰落。欧盟对 FLEGT 行动计划和 VPA 谈判更加务实，基本上放弃了用援助换 VPA 的策略，而着重强调欧盟将对 VPA 国家林产品进入欧盟市场开启绿灯。也就是说，VPA 国家的木材和木材制品是合法的，承担了尽责调查的义务。FLEGT 行动计划和 VPA 背后的主导力量是绿党，其基本主张完全与自由民主党等右派政党相悖，难以被奉行自由市场的美国、澳大利亚、日本等国所接受。欧盟从事 VPA 和 FLEGT 行动计划的人员放弃了绿党反资本主义的立场，力图与美国、澳大利亚、新西兰、日本联合，现实地基于反“非法采伐”的共同立场形成发达国家的联合行动，从另一个侧面起到围堵中国、印度、俄罗斯等新兴经济体的态势。欧盟意识到中国作为国际林产品贸易额最大的国家，也是国际林产品最大的潜在市场，如果不能将中国纳入 FLEGT 行动计划，FLEGT 的影响力将十分有限，因此中国成为欧盟的主要工作对象。2008 年，中国政府与欧盟委员会签署了“森林治理与林业执法双边合作机制”，开启了中欧在 FLEGT 方面的对话与合作。

欧盟及其成员国依然是支持缔结具有法律约束力的森林公约最重要的力量，并在欧盟民众中具备深厚的民意基础。2015 年，联合国森林论坛将《国际森林文书》改称为《联合国森林文书》，并通过了《联合国森林规划战略》，明确了到 2030 年全球森林目标。欧盟、美国、加拿大等主要发达经济体抱怨联合国森林论坛的低效，花费了巨额的成本但只是在开会，吵而不谈，谈而不议，议而不决，除了周而复始的关于森林在人类可持续发展重要性的华丽辞藻外，难以取得实际的成果。发展中国家，尤其是非洲国家，热衷于气候变化议题可能对森林带来巨额的投资，而逐步在淡化联合国森林论坛的作用。欧盟及其成员国照顾到维护多边体系的价值，维持联合国森林论坛。但各国同意减少会议和各国的报告，并把各成员国落实《联合国森林文书》和《联合国森林规划战略》自愿贡献作为讨论和报告的重点。

对中国而言，联合国森林论坛在环境政治上尤为显得重要。中国是倡导多边主义的，重视联合国的作用，在多边框架中解决全球环境议题。更为重要的是，就2007年达成的《关于所有类型森林的无法律约束力文书》设定的目标，增强林业资金投入、扭转森林数量减少的趋势和增加保护区森林的面积等目标，中国处于世界最先进国家之列，中国已经成为森林面积增长最快的发展中国家。将森林问题纳入一篮子综合方案中，中国是最为有利的。相对而言，就良政、贸易议题，中国则显得较为被动。中国作为今后相当长时期内国际市场上最大的木材产品买主，林产品贸易的自由化、便利化对中国最为有利。任何减少森林产品供应和增加贸易交易成本的措施必然会加大中国进口的总成本。

当下欧盟推动FLEGT行动计划和VPA进程，远比2003年时更为复杂，更为困难。欧盟委员会及其成员国将把国际环境政治的焦点转向气候变化，进而大幅度削减用于支持推动FLEGT行动计划和VPA的欧盟技术、财政能力。在金融危机的冲击下，新的一轮政党轮替，经济增长、就业而成主导话语，绿党失去了不少选民的支持。由于欧盟内部市场的低迷，欧盟从整体上已经成为林产品净出口方，如果不能迫使木材生产国采纳联合一致的措施，那么欧盟《木材法案》的实施将会增加其出口成本，削减其竞争力。在欧盟内部，小规模林主、中小林产品加工企业一直是欧盟《木材法案》的反对力量，而主张自由贸易的人士也越来越对欧盟《木材方案》感到不满。从 2010 年起，欧盟开始重视多边渠道，通过联合国粮农组织、国际热带木材组织支持 FLEGT 和 VPA 的研究，试图通过多边渠道赢取支持，以减少直接由欧盟出面所带来的阻力。

然而，欧盟 FLEGT 行动计划和 VPA 否决了各国在联合国框架下形成共识的可能性，分化了发展中国家，并有可能性导致弱化联合国森林论坛的作用，并最终解体。一方面，如果 FLEGT 行动计划和 VPA 进展顺利，对欧盟而言，联合国森林论坛作为多边平台失去了作用。另一方面，如果 FLEGT 行动计划和 VPA 进展不顺利，则进一步加大了欧盟对缔结全球性的具有法律约束力公约的绝望程度，联合国森林论坛总有一天会解体。对中国而言，最好的做法是劝说欧盟及其成员国回到达成全球共识，回到联合国框架中来。

第五节　非法采伐语境下利益攸关方行动*

21 世纪初以来，国际治理体系一直围绕“非法采伐”这一主题博弈，尤其是 FLEGT 行动计划，明确将打击非法采伐、实现森林治理为宗旨。本节分析了非法采伐语境下，政府、在华国际非政府组织、行业协会、企业等主要利益攸关方的主要行动及其策略。

非法采伐是在环境气候受到国际社会高度关注，毁林难以遏制，中国快速崛起，林产品加工和市场竞争加剧的背景下，由发达国家和发达国家控制的国际组织、非政府组织建构的一个新话语，继而影响形成有

* 本节主要内容发表于《林业经济》2014 年第 3 期。

利于发达国家的国际森林规则。全球性打击非法采伐的本质是发达国家借环境保护之名，出于本国经济利益，打压发展中国家木材出口和加工贸易（金普春，2004；肖军，2009；董加云等，2013），是以环境问题遏制中国崛起的新手段（程宝栋、宋维明，2008）。在非法采伐的话语下，不少发达国家、国际组织和非政府组织将矛头指向中国，指责中国日益扩大的木材进口恶化了发展中国家的非法采伐及相关环境气候和贫困问题。

一、与非法采伐相关的主要利益攸关方

利益攸关方，又称相关利益者（群体）。在环境和自然资源管理上，利益攸关方分析是辨认不同利益相关者对某一主题或组织的影响，以及他们之间的交互影响，分析他们对该主题和组织的话语选择、目标、态度、行为策略和具体行动。在非法采伐及其相关贸易中，利益攸关方涉及所在森林社区居民、木材生产者、贸易商、加工商、零售商和终端消费者，涉及资源和企业所在国的政府，涉及木材产区、加工区和消费者所在地区发展和环境保护的利益群体和个人。这些组织和个人对非法采伐及其相关贸易感兴趣，具有不同的价值偏好，采用不同的价值和道德标准来争夺非法采伐的话语权和实际利益。

图6－3展示了与非法采伐相关的利益攸关方，越接近中心，表明该利益攸关方与非法采伐的关系越密切。森林社区居民和木材采伐企业是采伐活动的直接行动者，分别是非法木材采伐危害的主要直接承受者和主要直接实施者，是最重要的利益攸关方。非法采伐会带来当地生态环境的破坏，造成水土流失、自然灾害频发、生物多样性锐减，进而影响当地人可持续性的生计。木材贸易商、加工企业、林产品批发、零售企业和最终消费者处于中圈，非法采伐的木材经由他们直接流通、加

工、储存和消费，同时他们从非法采伐的木材中获益，但也承担相应社会责任、木材供应链中断等风险。在监督生产、流通和消费过程是否合法方面，涉及产地国、加工国和消费国法律体系的完善、可操作程度和施行，因此政府职责贯穿于采伐、流通、加工和贸易的整个过程。在缓解、消除非法采伐及其贸易方面，涉及各国法律体系能否有效对接，生产、加工和消费各国政府的合作和相关国家政府执法的能力。而处于圈外的是非政府组织、森林认证机构、研究机构和智库、环保人士、政治和外交人士，他们与非法采伐没有直接利益联系，利益攸关的程度要弱于森林社区居民、木材采伐企业、加工商和贸易商，以及非法采伐发生地的政府。

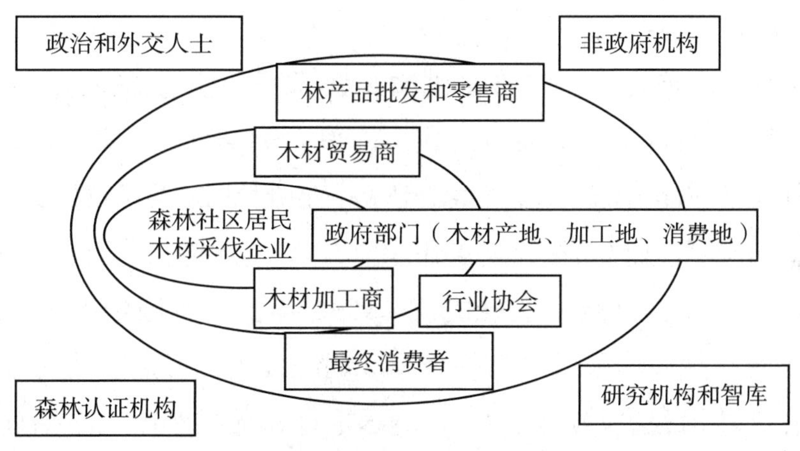

图 6－3　非法采伐与贸易议题的主要利益攸关方

但如果考察这些利益攸关方对非法采伐议题的关注程度，则与其利益攸关程度相反。环保主义者、政治和外交人士、国际非政府组织和森林认证机构等是炒作非法采伐议题的核心力量，而与非法采伐利益最为密切的森林社区居民却集体失语，成为“被代表”的群体。森林社区居民的集体失语在很大程度是因为他们陷入了集体行动的困境，即由于人均收益太少而组织成本过高，理性的个人激励不足，大集团比小集团更难以组织起集体的行动（奥尔森，1995），更何况是面对处于政治经济、知识舆论和组织全方位优势的政府、国际非政府组织、森林认证机构和研究机构等。

二、主要利益攸关方的行动

随着非法采伐议题的政治化，以及拥有全球关注环境议题道义上的支持，非法采伐利益攸关的各方观点交错纷杂，梳理十分困难。选择从利益攸关方的行动去理解各自的观点和利益取向，有助于判断形势，知己知彼，形成应对之策。

（一）政府

20世纪80年代，一些研究机构和媒体开始注意到非法采伐问题，呼吁采取应对行动（Repetto et al.，1989；Schwarz，1990）。发展中国家始终认为森林利用属于国家主权事务，反对非法采伐议题的国际化。1996年，出席政府间森林问题工作组（IPF）会议的美国代表提起了非法采伐问题，并首次纳入大会决议。1998年，在英国伦敦举办的八国集团会议首次把非法采伐作为一个国际问题提出，开启了非法采伐议题的国际化和政治化进程。随后，发达国家通过倡导和组织一系列针对性的全球、区域和国家活动（见表6-2），推动了非法采伐话语的国际化和政治化（金普春，2004；肖军，2009；缪东玲，2011）。在国内事务上，欧盟、日本、新西兰等发达国家和地区通过了林产品的绿色公共采购政策和措施，推动企业落实绿色和负责任的采购，以起到引导私人绿色消费的目的（李小勇等，2008）。

表 6 – 2　　针对非法采伐的主要国际行动

活动	地点	时间
八国集团会议	伦敦（英国）	1998 年
东亚、太平洋地区森林执法与行政管理部长级会议	巴厘（印度尼西亚）	2001 年
美国推出“总统倡议：打击非法采伐”，促成刚果盆地森林伙伴机制和利比里亚倡议	华盛顿（美国）	2003 年
欧盟委员会推出森林执法、施政与贸易（FLEGT）行动计划	布鲁塞尔（比利时）	2003 年
欧盟委员会批准《自愿伙伴关系协议》（VPA）和“许可制度”	布鲁塞尔（比利时）	2005 年
非洲森林执法与行政管理部长级会议	雅温得（喀麦隆）	2003 年
欧洲与北亚森林执法与行政管理部长级会议	圣彼得堡（俄罗斯）	2005 年
中国—欧盟森林执法与行政管理会议	北京（中国）	2007 年
联合国森林论坛（UNFF）通过《关于所有类型森林的无法律约束力文书》	纽约（美国）	2007 年
美国国会通过《雷斯法案》修订案	华盛顿（美国）	2008 年
欧盟委员会通过《欧盟木材法案》（细则于 2012 年出台，2013 年 3 月正式生效）	布鲁塞尔（比利时）	2010 年

资料来源：田野调查。

在环保主义语境下，在发达国家加工企业集团、环境保护者等压力集团的游说下，各国政府或集团，尤其是欧盟委员会，打击非法采伐的政治意愿是明确的。美国和欧盟也相继采取了一些具体的行动来遏制非法采伐：美国通过了《雷斯法案》修订案，出台了美国—欧洲林产品贸易评估报告，推动了刚果盆地伙伴关系的成立和发展；欧盟与刚果盆地部分非洲国家以及马来西亚、印度尼西亚等东南亚国家签署了自愿伙伴协议，完成了欧盟企业问责制度的立法程序，实施了《欧盟木材法案》。欧美发达国家或集团打击非法采伐措施始终围绕寻求国际合作，把责任推向发展中国家，尤其是中国，而没有在内部采取可行的措施，切实在国内培育消费者的绿色消费观念和行动，为可持续林业产品支付额外的成本。即使在欧盟内部，对非法采伐议题存在很大的分歧。2010年通过的企业尽责制度受到了森林经营者及其代理机构、木材贸易商、主张自由贸易和消除非关税壁垒的团体和个人的强烈反对，全面推行该制度还需要一段相当长的旅程。

欧盟的行动实际上没有得到广大发展中国家的响应。尽管欧盟与部分发展中国家签署了自愿伙伴协议，但难以采取实质性措施，部分发展中国家与欧盟的合作明确具有寻求对外援助的目的。事实上，欧盟的林业对外援助与是否同欧盟委员会在打击非法采伐上的立场一致挂钩。因此，总体来说，似乎政府间在打击非法采伐议题上的合作只是个形式，是政治游戏，很难说能实质性共同维护全球森林生态系统的稳定和健康，推进人类可持续发展。

中国曾被指责为全球“非法采伐”木材的集散地，“非法采伐”从一个技术领域的议题上升到国际政治议题。当非法采伐演变成政治议题，事实上已经超越了中国林业主管部门——国家林业和草原局的管辖能力。起先几年中国只能是被动防守，努力将非法采伐议题回归到技术议程上，强调非法采伐的定义、推行政府主导的全球合法性认证并穷于应付来自欧美发达国家、环保组织的压力。近几年，中国积极参与欧洲和东北亚、亚洲林业执法和行政管理等进程，与印度尼西亚、美国、英国、欧盟等国家和集团建立了共同打击非法采伐及相关贸易的合作机制（金普春，2004；陆文明、孙久灵，2009），表达了中国政府努力与国际社会合作开展打击非法采伐的政治承诺和决心。中国海关实施了严厉的控制措施，同时采用国际标准和国内标准对进口木材及其相关制品进行检验。中国国家林业局[①]与国际自然保护联盟（IUCN）、世界自然

① 现国家林业和草原局，下同。

基金会（WWF）等国际非政府组织合作，制定了《中国海外企业森林可持续经营利用指南》。中国政府在开放、实事求是、合作、照顾到多方利益诉求、维护全球林产品贸易等方面的原则下，坚决反对并严厉打击木材非法采伐以及相关贸易行为。

欧盟和美国是中国十分重要的林产品出口市场，中国政府与企业需要密切关注其动向。欧盟和美国已经开始了打击非法采伐的实质性行动，但这些行动可能只是政治家为了迎合部分压力集团的政治需要，可能只是起威慑作用。但是，未来中美、中欧在政治、经济、外交等事务中仍将存在很大的不确定性，而其他领域的分歧有可能波及欧盟和美国打击非法采伐的态度和具体作为。

（二）非政府组织

当下，世界自然基金会、国际自然保护联盟、大自然保护协会（TNC）、森林趋势（Forest Trends）和绿色和平组织（Green Peace）等一批国际非政府组织在非法采伐及相关贸易议题上十分活跃，近年来执行了一批涉及非法采伐议题的项目和活动（见表6－3），其中绝大多数项目背后是欧美国家的财政支持。主要工作领域包括以下几个方面：（1）开展对非法采伐及相关贸易议题的研究和倡导，促进政府官员、相关学者和公众对非法采伐问题的认知、沟通，促使非法采伐及相关贸易议题得到政府充分重视；（2）促进森林可持续经营的市场化机制——森林认证的推广；（3）建立木材生产者、加工商和贸易商的信息交换，推进企业开展负责任的采购和生产；（4）贡献于中非、中国—东南亚和中俄在非法采伐和相关贸易议题中相关国家、企业的合作。从这些项目和活动可以看出，在华国际非政府组织没有担当一个“看门狗”（watchdog）的角色，而是智库组织者，技术和信息的提供者，出资方、政府、协会和木材加工商的联络者，以及木材生产地、加工地和消费地的联络者。截至目前，尚没有一个本土非政府组织对非法采伐议题表现出热诚。

在华非政府国际组织热心于非法采伐议题，这在一定程度上反映了其机构环境价值取向，但更多的是因为开展面向非法采伐议题的活动容易获得国际组织和发达国家融资。这些国际机构在中国执行与非法采伐相关的项目过程中，不得不面对中国政府在国内非法采伐议题中的强势地位，又必须在一定程度上满足援助者、总部组织的愿望，保障所在机构能够正常开展业务并维护机构的价值和目标。当下在华非政府国际组织推动与非法采伐相关的研究、实践和倡导往往不是其内容本身，而是在取得“关系”和“共同利益”的均衡。

表6－3　主要国际非政府组织在中国开展的与非法采伐相关活动

组织名称	工作重点/主要项目和活动
世界自然基金会（WWF）	多利益攸关方非法木材对话会议；中非信息交流、对话和合作；与政府和行业协会合作，制定中国林业海外开发指南，并指导实施；与木材企业合作，建立全球森林贸易网络（中国）；推动FSC认证等
国际自然保护联盟（IUCN）	举办打击非法采伐多方对话；建立多方利益相关者联盟，组织与木材生产国、消费国的对话；促进FLEGT行动计划的实施
大自然保护协会“亚洲负责任林业与贸易”（TNC/RAFT）	通过政策对话、企业实践和能力建设来减少非法来源的木材，推动森林可持续经营；参与制定中国林业海外开发指南；开展相关研究，为政策制定提供技术和智力支持
绿色和平组织（Green Peace）	促进绿色采购和消费；推动合法性认证
森林趋势（Forest Trends）	开展非法采伐和贸易的研究，通过不同形式的会议来推动；通过行业协会开展《雷斯法案》等方面的培训，参与制定行为规则

资料来源：田野调查。

（三）行业协会

近几年来，中国林产工业协会、中国木材流通协会等在非法采伐和相关贸易上开展了一些工作（见表6－4），主要包括以下几个方面：（1）通过评级，促进绿色环保；（2）在国际非政府组织和企业的支持下，开展森林认证以及美国、欧盟木制品合法贸易立法进展等培训；（3）编制行业标准。中国林产工业协会得到国家认证认可监督管理委员会的批准，成立森林认证机构。从这些活动中可以看出，行业协会所开展的活动具有从上至下的特点，没有摆脱自我为中心，存有很深的从政府部门转变而来的烙印，尚难以真正成为企业的利益代言人。行业协会旗下有大批木材和木制品的生产者和用户，却没有最充分地利用自身资源。这些资源正是任何其他组织开展非法采伐项目所不具备的优势。

表 6－4　　行业协会开展的与非法采伐相关活动

协会名称	主要工作
中国木材流通协会	与国际非政府组织合作，举办 FSC 认证、《雷斯法案》《欧盟木材法案》等的培训班或研讨会；进行企业信用评级，号召企业履行社会责任，不进口来源不明的木材；促进绿色采购；促进木材合法性和绿色采购标准的调整；反击英国 EIA《毁灭的欲望——中国的非法木材贸易》报告；组织编制《中国主要木材流通商品名称》（国家行业标准）
中国林产工业协会	成立森林认证机构，开展森林认证试点，举办森林认证审核员培训班；组织、发布林产工业企业社会责任报告；推进企业木材来源合法性认定
中国家具协会	针对《雷斯法案》组织专门培训和研讨会；编辑《家具原辅材料采购指南》；组织中国家具企业积极应对美国卧室木制家具反倾销

资料来源：田野调查。

（四）企业

中国林产工业的比较优势决定了主要从发展中国家进口原木、锯材、木浆等初级林产品，向发达国家出口家具、木制品、人造板等加工林产品。2011 年，中国林产品对外贸易额为 1203.33 亿美元，占世界林产品贸易总额的 24.7%，其中出口 550.34 亿美元，进口 652.99 亿美元（国家林业局，2012）。从入世前后 10 年的进出口额来看，原木、锯材和木家具的进口额分别增长了 4.38 倍、4.71 倍和 7.56 倍，人造板、木家具和纸及纸制品的出口额分别增长了27.49倍、9.11倍和16.69倍（陈绍志、李剑泉，2012）。中国已发展成为世界木材生产、贸易和消费大国，是全球木材产品加工基地和林产品贸易中心。

我国林产工业企业数量以万为计量单位。中国中小林业企业在全球化竞争中获得了初步的胜利，然而却被怀疑采用了不正常的手段，成为非法采伐不道义责任的具体攻击对象。中国林业企业，特别是地板和家具企业，数量多，规模小，历史短。其迅速发展得益于世界冷战结束后新的全球化浪潮，发达国家沉迷于信息革命和金融创新，加上中国良好的基础设施，廉价、高质、易组织、低保护的劳动力资源，以及较低的环境保护标准等综合因素使得中国林业企业迅速发展。中国很少有企业像欧洲的成熟企业一样，从倡导生活文化和态度、创立企业文化、品牌建设、风险管理和社会责任等角度去推进森林可持续经营，阻止非法采伐。以《欧盟木材法案》的实施为例，对江苏、广东、黑龙江三省木业企业的调研发现，该法案对木材进口和加工出口企业产生了不少影响，对中国林产工业整体的负面影响较大，但企业对法案的认知度低，对法案实施的看法存在偏差（董加云等，2013）。面对非法采伐及其相关贸易议题愈闹愈热，要求森林认证的中国企业大幅度增加，接受森林认证的企业已经达到2000余家。这些企业采取的措施主要集中在产品供销链的认证上，寻求减少从被指责为严重非法采伐国家的进口，与信誉好的大贸易商做生意，要求提供产地证明等木材合法性的手续和材料。

在非法采伐及其贸易议题的影响下，中国企业的外部生存环境趋于恶劣。第一，中国林产品的主要出口地——欧盟和美国相继出台了《欧盟木材法案》和《雷斯法案》修正案，这是悬在中国林业企业头上的一个大棒，中国企业必须思考如何面对风险。第二，尽管对世界上众多的森林认证标准和程序感到迷茫和厌烦，难以理解其认证的用意，但不得不接受具有认证机构（如FSC）的垄断性质和高额的认证费用。第三，对木材进口环境合法性证明材料的要求提高，迫使企业增加进口成本。第四，世界主要木材出口国对森林资源保护力度不断提高，逐渐加大对木材资源的出口贸易管理，限制原材料的出口。

少量中国企业开始把绿色生产和采购作为企业发展的重要理念，重视加工工艺的改进和对资源的节约使用，重视对资源基地的投资和控制，重视热带硬木替代材料的研发，重视对营销网络的建设，重视企业的品牌和社会责任，不断提高产业集中度。这些理念在一定程度上会维持和不断改善中国企业在国际林产品贸易中的地位，用对资源的高效精细利用维护中国林产企业的全球竞争力，间接保护了全球的森林资源。

（五）研究和森林认证机构

研究和认证机构包括大学和研究所等研究机构、企业化的中介机构、森林认证机构。当下中国林业研究缺乏独立的智库，研究机构或直接服务于政府主管部门，或直接服务于国际非政府组织在华的项目和活动。林业部门及其相关的大学和研究机构具有很强的技术背景，而少有国际政治、经济和贸易的背景，也少有企业或产业经验，对“技术词汇”背后的话语环境、利益攸关方，乃至整个全球化进程难以有一个全面的认知，容易被美丽的词汇所迷惑。

FSC在中国设有办事处，现有SGS（南非）、SmartWood（属于雨林联盟），BV（法国）等八家境外机构在华开展FSC认证服务，在我国森林认证市场具有优势地位。FSC标准较高，对木材供销链过程和森林社区、劳动保护、社会和环境影响均有严格的要求。例如，在社区方面，森林经营和采伐活动必须保护森林周边社区采集、狩猎等社区传统权利。截至2013年，中国获得FSC认证的森林面积近270万公顷，认证企业近2100家（刘天蓉，2013）。另一个全球森林认证体系——PEFC认证，比较注重经济，2010年获得产销链认证企业数量为106

家。2011 年，中国森林认证管理委员会（CFCC）获批加入 PEFC，中林天合（北京）森林认证中心作为开展国家体系认证的首家认证机构，预计将启动与 PEFC 的互认。然而，看似中国森林认证市场广阔，但仍亟须解决推广乏力、质疑不断、动力不足、成本过高和专业队伍缺乏等问题。

三、非法采伐应考虑的焦点内容

（一）强调非法采伐是森林社区的贫困问题

非法采伐微观上是森林社区的贫困问题，在宏观上是环境和发展协调的问题。要坚持森林社区的发展是利益攸关方最关键的立场，从发展权和民生的视角说服环境保护主义者接受折中的方案。关注森林社区的减贫问题本身就是解决非法采伐问题的根本措施。尽可能主动与发达国家联手，多做消费者的工作。这些措施有助于缓解将非法采伐的道义责任聚焦于木材贸易商、生产商身上。

（二）国际合作

欧洲"后现代生活方式"提供了特别的话语建构，以建立起相对于其他民族的优越感和使命感。尤其表达在环境议题上，将环境问题政治化、全球化，就必须在环境问题上建构属于全人类共同关心的"公共"问题。欧洲人正是利用人们对科学的信仰，精心建构了一套科学话语和政治话语。首先构建非法采伐所带来的生态灾难，计算经济损失和带来的社会后果，将非法采伐纳入全球可持续发展等全球公共空间中，通过政府间协议将发展中国家和当事国纳入他们设计好的话语体系中（Kumar，2006）。胁迫中国等迅速崛起的国家承担起更多的责任，要求发展中国家承担相应的义务。其实，博弈的最大获益者是规则的制定者，而不是发展中国家。

各国在全球政治、经济、文化等方面所采取的行动是不同利益群体在理想、价值观、民生、福利、就业等道德与利益上的博弈，这在一定程度上就是话语权之争。在环境团体和公民组织、企业、工会和学者、政治家的游说下，非法采伐逐步成为政治议题和林业国际合作的焦点。于是乎，各利益攸关方各领风骚，推动着非法采伐话语含义的不断演进。诚然，打击非法采伐理所当然，推动森林可持续经营也是人类共同的心愿。但当“非法采伐”“认证”和“森林可持续经营”变成政治话语后，他们本身就失去了词汇本身的含义，与道义无关，无理想无关，与科学无关，只有与利益挂钩。

当下，非法采伐的道义标签逐渐褪去，国际社会和主要大国就非法采伐议题已经有了一些基本共识。例如，遵守 2007 年通过的《国际森林文书》规定的基本原则，特别是国家主权的原则；至少不至于降低森林社区，特别是以林产品生产为生的居民的生计水平；维护和促进正常的国际林产品贸易秩序；考虑到各类企业生存环境的均衡，提出的防范非法采伐合理化行动需要评估对中小林业企业的影响，尤其是社区型林业企业。

就非法采伐议题，能够达成有效的国际合作为时尚早。当下，中国尚无力在国际社会中构建符合中国中长期利益的话语体系，但也不可能完全被纳入欧美所构建的话语体系中。中国作为林产品生产、加工、消费大国，以及国际林产品贸易的大国，没有中国的合作，欧美无力推动实质性的行动以阻止非法采伐。欧洲人的优越感和使命感很难让他们放下身段，认真倾听来自中国和其他发展中国家的意见。欧洲人在美国新保守主义受到重挫后，重拾决心，将环境主题推到了更高的主战场——气候变化。欧洲人在气候变化议题上始终存在一线生机，预计多则十年，非法采伐议题将逐渐在国际舞台上淡去。

（三）中国中长期林产工业战略

任何事物均有正反两个方面，非法采伐议题可以让中国政府和企业清醒和冷静地思考中国林产工业的未来和资源战略。（1）中国木材加工产业“两头在外”的格局难以维持。中国本土企业需要在森林资源控制、品牌、延长产业链、企业形象、管理等方面全方位努力，尽快缩小与发达国家成熟企业间的差距。加速对全球产业链的渗透，中国政府鼓励木材加工外向型的企业加强在资源出产地的投资，加强对终端用户市场的服务和销售链条的整合与合作。（2）从长期看，中国需要认真思考热带硬质材的供应。当下中国本土消费主要的是软质木材，如松木等，多数热带木材在中国加工又转卖给欧盟发达国家。但随着中国的崛起，中国本土消费热带材的需求会不断提高，进一步加剧对热带森林的压力。中国需要从战略上思考，与具有战略潜力的热带国家开展长期合作，保障中国对热带木材的长期供应。（3）终端消费者的环境责任教育，提高中国民众的环境保护意识，积极推进企业社会责任，为非政府组织发育提供必要的制度保障，培养新的公众绿色消费文化和企业经营文化，开发热带木材替代技术等。

（四）木材合法性认证以不增加交易成本为基本底线

任何增加的木材交易成本只能由最终消费者和木材生产者来分摊。对于热带木材的最终消费者，即欧美发达国家的消费者和中国的富裕群体，以及热带木材产地的人民相比，增加 1 美元的支出与减少 1 美元的收入，其感受是不一样的。对于林区居民，减少 1 美元的收入就意味着一天甚至数天要挨饿，必须偷砍更多的木材才能维持基本的生活需求。开展木材合法性认证所产生的交易成本必须，也只能由最终消费者来消化。中国作为最重要的发展中国家之一，应当严守这一基本底线，与欧美国家共同制定木材合法性认证程序和规定。

从中国的实际利益来看，设计由政府部门管理的合法性认证的标准和程序需要在制度设计上防止腐败的可能性。介于中国人均森林资源，特别是热带硬木木材占有量大大低于世界平均水平，这就决定了中国必须坚持贸易便利化和自由化的立场。因此，从长期利益出发，中国在木材合法性认证上必须基于不增加交易成本的原则。

（五）森林认证

森林认证作为推进森林可持续经营的市场机制，应当让其回归市场。政府应当开展的是如何打破垄断、消除歧视和防止不公平商业竞争。尽管 FSC 在程序、标准等方面是公正的，然而整个操作难说公正，竞争难说平等，战略也难说是纯商业化的。应当承认法国森林经营档案、规划等方面是齐备的，在法国东部森林地区，每公顷只要交 0.1 欧币的费用就可以允许使用 PEFC 森林认证的标签。然而，开展森林认证，发展中国家摊在每公顷森林的费用要高很多。一个来自发达国家的森林认证员一天的工资就可能是森林地区人民一年的收入。因此，从发展中国家的立场来看，必须迫使森林认证本土化，如果只是为发达国家在高端服务业上创造就业机会，森林认证将难以被发展中国家所接受。

森林认证机构并没有在开发消费者上下功夫。森林认证标签是否有价值，不决定于政府官员、环保人士和学者，而取决于消费者认可不认可认证标签及其产品。当下的情形是，森林认证背后是德国等发达国家国家的强力支持。这些国家巧用其发展援助，向发展中国家森林社区和企业推销，收买发展中国家的学者和政府官员等并胁迫企业和森林社区采用森林认证。欧洲一些生产商乐意接受森林认证，不仅基于欧洲本土认证的森林比例高，也出于成熟企业社会责任、企业形象、风险管理和品牌战略等主动行为，显示出这些企业的竞争力。需要唤醒消费者对绿色消费的关心，尤其是欧美市场高端消费者对认证的热带硬质木材产品付出一定的溢价，并使溢价能够分摊流通管理、生产商和零售商的成本，对森林经营者有一定的鼓励，绿色消费才能带动绿色的生产。

第六节　资 金 机 制*

国际森林规则为发展中国家森林管理提出了很多限制性的要求，希望能够从发达国家和社会获得资金援助。《国际森林文书》明确提出“扭转在可持续森林管理方面官方发展援助减少的趋势，从各种来源大幅增加新的和更多的资金资源”。林业已经成为政府间双边合作、国际社会、政府间组织、开发银行、国际非政府组织的重要合作领域。各国政府、民间社会通过各种渠道筹集大量资金，支持国际森林规则的落实。

一、公共部门援助

（一）双边发展援助

对外发展援助是发达国家履行国际义务的重要途径，同时也为其国内的经济发展开辟海外市场和“生产性出口融资”，稳定发展中国家的金融体系和经济状况。因此，主要发达国家均成立了专门的执行机构，如日本的国际协力银行（JBIC）和国际协力事业团（JICA）、德国复兴银（KFW）和德国技术合作公司（GTZ）、加拿大国际开发署（CIDA）、英国海外开发署（UKOAD）等。各国对外援助的具体执行机构的差异较大，但通常资本援助和技术援助是分开由两个机构负责的。例如，日本国际协力银行和德国复兴银负责对外提供赠款和双边援助贷款，而日本国际协力事业团和德国技术合作公司负责对外技术援助。

随着国际森林问题逐渐受到国际社会的关注，双边发展援助机构对

* 本节主要内容发表于《林业经济》2009 年第 7 期。

发展中国家的林业发展投入了巨大的资金（见表6－5）和技术支持，在一定程度上缓减了发展中国家林业发展的资金短缺压力，通过一些能力建设活动，提高了发展中国家林业生产经营管理水平。随着环境保护思想在国际社会的主流化，林业方面的发展援助近年来呈现出一种趋势，即越来越多地被限定用于森林资源、生物多样性等保护性领域。

表6－5　　2000—2007年通过双边渠道用于林业的资金

供资方	2000—2002年		2005—2007年	
	资金量（万美元/年）	所占比重（%）	资金量（万美元/年）	所占比重（%）
日本	34534.8	36	52963.2	48
德国	14389.5	15	12137.4	11
欧盟	7674.4	8	11034	10
美国	9593	10	9930.6	9
荷兰	11511.6	12	8827.2	8
瑞士	2877.9	3	3310.2	3
英国	3837.2	4	3310.2	3
法国	1918.6	2	2206.8	2
芬兰	1918.6	2	1103.4	1
其他	7674.4	8	5517	5
合计	95930	100	110340	100

资料来源：Markku（2008）。

（二）多边发展援助

第二次世界大战以后，迫于全球重建和经济发展的需要，主要发达国家发起并建立了世界银行，以及在各大区域相继成立发展银行，如亚洲开发银行（ADB）、美洲开发银行（IDB）、非洲开发银行（AfDB），这些不以银行本身的盈利为目标的国际政策性银行逐渐发展成为多边发展援助的主要载体。其中，世界银行首先开始了对林业领域的发展援助项目，主要是扶持森林资源的商业化利用，如扩大森林采伐、建设木材加工厂、发展种植园等，这也是其他的区域政策性银行在林业领域援助的重要内容。

随着森林问题的国际化，国际政策性银行和其他新兴的多边援助机构加大了全球林业发展的投入力度（见表6－6），在全球范围内开展了大量与森林相关的项目。与此同时，国际政策性银行等多边援助机构多次调整了各自的林业发展战略，如全球环境基金在2002年以前主要集中在气候变化、生物多样性、区域和国际水资源的保护和利用、臭氧层保护四大领域；2002年，把荒漠化防治、持久性有机物污染控制纳入其资金使用范围；直到2007年，全球环境基金理事会通过了一项可持续森林管理方案，这才为林业开辟出一个独立的资金窗口。对于国际政策性银行而言，推行“经济自由化”、促进森林资源的开发和利用是始终不变的目标，只是迫于形势的需要，增加了对减贫、全球气候变化、森林可持续经营、生物多样性和林业传统知识的保护、惠益分享等的关注和投资。例如，截至2006年，世界银行已经批准的贷款（独立的森林项目[①]，以及森林内容达到一定比重的项目）中，林业部分的总额约为9400万美元，而在制浆和造纸行业，每年的融资额平均约为2.5亿美元。总体而言，国际政策银行通过发展援助，一方面促进了人类开发和利用森林资源的能力，以及全球森林资源的开发和利用；另一方面也导致了热带森林资源的大幅度减少。因此，国际社会出现了这样的呼声：“less bank，more forests”（少些银行，多些森林）。而全球环境基金（GEF）虽然在2007年通过了可持续森林管理方案，为全球环境基金开启了新的投资机会，但其投资重点依旧在生物多样性保护和森林保护方面。尽管如此，国际多边发展援助仍然是林业援助资金的主要来源。

---

① 独立的森林项目涵盖了广泛的主题领域，包括部门改革、社区林业、人工林开发，以及为森林环境服务支付费用等。

表 6－6　2000—2007 年通过多边渠道用于林业的资金

供资方	2000—2002 年		2005—2007 年	
	资金量（万美元/年）	所占比重（%）	资金量（万美元/年）	所占比重（%）
世界银行	16917.5	50.5	58647.09	72.7
非洲开发银行	3618	10.8	7260.3	9
亚洲开发银行	670	2	1210.05	1.5
美洲开发银行	201	0.6	887.37	1.1
全球环境基金	10418.5	31.1	10971.12	13.6
国际热带木材组织	1675	5	1613.4	2
合计	33500	100	80670	100

资料来源：Markku（2018）。

二、私营部门投资

近年来，全球林业经济快速发展，林产品贸易总额逐年递增，仅 2006 年全球森林产品出口贸易总额就高达 2037.7 亿美元。私营部门作为林业经济的重要主体之一，对林业投入增加为缓减林业发展资金短缺形成了补充，为推动林业发展作出了巨大的贡献。由于追求最大的经济收益是私营部门参与林业的根本动因，争取私营部门对林业的投资存在一个挑战，即如何确保其投资不被用于非法和不可持续的业务，需要有力的制度保障。

另外，私营部门用于林业的资金主要集中在发达国家，海外林业投资也主要是发达国家向森林资源丰富、气候条件适宜森林生长、国家投资环境较优越的发展中国家和地区投资。近年来，发展中国家，如中国、马来西亚等，也开始了海外林业直接投资活动，但与发达国家相比，无论是投资规模还是生产经营水平，都存在较大差距。因此，私营部门对林业的投资，特别是对发展中国家的投资不能替代公共投资。

三、国际非政府组织和慈善捐赠

顺应全球化发展的大趋势，各种国际非政府组织日益活跃。它们通过建立跨国网络，传播共同的国际规则和信念；同时，还与主权国家和联合国等国际组织建立了各种形式的联系与合作关系，全面地参与全球事务。非政府组织的存在，一方面对以主权国家为基本单位的国际秩序提出了挑战；另一方面也为全球性问题的解决，以及推动社会的发展作出了巨大的贡献，仅资金投入就非常庞大。据统计，1980 年由发达国家的非政府组织向发展中国家的非政府组织输送的援助资金达 24 亿美元，1989 年约为 64 亿美元，到 1994 年这一数字上升到 80 多亿美元，1995 年约为 100 亿美元（李红利，2007）。

在林业领域的国际非政府组织发展亦是如此。例如，绿色和平组织（Green Peace）在 1979 年时只是一个仅有几千名成员，在五个国家开展活动的国际非政府组织，其预算很少；但是，到 1990 年，该组织的成员超过了 675 万，年度预算超过了 1 亿美元。世界自然基金会（WWF）、国际自然保护联盟（IUCN）、大自然保护协会（TNC）等著名的国际非政府组织近年来由于资金充足，在组织规模、活动数量、目标领域等方面都取得了突破性的提升，对全球森林的保护和林业的发展投入了巨大的资金。

近年来，通过慈善捐款用于可持续森林管理的资金数额不断增加，尤其是用于森林保护、生物多样性保护的部分。但是，增加此类资金对林业的投入需要一套非常有效的筹资方案，成功的概率不稳定，而且数量有限。从根本上来说，可持续森林管理只有让社会的不同成员得到与其付出对等的补偿，才能实现整个事业的持续性。因此，慈善捐助只能作为国际森林资金的补充渠道。

四、国际林业资金机制存在的主要分歧

在 1992 年的联合国环境与发展大会上，发达国家承诺每年把国民生产总值的 0.7% 用于国际发展援助，发展中国家也一直期盼发达国家能够履行其国际义务，以扭转全球森林不断减少的趋势，但至今仍没有实现。因此，在国际森林政策对话中，特别是在联合国森林论坛会议上，对森林可持续经营的资金支持和提高资金来源的多样性始终是会议的焦点主题之一，然而国际社会在支持森林可持续经营的资金机制问题上至今没有达成一致的方案。

（一）各方对国际林业资金来源存在分歧

出于对国家利益的考虑和对森林可持续经营的不同理解，国际社会在如何走向森林可持续经营问题上存在巨大分歧，特别是在此过程中必需的资金来源。发展中国家普遍认为：与森林相关人群的贫困是毁林和森林退化的主要成因，林业本身的问题必须基于与林业相关问题的协同解决，发展中国家难以全部承担本国林业发展所必需的全部资金；发展中国家用于林业领域的非官方资金有限，发达国家近年来特别强调的应对气候变化可能产生的资金、生态服务补偿、鼓励私营部门的投资等对发展中国家而言缺乏可操作性；发达国家能有如今的成就，部分原因是建立在发展中国“牺牲”（如森林破坏、环境污染等）的基础之上。因此，发达国家有义务为发展中国家的林业发展提供必要的支持，增加官方发展援助最为关键。然而，发达国家强烈反对增加新的额外的官方发展援助和其他发达国家政府对外支出；普遍认为，官方发展援助是否用于林业或森林地区的发展取决于政府间的安排，发展中国家林业主管部门应向国内的相关部门积极争取；主张建立多种资金机制或均衡的方法

来提高现有国际林业资金的效率；积极鼓动发展中国家拓展多种可能的资金渠道，如发展新的发展援助手段（如“减债换环境”），利用市场化机制（如碳汇交易、生态环境补偿、生态旅游），争取慈善捐助等。

目前，绝大多数国际资源重在推行“良政”，以更好地从林产品和非木质林产品中获得收益，从森林环境服务中获取资源，加强林业税费征收。一方面，国际社会支持发展中国家与发达国家一起努力，以实现“共同的责任”的原则，国际社会采取的相关行动确实促进发展中国家在这些方面取得了很大的改进和提高；另一方面，也显示出由发达国家所主导的国际社会除了讨论如何帮助发展中国家实现“共同的责任”外，提供额外的资金资源以支持森林地区的发展很难被纳入国际社会的相关决议，尤其是《国际森林文书》。然而，如果没有额外的资金支持援助森林地区的贫困人口，发展中国家很难相信发达国家有诚意认真解决全球森林所面临的问题。

（二）各方对国际林业资金的用途意见不一

近年来，部分发展中国家的林业经济得到了较好的发展，对发达国家的林业产业形成了一定的冲击，刺激了发达国家保护主义的抬头，这在一定程度上影响到发达国家对外援助的用途。如今，国际林业援助资金越来越多地被导向森林资源保护、生物多样保护等控制资源利用的领域，为发展中国家森林资源的开发和利用制造了国际压力。然而，众多发展中国家现阶段的首要任务是利用当前稳定的国际环境，开发和利用本国森林资源，快速发展地方经济和国家经济。因此，大量保护性质的项目在发展中国家实施，在一定程度上与发展中国家的现实需要形成了冲突。另外，国情的不同也促使发展中国家对国际林业资金的需求存在很大差别，如小国和极不发达国家希望国际社会增加新的官方林业发展援助，更注重短期内能否获得国际林业援助资金，而中等发展中国家则希望较为长久的、可持续的国际林业资金机制。这些分歧的存在影响了发展中国家形成统一的向发达国家争取林业发展资金的策略，阻碍了统一的国际林业资金机制的形成。

（三）国际林业资金使用效率有待提高

国际上用于林业的资金体系复杂，管理程序千差万别，资金总量少，而发展中国家的需求很大，导致“谁拥有资金，谁才拥有决定权”。迄今为止，国际上用于林业的资金主要来源于发达国家，其用途和分配在很大程度上取决于发达国家相关官员的态度。因此，大部分国际机构为了生存，不得不迎合国际政治、经济热点的转化，不断切换所关注的焦点以争取有限的资金。例如，国际林业研究中心随着优秀的研究者不断流失，逐步成为随波逐流的倡导者；联合国粮农组织面临现实的改革压力；世界银行越来越像守护自由经济的“自由女神”。与此同时，国际林业资金的受助方不能或难以质疑资金分配和使用的合理性，影响了国际林业资金的管理和使用效率。

另外，政府和非政府组织建立的资金机制，无论多边、双边或伙伴渠道，大量资金被用于昂贵的专家支持、各级政府和各种形式的“疑似”政府机构和非政府机构及其召开的会议，而能够真正用于当地社会发展资源大打折扣。

（四）新兴的森林资金机制难以弥补国际森林资金缺口

近年来，无论是国际还是区域层面，均出现了很多新兴的涉及森林的资金机制，其中，以涉及气候变化的资金量最大。但是，对全球152个发展中国家（包括最不发达国家49个），与森林相关的气候变化资金机制提供的使用资金捉襟见肘，主要表现在：（1）覆盖的发展中国家有限。例如，生物碳基金（BF）只覆盖了25个热带国家（见表6－7）；森林碳伙伴基金（FCPF）首批项目仅在14个国家（见表6－8）展开，按照该机制成立时的计划，未来能够覆盖的国家也不可能大幅增加。（2）资金来源的不确定性很大。这主要表现在：越来越多的发达国家声明通过在本国内采取相应的行动，可以实现甚至超过《京都议定书》规定的减排指标，这意味着部分发达国家完全不需要向发展中国家购买碳排放指标；近期国际社会重点讨论的涉及林业的气候变化资金机制——清洁发展机制（CDM）和减少毁林和森林退化所致排放（REDD）资金机制的资金主要来源于发达国家履行《联合国气候变化框架公约》下的《京都议定书》。2012 年以后关于气候变化的谈判形势很不明朗，《京都议定书》中规定的发达国家的义务是否存在，是加强还是弱化，目前难以定论。（3）发达国家缺乏对支持相关资金机制，援助发展中国家的意愿始终强调利用好现有的国际林业资金，回避和压制增加发达国家官方发展援助的话语。（4）该类资金机制目前普遍面临着技术难题，如方法学问题。

表 6－7　　生物碳基金覆盖的国家　　单位：个

地区	国家	数量
非洲	喀麦隆、刚果民主共和国、埃塞俄比亚、加蓬、加纳、肯尼亚、利比里亚、马达加斯加、刚果共和国、乌干达	10
拉丁美洲	阿根廷、玻利维亚、哥伦比亚、哥斯达黎加、圭亚那、墨西哥、尼加拉瓜、巴拿马、巴拉圭、秘鲁	10
亚洲	老挝、尼泊尔、越南	3
大洋洲	巴布亚新几内亚、瓦努阿图	2

资料来源：联合国及相关机构的网站资料。

表 6－8　　获得森林碳伙伴基金使用权的首批国家　　单位：个

地区	国家	数量
非洲	刚果民主共和国、加蓬、加纳、肯尼亚、利比里亚、马达加斯加	6
拉丁美洲	玻利维亚、哥斯达黎加、圭亚那、墨西哥、巴拿马	5
亚洲	老挝、尼泊尔、越南	3

资料来源：联合国及相关机构的网站资料。

企图运用激励政策以实现森林可持续经营的自愿行为实际上也面临巨大困难。私营部门的投资虽然在增加，但林业的投资环境目前不具有竞争力，而且国际直接投资大多流向少数几个国家。政府、非政府组织总是试图把私有机构纳入机制中，然而，商业机构和政府机构运作差别很大。以碳汇机制为例，目前看来是一个政府或非政府组织可以控制的规则，一旦被融入更多的商业因素，演变为商业行为，就会存在很多难题，如碳汇核算问题、碳汇效益分享问题、与商业机构运行规则的协调问题。

第七节　中国参与国际森林治理*

中国是最大的发展中国家，并已经成长为世界第二大经济体。中国尚没有形成足够的底蕴，缺乏成套的理论、方法和实践以支持国际环境政治进程。但通过对发展经验的总结和积极的应对，中国有望摆脱一直处于被动的困境。

一、加强智库建设和国际森林问题研究

中央政府各部门已经意识到智库建设的重要性，尤其是独立而不是依附于政府体系的智库建设。国际森林问题需要纳入我国外交政策、国际环境政治背景和我国发展总体需求和趋势进行统筹考虑，需要理解各国立场的理论和实践基础，读懂各国在国际森林问题上的立场和转变的原因；收集国际森林问题相关的发展援助、技术转让、能力建设、各国林业战略和基本趋势的信息。应积极跟踪国际森林立法的动态，参与国

* 本节主要内容已经发表于《北京林业大学学报》（社会科学版）2013 年第 1 期。

际森林立法过程，研究国际森林可能的法律条款对我国林业发展、利用境外森林资源、国际贸易等方面的影响。我国需要一个强有力的智库支持，对国际森林问题开展系统而持续的研究。

二、中国智慧和中国经验

中国在新的一轮贸易自由化、国际经济一体化等全球化进程中充分发挥了廉价劳动力优势，获益颇多，成就了中国经济发展的奇迹。欧洲绿党基本立场对华并不友好，其反对贸易自由化、便利化的主张与中国当下的基本主张相悖，也与盎格鲁—撒克逊集团基本主张相悖。中国是小林主和小型林产加工企业集聚最具代表性的国家，而欧洲各国绿党代表了政治上的弱势团体或是少数族群，维护小林主、中小企业的利益符合该党社会正义的基本主张，但中国自身面临的资源和环境压力客观上也要求中国走环境友好型和资源节约型的发展道路。维护全球资源和环境的潜力，均衡经济社会发展与环境保护需求，导向全球可持续发展总体上符合中国的利益。中国需要在日趋复杂的国际政治经济环境中，制定出服务于中国发展的、符合全球可持续发展要求的国家战略和行动，这正考验并检验着中国智慧。

中国需要立足全球视野去理解中国森林治理，积极贡献于解决全球生态问题。过去30多年里，与其他发展中国家相比，作为发展中国家森林增长最为成功的国家，中国森林治理波澜壮阔的变迁历程、多样性和成就为中国参与解决毁林、气候变化、可持续发展、生物多样性等全球性问题提供了丰厚的实践土壤。同时，中国是全球第一大碳排放国、世界木材生产和消费大国、全球木材产品加工基地和林产品贸易中心，对全球森林治理、资源环境状况有着举足轻重的影响，越来越多的声音呼吁中国在全球森林治理、气候变化、打击非法采伐、生物多样性保护等议题中承担重要的国际责任。只有将中国的经验和教训置于全球视角下，在比较分析中国与发达国家、发展中国家的森林治理中探寻中国森林治理的特色和特长之处，加强与国际森林治理理论和实践的交流与对话，才有可能在全球共同探索解决毁林、森林退化和生物多样性问题的时刻，给出来自中国森林治理丰富实践的答案。

三、维护国家利益和改善我国林业的发展环境

中国是一个少林国家，人均森林资源严重不足，需要大力推进国际森林产品贸易的自由化、便利化，防止林产品国际贸易保护主义的抬头，反对任何形式的技术壁垒和标准壁垒，包括《欧盟木材法案》。我们需要学会与世界上其他国家共享利益，在林产工业链条上谋求合理的分工和合作。但应当注意到 FLEGT 行动计划和 VPA 的积极意义，实现全球森林可持续经营是维护全球生态系统、促进可持续发展共同的诉求，也是保持中国长期稳定的木质材料来源的重要战略行动。中国可以充分利用大国优势，团结发展中国家，共同学习和推广森林可持续经营的技术，保护长期海外森林资源的稳定。

近年来，我国经济取得快速发展，国家实力显著增强，林业建设成就巨大，国际地位不断提高，但被要求承担国际义务的呼声也越来越高，国际处境越来越类似于中等发达国家；同时，我国仍然处于发展中国家之列。因此，在参与国际森林资金机制过程中，中国应扮演好“协调者”的角色，一方面，处理好与发达国家的关系，为彼此的林产品贸易、林业技术合作和交流创造良好的氛围和条件；另一方面，与其他发展中国家一道，积极争取发达国家对发展中国家的援助，维护大多数发展中国家的利益，同时加强对发展的诉求，抵制发达国家过分强调对森林资源的保护。

第七章

森林生态系统治理

生物圈及生态系统是地球的生命支持系统，是人类赖以生息繁衍的物质基础。森林生态系统是以乔木为主体的生物群落（包括植物、动物与微生物）及其非生物环境（光、热、水、气、土壤等）综合组成的生态系统。与陆地其他生态系统相比，森林生态系统有着最复杂的组成、最完整的结构，能量转换和物质循环最为旺盛，因而生物生产力最高，生态效应最强。1992 年，在巴西里约热内卢举行的世界环境与发展大会上，提出了森林是环境与发展的纽带，客观地反映了人类的认知。在《关于森林问题的原则申明》中写道：“林业这一主题涉及环境和发展的整个范围内的问题和计划，包括社会经济可持续发展的权利。”森林是陆地生态系统的主体，是人类和多种生物赖以生存和发展的基础。

森林治理这一概念最早是基于对治理概念的反思与拓展。治理在政治学领域主要是指公共权威为实现公共利益而进行的管理活动与过程，其主体可以是政府组织，也可以是政府与民间的联合组织（俞可平，2008）。当下，治理概念已经在政治学、经济学、社会学等领域被广泛使用。自然资源一直都是自然资源治理领域的重点，传统的治理主要是指依靠政府权威和强制性，采用命令、控制手段，自上而下地管理森林，但这种传统手段已经不能解决自然资源管理所面临的各种问题。因此，随着林业分权改革、全球化和市场化，林业治理逐步被纳入国际政治、发展和环境议题之内，其内涵不断得到深化和丰富。莱莫斯和阿格拉沃尔（Lemos and Agrawal，2006）将环境治理定义为各种行动者通过改变激励、知识、制度、决策、行为以影响环境资源的各种效果。纵观林业治理的相关定义，林业治理主要包括以下特征：一是多主体性，意味着利益相关者的广泛性以及多渠道的权威、合法性来源；二是主体的能力，意味着治理主体有一定的参与治理的自由裁量权；三是层次性，林业治理可以在全球、国家、地区、地方和社区等各个层级进行分析，各层级间横向与纵向存在相互影响；四是制度，核心是科层制、自主治理和市场制。从治理变迁的角度而言，则是参与主体越来越多元，多层次的互动越频繁。林业治理的内容包括：（1）制度，如林业利用和保护的规则、规范、原则、决策程序等；（2）与林业相关的行动者的互动；（3）生态、经济、社会目标的实现（Giessen and Buttoud，2014）。学界认为，这一林业治理较为宽泛，不能涵盖某一研究方法的各个方面并保证其科学严谨性。实际上，基于林业治理的定义根据研究需求可被修订，如全球林业治理（Giessen，2013）、国际林业治理（Rayner et al.，2010）、国家林业治理（Krott，2005）、区域林业治理（Giessen，2013）和地方林业治理（Secco et al.，2014）。

我国的森林治理体系概念与西方主流研究不同，其衍生于国家治理体系的概念，具有一定的中国特色政治内涵。中国林业治理体系包含了现有的林业体制机制与相关法律法规，具体指林业经营制度、生态资源产权制度、生态资源监管制度、自然生态系统保护制度、生态修复制度、生态监测评价制度、生态资源市场配置与调控制度、生态补偿制度、财税金融制度等。赵敏娟等（2015）对自然资源治理体系概念的理解是自然资源治理模式、治理技术和实现途径三个方面的总和。还有学者指出，我国自然资源（包括林业资源）治理的理论、方法、制度等都有待深化研究，当前自然资源治理重点应尤其关注自然资源统一监管体系与管理体系构建、自然资源资产审计完善、自然资源负债表编制以及参与全球自然资源治理话语体系（谷树忠，2015）。

第一节　森林生态系统功能

森林具有复杂的结构和功能，不仅为人类提供了大量的木质林产品和非木质林产品，并具有历史、文化、美学、休闲等方面的价值，在减缓气候变化、保障农牧业生产条件、维持生物多样性、保护生态环境、减免自然灾害和调节全球碳平衡和生物地球化学循环等方面起着重要的和不可替代的作用。

一、森林的生态功能

长期以来，由于人类对自然资源无节制的开发（特别是对森林的大量砍伐）和向自然界大量排放倾泻废弃物，形成了一系列的全球性的生态环境问题，如大气污染及酸沉降、温室效应、臭氧层破坏、土地荒漠化、水体污染、生物多样性锐减等。森林作为陆地上最大的生态系统，对于维持生态系统的平衡和协调整个自然环境的和谐具有重要作用。

（一）防治空气污染和酸沉降

目前，空气污染在大多数国家，尤其是在城市和工业区，仍然是一个重大的环境问题，各国政府为此付出了高昂的代价。据统计，世界上约有 9 亿城市居民暴露在有害的 SO_2 水平中，10 亿多人暴露在超标水平的颗粒物中。

全球出现了三大片和一小片酸雨区，即欧洲、北美、中国和日本，其中北美最大，仅美国就有 300 万平方千米，其次是中国，约为 100 万平方千米。中国的酸雨主要集中在长江以南地区，尤以西南地区为重，重庆和贵阳的降水酸度在 5.0 以下，重庆最低，pH 值为 3.27。

森林可以吸收空气中的颗粒和尘埃，对于防治空气污染相当有效。1994 年，纽约城的树木去除了估计约为 1821 吨的空气污染物，带来相当于 950 万美元的效益。但是，当空气污染过于严重以及酸沉降超过森林的吸除功能时，就会对森林造成严重的损害。

（二）生物多样性保护

森林是陆地上最大和最复杂的生态系统。森林的生物种类很丰富，全世界木本植物就约有 2 万余种。据估计，全球有 500 万 ~ 3000 万种生物，其中有半数以上在森林栖息繁殖。森林提供有机质，并参与土壤的形成，对其他物种有着深刻的影响，特别是形成森林环境，为物种进化和发育提供良好的基础。

森林消退是生物多样性面临的最大威胁。森林破坏将使野生动植物失去庇护所。根据目前的估计，一种植物的灭绝常常导致 10 ~ 30 种生物的生存危机，因此，森林的破坏是灾难性的。据 IUCN 估计，世界上已有 2 万 ~ 3 万种植物，即 1/10 处于严重的威胁状态。中国至少有 4000 ~ 5000 种植物受到不同程度的威胁，处于濒临灭绝的境地，其中被列为国家级保护的植物为 389 种，动物 379 种。森林破坏还将导致树木的遗传退化。森林破坏将减少相关树种的分布范围和分布环境的多样性，种内的变异将减少。

热带森林物种丰富，虽只占地球陆地面积的 7%，然而却集中了全球 50% 以上的物种，拥有世界 80% 的昆虫，90% 的灵长类动物。但目前热带林的破坏非常严重，据估计，年破坏速度在 1000 万公顷以上。有人估计，如果地球上一半的热带林消失，那至少有 75 万物种灭绝。热带林有丰富的遗传资源，如作为人类食物的几十种作物和果树，包括大米、玉米等，其中有一半是从热带林植物中人工选育而来的。

（三）防治水土、涵养水源、提高水效、改善水质

水土流失是全球和中国面临的又一重大环境问题。水土流失的加重

与林草植被的破坏关系非常密切。据中国科学院水土保持研究所观测，在降水量346毫米的情况下，林地上每亩的冲刷量仅为4千克，草地上为6.2千克，农耕地上为238千克，休耕地上为450千克。我国水土流失最严重的地区莫过于黄土高原，以小流域治理为途径，植树种草，对水土流失地区的治理卓有成效。

森林在保持水土、涵养水源方面作用明显，防护农田和草地内的土壤湿度要高于开阔农田和草地，而且越是气候干燥的地区或干热风时期，这种效应越显著。一般在风速降低最大的林缘附近，蒸发减少最甚，最大可达30%。据张劲松（1995）在黄淮海平原黑龙港流域官厅农林复合系统试验示范区的研究表明：10年生杨树防护林网可使麦田蒸散量降低12.3%，0~200厘米土壤贮水量可提高11.2%；可见，农田防护林具有明显地改善土壤水分状况的作用，这对于农业水资源紧缺地区具有特别重要的意义。

森林土壤层的蓄水量是巨大的。据我国各类森林土壤0~60厘米土层的蓄水量测算结果，非毛管孔隙蓄水量变动为36.42~142.17毫米，平均为89.57毫米，变动系数31.06%；最大蓄水量变动区间、平均值和变动系数分别为286.32~486.6毫米、383.22毫米和17.19%（刘世荣、温远光等，1996）。森林土壤的渗透性也很好。土壤的渗透性主要受非毛管孔隙发育状况的影响，孔隙多、团粒结构好的土壤，渗透性较强。由于森林可以改善土壤结构，促使团粒结构的形成，因而可提高土壤水分的渗透性。森林地上和地下部分的防止土壤侵蚀功能主要有以下几个方面：（1）林冠可以拦截相当数量的降水量，减弱暴雨强度和延长其降落时间；（2）可以保护土壤免受破坏性雨滴的机械破坏作用；（3）可以提高土壤的入渗力，抑制地表径流的形成；（4）可以调节融雪水，使吹雪的程度降到最低；（5）可以减弱土壤冻结深度，延缓融雪，增加地下水贮量；（6）根系和树干可以对土壤起到机械固持作用；（7）林分的生物小循环对土壤的理化性质、抗水蚀、风蚀能力起到改良作用。

森林能够削洪滞洪，增加平枯期流量。日本学者滕基久等对濑户龙头山的对比试验表明：在20公顷的森林集水区内，当降水量为每小时10毫米时，洪峰滞后60分钟；当降水量为每小时30毫米时，洪峰滞后30分钟。美国学者丹尼斯（Dennis）在俄勒冈州西部地区的两个流域内，对森林采用皆伐和择伐，以比较枯水期流量的变化，结果在干旱的1978年，皆伐和择伐流域分别出现了8天和2天的枯水径流日。

森林可以促进水分小循环和影响大气环流，增加降水。大多数学者认为，森林对降水的影响很小，或者影响有限，一般不超过3%～5%，但却有很大的“时空调节”作用：调节干旱区和湿润区、雨季和旱季的降雨量。森林吸收辐射大，用于产生降雨的热量比旷野大；森林下垫面粗糙度大，增强了上方乱流，促进了水汽运动；森林为大气降水提供了大量的凝结核。

森林可以保护水质，减少泥沙含量，防治河流盐碱化和湖泊富营养化。

（四）防治荒漠化

荒漠化是生态环境恶化的重要标志。四大文明古国（古印度、古巴比伦、古埃及和中国）都遭受荒漠化的灾难。据联合国环境规划署1986年的估计，有史以来，人类已经损失了大约20亿公顷的耕地，且全球每年退化的土地面积达500万～700万公顷。中国荒漠化和面临荒漠化的面积达到国土面积的1/3。

森林能有效地遏制土壤的沙漠化。森林还有较强的自肥能力，并能有效防止风蚀。森林能在一定程度上减缓土地的盐碱化。由于林冠的阻挡，森林土壤表层的蒸发量很小，森林的根系分布较深，吸收深层的土壤水分用于蒸腾，因而有利于防治含盐分高的地下水向上移动。

（五）减缓温室效应

由于人类活动增加了大气中一些温室气体的浓度，如二氧化碳

(CO_2)、甲烷(CH_4)、一氧化二氮(N_2O)等，结果导致地球表面变暖，如果按目前的温室气体排放速度继续下去，下个世纪全球平均温度的上升速度将为每10年上升0.3℃，全球气候的变化将对农业、林业和水资源利用产生很大的影响。

温室效应的产生与全球碳循环的关系非常密切。碳是大气与有机分子的主要成分，在大气中主要以二氧化碳及甲烷的形式存在，关系着全球的气候与气象变化。地球的碳元素可由环境进入生物体内，再释放回环境中，此一过程称为碳循环。环境中能够为生物所利用的碳主要指大气中的二氧化碳。大气中的二氧化碳可因植物的光合作用而固定于植物体内，形成有机碳，再由食物链传导进入动物体内，同时海洋亦能储存大量的二氧化碳。生物体内的碳可借由呼吸作用及分解者之分解再形成二氧化碳，回归大气，形成碳循环。人类活动，如化石燃料的燃烧和砍伐森林，使得二氧化碳排量增加，同时造成二氧化碳固定量明显减少，对碳循环产生巨大影响(邱祈荣等，2010)。

森林是世界上最大的碳储存库，储存了全球陆地生态系统90%以上的碳。与其他植被相比，林木中碳与其他元素的比率较高，单位面积的森林储存的碳是农田的20~100倍。存储在全球保护区的活立木碳储量(森林)据计算达3120亿吨，占全球碳汇总量的15%。我国森林活立木蓄积量11.7×10^9立方米，木材与碳之间的转换系数取0.26，则可以估算出我国森林碳储存量为3.04×10^9吨碳。

森林破坏能引起大气中CO_2浓度的增加。国外有人估计，1989年，由于热带森林滥伐，向大气中排放的CO_2占当时全球化石燃料向大气排放碳总量的35%~50%。据UNEP统计，如果停止全球性毁林，可使释放到大气中的CO_2每年减少25亿吨。森林通过树木的光合作用，吸收大气中的CO_2，植树造林将成为大气CO_2的一个重要汇。就减缓气候变化而言，减少毁林和林地退化所致排放(REDD)机制为减缓气候变化影响，以及保护全球森林资源、与此相关的生态系统服务和生计提供了真正的机遇。

二、经济功能

（一）国内生产总值（GDP）

从全球范围来看，林业收益占世界 GDP 的 2% 左右。各个国家与地区森林资源丰度不一样以及国民经济发展所处的阶段不同，林业收益占 GDP 的比重也有所不同，非洲林业收益占 GDP 的比重最高，为 6%，其次为南美洲（3%）。虽然发达国家工业林产品的产量占世界份额的 80% 以上，但是发达国家林业收益占 GDP 的比重为 1%；发展中国家林业收益占 GDP 的比重平均为 4%。根据《2006 年世界森林状况》的分析，各国林业总产值占该国 GDP 的比重排名前几位的国家包括利比里亚（17.7%）、所罗门群岛（16.7%）、中非共和国（11.1%）、加纳（7.2%）、不丹（6.9%）。我国约占 1.3%。森林资源在发展中国家，尤其国民收入较低的贫困国家，对国民经济的贡献程度较高。

生活在森林附近的人以森林为生，森林为他们提供了薪柴、药材、水等生活必需品，也给他们提供了良好的生存环境，这些都是森林对居民生活的贡献和作用。虽然这些是无法统计的，但是森林对 GDP 的巨大作用不能被否认，如果森林退化，势必导致当地的居民生活水平下降，这反过来需要国家财政的补贴和支持，对 GDP 有不利的影响。

（二）粮食安全

粮食安全是国际社会所关注的焦点之一。森林在世界粮食安全中发挥着重要作用。首先，一部分林地被迫转化为农田。其次，通过提供非木材林产品，改善营养结构和粮食供给，提供农村社区所需要的薪材。最后，改善农业生产生态环境条件，为农业发展提供良好的生态屏障，提高粮食产量。森林在改善食品安全方面对发达国家的重要程度低于发展中国家，对穷人的贡献程度高于对富人的贡献程度，穷人对森林资源的依赖程度较高。

（三）劳动就业

官方估计的林业部门就业数为1500万人，其中86.90%在发展中国家，13.10%在发达国家。然而，全球林业部门就业构成中，薪材和林业非正式部门的劳动就业没有反映在国家统计报表中，这主要集中在发展中国家，据估计其占林业总就业量的66%。根据《2006年世界森林状况》的分析，各国的林业就业占总就业的比重排名前几位国家是拉脱维亚（5%）、爱沙尼亚（3.6%）、芬兰（3.6%）、列支敦士登（3.6%）、所罗门群岛（3%）。我国林业占总就业比重为0.4%。

（四）国际贸易与外汇收入

世界林产品贸易占世界贸易额的3%。世界贸易中林产品收益最高的地区为北美洲和中美洲（5%）；其次为苏联地区（4%），南美洲、欧洲和大洋洲（3%），非洲和亚洲（2%）。从国家看，非洲有八个国家、亚洲有五个国家（全部为发展中国家）的林产品贸易占国际贸易的比重在10%以上，而发达国家中仅有加拿大、芬兰、瑞典的林产品国际贸易占其总国际贸易额的10%以上。由此可见，林产品在国际贸易中仍占有重要地位。

三、社会功能

（一）森林和社区人民的生活

对于不同的社区，森林与人类关系表现的形式是不一样的。在工业化的国家，人们对森林的期望是如何改善生活质量，如清洁的环境、美丽的景观、公平的机会等。而对贫穷的国家和对富裕国家的穷人而言，森林能为他们提供基本的需求，如食物、材料、社区文化以及安全等。后者更加依赖于森林，对森林的影响更大。

（二）森林食物、粮食安全和健康

森林很少提供大宗的淀粉类食品，但是对大多数乡村民众，森林食品带来了饮食多样性，提供了维生素、矿物质、蛋白质和能量。特别是在粮食收获的前夕，森林食物对家庭的食物自给自足尤其十分重要，因为粮食收获前的食物不足在森林社区经常发生。在有自然灾害的年份，森林食物和用森林产品交换食物对社区的粮食安全非常重要。

森林还能提供许多药材，其中的一些还可作为食物。在森林社区，森林产品的药用价值往往和文化价值紧密相连，由于现代文明的飞速发展，使得这些传统的实践知识被忽视。不过现在这已经得到了国际社会的重视，包括中国在内的发展中国家和部分发达国家的很多传统林业实践被很多学者收集和研究，并且在国际社会传播，林业为林区居民提供粮食、食物和健康的功能受到重视。

（三）收入和储蓄

森林对林区居民，特别是对收入水平低的居民，提供了收入来源的保障，因为在困难的时候出售林产品可以为他们带来收入。尤其是随着人口增加，农用土地紧张的社区的粮食安全和收入更加依赖于出售林产品。虽然林产品很难成为社区主要的收入来源，但这些收入往往可在群众最需要的时候得到，保障其生活水平。在几内亚的研究表明，农民往往在需要的时候，如购买种子、雇工或在灾年购买粮食，收集森林野生植物用于出售。森林作为一种固定资产，是其所有者的一种生活的保障。

（四）森林和社区公正

森林的作用对不同的社区，以及社区中不同的农户、男人和女人、不同年龄层次的人是不同的。在一个社区中，通常森林产品对社区中穷人的作用更大。由于更适合于妇女工作，妇女较多地参与和与森林有关的劳动。对妇女而言，这些活动带来的收入是其购买家庭所需食物和衣服的重要来源，因此，与男性相比，妇女的收入更依赖于收集森林产品。在尼日利亚的西部，妇女 27% 的非农收入来源于林产品，而男性的这一比例只有 10%。

森林对妇女的重要性是不言而喻的，它提高了妇女的收入水平，有利于提高妇女在家中和社区中的地位，有利于男女平等的实现。不可否认的是，在较为偏僻的林区，妇女的社会地位低下，除了历史和传统的因素外，最重要的原因就是妇女没有经济来源，主要工作就是做家务，而森林相关的工作适合妇女，也为妇女提供了一个提高经济地位和社会地位的机会。

（五）森林休憩与康养

随着我国城镇化进程的不断加快及森林资源的不断减缩，这方面的需求也越来越突出。2013 年，全国涉林旅游和休闲的人数达到 16.07 亿人次，旅游收入达到 4249.65 亿元。我国贫困人口主要集中在山区与林区，充分发挥森林社会功能，大力发展贫困地区森林旅游，可以有效促进当地农民就业增收，加快脱贫致富的步伐。

四、精神文化功能

森林是人类文化产生和发展的源泉。一方面，森林本身是一部内容丰富、包罗万象的教科书，是一座取之不尽、用之不竭的精神宝库；另一方面，森林以其独特的形态美、色调美、音韵美以及生机美、优雅美、和谐美等，对人们的审美情趣和道德情操起着潜移默化的作用。

森林和某些森林产品还被社区赋予文化和宗教的价值，从而影响社区的历史、宗教、艺术、体育等，虽然不排除其中的一些迷信的色彩，但是不管怎样，最终的客观结果是森林资源得到了保护，并且为当地社区群众提供了精神的和文化的寄托。在我国云南许多少数民族村寨有风水林之说，在风水林中，禁止从事任何森林作业。许多植物和动物被认为是有“神”的作用或其他文化内涵。有些树种作为宗教树种，或用于制作宗教仪式用的工具。一些森林食品还特别用作庆祝丰收季节和喜庆节日。森林塑造了人类文化，人与森林相互依存、相互发展。森林文化对社会文化的形成起到了不可替代的推进作用，并且对于社会进步的贡献日益提高。

第二节　森林生态系统治理体系顶层设计

新中国成立之初，受彼时社会经济发展与社会认知水平的局限，我国将森林资源简单定位为木材产品的提供者，仅考虑森林所带来的经济效益，而忽略了其所蕴藏的巨大的生态和精神文化效益。在加快推进社会主义现代化、全面建设小康社会的进程中，党中央、国务院高度重视林业发展，在贯彻可持续发展战略中，赋予了林业以重要地位。森林不仅仅应该是经济产品的提供者，更重要的还应该是生态产品和文化产品的提供者。不同的开发利用目标定位势必带来不同的治理体系建设需求。经过多年的发展，目前我国已经形成一套相对完善的森林生态治理体系，主要体现为森林资源产权的法律制度安排、监管制度以及森林生态管理的现有制度安排。

一、森林资源产权法律安排

森林是指存在于一定区域内的、以树木或其他木本植物为主体的植物群落。我国《森林法》和《森林法实施细则》指出，“森林包括防护林、用材林、经济林、薪炭林和特殊用途林五类”，而森林资源的含义更广泛，“包括森林、林木、林地以及依托森林、林木、林地生存的野生动物、植物和微生物”。

我国法律法规确立的森林资源产权制度主要体现在森林资源所有权体系和森林资源使用权体系两个方面。一方面，森林资源所有权体系是指森林法律关系主体对森林、林木或者林地的占有、使用、收益和处分的权利。按不同标准，该体系又可分为：（1）森林资源的国家所有权、集体所有权；（2）林地的国家所有权、集体所有权；（3）林木的国家所有权、集体所有权、机关团体所有权，以及个人所有权。另一方面，对于森林资源的使用权体系，我国现行法律法规仅规定了森林、林木、林地使用权和承包经营权（见表7－1）。

表7－1　森林资源产权安排

法律名称	涉及内容
《中华人民共和国宪法》	第九条　矿藏、水流、森林、山岭、草原、荒地、滩涂等自然资源都属于国家所有，即全民所有，由法律规定属于集体所有的森林和山岭、草原、荒地、滩涂除外。 第十条　宅基地和自留地、自留山，也属于集体所有
《中华人民共和国物权法》	第四十五条　国有财产由国务院代表国家行使所有权。 第四十八条　森林、山岭、草原、荒地、滩涂等自然资源，属于国家所有，但法律规定属于集体所有的除外。 第六十条　对于集体所有的土地和森林、山岭、草原、荒地、滩涂等，依照下列规定行使所有权： （一）属于村农民集体所有的，由村集体经济组织或者村民委员会代表集体行使所有权； （二）分别属于村内两个以上农民集体所有的，由村内各该集体经济组织或者村民小组代表集体行使所有权； （三）属于乡镇农民集体所有的，由乡镇集体经济组织代表集体行使所有权。 第一百二十条　用益物权人行使权利，应当遵守法律有关保护和合理开发利用资源的规定。所有权人不得干涉用益物权人行使权利。 第一百二十一条　因不动产或者动产被征收、征用致使用益物权消灭或者影响用益物权行使的，用益物权人有权依法获得相应补偿。 第一百二十六条　林地的承包期为三十年至七十年；特殊林木的林地承包期，经国务院林业行政主管部门批准可以延长

续表

法律名称	涉及内容
《中华人民共和国土地管理法》	第十四条　农民集体所有的土地由本集体经济组织的成员承包经营，从事种植业、林业、畜牧业、渔业生产。土地承包经营期限为三十年。 第十五条　国有土地可以由单位或者个人承包经营，从事种植业、林业、畜牧业、渔业生产。农民集体所有的土地，可以由本集体经济组织以外的单位或者个人承包经营，从事种植业、林业、畜牧业、渔业生产
《中华人民共和国森林法》	第三条　森林资源属于国家所有，由法律规定属于集体所有的除外
《中华人民共和国野生动物保护法》	第三条　野生动物资源属于国家所有。国家保护依法开发利用野生动物资源的单位和个人的合法权益

通过梳理与森林生态资源产权制度相关的法律法规得出，在我国现有森林资源产权制度之下，森林资源所有权由集体和国家所有。经过多年的集体林权改革，在坚持集体林地所有权不变的前提下，可依法将林地承包经营权和林木所有权通过家庭承包经营方式落实到本集体经济组织的农户头上，确立农户作为林地承包经营权人的主体地位。在森林资源国家所有权方面，我国的《宪法》和《物权法》已明确规定：全体人民是国有产权最终所有者，国务院是国有资产的所有者代表，国有资产由各级政府分级管理、委托经营。但国务院作为中央最高行政机关，更多的是宏观上的管理、调控，产权在实际操作中具体落实到了地方各级政府及各级林业主管部门，然后再由政府委托给当地的国有林业企事业单位，并通过下达一系列的指令性计划，直接组织国有林的经营，并对经营主体具有监督管理权。这种委托代理关系导致国有森林资源的实际经营者与所有权人之间的森林经营目的冲突，且由于缺乏相应的监督管理职能部门，导致森林资源生态效益目标与经济效益目标的冲突，社会公众利益受到损害。

二、森林生态资源的监管制度

由于森林资源的复合型功能和特征，目前主要由林草部门负责进行监管，同时自然资源部门、环境保护部门、农业部门、水利部等部门都不同程度地从不同角度参与管理（见表7－2）。

表7－2　　　　中央政府职能与权责划分

参与部门	职能划分	具体职能
国家林业和草原局	从森林资源管理整体大局出发，从实现森林的多种功能角度对森林资源的全面管理	（一）负责林业和草原及其生态保护修复的监督管理。拟订林业和草原及其生态保护修复的政策、规划、标准并组织实施，起草相关法律法规、部门规章草案。组织开展森林、草原、湿地、荒漠和陆生野生动植物资源动态监测与评价。 （二）组织林业和草原生态保护修复和造林绿化工作。组织实施林业和草原重点生态保护修复工程，指导公益林和商品林的培育，指导、监督全民义务植树、城乡绿化工作。指导林业和草原有害生物防治、检疫工作。承担林业和草原应对气候变化的相关工作。 （三）负责森林、草原、湿地资源的监督管理。组织编制并监督执行全国森林采伐限额。负责林地管理，拟订林地保护利用规划并组织实施，指导国家级公益林划定和管理工作，管理重点国有林区的国有森林资源。负责草原禁牧、草畜平衡和草原生态修复治理工作，监督管理草原的开发利用。负责湿地生态保护修复工作，拟订湿地保护规划和相关国家标准，监督管理湿地的开发利用。 （四）负责监督管理荒漠化防治工作。组织开展荒漠调查，组织拟订防沙治沙、石漠化防治及沙化土地封禁保护区建设规划，拟订相关国家标准，监督管理沙化土地的开发利用，组织沙尘暴灾害预测预报和应急处置。 （五）负责陆生野生动植物资源监督管理。组织开展陆生野生动植物资源调查，拟订及调整国家重点保护的陆生野生动物、植物名录，指导陆生野生动植物的救护繁育、栖息地恢复发展、疫源疫病监测，监督管理陆生野生动植物猎捕或采集、驯养繁殖或培植、经营利用，按分工监督管理野生动植物进出口。

续表

参与部门	职能划分	具体职能
国家林业和草原局	从森林资源管理整体大局出发，从实现森林的多种功能角度对森林资源的全面管理	（六）负责监督管理各类自然保护地。拟订各类自然保护地规划和相关国家标准。负责国家公园设立、规划、建设和特许经营等工作，负责中央政府直接行使所有权的国家公园等自然保护地的自然资源资产管理和国土空间用途管制。提出新建、调整各类国家级自然保护地的审核建议并按程序报批，组织审核世界自然遗产的申报，会同有关部门审核世界自然与文化双重遗产的申报。负责生物多样性保护相关工作。 （七）负责推进林业和草原改革相关工作。拟订集体林权制度、重点国有林区、国有林场、草原等重大改革意见并监督实施。拟订农村林业发展、维护林业经营者合法权益的政策措施，指导农村林地承包经营工作。开展退耕（牧）还林还草，负责天然林保护工作。 （八）拟订林业和草原资源优化配置及木材利用政策，拟订相关林业产业国家标准并监督实施，组织、指导林产品质量监督，指导生态扶贫相关工作。 （九）指导国有林场基本建设和发展，组织林木种子、草种种质资源普查，组织建立种质资源库，负责良种选育推广，管理林木种苗、草种生产经营行为，监管林木种苗、草种质量。监督管理林业和草原生物种质资源、转基因生物安全、植物新品种保护。 （十）指导全国森林公安工作，监督管理森林公安队伍，指导全国林业重大违法案件的查处，负责相关行政执法监管工作，指导林区社会治安治理工作。 （十一）负责落实综合防灾减灾规划相关要求，组织编制森林和草原火灾防治规划和防护标准并指导实施，指导开展防火巡护、火源管理、防火设施建设等工作。组织指导国有林场林区和草原开展宣传教育、监测预警、督促检查等防火工作。必要时，可以提请应急管理部，以国家应急指挥机构名义，部署相关防治工作。 （十二）监督管理林业和草原中央级资金和国有资产，提出林业和草原预算内投资、国家财政性资金安排建议，按国务院规定权限，审核国家规划内和年度计划内投资项目。参与拟订林业和草原经济调节政策，组织实施林业和草原生态补偿工作。 （十三）负责林业和草原科技、教育和外事工作，指导全国林业和草原人才队伍建设，组织实施林业和草原国际交流与合作事务，承担湿地、防治荒漠化、濒危野生动植物等国际公约履约工作。

续表

参与部门	职能划分	具体职能
国家林业和草原局	从森林资源管理整体大局出发，从实现森林的多种功能角度对森林资源的全面管理	（十四）完成党中央、国务院交办的其他任务。 （十五）职能转变。国家林业和草原局要切实加大生态系统保护力度，实施重要生态系统保护和修复工程，加强森林、草原、湿地监督管理的统筹协调，大力推进国土绿化，保障国家生态安全。加快建立以国家公园为主体的自然保护地体系，统一推进各类自然保护地的清理规范和归并整合，构建统一规范高效的中国特色国家公园体制
农业农村部	承担完善农村经营管理体制的责任	提出深化农村经济体制改革和稳定完善农村和基本经营制度的政策建议，指导农村土地承包、耕地使用权流转和承包纠纷仲裁管理。指导、监督减轻农民负担和农民筹资筹劳管理工作，指导农村集体资产和财务管理。拟订农村产业化经营的发展规划与政策并组织实施，指导、扶持农业社会化服务体系、农村合作经济组织、农民合作社和农产品行业协会的建设与发展
自然资源部	主要负责自然资源工作的集中统一领导	履行全民所有土地、矿产、森林、草原、湿地、水、海洋等自然资源资产所有者职责和所有国土空间用途管制职责。拟订自然资源和国土空间规划及测绘、极地、深海等法律法规草案，制定部门规章并监督检查执行情况；管理国家林业和草原局等
环保部	主要负责各部门间生态保护指导、协调、监督生态保护工作	拟定生态保护规划，组织评估生态环境质量状况，监督对生态环境有影响的自然资源开发利用活动、重要生态环境建设和生态破坏恢复工作。指导、协调、监督各种类型的自然保护区、风景名胜区、森林公园的环境保护工作，协调和监督野生动植物保护、湿地环境保护、荒漠化防治工作。协调指导农村生态环境保护，监督生物技术环境安全，牵头生物物种（含遗传资源）工作，组织协调生物多样性保护
水利部	主要水利工作，从水土保持方面维护森林生态系统安全与健康	拟订水土保持规划并监督实施，组织实施水土流失的综合防治、监测预报并定期公告。负责建设项目水土保持监督管理工作，指导国家重点水土保持建设项目的实施

资料来源：根据相关部委的网站资料整理。

近几十年来，全球范围内林业的内涵已经几次发生质的飞跃。林业已经由一个单纯的生产木材的经济部门，演变成一个国土生态环境安全的创建和保障部门。党和国家也捕捉到了这种变化，对于森林资源在国民经济社会发展中的主要定位已经由新中国成立初期的原材料供应者转变为生态效益提供者，并兼顾经济、社会、精神文化目标。林业部门作为我国的林政部门，承担了森林生态资源管理的大部分职责，包括森林生态政策、法律法规的起草制定，组织实施各项森林生态工程，管理国务院确定的重点林区的国有森林资源，组织实施森林资源清查与检测工作，组织实施森林防火、森林病虫害防治、林业科技工作，指导林地确权工作以及指导研究林业产业发展政策等；而农业农村部与自然资源部则负责对林地流转予以指导；环保部作为我国环境资源保护的重要职能部门，对重要的自然资源开发利用活动负有监督管理责任，并承担重要生态环境建设和生态破坏恢复工作；水利部作为我国水利与水资源管理的主管部门，负责从水土保持方面维护森林生态系统安全与健康。

三、森林生态系统管理的现有制度安排

（一）森林生长周期中生态系统安全与健康维护的制度安排

目前在森林生长形成的整个周期中，中央财政有着相对健全完备的财政补贴政策予以支持（见表7－3）。在林木育种阶段，对国家重点林木良种基地和国家林木种质资源库给予林木育种培育补贴；在森林营造阶段，对于各类造林主体以及县、局、场林业部门分别给予直接造林补贴与间接造林补贴；为提高造林保存率，加快幼林成林、巩固造林成果，在中幼林生长阶段对于承担森林抚育任务的各类主体给予森林抚育补贴。同时，作为森林生态系统安全与健康保障的基础，中央财政对于承担森林防火任务的基层林业单位、承担林业有害生物防治任务的基层

林业单位、承担因灾受损并承担林业生产救灾任务的基层林业单位以及承担林业科技成果推广与示范任务的单位和组织都有相应的补贴政策支持。最后，对于林业生产经营中的贷款，中央财政也提供了一定的金融政策支持——贴息补贴。

表 7－3　　森林生长周期中生态系统安全与健康的维护

森林生长阶段	中央政府干预行动	补贴对象	补贴标准	备注
育种	良种繁育补贴	国家重点林木良种基地和国家林木种质资源库	种子园、种质资源库每亩补贴 600 元，采穗圃每亩补贴 300 元，母树林、试验林每亩补贴 100 元	
	林木良种苗木培育补贴	国有育苗单位	除有特殊要求的良种苗木外，每株良种苗木平均补贴 0.2 元	
造林	直接造林补贴	国有林场、农民和林业职工（含林区人员，下同）、农民专业合作社等造林主体	人工营造，乔木林和木本油料林每亩补贴 200 元，灌木林每亩补贴 120～200 元；水果、木本药材等其他林木、竹林每亩补贴 100 元；迹地人工更新、低产低效林改造每亩补贴 100 元	享受中央财政造林补贴营造的乔木林，造林后 10 年内不准主伐
	间接造林补贴	享受直接造林补贴的县、局、场林业部门		对组织开展造林有关作业设计、技术指导所需费用的补贴
中幼林	森林（中幼林）抚育补贴	承担森林抚育任务的国有森工企业、国有林场、农民专业合作社以及林业职工和农民等	平均每亩 100 元	

续表

森林生长阶段	中央政府干预行动	补贴对象	补贴标准	备注
其他	森林防火补贴	承担森林防火任务的基层林业单位		
	林业有害生物防治补贴	承担林业有害生物防治任务的基层林业单位		
	林业生产救灾补贴	因灾受损并承担林业生产救灾任务的基层林业单位		
	林业科技推广示范补贴	承担林业科技成果推广与示范任务的林业技术推广站（中心）、科研院所、大专院校、农民专业合作社、国有森工企业、国有林场和国有苗圃等单位和组织		
	林业贷款贴息补贴	各类银行（含农村信用社和小额贷款公司）发放的符合贴息条件的贷款		

资料来源：根据部委的网站资料、田野调查。

（二）森林生态系统重点建设工程

为充分稳定森林生态系统的安全与健康，改革开放以来，中央政府先后开展了大量的重点森林生态系统建设工程（见表7－4）。“以发挥森林资源生态效益为主，经济效益为辅，构建国家战略森林资源储备”是这些重点森林生态系统建设工程的核心思想。在经济用材上，我国于2013年开始试点建设国家储备林制度，并于2014年扩大试点，优选中近熟林资源，划定1500万亩国家储备林；在生态系统修复和维护上，国家于1979年开始进行"三北"和长江中下游地区等重点防护林建设工程，规划利用73年的时间将"三北"地区森林面积增加到60.57万平方千米，创造生态效益累计可到13000多亿元。2000年10月国家正式启动了天然林资源保护工程，此后，长江、黄河流域工程区全面停止了天然林商品性采伐，东北、内蒙古等重点国有林区大幅度调减木材产量。预计"十三五"期间，"天保"工程范围将进一步扩大。

表7-4　　重点森林生态系统建设工程

工程名称	工程目标	工程概况
国家储备林制度	立足国内，实施总量平衡、结构协调、进口适度、持续经营的国家木材安全战略，建设国家木材战略储备基地，建立国家储备林制度	2013年，国家林业和草原局启动国家储备林建设试点，在7个试点省区优选30个重点国有林场承储，首批划定87.5万亩国家储备林。在示范建设基础上，2014年国家林业和草原局把全国木材战略储备生产基地建设范围扩大到15个省（区、市），将以国有林场为主体，优选中近熟林资源，划定1500万亩国家储备林
天然林资源保护工程	以对天然林的重新分类和区划，调整森林资源经营方向，促进天然林资源的保护、培育和发展为措施，以维护和改善生态环境，满足社会和国民经济发展对林产品的需求为根本目的	2000年10月，国家正式启动了天然林资源保护工程，简称"天保工程"。此后，长江、黄河流域工程区全面停止了天然林商品性采伐，东北、内蒙古等重点国有林区大幅度调减木材产量
"三北"和长江中下游地区等重点防护林建设工程	从根本上改变我国西北、华北、东北地区风沙危害和水土流失的状况	1979年，国家决定在西北、华北北部、东北西部风沙危害、水土流失严重的地区，建设大型防护林工程，即带、片、网相结合的"绿色万里长城"。"三北防护林"总体规划用73年时间（1978—2050年）完成，东起黑龙江省宾县，西至新疆乌兹别里山口，横跨13个省551个县，总面积406.9万平方千米，占国土总面积的42.4%。工程完成后，"三北"地区森林面积可增加到60.57万平方千米，覆盖率达到15%，生态效益累计可达到13000多亿元

续表

工程名称	工程目标	工程概况
退耕还林工程	1998年特大洪灾发生后，为从根本上改善我国生态急剧恶化的状况，党中央、国务院将“封山植树，退耕还林”作为灾后重建、整治江湖的重要措施	1999年，四川、陕西、甘肃三省率先开展了退耕还林试点，由此揭开了我国退耕还林的序幕。2002年1月10日，国务院西部开发办公室召开退耕还林工作电视电话会议，确定全面启动退耕还林工程。截至2013年，全国累计完成退耕还林任务4.47亿亩，其中退耕地造林1.39亿亩，工程区森林覆盖率平均提高3个多百分点。直接惠及3200万农户、1.24亿农民
森林资源监测体系	森林资源监测是对森林资源的数量、质量、空间分布及其利用状况进行定期定位的观测分析和评价的工作。它是森林资源管理和监督的基础工作。其目的是及时掌握森林资源现状和消长变化动态，预测森林资源发展趋势，为林业经营管理科学决策服务	我国森林资源监测工作从20世纪50年代初在国有林区开展森林经理调查开始起步，60年代着手引进以数理统计为基础的抽样技术，70年代后期开始建立国家森林资源连续清查体系。经过几十年的发展，我国森林调查队伍逐步壮大，技术方法日益改进，森林资源监测体系日臻完善
森林生态效益补偿基金	加强对重点公益林的管护，促进重点公益林的恢复与发展	我国最早于1989年提出建立森林生态效益补偿基金，并于2001年在全国11个省（区）进行试点，补偿资金10亿元，补偿面积2亿亩，2004年在全国进行推广。2013年，中央财政进一步将属集体和个人所有的国家级公益林补偿标准提高到每年每亩15元，全年下拨补偿基金共149亿元

资料来源：国家林业和草原局网站。

（三）森林生态系统服务功能改善工程

森林生态系统服务功能是指森林生态系统与生态过程所形成及维持人类赖以生存的自然环境条件与效用。主要包括森林在涵养水源、保育土壤、固碳释氧、积累营养物质、净化大气环境、森林防护、生物多样性保护和森林游憩等方面提供的生态服务功能。

在改善城市森林生态系统服务功能方面，从2004年起，全国绿化委员会、国家林业和草原局启动了“国家森林城市”评定程序，并制定了《“国家森林城市”评价指标》和《“国家森林城市”申报办法》。目前，城市森林生态系统功能的改善主要还是以市一级政府为主导进行。例如，我国首个国家森林城市贵阳的“城市森林大公园”项目计划在2008年至2012年五年内，把贵阳环城林带建设成为布局合理、功能齐全、景观多样，生态、经济与社会效益统一协调的一体化工程。该项目在增加森林植被的同时，减少水土流失，净化空气，改善气候，凸显贵阳所独有的“避暑”优势，项目建成后在进一步改善贵阳人居环境的同时，也可增加就业机会，并为旅游业等多行业协调发展增进效益，使其形成更为良性的循环纽带。

在改善流域生态系统服务功能方面，国家在长江、黄河、珠江、淮河等主要重点流域由水利部设立水利委员会指导、协调流域内水土流失防治工作，先后启动了“长江中上游防护林体系工程”“黄河中游防护林体系工程”“淮河太湖流域防护林体系工程”“珠江流域防护林体系工程”“辽河流域防护林体系工程”等林业生态工程。以“长江中上游防护林体系工程”为例，20年来，“长治”工程累计营造水土保持林241万万公顷，种草33万万公顷，实施封禁治理面积335万万公顷，治理区有林地面积增加40%，林草覆盖率提高了30个百分点。

在改善农田生态系统服务功能方面，在我国粮、棉、油等主要农业商品生产基地的松辽、华北、汾渭、江汉及太湖、洞庭、鄱阳湖等十大平原进行的“平原农田防护林体系工程”以县为单元，以农田林网化为主体，结合“四旁”植树、林粮间作和丰产林建设，形成带、片、网相结合的多林种、多层次与多功能的森林植物群体。此外，“三北防护林体系工程”“沿海防护林体系工程”“平原绿化工程”等林业生态工程都包含针对农田生态系统的防护林营造工程。

由于特殊的地理位置以及受气候条件的影响，沿海地区也是台风、风暴潮、灾害性海浪、赤潮、海啸等自然灾害发生频率最高，受害最严重的地区。为改善沿海地区森林生态系统服务功能，在沿海各省（区、市）编制相关规划的基础上，国家林业和草原局组织编制了《全国沿海防护林体系建设工程规划（2006—2015年)》。该规划范围包括辽宁、河北、天津、山东、江苏、上海、浙江、福建、广东、广西、海南等沿海11省（区、市）和大连、青岛、宁波、深圳、厦门五个计划单列市中的直接受海洋性灾害危害严重的261个县（市、区），土地总面积为44.71万平方千米，占国土总面积的4.7%。以地方投入为主，中央和地方共同承担投资，进行以红树林为主的消浪林带建设、海岸基干林带建设、纵深防护林建设、科技支撑体系建设。

同时，为充分发挥森林的精神文化价值，保护珍稀古树名木，我国最早在1996年由全国绿化委员会下发《关于加强古树名木保护的决定》，由住房与城乡建设部于2000年下发《城市古树名木保护管理办法》。然而，由于人们远没有认清古树的价值和重要性，在轰轰烈烈的城市化进程中，在巨大经济利益的诱使下，移栽、盗掘、贩卖古树的情况不时见诸报端。以古树保护为主题的专门法律法令，以及以加强古树文化资源研究挖掘为目的的基金缺位严重（见表7-5）。

表7-5　改善森林生态系统服务功能措施

主要生态系统类型	中央政府干预行动
城市生态系统	城市林业工程
流域生态系统	主要流域（长江、黄河、珠江等）的水土保持林工程
农田生态系统	农田防护林工程
沿海	沿海防护林工程
精神文化价值	古树名木保护工程

资料来源：根据相关部委网站资料整理。

党的十七大以来，建设“生态文明”，追求人与自然、人与人、人与社会和谐共生、良性循环、全面发展、持续繁荣成为全党、全社会的基本共识。党的十八届三中全会指出，建设生态文明必须建立系统完整的生态文明制度体系，用制度保护生态环境。全面深化林业改革，创新林业体制机制，加快推进林业治理体系和治理能力现代化，充分发挥生态林业、民生林业的强大功能，为建设生态文明和美丽中国创造更好的生态条件。

在新的历史时期，考虑到森林不可估量的生态、社会、文化价值以及森林资源配置的市场失灵，由政府主导构建以生态系统整体和谐、健康、稳定、可持续为目标的森林生态治理体制，并充分发挥森林的社会文化功能成为整个社会的核心愿景之一。中央政府森林生态系统管理的核心目标应是从保障整个生态系统和谐、健康、稳定、可持续的角度出发，平衡效率与公平目标，依法构建充分发挥森林生态系统的四大功能与效益的生态系统治理体系。

经过多年的发展，我国目前在森林生态系统管理方面已围绕森林生长周期中生态系统安全健康的维护、森林生态系统的重点建设、改善森林生态系统服务功能等方面形成了相对完善健全的制度体系。

第三节　中国森林生态系统基层治理体系
——以福建省永安市为例*

改革开放以来，我国林业管理模式同样实现了由管制到治理的蜕变，治理体系中的核心主体——政府、社区、市场的作用和关系不断调整和改革，尽管现有林业治理体系的研究仍然十分薄弱。本节以福建

* 本节所涉及案例来源于课题团队的调研。

省永安市为例，从政府、市场和社区三个角度深度剖析中国基层林业治理体系格局。

一、地方政府自上至下的责任管理体系

地方政府主要指从省级政府与林业部门到乡镇级地方政府与其所属的林业工作站和地方森林公安、林政部门等。在永安市林业治理体系中，政府主体包含永安市各级地方政府、林业职能部门与与之相关的森林公安等林政部门。在改革大背景的影响下，永安市地方政府与职能部门的利益共同体由以前的“保财政”变为现在的“保生态”，此外，林业部门由以往的向地方政府交钱（上缴财政任务）转变为现在的向地方政府要钱（省级转移支付）。在这一利益关系的变动背景之下，地方政府的治理格局因此而发生改变，工作重点不断强调资源培育、资源保护、促进产业发展、推动农村民增收与以“集体林权制度改革”为首的各项改革的推进。通过梳理该市2000年以来林业重要政府文件，我们发现当前“职能型”基层政府主体行为决策有以下几个共性：

（一）建立地方领导、人员责任制

中央对不同省份造林更新、森林防火、病虫害防治的管理模式越发强调任务化、责任化。在这一大背景下，福建省先后下达了《党政领导干部环境损害责任追究实施细则》等一系列文件，不断强化地方各级政府领导对生态资源保护与培育的重要责任。为此，地方领导一把手为实现自身责任制落实，将责任制制度不断下放到基层政府体系之中，成为当前不同层级政府领导工作目标达成的重要抓手。

在永安市集体林权制度改革工作的推动过程中，责任制制度的建立在其林业局起草的相关文件中就曾多次被提到，即“各乡镇、街道主要领导要亲自介入，抓好改革过程中的重大问题，掌握改革进度，明确分

工，各负其责”。例如，在《永安市关于进一步加快集体林权制度改革及林权登记发证工作方案》中，市林业局高度明确了市工作组，以及乡镇、街道，林业部门不同层级与职能主体的主要职责分工。为保证这种责任制的顺利进行，文件要求各部门成立相关的培训制度、工作目标责任、检查监督机制、工作投入与奖励制度。

此外，在地方森林防火工作之中，这种地方政府责任制表现得更为极致，因为其要求地方行使一把手的责任制。在这一高度负责的体系之下，永安市政府制定了森林防火指挥部成员单位分片包干责任制，各森林防火单位通过召开指挥部成员会议和森林防火工作会议，签订责任状。永安市通过一级抓一级，一级对一级的责任方式，全面落实了行政领导责任制。在永安市森林防火文件中曾多次提到，“要始终坚持‘预防为主、积极消灭’的方针，严格执行各级政府行政领导责任制，采取疏堵结合的办法，与消防单位开展警民共建活动，组建专业化的扑火队伍，做到宣传培训、科学指导、火源管理、组织扑救与责任追究五到位……”

不仅如此，在造林任务、病虫害防治等相关工作中，责任制始终作为政府任务达成的重要抓手，这在一定程度上保障了治理过程中的高效率。

（二）自查与抽查并存的验收机制

如果说领导责任制在一定程度上保证了治理效率，那么自查与抽查并存的验收机制则势必保障了治理的最终水平。当前，中央、省级各项专项资金的下达，尤其是围绕造林、林权改革的推进，上级对地方政府执行效果都作出了明确的指示。基于福建省下达的各项造林、林改在内的考核流程与考核标准，永安市各级地方政府也在不断适应并探求自身的自查与抽查兼具的验收机制。

这一验收机制在造林工作中尤为明显。随着 1984 年新修订的《中华人民共和国森林法》将集体造林任务由国家下放至各级人民政府，各级人民政府基于各省（区、市）木材采伐限额与木材生产计划等指标测算得出造林更新指标，在各项财政资金、项目的支撑下，各级人民政府委托林业部门推进造林工作。当前，完成历年造林更新工作成为省、市、县林业部门营林工作的首要任务之一。在历年的三明市林业局政府造林工作意见之中，省林业厅都对三明市下达了明确的不同林种的造林任务，三明市再将各造林任务下放至各县。为达成上级目标，保证工作的完成，永安市政府在上级政府的引导下，逐渐形成了自查与抽查兼具的监督与考核机制。

在这一过程中，三明市林业局作为永安市林业局的上级政府，率先采取分片挂包县（市、区）的方式督促造林工作。永安市林业局在此基础上明确划拨造林负责单位。在造林验收过程中，基于福建省下发的《全省造林绿化检查验收办法》，永安市也会事先组织各乡镇开展县自查工作，随后三明市采用随机抽取的方式检查本市造林的“六率”指标（具体指成活率、面积核实率、责任制目标完成率、作业设计率、幼林抚育率），福建省林业厅再根据自下而上上报的数据，开展全省造林工作验收，即抽取30%左右的乡镇进行抽查。在集体林权制度改革的后续工作中，如《永安市关于进一步加快集体林权制度改革及林权登记发证工作方案》同样强调要建立抽查监督制度，抽调市委员、市人大、市政府、市政协有关人员进行检查与督导工作。

不仅如此，这一验收检验标准也普遍发生在其他地方工作之中。福建省《集体林权制度改革检查验收实施方案》中规定，林改工作的验收内容包含：组织领导与措施保障情况；明晰产权，落实主体的情况；依法依规，确权发证的情况；申请登记，确权发证的情况；民主理财，强化监督的情况；机制落实，林农对林改的反映情况；健全档案，完善制度的情况。检查验收的方法为县自查和省市联合抽查。在采伐工作的抽查中，永安市政府强调要从采伐指标分配、伐前审议跟踪、伐区现场确认、林业规费源头征收、伐区伐中检查、检验人员现场到位检验、木材运输管理、伐后验收、造林更新等方面入手。同样，《森林防火与林业有害生物防治等的考核管理办法》中同样是按照每年省级相关政府制定的考核项目标准，对各辖区内各县（市、区）进行检查考核，考核流程采取县（市、区）自查、设区市检查考核、省审核的方式。此外，均对考核指标、考核内容、考核流程、奖惩模式作出详细规定。

（三）执政方式趋于透明化，强调全民参与

这一政府工作方式主要是指，随着地方政府与森林资源之间利益关系的逐步剥离，在工作进程中趋向于采用公开透明的方式，即强调公开政府工作程序、方法、内容，以保证农民的知情权与参与权，在很多时候将决定权留给农民。例如，在集体林改的工作过程中，永安市推行“六签名”（村民小组会议通知签名、村民小组会议报到签名、村民小组实施方案签名、林地界限确认书签名、合同签名、村民委员会对村民小组实施方案决议签名）、“四公示”制度（村民小组实施方案公示、林改工作程序公示、林权现状公示、林改结果公示）的工作方式，改革结果要保证获得各村2/3以上村民的认可。

不仅如此，随着造林任务分配、采伐限额指标分配的不断细化，各乡镇街道在分得相应指标后均会在乡镇林业工作站公示，包括永安市在内。当前，大部分基层政府行政办公的规范化、透明化趋势明显，确保了政策实施的有效性与持久性。

（四）致力于社会服务体系平台建设

在地方政府向“职能型”政府转型的过程中，也在试图不断构建可推动市场、社区发展并为其提供便利性的平台，以为市场、社区提供资金、技术、流程、环境等方面的便利。

1. 建立林业要素市场。永安市完成集体林权制度改革工作后，地方政府先后建立一系列配套改革以保证林改后林农权益的完成性。其中，以林业要素市场为代表的产权交易平台致力于保障和满足林权主体获得林木林权交易的最高收益。永安市在2004年开始着手建立林业要素市场，使林地可以流转、抵押，并且随时盘活、变现。该市场内部同时设有林权登记中心、森林资源资产评估中心、木竹交易中心、林业科技与法律服务中心、林业劳动力培训中心，并在乡镇先后成立林权登记管理分中心。各分中心与林业要素市场进行联网，实现资源共享。

2. 搭建金融平台。为进一步便利、丰富不同林业经营主体、企业的资金获取渠道，（1）永安市致力于培育农村金融服务体系，促进城乡金融和城乡经济协调发展，加快永安市村镇银行建设。此外，进一步鼓励多家银行积极介入开展林权抵押贷款业务，进一步盘活林权，发挥林权证作为林业有价证件的法律抵押功能。不仅如此，还先后规范收储中心有限责任公司运作，开展林木、林地的收储、抵押、担保业务，为林农和林业中小企业提供融资服务。最后，加大了对林权抵押贷款项目的统一包装，向省、国家争取了一定的项目支持和贴息补助。例如，国家开放银行与福建省分行、福建省林业厅、永安市等有关部门共同搭建永安市林业贷款信用平台。永安市农村信用合作社成为此项贷款的委托代理机构。市人大出具承诺函，一是承诺将每年风险准备金200万元列入财政预算；二是承诺当贷款偿还不足时，由财政资金偿还。（2）为保障金融平台顺利运转，永安市建立了信用平台，成立了永安市林业信用建设领导小组和贷款评议委员会，并组织林业中小企业、家庭合作林场、林业股份林场、个人成立林业信用协会。永安市还先后制定了《永安市林业开发性金融贷款管理办法》《永安市林业信用协会章程》《永安市林业开发性金融贷款流程》等，从规章制度上进一步完善制度体系，尽量规避风险。

3. 工业园区建设。永安市为发展地区竹产业，扶持曹远大兴林竹工业园区的建设，并带动西洋先锋岭林竹加工集中区、洪田六月板林竹加工集中区、上坪麻岭农副产品综合加工区的建设。不仅如此，永安市还积极争取园区建设优惠政策。

4. 经营理念上的引导。林改后，永安市聚焦于林业新型经营组织的转型问题。为此，永安市将工作重点聚焦于四个方面：一是进一步划小经营单位，将产权细化到户、人；二是引导联户经营的林农将所持有的山林股权或经营权按出资比例组建家庭合作林场，实现股份制经营；三是引导联户经营的林农将所持有山林股权或经营权以折价入股的方式加入已经组建的股份制林场（如林发公司、永林股份等）进行统一经营；四是永安市继续加大对林业合作经济组织的扶持力度，具体包括：（1）在木材采伐指标的安排上给予优先；（2）在林业抵押贷款上给予优先；（3）由林业部门从育林费中划出部分专项资金，对林业合作经济组织的新造林予以适当补助。

5. 技术指导。永安市进一步完善了自身的林业技术指导服务体系。具体做法包括：（1）推进林业热线电话服务，该热线可为林农提供完善的林业法律法规、培育技术、病虫害防治等方面的指导；（2）打造森林经营示范片，这一模式使得不同示范户与林业专业技术人员之间可直接沟通。

（五）以“项目制”带动发展

“项目制”作为当前中央、省级转移支付的重要载体，推动项目进程以实现工作目标达成已成为当今地方政府工作的重要逻辑之一。在永安市，通过项目制的方式先后实现了种苗基地建设、造林、产业扶持等政府工作目标。

1. 基地建设。永安市通过“建设五百个万亩基地项目”为载体发展基地建设，先后打造了永安林业以桉树为主的人造板原料林基地100万亩，青山纸业以马尾松为主的纸浆造纸原料林基地100万亩，将乐腾荣达以杉木中小锯材为主的绒毛浆原料林基地，国有林场、林业采育场以大径材和珍稀树种特用林为主的基地 100 万亩，以及高产高效笋竹两用林基地 100 万亩。

2. 造林工作。永安市的造林工作主要以公开招标的方式，依托各大造林项目展开。例如，永安市的“四绿”工程，即绿色城市工程、绿色村镇工程、绿色通道工程、绿色屏障工程，永安市关于 30 万亩桉树短轮伐期用材林建设项目等。不同的项目基于需求对造林种类与方式存有不同的要求。例如，《永安市关于 30 万亩桉树短轮伐期用材林建设项目实施方案》中指出，要实现年产中密度纤维板木材原料 22 万立方亩，年产旋切材木材原料 8 万立方米。

3. 产业带动。永安市同样依靠项目带动产业发展的模式，通过项目注资产业打造产业集群。围绕林产工业集群建设，永安市致力于培育笋竹开发和生物制药两个特色产业。此外，还逐步加快发展制浆造纸、人造板、林产化工三大主导产业。在此期间，永安市通过项目方式先后扶持福建青山纸业股份有限公司、将乐腾荣达制浆有限公司、永安林业股份有限公司、明溪南方红豆杉生物有限公司、三和食品有限公司等龙头企业。

（六）组建临时联合办公机制

政府在基层工作的推进过程中，很多问题绝非林业部门或相关几个部门所能解决。为最大限度地降低工作队伍建设成本，地方政府越来越倾向于组建联合治理与执法机制，以最快的方式完成上级部门部署的任务，并最大限度提高工作质量。（1）成立领导小组。永安市的上级政府三明市在推进集体林权制度改革进程中，特地组建林改工作领导小组，市委书记任组长、人民政府市长任第一副组长，市委副书记、组织部部长任常务副部长、市政府副市长任组长，成员由市委办、市政府办、市委农办、市发计委、市经贸委、市林业局、市水利局、市旅游局等部门负责人组成，领导小组下设办公室，挂靠是林业局，负责试点工作组织与实施。（2）开展警民共建的火灾预防机制。为保障森林火灾工作的全面性，永安市森林防火指挥部与市消防大队开展森林防火警民共建活动，消防大队的高素质人才和先进的灭火设备可弥补市森林消防指挥部的不足。在历次的森林火灾扑救中，市消防大队的官兵与森林防火指挥部门均共同参与。（3）联合执法。永安市通过整合及厘清林业、环保、国土、农业、水利和森林公安、治安、刑侦等部门在生态环保方面的执法职能，在公安局森林分局内组建生态环保警察队伍，专门侦办永安境内的盗伐林木、侵占林地等破坏环境类的刑事案件。

二、市场主体制度

（一）国有企业的市场化探索

随着我国结束统购统销之后，一大批国有林业企业先后被市场淘汰，像福建省永安林业（集团）股份有限公司这样的在市场化经济浪潮中得以存活并不断壮大的国有企业屈指可数。该公司创立于1994年1月，1996年12月6日公司股票在深交所挂牌上市，是全国第一家以森林资源为主要经营对象的上市公司。公司前身由永安林业（集团）总公司、永安市林产化工厂和三明市森林工商总公司（1996年更名为“三明市林业总公司”）共同发起并向其他社会法人和内部职工定向募集股份而设立，其主要发起人永安市林业（集团）总公司于1992年机构改革时经批准成立。当前，公司总资产38.05亿元，总股本3.41亿股；森林经营面积176.3万亩，员工700余人，下设森林经营分公司、永安人造板厂、永林蓝豹分公司、种苗中心、三明制胶厂、连城分公司等分支机构；拥有福建森源家具有限公司、福建省永惠林业有限公司、漳平市燕菁林业有限责任公司等子公司（控股子公司）。其主要产品有：木材、纤维板、家具、强化木地板、甲醛胶粘剂。公司现拥有17项国家专利技术并参与制定了七项国家标准，此外还有“永林蓝豹”“森源”“永林”“企鹅”“蓝豹”等10个注册商标；“永林蓝豹”强化木地板、中密度纤维板为出口免验产品，“永林蓝豹”中密度纤维板为中国名牌产品，“永林蓝豹”“森源”商标为中国驰名商标。公司荣获全国林业突出贡献奖“先进企业”、农业产业化国家重点龙头企业、国家创新型试点企业、全国重合同守信用单位等荣誉称号，现已形成了集“森林培育、木材采伐、人造板、木质家具”为一体的全国林业行业循环经济示范企业集团。

永林集团的成功与其在市场化转型的关键阶段采取的技术创新与品牌创新战略决息息相关。永安林业分别于1994年、1998年和2004年引进了代表当今国际先进水平的连续平压法中密度纤维板生产线及配套的甲醛和胶粘剂生产线、强化木地板生产线和仿实木地板生产线，生产高品质的永林蓝豹地板。此外，永安林业注重品牌打造，1998年9月特别邀请中国著名策划大师叶茂中设计品牌名，永林蓝豹就此诞生，之后小蓝豹形象迅速在永林蓝豹地板的电视广告、户外广告、报刊广告、宣传画册、包装上闪光亮相，就此打响了蓝豹地板系列产品品牌。不仅如此，其在市场化改革的浪潮中能迅速剥离政府体系的桎梏，走市场化的发展模式也是其成功的关键。

（二）市场化导向的个体、私有企业发展壮大

市场化体制开放以后，像永林集团这种屹立不倒的国有企业相对占据少数，相反，私人与个体小型涉林企业蓬勃发展，政府逐步成为市场主体的坚实后盾。作为私人创业的代表，永安市黄泥家有限责任公司是由原国企的一名企业干部自行创办的苗木企业，该公司通过租地569亩搭建基地，向永安乡镇山场、丰产林建设基地提供种苗。近年来，永安市上级政府三明市林业局将该地区产业发展模式归结为：“长短结合”

做“一产”，即既抓长周期的传统林业，又抓短周期特色产业；“上下结合”转型“二产”，三明市强化项目带动，延伸上下游产业链；大力发展“三产”，三明市大力拓宽森林康氧，林产品电商等外延产业。当前，永安市规模以上林产加工企业高达59家，业务范围包含茶叶、板材、纸业、香料、工艺品、家具等，但是永安市的林业企业也绝不局限于木材、竹笋、板材等以提供原材料为主的发展模式，开始逐渐朝向于多元化发展。从2002年开始，竹笋加工业、花卉种植业、生物制药业等相继成为永安市林业新的增长点。

（三）提供社会化服务体系

为满足自身企业发展需求，不少企业越来越倾向于向社区农户提供社会化服务。以永安市竹笋营销协会为例。永安市在很长一段时期内竹林经营管理粗放、管理混乱，竞争无序。在这一困境下，在永安市竹笋营销大户的带头下，自发组建永安市竹笋协会，制定相应的章程，并成立办公场所。这一协会的成立使得当地竹笋的产品收购、储运过程相联合，并通过“公司+基地+农户”的模式，使公司与农户签订产品收购合同，与此同时，协会通过“树品牌、创高产、占市场、报价格、增收入”的方式，成功拓展了省外市场。

三、社区主体制度

（一）林地经营组织多元化

自2003年福建省作为全国集体林权制度改革的试点以后，2005年三明市率先完成了集体林产权制度改革的主体工作，标志着社区体制分权改革进程基本成型。在分权的不断推动下，农民权益得到释放，从统计数据上看，2005年三明市共1716个村完成了集体林改革任务，完成集体林产权登记2200.9万亩，占总面积的95.8%。在这一过程中，永安市政府秉承三明市政府领导精神，一改以往“一刀切”式的改革模式，给予社区经营模式巨大的选择操作空间，由此，永安市林地经营组织不断创新，不尽包括个体经营、大户、联户的模式，由于实际管理需求，还形成了包括股份林场、家庭林场、专业合作社等在内的多种集体经营模式，如：

1. 文山家庭合作林场。该合作林场是由洪田镇洪山村18家农户自发组建，总面积2908亩。通过成立林场，规模化的经验模式释放了各家农户劳动力和林地经验成本。该林场速生丰产林面积达380亩。

2. 西洋志煌股份合作林场。该林场成立于2004年7月18日，林场现有山林12片，面积4000亩，其中，天然林2500亩，人工林1500亩，股东12人。随着林改的推进，自主经营、自负盈亏的经营模式使得各家各户面临规模小、管护成本高、经营风险大的难题，股份合作林场的统一组织生产、销售的运作模式可以解决这一难题。该股份林场成立了股东会、理事会、监事会等机构，制定了一系列规章制度，对股东、理事、监视等机构的职权、义务、受益分配作出具体明确的规定。林场的建立使得经营效益得到提高、经营成本降低，能人作用得以发挥，稳定了股东收益，信贷信用得到提升。

3. 红安家庭合作林场。红安村七位村民考虑到林改后由于经营单位变小，以及防火、防盗、采伐等问题，经商讨后建立家庭合作林场，该家庭合作林场股东七名，入股山林840亩，设立股份100股，折价总股本50万元，其中山林股占80%，现金股占20%。同时，成立了理事会和董事会，制定了家庭合作章程，明确了权利、义务和具体运作办法。

（二）成立林业专业化联合协会

在政府工作的引导下，各乡镇都已经成立了林业社会化服务总协会，一些乡镇和街道分别成立了各类专业协会。例如，燕东街道成立了永安市笋业协会，燕西街道成立了福建省竹叶协会竹胶板分会，燕南街道成立了甫岭村护林联防协会，槐南乡成立了护林联防协会和笋竹协会，安沙镇成立了库区护林联防协会，洪田镇田村成立了护林联防协会，上坪乡成立了笋竹营销协会与龙共寻科学育竹协会。典型案例如下：

1. 永安市安砂库区护林联防协会市由安沙镇新建村、罗峰村、安砂村、坑口村、江后村、青村、福溪采育场永安市森发技术贸易有限公司等九个单位联合组成。该协会通过制定《安砂区生态公益林护林联防协会章程》和《安砂库区生态公益林护林员管理办法》等，实现了对护林防火、盗伐、病虫害等问题的有效控制。

2. 洪田镇洪田村林农自发成立了护林联防协会。该协会通过轮流管护的方法，为村民提供防盗、防火、防病虫害和科技等服务。联户承包的农户，按每户人口数确定管护天数，轮流开展巡山护林。林农在承包用材林的同时，相应承包一定比例的生态林进行管护。协会会员之间共同联防。

四、三者间的互动关系

在基层林业治理体系中，政府、市场与社区作为三个核心行动者，往往存在一定的互动合作关系，这些合作关系包括政府与社区主体间的资源共管模式、政府与社区市场间的公私/社会伙伴关系。

（一）政府与市场

在永安市的林业治理体系中，政府与市场的关系存在两条主线。一条主线为政府对市场的单方面作用，这一作用指的是政府对市场监督与规范，具体指对不同市场主体的市场准入与市场行为规范的监督。

另一条主线则是政府主体与市场主体互利关系的建立。政府依托资金与政策本身实现对市场主体的扶持之后，获益企业因此盈利而实现产业发展的结果刚好服务于政府经济治理任务与目标的实现。此外，政府通过招投标的方式购买市场服务的模式也十分普遍（PPP），以永安市永林公司为首的永安市内外各公司先后中标永安市林业局发包的一系列政府采购、造林、森林抚育等的政府项目。

（二）政府与社区

政府与社区的关系同样存在两条主线。一条是政府对社区的单方面作用，这一作用指的是政府对社区操作行为规范的监督（如采伐限额、防火等）与改革工作的引导（如集体林权制度改革后的集体经营模式的引导）。

另一条主线是政府与社区间的双向关系。其一在于政府主体与社区主体互利关系的建立，政府基于资金与政策的扶持之后，社区获益而满意于政府工作的结果刚好服务于政府社区治理目标与任务的实现。其二在于政府与地方社区建立的生态赎买机制（PES）。伴随着福建首个国家生态文明试验区建设的深入推进，保护森林就是保护生态已成为社会共识。2013 年起，永安市在全国率先开展重点生态区位商品林赎买的改革探索，截至目前，已完成赎买重点生态区位商品林 3.2 万亩。在建设“森林永安”的大背景下，非营利性的永安市生态文明建设志愿者协会应时而生，由协会负责执行赎买和保护工作，首期目标是一年筹集 3000 万元赎买 1 万亩重点区位商品林。林农手中的林子经过专家评估后，按市场价格进行赎买，是“绿”“利”兼得的双赢之策。其三在于政府与社区间的资源共管模式。最具代表的就是护林员的设置，护林员作为社区的重要成员，也是人民政府和林业行政主管部门在生态公益林及非生态区域封山育林的管护人员。护林员由乡镇人民政府公开考核招聘，由乡镇人民政府与护林员签订户林承包合同，施行“镇聘、站管、村用”制度。护理员由人民政府管理，林业站具体负责组织、检查、监督与指导护林员的业务工作，村委会有护林员监管责任。在林业重大事项（如护林、防火等）方面的需要时，乡镇人员可调集辖区内的护林员统一使用。

（三）社区与市场

随着经济的发展，市场与社区同样建立起合作机制，社区通过为市场提供原材料、劳动力等，不仅带动了社区经济发展，也降低了企业运行成本。典型的例子之一就是企业在社区办基地。三明市永安市小陶镇把总投资1500万元的永明木业有限公司作为木材加工龙头企业进行重点培育。该公司第一批工程建成投产以来，采取“公司+基地+农户”的联动发展经营方式，与有经济基础、有场地、有工作能力的农户签订生产加工协议，把生产半成品粗加工的生产任务分解到农户，并派技术人员现场指导，保证产品品质。该企业的发展不仅有效地解决了速生丰产林木材的销售问题，也保证了企业的原材料需求。小陶镇先后建立了企业定向资源生产基地，当地林农通过自发组建家庭合作林场，为企业定向提供原材料，解决了林木销售问题。

第四节　改善森林生态系统治理

一、森林生态系统治理体系存在的问题

（一）森林生态保护法律体系亟待完善

森林保护的立法理念所体现的是特定历史时期的国家意志。我国《森林法》的主体架构形成于计划经济时期，其后虽几经修改，但并未实现立法理念上的更新。值得肯定的是，现行《森林法》已经明确提出了“保护和改善生态环境”“维护生态平衡”的立法目的。但就法律

制度而言，当前实行的法律体系仍然缺乏具体的管理制度和必要措施，如现行《森林法》虽在分类经营、林地管理方面有所加强和细化，但总体上仍然是以木材生产为中心的结构，并且缺乏具体的、可适用的森林生态保护条款。

（二）国有森林资源管理体制尚待加强

国有林场是我国生态建设的先锋队和主力军。国家林业和草原局的统计数据显示，全国国有林场达4855个，现有职工75万人，经营面积11.5亿亩，占国土面积的8%，其中森林面积6.7亿亩，森林蓄积量23.4亿立方米，分别占全国的23%和17%。然而，国有林场作为国有林的重要经营主体为国家代理经营森林资源，其经营行为也较为自主。随着我国林业由单一木材利用转向以生态建设为主的发展道路，大多数国有林场出现了管理体制不顺、经营体制不活，长期处于贫困化状态，难以适应市场经济的发展。

（三）森林生态保护社会公众参与度低

随着我国生态问题和环境污染的不断加剧，公众的环保意识有所觉醒。但与发达国家相比，我国社会公众总体的森林生态保护意识和参与程度都还很低，存在很多不足，主要表现在：保障公众参与的相关法律法规不健全，公众的环境知情权、环境诉讼权、环境参与权、环境监督权等落实不到位，公众的监督、检举和控告的反馈机制还不完善。

（四）森林生态补偿制度仍需健全

我国的森林生态效益补偿制度始于2004年，经过整整10年的探索，已经初具成效，但仍然存在补偿标准过低、未对全部重点公益林实施补偿、资金运行管理存在漏洞、补偿资金筹集渠道单一、法律法规体系不健全等问题。考虑到森林生态效益补偿制度对于林业分类经营以及我国林业可以持续经营的重要意义，健全森林生态补偿制度十分必要。

二、初步构建政府主导的森林生态系统治理体系

（一）完善森林生态保护法律体系

森林作为一个生态系统，其功能是多方面的，价值也是多方面的。保护森林重在保护其功能、价值的多样性，尤其是它在涵养水源、防风固沙、调节气候、改善环境等方面的生态功能。应考虑尽快修订完善相关法律制度，实现森林立法由传统的“经济效益至上”的理念向“生态优先”的保护理念转变。同时，应积极推动政府职能转变，整合国家管理资源，优化机构设置，避免机构重叠和职责交叉，促进职责体系和机构设置的有机统一，降低行政成本，提高行政效能。在维护生态系统完整性的基础之上，实现自然资源管理。

（二）加快国有林权制度改革

尽快明确国有林区功能定位，理顺政府管理林区社会职能和森林资源管理体制，实行森林资源管用分开，完善政策支持体系，逐步停止重点国有林区天然林商业性采伐，建立起有利于保护和发展森林资源、有利于改善生态改善民生、有利于增强林业发展活力、权责利相统一的国有林区经营管理体制。应加快国有林权经营体制改革，在坚持公有产权的基础之上创新经营体制，合理平衡森林资源经营的生态、经济、社会、精神文化目标。

（三）进一步完善稳定集体林权制度，实现政府职能转变

应进一步坚持农村土地农民集体所有，坚持家庭经营基础性地位，坚持稳定土地承包关系，进一步放活经营权、落实处置权、保障收益权。在确保不改变林地性质的前提下，规范林权流转。允许农民以林地承包经营权入股发展林业产业化经营。鼓励林地承包经营权在公开市场上向家庭林场、农民合作社、林业企业流转，培育多种市场主体，推进林业

规模化、集约化和专业化经营，使农民获得更多的林业财产性收入。

同时，在集体林权制度改革中，政府作为一个相对独立的利益主体，在缺乏相应的监督机制的情况下，可能采取不同的方式介入集体林权制度安排，以利益经营者的身份直接参与植树造林经济活动，从而损害林农利益。因而，在集体林权改革的进程中，应进一步通过法制规范政府职能，发挥政府在林权纠纷中的协调作用，实现政府职能由利益经营者向协调引导者的角色转变。

三、推动政府森林生态系统治理能力建设

（一）建设基于利益相关者的参与机制

应保障公众对生态环境保护的知情权，并在环境决策和执行中体现公众的真实意愿；规范公众参与的法律程序，确保公众参与制度化；充分发挥环境社会组织的作用，建立公众环境咨询机构，扩大政府与公众的沟通与交流；扩大环境信息披露范围，切实赋予公众参与权；实行有奖举报制，对环保举报有功人员进行物质奖励；建立法律援助制度，鼓励公众开展环境诉讼。

（二）推进森林科学研究体系建设

森林生态系统具有巨大的科学研究价值，应加快推进森林科学研究体系和森林检测体系建设；充分发挥市场投融资机制作用，加大国家财政投入力度，逐步形成以国家财政为主体的多元化林业科技投入体系；着力构建和完善林业科技创新平台，支持企业与科研院校组建互利互惠的产业技术创新战略联盟等产学研合作组织；积极改革人才培养机制，依托国家和部门科技计划，培养造就一批林业科技战略科学家、领军人才和基层林业科技骨干。

（三）推进森林资源监测体系建设

加快森林生态系统一体化监测体系建设，实现森林资源资源与生态

状况综合监测。从监测内容、方法手段和综合评价等方面，深化森林健康、生态功能、生物多样性等的监测理论方法研究。建立健全监测组织机构，加快构建布局合理、反应及时、准确高效的综合监测体系。同时，加快全国森林资源管理信息系统建设，整合信息资源，建立森林资源综合数据库，搭建森林资源基础信息服务平台，提升森林资源管理现代化水平。

（四）加快新型林业社会化服务体系建设

随着林权改革的推进，以林业合作社、家庭林场、专业大户、龙头企业等为代表的新型林业经营主体呈现快速发展态势，成为林业生产的重要生产组织形式。应通过抚育孵化林业专业合作组织、林业专业协会，加快建设林业发展融资体系建设，加强林业科技推广体系建设，通过建设农村林业信息服务体系建设等方式推动政府林业服务能力提升，促进新型林业社会化服务体系建设，激发新型林业经营主体活力。

四、完善森林生态系统安全和健康政策体系

（一）确定林业功能区划，完善林业分类管理体制

应根据森林所处的自然环境和社会经济条件，以及森林的结构特点，从区域层面进行林业主体功能区划，如长江上游、黄河中上游的森林作为生态屏障严格保护，南方集体林区作为木材生产区放开经营等；并将森林划分为重点生态公益林、一般生态公益林和商品林三大类型，按照各自的经营目的，采取有差别的经营管理模式。

公益林建设应以生态防护、生物多样性保护、保障国土安全为经营目的，以最大限度发挥生态效益和社会效益为目标。应实行严格的限制采伐政策，以政府投入为主，自上而下成立专门的管理机构，制定与生态功能定位相适应的政策体系。

商品林建设应以向社会提供木材及林产品为主要经营目的，以追求

最大的经济效益为目标。应适当放松采伐管制，鼓励民间资本进入，积极推动私营企业和科研机构提供相关技术服务，林业部门只负责相关政策的制定与调整。

（二）建立健全林业重点生态工程补偿政策

目前我国实施的生态补偿，如长江和黄河上游的天然林保护工程、西部地区的退耕还林还草工程、国家重点公益林的生态效益补偿政策都是在政府主导下，以政府财政投入为主的生态补偿，采用财政转移支付、财政补贴的方式进行。事实上，生态补偿需要大量的资金投入，就我国目前的国情而言，巨额的补偿资金单靠国家财政投入是远远不够的。例如，目前我国已在重点林区的公益林中推行了森林生态效益补助资金制度，其资金直接来源于政府财政预算，拨款额度每年达 10 亿 ~ 20 亿元。但目前森林生态效益补助资金的发放缺乏合理的依据，基本是按平均每亩 5 ~ 10 元的标准发放，发放标准过低，甚至连公益林经营的成本都无法覆盖。

为此，政府一方面应加快构建森林生态核算体系，以合理确定补贴标准；另一方面应通过加大国家财政投入力度、开征森林生态效益税、发行生态国债、发现生态彩票等方式筹集资金，以合理补偿生态建设。

（三）健全林业投融资政策体系

应在确立公共财政投资在林业生态建设中的主导作用的基础之上，进一步加大各级政府对林业的投资力度并积极推进林业投融资政策体系建设，拓宽林业建设的社会资金渠道，为社会资金进入林业提供政策保障，构建政府引导、金融机构和林业企业（林农）主导、社会各方协作的林业融资平台。着力拓宽林业生态建设的投融资渠道，加大对造林投资主体的信贷扶持，建立森林生态服务的市场化运行机制，培育森林生态效益市场实现林业生态建设的资金自我积累。

第八章

草原生态系统治理体系

草原是陆地的主体，是面积仅次于森林的第二个绿色覆被层，以草本植物和灌木为主，具有生产、生态功能。《中华人民共和国草原法》明确规定：草原是指天然草原和人工草地。天然草原包括草地、草山和草坡，人工草地包括改良草地和退耕草地。在我国，草原与草地的含义相同。

草原是一个由大气、土地、生物和人类活动因素共同构成的整体。构成草原生态系统的基本要素为“水、土、气、生、人”。在特定的水、热条件下，可以形成土壤、植被、家畜、野生动物和微生物群体，形成特定草原类型。草原生态系统的大气、土壤、植物、动物以及人类活动各因素相互作用、相互影响，因而草原成为一个复杂系统，趋于发展或衰退。随着科学技术的发展，草原生态系统治理伴随着不同的理念和方法、制度，有经验，也有教训，还有成功的可借鉴模式。草原治理的变迁过程与区域政策、法律法规、制度及社会经济、科学技术、人力资源的条件及配置相关。

第一节　草原生态系统的重要功能

世界草原面积约 32 亿公顷，占陆地面积的 1/5，比耕地面积大约 1

倍，其中非洲草原面积最大，约8亿公顷，占世界草原总面积的1/4，亚洲草原面积5.52亿公顷，占世界草原面积的17.3%。因此，草原被誉为陆地生态系统的"皮肤"。

我国作为世界第二大草地资源国家，有4亿公顷草原，其中天然草原面积3.928亿公顷，占我国陆地总面积的41.7%，可利用草地面积占草地总面积的84.26%。我国的草地面积是耕地的3.2倍，森林面积的2.5倍，是我国面积最大的陆地生态系统。草原横贯东西，绵延4500千米，形成了覆盖大半个中国的绿色自然保护带，是我国面积最大的生态屏障。我国辽阔的国土面积、悬殊的海拔高差、多样的气候类型孕育了包含草甸、草原、荒漠等多种草地类型。

草原生态系统提供的生境条件、物种、生物学资源和生态过程为人类提供直接和间接的生态福利，包括水源涵养、水土保持、净化空气、维持生物多样性、缓减气候变化等不可取代的功能。草原生态系统对人类赖以生存的地球环境的未来发展、生态环境的保育和社会的和谐发展都发挥了重要作用。

一、直接功能

草地是畜牧业发展的物质基础，具有重要的生产功能，天然草地提供大量饲草，成为家畜重要的饲草来源。同时，天然草地拥有丰富的动植物资源，分布着重要的经济植物，如白蘑、苦苣菜等绿色食用植物，以及野生动物，如狼、狍子、狐等，还有诸如芦苇等造纸原料，是发展纺织、食品、乳品、皮革、制药等多种加工业的原料基地。

二、间接功能

草原占据着森林与荒漠、冻原之间的广阔中间地带，覆盖着许多不能生长森林或作物的、自然条件严酷的地区，在保护生态环境与维持生物多样性方面具有极其重要的作用，是重要的动植物基因库。草地生境生长和栖息的大量动物、植物包含丰富的种质资源，据调查统计，我国天然草原有已知饲用植物 6704 种，其中属于我国草原特有植物共 490 多种，包含大量经济、药用植物资源，如甘草、麻黄草、冬虫夏草、雪莲、苁蓉等。天然草原上繁衍的野生动物达 2000 多种，其中有 14 种国家一级保护动物，如藏羚羊、野牦牛、马鹿、雪鸡、雪豹等，有放牧和饲喂家畜品种 250 多种，主要有绵羊、山羊、黄牛、牦牛、马、骆驼等。

草原作为我国面积最大的绿色生态屏障，在净化空气、涵养水源、防风固沙、土壤保持等方面发挥着重要作用。草地对降水可以起到截留作用，从而涵养土壤中的水分，是长江、黄河、澜沧江等大江大河的发源地和重要的水源涵养区。此外，草地具有调节气温和空气湿度的能力，与裸地相比，草地湿度一般高出 20% 左右。由于草地能吸收辐射到地表的热量，故夏季地表温度比裸地低，而冬季地表温度比裸地高。草地在防止水土流失方面的能力明显高于灌丛和林地，研究表明，草原防风固沙能力比森林高 3 ~ 4 倍。草地上的植物进行光合作用，吸收二氧化碳并释放氧气，据测算，25 平方米的草地可以使一个人每昼夜呼出的二氧化碳全部还原为氧气。一些牧草可以吸附大气中的尘埃，吸收大气中的有害气体，从而起到净化空气的作用，而且还有缓减噪声和释放负氧离子的作用。

草地作为独特而秀丽的自然景观，是发展旅游业的重要资源。草地观光旅游越来越受到人们的青睐。近年来，在一些发达国家，草地的观赏、旅游等商业用途逐渐上升。我国天然草地主要分布在边疆和少数民族聚居地区，草原上居住着 43 个少数民族，各民族在草原上生活，形成了特有的民族文化。草原文化是草原民族在长期实践中形成的独特生产生活方式、社会制度、风俗习惯及宗教信仰，具有几千年的历史，是草原民族智慧的结晶。草原独特的自然条件决定了游牧成为草原独特的生产方式。草原牧民形成了崇尚自然、万物有灵的朴素生态意识，实现了人与自然和谐的关系。

草地是重要的畜牧业生产基地，也是发展多种经济的原料基地，是牧区畜牧业发展和经济发展的基础。长期以来，人们对草地的治理，主要目的是提高草地生产力，以获得更大的经济效益。但是，由于人们对草地的不合理利用，全世界的草地退化日益严重。我国草地多分布于北方干旱、半干旱地区，生态系统脆弱、稳定性差、生产力水平低下。由于水资源短缺、人为活动强度增大和不合理利用等因素，我国的草原面积正在急剧减少，草场退化十分严重。草原生态恶化引起学术界及社会各界的重视，从而对草原生态系统治理提出新的要求，草原生态系统治理从重视草地生产力提高转变为重视草原生态恢复与重建、草畜平衡。加强草原保护与治理，充分发挥草原独特的生态功能，既是夯实草原地区产业发展根基、建设生态牧区、促进牧民增收致富的重要基础，也是维护国家生态安全、实现建设美丽中国的战略举措，意义重大。

第二节　草原的现状及问题

一、我国草地现状

我国草地由于不合理利用以及受自然条件等因素的影响，草地资源破坏严重。我国草原面积正在急剧减少，草场退化日趋严重，平均每年有 133 万公顷草地发生退化，退化面积已达 8667 万公顷，占草地总面积的 32%，占可利用草地面积的 27. 5%。不少地区的草原已经或正在沦为寸草不生的沙漠，使草原生态环境恶化，出现沙化、旱化和盐碱化，土壤持水能力变差，地面裸露、生态环境恶化，进而威胁人类的生存和发展。草地生产力较20世纪50年代普遍下降了30%～50%，鼠害、虫害严重，毒草、不可食牧草比例增大。

草地资源的破坏对人类的生存环境造成巨大危害。我国草地由于退化，草地生产力严重降低，和处于同一纬度的北美草地相比，虽然水热条件和草地生产力基本相似，但每公顷草地生产力仅为10.73个畜产品单位，其单位面积草地产肉量仅为世界平均的30%。我国草地过牧超载现象严重，目前全国草地载畜量合计约为5亿~6亿羊单位，按草地平衡来看，北方广大牧区冬季草地已超载50%，少数地区已超载1.0～1.5倍，南方草地也有约30%存在过度利用。草地资源的不合理利用已严重破坏了畜牧业再生产的条件，制约了畜牧业的发展。

二、存在的主要问题

（一）对草地重利用，轻保护

长期以来，我国草地制度不像农田制度一样完善，草地资源被看作是一种公共资源，多年来处于“草原无主，牧民无权，侵占无妨，破坏无罪”的状态，造成对草地资源的掠夺式利用，而草地资源产权不明使得牧民大力发展家畜数量，造成草地过度利用。随着人、草、畜矛盾的加剧，草地资源越来越成为牧区畜牧业发展的制约因素，建设和保护草地就成为畜牧业生产的重要内容。

（二）产业结构体系不完善

在我国，畜牧业的生产方式还是原始的放牧畜牧业，放牧畜牧业高度的分散性和流动性难以形成分工和协作，使得放牧畜牧业成为草原牧民长期以来唯一的生产方式。单一的产业结构只能提供原始的初级产品，难以通过延长产业链，发展第二、第三产业进行增值，促进经济的良性循环，而随着人口不断增加，只能进一步加大对草地的利用强度。

（三）生产水平低下

牧区产业结构单一，牧民生产技能落后，加上游牧畜牧业高度的分散性、原始性，生产基本是在没有分工协作的条件下进行的，因而生产技术水平难以提高，再加上牧民文化教育程度低，接受新的生产技术能力差，使得牧区生产技术水平提高困难。

（四）制度体制不完善

我国草地面积虽然是耕地的四倍，但国家对畜牧业不像对种植业那样重视，从投入角度来看，新中国成立后对草地的投入远少于耕地，且每年的投入主要用于救灾；从技术角度来看，无论是对草地的人力投入还是物力投入都远低于耕地，其技术力量都十分薄弱。草地相关的制度体制远没有耕地完善。

党的十八大以来，在中央和国务院的领导下，各级草原部门认真履职，对草原生态治理工作进一步强化，取得了显著成效，对保障国家生态安全、维护边疆稳定和民族团结、促进草原地区经济社会可持续发展和农牧民脱贫增收，发挥了重要的作用。但我国草原保护与治理工作还存在不少亟待解决的突出问题。

第一，草原质量整体不高。我国草原主要分布在干旱、半干旱和高寒高海拔地区，气候条件恶劣，再加上人为不合理利用造成草原不同程度的退化，草原生产能力和质量整体不高。全国天然草原单位面积的生产能力只有澳大利亚的1/10，美国的1/20。

第二，草原生态破坏依然严重。超载过牧、非法开垦、违规征用草原等行为还未得到根本遏制。近五年，全国共立案查处各类破坏草原的违法案件7.1万起，破坏草原面积近90万亩。

第三，草原基础工作薄弱。草原资源摸底不清，现有数据仍是20

世纪80年代的调查结果，难以支撑草原的精细化管理。修订后的《中华人民共和国草原法》已颁布实施16年，许多法规已经不适应当前形势。《基本草原保护条例》尚未制定，草原保护管理难以突出重点。

第四，支撑保障能力不强。草原监管能力十分薄弱，多数地方乡镇仍缺乏草原监管机构和执法队伍。草原投入严重不足，草原面积远大于林地面积，但无论投入总量，还是单位面积投入标准，草原都远低于林地。草原相关的科技人才严重缺乏，每60万亩草原才有一名技术人员，科技贡献率不足30%，而林业、农业的这一比例分别为50%和56%，发达国家则高达70%以上。

总体上，我国草原保护、生态治理工作与建设生态文明和美丽中国的要求还存在较大的差距，已成为生态文明建设的短板。迫切需要构建与运行草原保护与治理的现代体系，这对促进人与自然和谐发展和山水林田湖草共同体可持持续发展具有重要意义。

三、我国草原生态系统治理思想的演变

（一）我国草原生态系统治理思想的演变

人类利用草原的历史悠久，大约在距今7000年到1万年以前，从人类开始驯养牲畜的时候就开始利用草原。我国草原的管理或治理思想随着生产力及社会发展也发生着变化。

从人类开始利用草原到新中国成立前，游牧这种形式已长达数千年之久。其基本特点是：在奴隶和封建社会，草原和牲畜都是奴隶主和地主的私人财产，生产者的理念是原始的“天人合一”的思想，生产方式为常年游牧。

定居游牧或定居定牧依然是靠天养畜的状态，集体经营草原，前后经历了互助组阶段、牧业生产合作社阶段、牧业公社化阶段，其特点是

频繁开荒弃荒，大面积草原开垦为农田，发展理念为“人定胜天”的思想，但生产依旧粗放，而且草原的政策措施不健全，也没有落实到位。人们逐渐意识到“靠天养畜靠不住”，只有进行草原建设才能做好草原的有效治理，才能进一步发展生产生活。

自改革开放到2010年，推行以家庭联产承包为主要形式的“草畜双承包责任制”，极大地调动了人们的生产积极性，牲畜头数急剧扩增，草场围栏遍布，使得有限的空间超载过牧严重，草原退沙化问题凸显。

党的十八大以来，提倡人与自然和谐相处，倡导尊重自然、顺应自然、保护自然的理念，秉承生态文明思想、绿水青山就是金山银山理念。草原保护以自然恢复为主，畜牧业生产走向集约化养殖和现代家庭牧场模式。保护草原以生态优先、绿色发展为导向。

（二）我国草原治理的变迁

1. 草畜承包制（1980—2000年）

牲畜承包到户：在农村推行家庭联产承包制的影响下，牧区也开始给牧民一定的生产经营自主权，出现了牧业生产责任制。在管理上推行“定产、定工、超产奖励制度”，这是一项符合畜牧业生产特点的很好的管理制度，有利于贯彻执行“各尽所能，按劳分配”的社会主义分配原则，有利于调动广大贫下中牧的生产积极性，同时又是开展社会主义劳动竞赛的一种好形式。到1980年，牧区实行“两定一奖”或“三定一奖”责任制的生产队已占95.4%，初步改变了过去社员经营牲畜缺乏积极性的状况。但生产责任制解决公私界限问题的作用仍然有限，集体牲畜承包给个人管理，出现牧民同时饲养集体畜和自留畜的情况，二者饲养管理之间存在差距，而且经常会出现以集体牲畜中的良畜顶替自留畜中的劣畜现象。从1982年开始，为了改变集体牲畜和个人自留畜并存的模式，开始逐步推广“作价归户、分期偿还、私有私养”责任制。不到一年时间，牧区基本上推行了“牲畜作价、户有户养”的生产责任制。

草原承包经营：随着牲畜的承包到户，1982 年 3 月内蒙古自治区决定按照不同的牧业生产责任制形式，将现有草牧场的使用权分别固定到作业组、畜群、专业养殖户，且长期不变。此外，开始提出“草畜双承包制”，认为这能“使经营畜牧业和经营草原紧密挂钩”。1984 年 6 月 7 日颁布的《内蒙古自治区草原管理条例》明确规定将草原使用权及管理、利用、建设保护的责任长期固定到基层生产单位，牧民拥有了发展牲畜、管护草原的自主权。自 20 世纪 90 年代起，草牧场有偿承包制度开始在牧区全面推行，并迅速向全国推广。

落实双权一制：为了彻底解决草原使用方面存在的问题，自 1996 年开始，按照政策要求，进一步落实草原承包责任制，将每户牧民承包草原的数量、位置、界线全部划分清楚，做到真正落实到户，并以户为单位签订承包合同，凡是有条件实行分户经营的牧户，均应实行分户单独经营。

草畜双承包制度实施以来，虽然在很大程度上促进了当时畜牧业的发展，但是也产生了一系列不利影响。草原承包经营使得牧户的流动性经营减少，开始采用圈养和固定草场放牧，导致草原的破坏更加严重，使得草原难以休养生息。

2. 围封转移制（2000—2010 年）

从 20 世纪 90 年代开始，国家推行草畜双承包制度，草原被过度开发和利用，土地荒漠化速度加快、沙尘暴增多都意味着草原承包到户并没有带来预期的效果，反而加剧了草原退化。

对于草原生态保护，主要有两个层面的政策实践。一是以草原生态恢复为直接目标的政策。近年来实行的退耕还林、封山（沙）育林、飞播造林、造林种草等都属于这一领域。二是针对牧民和牲畜的政策，即生态移民。但当前的生态移民政策只是“京津风沙源治理工程”和“退耕还林、退牧还草工程”中的一个配套措施，且没有具体的规定。在国家宏观政策制度中还没有关于生态移民的具体实施政策。中央政府希望通过法律、政策和资金支持来扭转环境恶化的趋势，在地方政府层面上，各级政府开始通过实施“围封转移”等政策直接介入草原保护。2000 年，《国务院关于进一步做好退耕还林还草试点工作的若干意见》中提出，“还林后实行封山管护，还草后实行围栏封育”，为地方实施禁牧提供了政策依据。2002 年，《中华人民共和国草原法》修订第 47 条规定，对严重退化、沙化、盐碱化、石漠化和生态脆弱的草原区实行禁牧、休牧制度。禁牧是指对草原实行一年以上的禁止放牧利用。休牧是指在一年内的一定时期，对草原实行短期禁止放牧利用。

为推进围封转移项目的实施，内蒙古自治区相继制定并出台了《生态环境建设项目管理办法（试行）》《生态环境建设资金管理办法（试行）》《京津风沙源治理工程管理办法（试行）》等九个文件，对草原采取围封禁牧、春季休牧、划区轮牧，对耕地采取退耕还林还草等措施，以期保护和恢复植被；在草原利用上，改变以前的超载过牧而向科学利用转变，改变自然放牧的畜牧业饲养方式，发展舍饲半舍饲养殖；在生态转移上，要加大城市就业机会对农村牧区劳动力的吸纳，实现牧区剩余劳动力向城市转移，改变牧区“过密化”的劳动力生产格局，推进农牧业生产经营方式的根本性转变和经济结构的战略性调整。

牧民即使在政策规定的范围内选择了搬迁移民，仍然可以在其他地方租赁草场继续从事畜牧业养殖，并在草原有所恢复的时候，自发迁回原地，这都对禁牧休牧政策的具体执行产生了诸多影响，地方政府开始考虑生态移民政策的未来走向。

3. 生态奖补补偿（2010 年以来）

禁牧休牧政策是由上级政府强制执行的，并成为地方政府的一项重要政治任务，实质效果并不明显，牧民牲畜数量并未大幅下降，反而有所上升。禁牧休牧高昂的政策实施成本（监管成本、社会成本和政治成本）使得禁牧从一项政治动员式运动逐渐过渡为常规性活动。国家不断延长牧民的草原承包期，通过“确权”进一步明确和扩大牧民对草原所享有的权益，从而为草场大规模流转、畜牧业集约化经营创造了条件。为了保障牧民草原资产的权益，建立实施了草原生态奖励补偿机制。2006 年 5 月 1 日起施行的《内蒙古自治区草原管理条例实施细则》第三十条规定：“《内蒙古自治区草原管理条例》第二十五条规定的草原补偿费、安置补助费由旗县级人民政府草原行政主管部门的草原监督管理机构，按照前五年的饲养牲畜量、草原监测数据和当地物价部门提供的价格数据为依据进行测算。”这一政策规定了草原监理部门在草原生态补偿中的主体地位。

党的十八大将“生态文明”列入中国特色社会主义事业“五位一体”总体布局，而建立生态补偿机制是生态文明建设的重要制度保障。在综合考虑生态保护成本、发展机会成本和生态服务价值的基础上，采取财政转移支付或市场交易等方式，对生态保护者给予合理补偿，是明确界定生态保护者与受益者权利和义务、使生态保护经济外部性内部化的公共制度安排，对于实施主体功能区战略、促进欠发达地区和贫困人口共享改革发展成果、加快建设生态文明、促进人与自然和谐发展具有重要意义。从 2011 年起，在内蒙古、新疆、西藏等主要草原牧区省（区）全面实施草原生态保护补助奖励机制，按照少养精养的原则，对牧区退沙化草原实施阶段性禁牧，五年为一周期。禁牧区的牧民只能放养少量自食牲畜，可就地开展舍饲养殖，也可到城镇转移就业，这样可大幅度减轻草原压力，恢复草原生态，并且进一步促进牧区人口转移。

对生态环境非常恶劣、严重退化、不宜放牧的草原实行禁牧封育，中央财政按每亩6元的标准发放禁牧补贴。对禁牧区以外的可利用草原，在合理载畜量的基础上，中央财政按1.5元的标准对未超载放牧的牧民给予奖励。此外，还有一系列生产性补贴：牲畜良种补贴、牧草良种补贴、生产资料综合补贴等。国家提供的生态奖补资金明确要求地方各级政府予以配套。在政策实施过程中，区别于直接的生态补贴，地方政府配套资金的使用为项目区牧民在享受阶段性禁牧补助的同时，按照不同流向人群的不同需要，使用盟、旗两级配套资金在养老、助学、创业、就业几方面给予再补助。

生态奖补政策在面对非均衡自然环境与复杂社会环境时会出现许多意外结果。例如，在牧民生计、生态环境等方面出现的问题需要我们高度重视。首先，"禁牧不禁养"的政策鼓励牧民进行舍饲化养殖，包括棚圈建设、饲草料等在内的养殖成本显著增加，而且集中圈养容易引发疫病，使得畜牧业经营的风险加大。其次，生态奖补资金有限，并不能弥补减畜造成的损失；生态奖补机制也使很多牧民滋生了"等、靠、要"的心理，既然国家禁止放牧，索性卖掉所有牲畜，在领取生态奖补资金的同时把草原承包出去。特别是，近年来草原流转价格不断攀升，由2015年6元/亩的流转费涨到2019年的12元/亩，在此背景下，很多牧民为了得到更多现金收益，往往会规避草原监理机构，而承包方采用"一年一包"的形式会在短期内放养更多的牲畜，不利于草原生态保护。此外，"无畜户"还能享受每月200多元的最低生活保障，这进一步助长了此类行为。

四、草原治理政策及法律法规

政策和法律法规在不同时期对草原保护及建设管理发挥了重要作

用。但在某些时期也存在违背自然和科学规律的法规政策，非但没有对草原起到保护作用，反而破坏了草原生态，造成灾难性的后果。所以，制定和完善草原建设、保护、管理的政策及法律法规遵循自然规律和科学规律至关重要。

（一）草原管理政策

1. 新中国成立后我国草原管理政策的变迁

早在 1947 年 5 月内蒙古自治区成立之际，《内蒙古自治区政府施政纲领》就提出了改善饲养方法，提倡打井、储草，发展毛织、皮革等手工业的要求，之后又宣布牧场为蒙古民族公有，草原牧场一切牧民放牧自由。1948 年 7 月，内蒙古自治区在哈尔滨召开旗县以上干部会议，会上乌兰夫同志指出牧区不分、不斗，改善放牧制度，实行了“不斗不分，不划阶级”与“牧工牧主两利”以及“保护牧场，禁止开荒”的一系列政策。到 1953 年，已经形成指导牧区工作和畜牧业生产的“五项方针、十一项政策和六项措施”，并被中央推广到全国牧区。在牧业合作化时期，确定了“政策要稳，办法要宽，时间要长”的原则，对牧区经济的改造采取了宽松的政策，即政治上团结、经济上赎买、办法上温和，创办了公私合营牧场，集体经济实行了“三包一奖”的政策，都得到了中央人民政府的支持。1953 年，周恩来总理签署公布的中央人民政府政务院 188 次会议批准的《关于内蒙古自治区及绥远、青海、新疆等地若干牧业区畜牧业生产的基本总结》中规定，保护培育草原，划分合理使用牧场、草场；在半农半牧区或农牧交错地区，以发展牧业生产为主，为此采取保护牧场、禁止开荒的政策。少数民族牧业工作和《牧业区人民公社若干政策的规定》（牧业四十条）中规定，必须保护草原，防沙治沙防治鼠虫害，保护水源，兴修水利，培育改良草原和合理利用草原；有计划地进行牧业区和草原基本建设等政策。1959 年，自治区政府又提出了“水、草、繁、改、管、防、舍、工”八项措施。

这些政策法令的实施，对维持当时社会稳定、促进牧区经济社会的发展发挥了积极作用，极大地推动了我区草原管理工作和草原畜牧业的发展。

内蒙古自治区在不同时期有针对性地提出了不同的生产方针，先后提出："以牧为主，农牧结合，发展多种经营""以牧为主，农牧林相结合，大办工业，发展多种经营""以牧为主，围畜牧业生产，发展经济""以牧为主，农牧林结合，因地制宜，全面发展""以牧为主，农牧林结合，因地制宜，各有侧重，多种经营，全面发展""林牧为主，多种经营""林牧为主，草业先行"及"念草牧经，兴畜牧业""增草增畜，提高质量、提高效益"等方针。这些方针的提法不同，内涵也不完全相同，但都把草原放在突出的位置，加强畜牧业发展却始终不变。

与此同时，这一时期出现大面积开荒、开垦草原，以及大办农副业食品基地的现象。从1958年开始到"文化大革命"结束，进行了三次大规模开垦草原，草原受到很大程度的破坏，草原生态急剧恶化：第一次是在1958年到1959年，这一时期片面强调"以粮为纲"，在牧区大量开垦草原；第二次是在20世纪60年代初，国民经济暂时困难时期，在牧区、半农半牧区实行草原有偿使用制度，发展畜牧业"适度规模经营"，仅1960年全年，以自治区政府名义下发给各盟市的开荒任务就达1000万亩；第三次是1966年到1976年，"文化大革命"期间又片面强调"以粮为纲""牧民不吃亏心粮"等政策和口号，大办生产建设兵团和国营农场，大量开垦草原种植粮食作物。从1958年到1976年，全区开垦草原3700余万亩，对草原生态造成了灾难性破坏。后来，在自治区粮食自给指导思想下，20世纪80年代末再次扩大耕地面积，开垦草原。到90年代中期，粮食价格看好，在经济利益的驱动下，又掀起了开垦草原的热潮。直到90年代后期，国家和自治区日益重视保护草原生态，乱开滥垦草原现象才得以遏制。

2000年以来，进行西部开发和生态建设，国家在草原保护、建设、利用管理和可持续发展方面出台了一系列政策。2000 年国家决定实施西部开发战略，把加快基础设施建设、加强生态环境保护和建设列为重点。2002 年国务院发布了《关于进一步加强草原保护与建设的若干意见》，第一次以国务院专门文件的形式对草原保护建设利用提出了具体政策措施，指出要充分认识加强草原保护与建设的重要性和紧迫性，建立和完善草原保护制度，把具有特殊生态作用的草地，包括人工草地、改良草地、重要放牧场、割草地及草地自然保护区等划定为基本草地，实行严格的保护制度。实行草畜平衡制度，推行划区轮牧、休牧和禁牧制度，稳定和提高草原生产能力，实施已垦草原退耕还草，转变草原畜牧业经营方式，推进草原保护与建设科技进步，增加草原保护与建设投入，强化草原监督管理和监测预警工作，加强对草原保护与建设工作的领导。在内蒙古自治区制定了“一线”“三区”发展战略，即把内蒙古建设成我国北方最重要的生态防线以及我国重要的农产品、畜产品和绿色产业发展基地。本着把生态环境保护和建设作为内蒙古西部开发的切入点和重点，又先后制定了《内蒙古自治区进一步落实完善草原“双权一制”的规定》《内蒙古自治区人民政府关于严禁乱开滥垦，加强草原生态环境保护和建设的命令》《中共内蒙古自治区委员会、内蒙古自治区人民政府关于加强草原保护和建设的决定》等一系列政策。此外，实施了工业化、城镇化和农牧业产业化的“三化”互动战略，这些政策的落实大力促进了内蒙古草原的可持续发展和草原生态保护。

2. 草原所有制

内蒙古自治区成立之初，草原在民主改革时实行了民族公有，农业合作化以后基本上是全民所有和集体所有，在“大跃进”和“文化大革命”时期，实行单一的全民所有，改革开放以后又实行全民和集体所有相结合。内蒙古自治区成立之初的《内蒙古自治政府施政纲领》中规定：保护内蒙古土地所有权完整，保护牧场。保护自治区域内其他民族土地现有权利。在随后的民主改革中宣布，牧场公有，放牧自由，这个“公有”是民族公有，如1948年7月乌兰夫同志在干部会议上指出，内蒙古境内土地为蒙古族所公有，牧区内草原牧场一切牧人放牧自由。1960年，内蒙古自治区制定的“畜牧业八十条（草案）”和1963年国家民委、农业部联合拟订的“牧业区工作四十条（草案）”两项法规都规定草原是全民所有。1965年，内蒙古自治区人民委员会制定的《内蒙古自治区草原管理暂行条例（草案）》规定了草原的所有权属于全民，而草原的使用权长期地、固定地属于社队和场队。1980年春，内蒙古自治区决定对《内蒙古自治区草原管理暂行条例》进行修改，将内蒙古草原的所有权由单一的全民所有制改为全民所有和集体所有两种所有制。1982年3月，颁发了修改后的《内蒙古自治区草原管理条例》，条例的第三条规定：“自治区境内的草原所有制现阶段为社会主义全民所有制和社会主义集体所有制”“社会主义全民所有制草原系指按国家法定程序组建，并经旗县以上人民政府批准的国营企事业单位及其他单位经营管理的草原和尚未开发利用的草原”“社会主义集体所有制草原系指人民公社生产队所属范围经营管理的草原”。至此，内蒙古草原的所有权从法律上进入了两种所有制并存的时期。现今，内蒙古草原总面积为8800万公顷，其中草原总面积的5%属国家所有草原。

草原作为自然资源，国家规定的国有部分是全民所有，其他部分是集体所有；作为生产资料，在农牧业集体经济组织内的部分是集体所有。

1982年颁布的《宪法》规定：“矿藏、水流、森林、山岭、草原、荒地、滩涂等自然资源，都属于国家所有，即全民所有，由法律规定属于集体所有的森林、草原、荒地、滩涂除外。”1985年的《中华人民共和国草原法》对于草原所有权也做了相同的规定：“草原属于国家所有，即全民所有，由法律规定属于集体所有的草原除外。”

民族公有制大约延续了11年，起自1947年内蒙古自治区成立之日，到1958年人民公社化实现时为止。1958年以后，草原实行全民所有制，自1958年至1982年持续了24年。草原所有制形式的发展引发了内蒙古草原移民潮、开垦潮、侵占潮等。由于人口的快速增长，使得草原被大肆开垦，加之牲畜增加，草原退沙化日益加剧，昔日“风吹草低见牛羊”的内蒙古草原已是满目疮痍。内蒙古现行的草原所有制也并非完美，有关的法制工作仍不健全。

在20多年间草原实行单一的全民所有制的过程中，农牧民草原的合法权益得不到保证，实际上已经失去了对草原占有、使用和收益的权利，以草原为全民所有作借口理所当然地侵占草原的现象比比皆是，“草原无主，牧民无权，管理无法，破坏无罪”，使草原被进一步滥垦、滥牧、滥占——滥垦：20多年间开掉草原近250万公顷；滥牧：20世纪80年代初，全区草原超载2000万羊单位，超载28%；滥占：20世纪80年代初，有229个部门在11个盟的63个旗县建立了446个生产单位，占据草原面积近60万公顷，其中开垦9万公顷。

实行两种所有制以后，草原管理有所加强，草原建设速度有所加快。“六五”规划期间，年均草原建设面积为107万公顷；“七五”规划期间达到133万公顷；“八五”规划期间达到167万公顷。两种所有制的实行也促进了草原“双权一制”、草畜双承包和草原有偿使用的实施。所有权、使用权及承包经营权均属物权，物权的确定有利于草原的开发、利用，在一定程度上制止了“吃草原大锅饭”的现象。缺乏物权制度是导致外部性问题的根源，即市场主体行为对草原资源的不利影响由该行为主体以外的第三方——他人或后代人承担。每个市场在获利动机的驱使下，主体都会无节制地开发、利用草原资源，其结果是多个市场主体的共同行为导致资源的枯竭。因此，一个社会必须通过建立合理的资源物权制度，从根本上解决资源分配问题。

（二）国内草原治理法律法规框架

我国涉及草原生态方面的法律法规有：《中华人民共和国草原法》

《中华人民共和国土地管理法》《中华人民共和国农业法》《中华人民共和国农村土地承包法》《中华人民共和国农村土地承包经营纠纷调解仲裁法》《中华人民共和国森林法》《中华人民共和国水法》《中华人民共和国水土保持法》《中华人民共和国环境保护法》。

涉及农牧业生产的法律法规：《中华人民共和国畜牧法》《种畜禽管理条例》《中华人民共和国动物防疫法》《重大动物疫情应急条例》《中华人民共和国种子法》《中华人民共和国农业技术推广法》《农业转基因生物安全管理条例》《中华人民共和国农产品质量安全法》《中华人民共和国农民专业合作社法》《中华人民共和国农业机械化促进法》《中华人民共和国野生动物保护法》《野生植物保护条例》等，还有涉及草原生态及畜牧业的农业农村部规章。

我国地方性草原管理的法律法规是我国草原治理体系的重要组成部分。例如，内蒙古自治区草原牧区生态保护建设方面的地方法规有：《内蒙古自治区草原管理条例》《内蒙古自治区实施〈中华人民共和国土地管理法〉办法》《内蒙古自治区环境保护条例》《内蒙古自治区实施〈中华人民共和国水法〉办法》《内蒙古自治区实施〈中华人民共和国水土保持法〉办法》《内蒙古自治区实施〈中华人民共和国防沙治沙法〉办法》《内蒙古自治区实施〈中华人民共和国森林法〉办法》《内蒙古自治区实施〈中华人民共和国农村土地承包法〉办法》《内蒙古自治区农牧业机械化促进条例》《内蒙古自治区湿地保护条例》《内蒙古自治区森林草原防火条例》《内蒙古自治区实施〈中华人民共和国野生动物保护法〉办法》。

（三）法律法规存在的不足

（1）对政府主管部门的执法权力规定得多、法律责任少，而对执法相对人规定义务多、权利少的问题在法律法规中普遍存在。公众和利害关系人的知情权、知情权的法律保障、公众参与的组织形式和机制、听证等内容缺失，都会影响公众参与环境保护和草原生态保护的积极性和程度。

（2）大部分法律法规都涉及关于自然资源可持续开发、利用和管理的权利和义务相关内容，但是在法律文件中普遍缺少对少数民族地位、权益的保护以及应享有的权利和应承担义务的明确规定。

（3）大部分法律法规缺失协商、调解处理和仲裁的内容。地方法规基本缺失司法、行政机关和民间调解的内容。实际上，我国大量的纠纷是通过民间调解处理，地方性法规中应体现国家的相关成功经验。

（4）一些规定不够明确，如《土地管理法》第二条第四款规定：国家为了公共利益的需要，可以依法对土地实行征收或者征用并给予补偿。这在原则上规定了土地征收必须符合“公共利益”，但“公共利益”的标准模糊，没有明确地规定什么是符合公共利益的，其结果是大量的土地被低价征收成为商业用地。

（5）缺失利益相关机构（或组织）作用的内容。主要是科学研究机构的设置和作用（包括政府咨询服务和民间咨询服务）、技术服务和推广机构的设置和作用、农村各类组织的作用、农村自治组织的作用、农民自发形成的组织的设置和作用（如农民协会、经济互助组等）和其他民间组织的作用。

（6）有关草原的法律与相关法律衔接不够。例如，对有关草原违法行为追究刑事责任的规定与《刑法》衔接不够，没有规定适用《刑法》哪些条款、达到什么程度应追究刑事责任。因此，导致严重破坏草原构成犯罪的，也难以追究刑事责任。

（7）一些法律法规中各执法部门之间职责划分不够明确，存在执法交叉和冲突现象，甚至在管理和执法中出现矛盾。例如，草原法律法规与林业、土地等法律法规衔接不好，有些内容重叠，各部门都有管辖权、管理权，从而在管理和执法上出现多头管理，形成林业和牧业矛盾，草原管理和土地管理的矛盾，为执法和管理造成困难。

（8）在不少法律法规中应然性的规定太多，但没有明确说明遵守这些应然性的规定的后果，即在法律条文中规定了单位、公民按法律如何办，但没有规定如有违反应当承担的责任。

（9）《草原法》的规定条款比较简单，可操作性不强，缺乏相配套的行政法规细则、办法，不便操作。原因有法律法规可操作性差、群众法律意识不强的问题，也有行政干预、执法机构队伍执法难度大和条件差等问题。

（四）内蒙古自治区法规存在的主要问题

（1）《行政处罚法》的制约使地方立法受到很大限制，缺乏地方特色和可操作性。《行政处罚法》对地方立法规定是："法律对违法行为已作出行政处罚规定，地方性法规需要作出具体规定的，必须在法律规定的给予行政处罚的行为、种类和幅度的范围内规定。"由于我国幅员辽阔，社会经济发展及自然环境条件差异很大，不能盲目按统一的模式"一刀切"。

（2）内蒙古自治区法律法规框架有待完善。自治区在土地管理、草原管理、水资源管理、森林管理等方面的地方性法律框架已基本形成，但还有一些领域的地方性法律框架没形成或很不完善。例如，至今没有出台《农业法》的地方性配套法规；环境保护领域法律框架也不完善，只有一个环境保护条例，大气污染、固体废弃物污染、噪声污染等方面的地方性法规缺失；在自然保护区管理方面，还没有全区综合性的地方法规，只有一部政府行政规章。所以，亟须在这些领域完善地方法规框架体系。

（3）由于《草原法》《土地管理法》和《森林法》等法律的一些定义不够明晰，自治区法规无法突破上位法的规定，只能照搬，执法主体在职责方面存在交叉，所以在管理和执法时造成困难。例如，草原和土地行政主管部门对在草原上违法采矿、取沙、修建临时建筑等方面都有管辖权和执法权；林业部门也要参与管理一些有灌木林的草原，形成多头管理，造成不必要的矛盾。

（4）在牧草饲料种子选育、生产、推广、经营管理等方面，还存在法规方面的空白。禁牧休牧、划区轮牧、封育保护退化沙化草原的法律规定有待完善。

（5）草业执法机构不够健全，有些方面执法缺项。目前自治区、盟市、旗县均有行政执法机构，但授权和委托执法机构还不够，尤其是饲料和牧草种子执法机构不全。执法人员少，素质不够高。非草原专业、非法律专业人员占数量有限的草原执法人员的多数，执法人员的素质远不能适应执法工作的要求。执法手段落后，执法不严，对违法者的处罚力度不大，缺乏威慑力。此外，执法工作所需的交通工具、必要的器材设备缺乏，执法经费不足等。

（6）对草原法律、法规的宣传和普及不够。广大农牧民还不了解草业法律法规，知法、守法、用法的意识还比较淡薄，甚至执法人员对法律的学习和理解也很有限。

五、我国草原治理变迁的方向

党的十八届三中全会公报指出："全面深化改革的总目标是完善和发展中国特色社会主义制度，推进国家治理体系和治理能力现代化。"这里说的国家治理体系是包括经济、政治、文化、社会、生态文明和党的建设等各领域的国家制度体系。国家治理能力是运用国家制度管理社会各方面事务的能力。国家治理体系和治理能力是一个有机整体，相辅相成，有了科学的国家治理体系才能孕育高水平的治理能力，不断提高国家治理能力才能充分发挥国家治理体系的效能。国家治理体系和治理能力的现代化对推进改革发展进程起关键的作用。针对草原治理管理存在的突出问题，迫切需要立足当前生态文明建设的新形势、新任务、新要求，加强顶层设计，科学谋划草原保护与治理工作。

（一）制定和完善草原治理体系政策的建议

1. 稳定和完善草原生态治理制度

制度型草原生态治理，不仅要思考如何实现草原生态治理的制度化、规范化和程序化，同时还要思考如何增强地方政府、草原社区和牧民个体的权力地位，使国家草原生态治理的政策制度更能符合区域实际和牧民需求。进一步加大草原生态建设，必须加大草原基础建设的投入。

2. 建立草原生态补偿的长效机制

国家实施了草原生态奖补机制，对“禁牧区”和“草畜平衡区”的牧民给予一定的经济补偿。在实施中，应考虑人均草原占有不均等情况，酌情按照人口发放补偿金，避免按照草场面积发放而导致贫富差距加大的情况。除奖补资金之外，地方财政在牧民转移就业、子女学费、养老等方面也应给予资助，并且制定、完善草原牧区社会发展的政策，如扶贫开发政策，强化疫病防治和自然灾害预警政策。

3. 修订和完善草原所有权、经营权和畜牧业生产管理制度

草原承包制度使草原条块分割，牲畜被限制在狭小的空间内，引起草原退化，且由草原边界引发的牧民矛盾纠纷导致人际关系紧张，此外由于人口迅速增长，牧民人均草场面积不断缩减，难以实现规模化经营。因此，如何改革完善草场承包制度是草原生态治理中的关键问题，适当引导牧民实现草原的共管共用，积极探索牧户联户经营模式，引导牧场相近的牧民拆掉网围栏，按照草场面积和质量，集体统一利用草场，部分牧民放养牲畜，其他牧民可以选择外出务工，以大大缓解草原压力。在此基础上，通过生态奖补项目和大额贷款发放等措施，引导牧民发展牧业合作社。根据草原牧区的特殊情况，制定有利于保护草原和

牧民利益的政策，依法协调好土地、林业管理部门的职能，由草原部门主管统一管理草原的规划、开发、利用、管理、执法。

4. 畜牧业生产引进新技术

为了提高畜牧业的经济效益，在改良牲畜品种、推行舍饲畜牧业等方面引进新技术，积极引导牧民开展牲畜改良工作，由传统的“粗放型畜牧业”向集约型的舍饲畜牧业转型升级，建设标准化棚圈、储草棚、高产饲草料基地，购置高效的畜牧业生产机具、大型草料搅拌自动饲喂设备等，提高畜牧业生产效益。制定牧区可持续发展规划，推进牧草饲料种子选育、生产、推广，提高农牧业科技综合创新能力，健全科技服务体系。

5. 激发牧民保护草原的主动性

受生态移民和外出打工等一系列政策的影响，牧民的社会流动日益加大，草原牧区传统蒙古族的凝聚力不断下降，使得牧民对草原生态的关注度下降。政府和相关组织应注重民族文化的宣传与推广，加强牧民对草原社区的认同感和归属感，激发广大牧民自觉保护草原的主动性。

（二）完善法律法规、加强法制的建议

1. 完善草原法律体系

当前，草原法律体系以《中华人民共和国草原法》《内蒙古自治区森林草原防火条例》《内蒙古自治区草原管理条例》《内蒙古自治区基本草牧场保护条例》《内蒙古自治区草原管理条例实施细则》《土地承包法实施办法》《自然保护区管理条例》《野生动物保护条例》为基础的框架基本形成。但在一些方面还存在不足，需要进一步加快草业经济立法。除了国家制定完善法律外，要研究制定新的法规，修改完善现行法规，制定与之相配套的规章。例如，尽快制定《内蒙古饲草饲料管理条例》《内蒙古自治区禁牧休牧管理条例》和《草原植被恢复费征收使用管理办法》，修订《内蒙古自治区基本草牧场管理条例》等。

2. 要进一步明确和完善相关规定

明确和完善少数民族在当地自然资源开发利用中的合法权益，强化公众参与、保护公众知情权的规定，明确行政执法机关和行政首长的法律职责和义务。明确法律概念和定义，划分各行政执法主管部门职责范围，避免不必要的矛盾冲突。增加和完善解决矛盾纠纷的调节、仲裁等方面的规定。

3. 广泛宣传草业法规，增强法律意识

广大干部群众应加强草原和相关法律、法规的学习，只有做到学法、遵法、守法、用法，才能做到依法保护、建设和合理利用草原。要通过报纸、电台、电视等媒体广泛宣传。要通过开办学习班、培训班、讲座等方式大力培训干部和群众，提高广大干部群众的法律知识和水平，做到学法、执法、懂法、依法办事。特别是各级领导要增强法律意识，自觉依法行政。要形成依法保护草原、管理草原、建设草原的氛围。同时，广大农牧民也要通过学习增强法律意识，自觉依法办事，应用法律武器依法保护自己的合法权益。

4. 健全草原执法机构，强化法制管理

有了法律法规，关键还在于如何认真贯彻执行。如果法律法规得不到很好的贯彻执行，那么再好的法律也发挥不了应有的作用，形同虚设。因此，加强草原执法机构队伍建设非常重要。各级政府要尽快建立与草业相关的草原、草籽、饲料、种畜禽、兽医、兽药执法机构，或建立草业综合执法机构和执法队伍。制定和完善草业执法的各项规章制度，进一步规范草原执法程序和执法行为，加强执法人员的培训、教育、监督和考核，提高执法人员的素质和执法水平。提高全民法律意识和法律观念。

5. 加强草原执法相关技术的研究

要组织区内外有关专家对草业执法所需要的相关技术进行深入研

究，尽快做到相关技术的规范化、标准化，力求技术鉴定及时、准确、公正、公平。要加强对执法人员的技术培训，使他们熟练掌握相关的技术方法，提高执法人员的技能和业务水平，从而为草业执法提供坚实的技术保障。

第九章

湿地资源治理

湿地被誉为“地球之肾”。当今许多国家和地区都面临湿地面积持续减少、污染严重和功能退化等的问题。人口增长、环境不友好的消费行为、工农业排放的大量污染物、围垦以及其他对湿地资源不合理的开发利用，都加速了湿地退化。湿地退化还是自然资源整体退化的一个重要组成部分，有效的法律制度、协调的政府体系、强有力的执法能力、社区的广泛参与、社会组织积极作为，以及如何平衡开发与发展的矛盾，规划市场主体的环境行为等治理问题已经摆在国际社会和各国政府的案头。

近四十年来，国际社会和各国政府越来越重视对湿地资源保护，缓解湿地生态功能衰退的趋势，然而有效的湿地治理国际合作和各国湿地治理体系还在路上，尚需艰难的旅程来完善。相对于森林、生物多样性等资源，我国对湿地治理的研究十分薄弱，相关的文献十分有限。如何建设好政府管制、政府协调体系和机制，如何发挥市场主体对资源配置决定性的地位，充分调动社区和市场力量参与湿地资源的可持续利用和保护，一些深层次和战略性治理问题尚缺乏足够的知识储备。

湿地治理涉及政府部门、社会、私人等多元主体共同管理湿地资源的保护和开发利用，在各种不同制度关系中引导、控制和规范下协调各方利益，实现均衡，确保湿地资源得以可持续发展。介于我国对社会、社区和市场主体在湿地治理的作用缺乏相应的研究，湿地治理侧重于介绍政府在推动湿地可持续管理中的主要做法。本章就我国湿地治理建设中政府所开展的工作做一些简单的总结。

第一节　湿地的功能

根据《关于特别是作为水禽栖息地的国际重要湿地公约》（简称《湿地公约》，又称《拉姆萨尔公约》）的定义，湿地系指天然或人工、长久或暂时性沼泽地、湿原、泥炭地或水域地带，带有或静止或流动、或为淡水、半咸水、咸水水体者，包括低潮时水深不超过 6 米的海域。根据 2014 年 1 月公布的第二次全国湿地资源调查结果，全国湿地总面积 5360. 26 万公顷，湿地面积占国土面积的比率（即湿地率）为 5. 58%。其中，自然湿地面积为 4667. 47 万公顷，占全国湿地总面积的 87. 08%。第二次全国湿地资源调查根据《湿地公约》的定义，将湿地分为五类，其中近海与海岸湿地 579. 59 万公顷、河流湿地 1055. 21 万公顷、湖泊湿地 859. 38 万公顷、沼泽湿地 2173. 29 万公顷、人工湿地 674. 59 万公顷。从分布情况来看，青海、西藏、内蒙古、黑龙江四个省份的湿地面积均超过 500 万公顷，约占全国湿地总面积的 50%。截至 2019 年，我国共有湿地类型自然保护区 602 个，国家湿地公园 899 个，湿地保护率达 52. 19%。

湿地为动植物提供了赖以生存的水体及生产资料，与人类的生存、繁衍、发展息息相关，是自然界最富有生物多样性的生态系统和人类最为重要的生存环境之一。湿地不仅为人类提供了淡水、食物等物质资源，而且还在涵养水源、净化水质、蓄洪抗旱、调节气候和维护生物多样性等方面发挥着重要功能，是重要的自然生态系统，也是自然生态空间的重要组成部分。生态系统服务功能是指人类从生态系统获得的效益，包括供给功能、调节功能、文化功能以及支持功能四个方面。

一、调节功能

湿地维护着全球的淡水安全。水是生命之源。我国的淡水资源主要分布在河流湿地、湖泊湿地、沼泽湿地和库塘湿地之中。湿地维持着约2.7万亿吨淡水，保存了全国96%的可利用淡水资源，是我国淡水安全的生态保障。青海三江源湿地每年给长江、黄河、澜沧江供水约600亿立方米。湿地具有强大的净水功能，被誉为“地球之肾”。湿地可净化水质。每公顷湿地每年可去除1000多千克的氮和130多千克的磷，能有效分解有毒物质，降解污染。当污水流经湿地时，流速减缓，水中的有机质、氮、磷、重金属等物质通过重力沉降、植物和土壤吸附、微生物分解等过程，将发生复杂的物理和化学反应。

湿地具有防灾减灾的功能。湿地具有强大的蓄水和调水功能，能减少水旱灾害发生。湿地储水功能还起到了蓄洪抗旱的作用，在暴雨和河流涨水期，储存过量的降水并均匀地放出，相当于一个巨大的蓄水库，减弱危害下游的洪水；在干旱少雨期，湿地又能释放水，保障人民的生活与生产。

湿地具有保护堤岸的功能。湿地中生长着多种多样的植物，这些湿地植被可以抵御海浪、台风和风暴的冲击力，防止对海岸的侵蚀，同时它们的根系可以固定、稳定堤岸和海岸，保护沿海工农业生产。如果没有湿地，海岸和河流堤岸就会遭受海浪的破坏。分布在亚热带和热带海岸湿地上的红树林对海岸地区具有防风消浪、促淤保滩、固岸护堤的功能。红树林盘根错节的发达根系能有效地滞留陆地来沙，减少近岸海域的含沙量；茂密高大的枝体宛如一道道绿色长城，能有效抵御风浪袭击。

湿地还可调节气候。湿地生态系统有大面积的水面、植被和湿润土壤，水面、土壤的水分蒸发和植物叶面的水分蒸腾使得湿地与大气之间不断进行广泛的热量交换和水分交换，因此在增加局部地区的空气温度、调节气温以及降低大气含尘量等气候调节方面具有明显的作用。

湿地联系着气候变化，在应对全球气候变暖中具有重要作用。湿地的碳储存量十分巨大，尤其是沼泽泥炭湿地，能以有机质和泥炭的形式储存碳元素，减少温室效应。湿地生态系统中的泥炭可储存大量二氧化碳。湿地是温室气体的储存库、源和汇，占全球陆地总面积 8.6% 的湿地储存的碳总量约为 7700 亿吨，占陆地生态系统碳储量的 35%。中国沼泽湿地碳储量达 47 亿吨，仅若尔盖湿地储存的泥炭就高达 19 亿吨，平均每公顷碳储量约 4130 吨。

二、支持功能

湿地是“候鸟的天堂”，是候鸟珍禽的栖息地，为众多鸟类、鱼类、两栖动物提供繁殖、栖息、迁徙、越冬的场所。据 2013 年底完成的第二次全国湿地资源调查报告，我国湿地生态系统现有湿地植物 4220 种、湿地植被 483 个群系，脊椎动物 2312 种，隶属于 5 纲 51 目 266 科，其中湿地鸟类 231 种。湿地是“物种基因库”，对维持生物多样性，保护珍稀动植物资源发挥着不可替代的作用。

复杂的湿地生态系统、丰富的动植物群落等能保持海岸线、控制侵蚀、维护全球碳平衡、降解污染，对海洋生态系统和陆生生态系统安全都具有十分重要的作用。湿地是环境教育和野外科研实践的基地。湿地是直接利用的水源或能补充地下水，还能有效控制洪水和防止土壤沙化，能滞留沉积物、有毒物、营养物质，从而改善环境污染。

三、供给功能

湿地生态系统为人类提供多种多样的农副产品。中国鱼产量和水稻产量都居世界第一位；湿地提供的莲、藕、菱、芡及浅海水域的一些鱼、虾、贝、藻类等是富有营养的副食品，有些湿地动植物还可入药；湿地动植物资源的利用还间接带动了加工业的发展，为发展轻工业提供重要的原材料，如芦苇是重要的造纸原料。可以说，中国的农业、渔业、牧业和副业生产在相当程度上都依赖于湿地提供的自然资源。

湿地生态系统储存着丰富矿产资源。例如，我国已探明的一些重要的油田，河流、湖泊中沉积的大量矿砂，天然形成的盐场以及硼、锂等稀有元素。这些湿地矿产资源为促进国民经济发展提供了物质支撑，也是政府扩充财政收入的重要来源。

湿地中的泥炭及某些湿地植物是很好的燃料。水力发电是人类生活的重要能源之一。我国水能蕴藏量居世界首位，达6.8亿千瓦，具有巨大的开发潜力。

水运是最古老，也是最廉价的运输方式。湿地辽阔的水域为航运提供了条件，具有重要的航运价值。沿海沿江地区经济的迅速发展主要依赖于此。

四、文化功能

纵观历史，人类文明的摇篮多发源于大河，如尼罗河、底格里斯河、幼发拉底河、恒河、湄公河以及我国的黄河都是人类文明的发祥地，人与自然的和谐与互动孕育了丰富多彩的传统文化与知识。湿地是宝贵历史文化的重要载体之一，为传承传统文化知识提供了有效途径，孕育了源远流长的湿地文化，如丰富多彩的河流文化、稻作文化。

湿地以其独特的美学、教育和文化功能，为人类艺术创作提供了丰富的源泉，是传承人类文明的重要载体。以其良好的生态环境、秀丽的自然景观、丰富的生物多样性，为人们提供了休闲旅游、亲近自然的理想场所。同时，湿地独特的环境条件和景观赋予了湿地自然观光、旅游、娱乐等美学方面的功能。风景秀丽的自然风光为人类提供了理想的旅游休闲场所，如桂林山水甲天下离不开漓江的风韵，杭州西湖以湖泊为主体风景区等。在城市中修建湿地公园能保护和有效利用城市中的水体，并在美化环境、调节气候、为居民提供休憩空间方面有着重要的社会效益。此外，由于复杂的生态系统、丰富的动植物群落、珍贵的濒危物种等，湿地在自然科学教育和研究中具有十分重要的价值。

湿地是自然生态系统的重要组成部分。毫无疑问，湿地生态系统的生态功能是生态文明建设的基础，是构建生态文明体系的重要支撑，而社会功能和文化功能通过影响人与自然交往过程中的社会适应、生态意识和价值取向，维护和增强了湿地生态系统的供给、调节、支持、文化四项服务功能，实现湿地资源的社会价值和文化价值，从而为生态文明建设注入新的强大动力，见表 9 – 1。

表 9 – 1　　湿地生态系统的主要功能类型

一级分类	二级分类
供给功能	农副产品生产资料、工业原料供给、矿产资源开采、水电能源、航运通道
调节功能	淡水储存、蓄洪抗旱、净化水质、调节气候、碳汇
支持功能	提供生物栖息地、保护生物多样性
文化功能	生态景观、休闲娱乐、科研教育、遗迹保护、文化传承

第二节　湿地治理制度

我国采取全面保护、科学修复、合理利用、持续发展的保护政策，湿地可持续管理逐步建立起科学研究、资源调查和评估、生态补偿、生态红线等制度体系，建立起国际重要湿地、湿地公园、湿地保护小区等保护形式。然而，建立和完善湿地管理制度是一项基础性工作，总体来说，我国当前的湿地治理制度距离适应国家生态文明建设需要的治理制度尚存在一定的差距。本节主要介绍湿地资源的产权制度、行政管理制度、保护制度、生态修复与补偿制度等制度。

一、湿地管理的内涵

我国现有关于湿地治理的文献极少，而与治理相近的则是从政府视角阐述如何改进我国的湿地管理。湿地是一个独立的生态系统，然而湿地管理的情况却比较尴尬。在我国有关湿地的行政管理体系中，相关职能部门均有明确的管理对象，如林业部门管树木，后来才加管湿地、荒漠；土地部门管土地；环保部门负责保护区的批准；水利部门管水；而农业部门管鱼虾等养殖业。开展湿地管理实际工作的同志常自嘲："一片湿地，天上飞的白鹤可能是国际资源，白鹤吃的鱼可能是野生的，属于共有资源，还可能是集体鱼塘承包给了私人养的鱼。在水面上游荡，可能一会儿在国有水面上，一会儿又停息在集体水面上，尽管水都是国有的。吃了老百姓养的鱼，被毒死了，养鱼的老百姓犯法了。河里游的可能是老百姓养的鸭子，也有可能是林草部门管的野鸭子。水面的青蛙归林业局野保部门管，跳到岸上农田里就归农业部门管理了，进入湖边人家的餐桌，又可能因污染水质被环保部门罚款，而进入市场，食安部门和工商部门又来了。”在这则笑话中，湿地作为一个整体，被分拆得七零八碎。改革开放以来，我国政府机构经过了多次改革，计划经济时代遗留下来的部门色彩依然很强烈，也没有找到与众多强力部门合作有效的方法。

这与湿地管理出生相关，湿地本没有独立的户头，既不是一个产业部门，也不是一个综合部门。湿地管理是因我国加入湿地保护国际合作、承担国际义务而催生和促进起来的，在一个相对弱势的产业部门中孕育成长为一个湿地管理机构。因此，国家林业和草原局湿地管理部门，其湿地概念深受《湿地公约》的影响，难免有些水土不服，尤其是在基层具体实际工作中。然而，环境法律中已经有多部法律涉及湿地，比如《中华人民共和国环境保护法》（2014 年修订）、《中华人民共和国大气污染防治法》（2015 年修订）、《中华人民共和国海洋环境保护法》（2013 年修订）、《中华人民共和国水污染防治法》（2008 年修订）等，但都没有明确定义湿地，或赋予湿地独立的自然资源类型（杜群、车东晟，2017）。在一些法律文件中，与湿地相关的词汇还有滩涂、江河、湖泊、水库、荒滩、水面等。在《中华人民共和国海洋环境保护法》（2016 年修订）中明确了滨海湿地的定义，指的是：“低潮时水深浅于 6 米的水域及其沿岸浸湿地带，包括水深不超过 6 米的永久性水域、潮间带（或洪泛地带）和沿海低地等。”这采纳了《湿地公约》中有关湿地的定义。然而，《湿地公约》关于湿地的定义试图通过一些特征来描述了一个生态系统，强调湿地的生态属性，尤其是维护国际重要水禽栖息地的生态系统功能。国际上有重要水禽保护意义的往往都是对湿地生态系统变化十分敏感的物种，甚至是旗舰物种。对湿地生态系统的破坏、超出湿地自净能力的污染，以及化肥、农药的广泛使用等都会导致失去水禽栖息地的价值。而我国相关法律中的湿地或与湿地相似的提法，则较多从资源角度出发，即使考虑到可持续管理，也多从经济价值上维护其能力。这难免导致我国湿地管理部门不受地方政府的待见，在湿地管理和利用上，湿地保护部门难以左右其他资源管理部门的意见。其实，根源就在背后看湿地的理论逻辑。

为此，湿地管理部门经历了艰难的努力，在过去30年中取得了一些进展。湿地被纳入林地、草地、荒地、滩涂等地类管理。2017年，湿地首次纳入《土地利用现状分类》，2018年《第三次全国国土调查工作分类》明确设立湿地一级地类，其中包括红树林地、森林沼泽、灌丛沼泽、沼泽草地、盐田、沿海滩涂、内陆滩涂、沼泽地八个二级地类。自成立湿地管理部门以来，因没有作为一类自然资源，湿地管理范围主要局限在被认定的国际重要湿地上。而相对于这56处国际重要湿地，处于国家、省级自然保护区或国家湿地公园的保护范围内的，配备专门的管理机构和管理人员，全国8亿亩约27万块大大小小的湿地面临城镇发展、气候变化等人为和自然因素的威胁，湿地存在退化的现象。

二、湿地产权制度

我国在1992年加入了《湿地公约》。《湿地公约》要求各缔约国将列入《国际重要湿地名录》的湿地，在不损害其所属缔约国的专有主权的基础上，确认水禽在季节性迁徙时可能会超越国界，因此，应将其视为一种国际资源。缔约国应当建设具有远见的国家政策，并能与协调一致的国际行动相结合，确保湿地及其动植物区系得到保护。中国作为《湿地公约》的缔约国之一，湿地资源产权安排受到《湿地公约》的约束。

我国湿地产权管理主要适用于《中华人民共和国宪法》关于自然资源权属制度的规定以及具体湿地资源类型所指向的专门性法律的规

定。依据《中华人民共和国宪法》第九条规定，自然资源属于国家所有，由法律规定属于集体所有的除外。国家保障自然资源的合理利用，保护珍贵的动物和植物，禁止任何组织或个人用任何手段侵占或者破坏自然资源。这条规定指明了湿地资源国家所有和集体所有的性质，并提到了湿地资源的管理权，包括合理利用和保护等权利由国家行使。

《中华人民共和国物权法》将自然资源视为不动产，并规定自然资源可属于国家所有和集体所有，还特别指出依法属于国家所有的自然资源可以不登记所有权，但仍享有不动产权的效力。国家机关对其直接支配的不动产和动产享有占有、使用以及依照法律和国务院有关规定处分的权利。对于集体所有的土地和森林、草原、滩涂等，依照"集体"的概念，可依法由村集体经济组织或村民委员会、村内各该集体经济组织或村民小组、乡镇集体经济组织代为行使所有权。

国家对自然资源的所有权一般委托给中央政府，即国务院，由国务院成立相关部委代为行使权利。湿地生态资源作为重要的自然资源，依据其组成要素，湿地资源产权安排在自然资源法[①]（如《森林法》《草原法》《渔业法》《野生动物保护法》《土地管理法》《水法》等）中也进行了相关规定。

《中华人民共和国森林法》规定森林资源属于国家所有，由法律规定属于集体所有的除外，并指出森林、林木和林地可由国家所有和集体所有，个人可对林木拥有所有权和对林地拥有承包使用权。由于湿地生态系统里也可能含有林木如杨树、红树林等，它们受《森林法》的约束，属于国家所有和集体所有，且国家、集体和个人都可能对林木享有所有权，对"林地"[②] 享有承包（使用）权。

① 自然资源法主要指对各种自然资源的规划、合理开发、利用、治理和保护等方面的法律。

② 这里的"林地"实际是湿地生态系统中的土地，并不是传统意义上的林地。

《中华人民共和国草原法》规定草原由国家和集体两个所有权主体，并指出全民所有的草原可以固定给集体长期使用，全民所有、集体所有和集体长期固定使用的全民所有草原可以由集体或者个人承包从事畜牧业生产。该法对湿地草原资源的权属也做了相关规定，但很不清晰，可以说还未把湿地草原概念真正纳入其中考虑。

《中华人民共和国渔业法》明确养殖水域和滩涂由国家统一规划，水域、滩涂的使用者需向县级以上地方人民政府渔业行政主管部门提出申请，由本级人民政府核发养殖证，许可其使用该水域、滩涂从事养殖生产。这样，湿地生态资源中的水域、滩涂使用权就可依法由国家、集体或者个人使用，湿地生态资源中的鱼类资源可由依法获得养殖、捕捞许可的使用者所有。

《中华人民共和国野生动物保护法》规定湿地生态系统中野生动物资源为国家所有，但单位和个人享有依法开发利用野生动物资源的权益。该法将湿地生态系统中的野生动物资源归为国有，这样湿地生态系统中的珍禽属于国有性质，但单位和个人享有依法利用的权利。

《中华人民共和国土地管理法》第四条将湿地生态系统中的养殖水面、浅滩等归为农用地，并明确城市市区的土地属于国家所有，农村和城市郊区的土地属于农民集体所有。国有土地和农民集体所有的土地可以依法确定给单位或者个人使用。

《中华人民共和国水法》将湿地生态系统中的地表水和地下水统称为水资源，并指出水资源属于国家所有，集体所有的水塘、水库中的水属于集体所有。国家保护单位和个人依法享有开发水资源的权益。

湿地资源具有生产力高、利用价值大、保护管理难、演替变化快的特点。随着科学技术的进步，消费水平的提升，市场力量持续增强，湿地价值越来越凸显。一个湿地斑块往往存在森林、草原、耕地、鱼塘、塘坝等多种土地利用类型，涉及的利益主体很复杂。不只是有地方行政管理和事业单位插手、国有单位和乡镇政府、村委会都可能将湿地斑块部分或整体以承包、特许经营、合作经营，或将湿地斑块中某种资源的相关权利，比如芦苇、鱼虾捕捞、水面养殖权等发包给个人、企业或其他社会主体。一片湿地中常有多个经营主体，甚至一块水面上重叠了多个管理主体。承包或管护合同确定的边界相互重叠，一地多证现象普遍存在。承包或管护边界说法不一，模糊不清，常发生无资料证明的现象。一块湿地平常看上去无人管，一旦确权，涉及的利益主体较多。除了拥有证或声称拥有使用或管理承包权的外，还有传统使用者，如周边的渔民历来就是靠海吃海、靠湖吃湖。鉴于湿地产权的复杂情况，为便于摸清底数，寻找到湿地确权登记的程序、方法，为制定湿地确权登记立法和执行探索经验，2016 年国家林业和草原局将制定《湿地保护修复制度方案》和《湿地产权确权试点方案》列为工作重点。其中，宁夏吴忠市依据坚持权责清楚、依法确权、尊重历史、面对现实等原则，开展湿地确权试点，主要是摸清底数，确定湿地系统内各类自然资源的所有权和用益物权，为湿地宏观管理、规范用益物权交易、建立健全湿地保护和合理利用制度，为探索激励相容的湿地管理制度提供了实践基础（伊红德等，2017）。通过宁夏吴忠市、甘肃酒泉市肃州区、甘南州碌曲县湿地产权确权试点，探索出了一套以湿地生态空间为独立单元、以产权登记为确权形式、关联不动产和自然资源资产的确权登记，严格按照预划分登记单元、通告、勘查、审核、公示、登簿等程序有序推进湿地产权确权的路径（唐小平，2018）。

三、湿地行政管理

管理制度是维持湿地治理持续运转的源动力，制定合理高效的湿地管理是搭建湿地生态系统治理的关键一环。

（一）管理主体和职能安排

湿地是陆生向水生过渡的特殊生态系统。按湿地生态系统的组成要素，可将湿地生态资源分为物质资源和非物质资源，物质资源包括浅滩陆地（如滩涂）、水域、水上鸟类、水面作物（如杨树、芦苇）、水中鱼类、水下土地（如泥炭地、沙地）等不同的资源，而非物质资源主要是指传统文化与知识、旅游休闲资源等。

当前，我国湿地生态资源的管理制度是由各级人民政府及相关职能部门在国务院职能划分要求下，依据相关行政法律法规和部门规章，确立自己的湿地生态资源中享有的行政管理权。

根据《宪法》《森林法》《渔业法》《水法》《环境保护法》《土地管理法》等法律及相关的管理条例的规定，湿地生态系统的管理主体除了包含纵向的中央和地方人民政府，还有横向的各级政府下属的职能部门，如林草、渔业主管部门、水利部门、生态环境部门、自然资源部门等。在各职能部门的权责划分中，湿地生态管理以林草部门为主，与水利部、生态环境部的职权交叉重叠最多。

（二）各管理主体的事权划分

在湿地资源行政管理中，作为整体性治理国家典型代表，我国中央和地方政府是统一的整体，各级政府间职能界定不清，缺乏明确分工，在纵向职能、职责和机构设置上高度统一，上下级职能部门“职责同构”，接受“条、块”的双重领导。在湿地治理中，中央政府发挥了三个方面的作用。第一，跨区域的协调工作。青海三江源被称为“中华水塔”，是我国重要的淡水供给地，每年向三条江河的中下游供水近600亿立方米，是中国和东南亚10多亿人民的生命之源。三江源国家公园内湖泊众多，面积大于1平方千米的有167个。三江源湿地保护涉及中下游众多人的利益，需要中央协调成立青海三江源国家公园，以推动自然资源国家所有、全民共享、世代传承。第二，维护湿地生态功能。维护湿地生态功能成为中央政府重要治理目标，是我国“十三五”规划强化政策支持的方向。第三，弘扬湿地精神文化价值。传统知识与文化是无价的财富，在几千年的人与自然和谐相处中，湿地的精神文化（如水文化、湖湘文化、稻作文化等）已经与社区居民保护湿地、保护生存环境的意识融为一体。湿地精神文化价值的弘扬有利于社区参与，共同管理和保护湿地自然保护区。另外，通过举办观鸟节、爱鸟周等活动，加上媒体的宣传，可提高周边社区居民的湿地保护意识，自觉保护湿地生态环境。

各职能部门在湿地资源治理中行使管理权。目前对湿地生态资源各部门的事权划分主要依据《水生野生动物保护实施条例》《渔业法实施细则》《自然保护区管理条例》《湿地保护管理规定》等行政法律法规。在湿地管理中，农业农村部渔业局、生态环境部与国家林草部门管理职责重叠较多，相互关系较为复杂。《湿地保护管理规定》明确了林草部门在湿地管理中的核心地位，负责全国湿地保护工作的组织、协调、指导和监督，并组织、协调有关《湿地公约》的履约工作。县级以上人民政府林业主管部门按照有关规定，负责本行政区域内的湿地保护管理工作。

基层政府相关部门是湿地行政管理的主体，而湿地又涉及环境和发展诸多关键领域。在世纪之交，我国沿海不少红树林被开发用于养殖对虾、旅游度假区。近十年来，围海造地或破坏红树林开发房地产现象时有发生。据国家林业和草原局湿地司的调查：滨海湿地十年间减少了136 万公顷，减少比例达 22%，滨海湿地消失和退化的速度是其他湿地的四倍。湿地资源利用涉及众多的利益主体和相关部门。而这些开发活动往往难以顾及当地社区，破坏了传统的湿地文化和社区传统生计，但往往社区的传统生计与生物多样性之间又有复杂的内在联系。

社区还涉及广泛的社会群体。专业或者与湿地保护和利用相关的民间组织发展很好，如我国爱鸟协会已经具有一定的社会影响力。

一些湿地资源分布在人口密集的地区，加上地势平坦，开发成本低廉，而开发价值有较高。市场主体投资欲望强烈，如果地方政府对坚持保护优先的原则贯彻不坚决，湿地很容易成为投资的“热土”，影响到资源的可持续管理。

四、湿地管理其他制度

我国湿地恢复和保护工作越来越受到重视。在2015年前，逐步启动了湿地生态补偿试点，严格湿地保护制度。2015年4月，《中共中央 国务院关于加快推进生态文明建设的意见》明确提出将“湿地面积不低于8亿亩”列为到2020年生态文明建设的主要目标之一。2015年8月，中共中央办公厅、国务院办公厅印发的《党政领导干部生态环境损害责任追究办法（试行）》也将包括湿地在内的自然生态系统纳入责任追究办法范围。2015年9月，中共中央、国务院印发的《生态文明体制改革总体方案》对湿地保护提出了一系列要求，包括：探索建立分级行使所有权的体制、湿地产权确权试点、健全国土空间用途管制制度、建立湿地保护制度、开展退田还湖还湿试点。2016年12月12日，国务院办公厅全文公布《湿地保护修复制度方案》。2018年修订了《湿地保护管理规定》。各项有利于湿地严格保护的制度密集出台。在2018年国家机构改革方案中，在国家林业和草原局中设立湿地保护司，负责指导湿地保护工作，组织实施湿地生态修复、生态补偿工作，管理国家重要湿地，监督管理湿地的开发利用，承担《湿地公约》履约工作。

严格湿地生态空间管控和保护规划。实施《全国湿地保护“十三五”实施规划》《长江经济带湿地保护工程规划》，继续开展湿地保护重点工程建设，实施湿地修复重大工程，推进湿地的整体保护与修复，力争湿地总量不减少、功能不减退，并逐步改善湿地生态状况，实现

"到2020年全国湿地面积不低于8亿亩"的目标。

湿地生态功能用途管制制度。要根据国家主体功能区规划和山水林田湖综合治理的要求，进一步完善湿地保护长期规划，制定有针对性的分阶段实施规划，并抓好规划和投资落实。根据用途管制制度，将国际重要湿地、国家重要湿地、湿地自然保护区纳入禁止开发区域。

探索湿地生态补偿制度。生态补偿制度是综合考虑生态保护、发展机会成本和生态服务价值，运用政府和市场手段，对生态保护者给予合理补偿的制度。湿地具有特殊的生态价值，应对承担湿地保护和管理的地方政府和林草部门给予财政支持，对因保护湿地而造成损失的给予相应经济补偿。

实施湿地生态修复制度。在重点生态功能区、饮用水源地、粮食主产区、鸟类迁飞路线等区域，规划实施一批新的国家湿地恢复工程，退耕还湖还湿，扩大湿地面积，修复湿地生态功能。把湿地作为新型城镇化的重要基础设施，巩固并扩大城市湿地率，真正让居民看得见山，望得见水，记得住乡愁。

积极探索湿地保护的抓手。建立国际重要湿地、湿地公园、湿地保护小区建设的模式、标准、保护规划。通过建立湿地保护区、湿地公园以及湿地小区，湿地保护面积已占我国湿地总面积一半以上。积极开展湿地保护宣教培训，促进公众参与，提高全民湿地保护意识。

第三节　湿地治理面临的问题

一、湿地自然保护体制亟待完善

我国已经建立了不同级别、不同类型的湿地自然保护区，以及多种类型的湿地公园和湿地保护小区。但我国自然保护地的管理体系尚不完善，湿地自然保护区的类型、地理布局、整体规划缺乏有效的分析评估；湿地保护区管理机构的设置和人员配备不合理，且保护区管理机构缺乏相关行政执法权，导致禁猎、禁渔、禁伐等其他保护方式无法独立实施。

湿地保护管理、开发利用牵涉面广、部门多，至今尚未形成良好的协调机制。不同地区、不同部门因在湿地保护、利用和管理方面的目标不同、利益不同，各自为政，各行其是。2018 年强化了林草部门湿地生态保护管理的权限，但湿地管理不可避免地涉及众多部门，我国尚没有建立起一个有效的部门协调机制，其他国家也存在同样的问题，进而影响了湿地的科学管理。在湖南，湿地资源的管理涉及林业、环保、农业、水利、自然资源、交通、卫生、渔政、芦苇和旅游等 20 多个部门及相关市县区（徐佳娈，2014）。每年 4 ~6 月为长江流域法定休渔期，但往往是一地实施休渔，另一地却默许继续下湖捕捞。此外，因水利、海事、资源部门等都有权签发采砂许可证，往往是一个部门想去取缔，其他部门却仍在发放采砂许可证。

二、湿地管理法律体系有待完善

湿地产权制度安排还存在较大的问题，主要表现为产权主体不明、产权关系不清。例如，湿地生态资源在法律上大都划为国家所有即全民所有，从概念上产权主体好像很明确，但是国家概念如何定义？国家不是法人，国家所有权一般由国家行政管理部门代为行使，但具体是由哪一级的政府、哪个部门来行使？再加上对权利的范围又缺乏相关规定，湿地生态资源产权主体是不明确的。这导致湿地生态资源无序开发、超量利用、日益萎缩等问题凸显。

目前，还未出台关于湿地保护与合理利用的专门法律、法规；已有的相关法律、法规中有关湿地保护的条款比较分散，且不成体系，无法可依或法条相互交叉、重复的情况并存，难以很好发挥作用。在执法方面，也存在着执法人员不足，缺少必要的技术装备以及交通、通信等设施，影响了正常的执法工作。

三、湿地生态资源治理缺乏科技力量支撑

目前湿地保护的基础研究还非常薄弱，特别是对湿地的结构、功能、演替规律、价值和作用等方面缺乏系统、深入的研究，制约了湿地保护与管理。全国从事湿地研究的人员很少，人才严重缺乏。同时，湿地保护、管理的技术手段还有一定的提升空间，缺乏现代管理技术和手段。湿地自然保护区虽具有科研功能，但是缺人、缺科研基金，保护区的科研价值还没得到充分利用。

四、湿地生态资源治理缺乏财政金融扶持机制

资金严重不足是湿地保护与管理工作面临的主要问题，也是湿地自然保护管理机构面临的最头痛的问题。在湿地调查、保护区及示范区建设、污水治理、湿地监测、湿地研究、人员培训、执法手段与队伍建设等方面都缺乏专门的资金支持。由于资金短缺，使许多湿地保护项目和行动难以实施，已建立的湿地自然保护区不能发挥其正常的保护功能，必要的湿地基础研究难以进行。

第四节　改善湿地治理的建议

党的十八届三中全会吹响了我国治理体系和治理能力现代化建设的

号角，党的十九届四中全会从政治上、全局上、战略上全面总结了我国国家制度建设和国家治理方面取得的成就、积累的经验、形成的原则，凝练概括我国国家制度和国家治理体系所具有的显著优势，明确了新时代坚持和完善中国特色社会主义制度、推进国家治理体系和治理能力现代化的总体要求、总体目标和重点任务。自 2013 年以来，我国生态文明建设取得了重大的成绩，生态文明建设四梁八柱基础性制度体系初步形成。然而，具体到湿地资源治理，缺乏必要的研究支撑，涉及的部门众多，这些因素或多或少影响到湿地资源整体性的治理，我国湿地治理总体上没有破题。湿地治理的特别之处在于，湿地资源不仅经济价值高，生态价值更高，涉及的利益群体多，相关部门多。相对于荒漠、森林、草原，湿地治理难度更大，基于生态系统管理的整体性治理更为适用。森林、草原、荒漠、生物多样性治理可以采用乐队的组织方式，乐队指挥充当了十分重要的角色。而湿地治理更像千手观音，需要参与湿地管理的每一个部门、涉及湿地资源利用和保护的每一个相关利益者都能与其他机构或使用者心灵相通，才能实现湿地资源利用和保护的协调。整体性治理对政府治理体制、机制、管制和协调能力，人民生态观念和保护意识，市场主体的社会责任，社会团体的发育和完善程度的要求非常高。我国需要在相当长的时期内逐步积累湿地整体性治理的经验，完善政府管制和协调的体制和机制，培育人民生态意识，强化市场主体的社会责任，促进社区组织的发育，湿地文化的培育，为走出中国特色的湿地治理创出一条道路出来。介于湿地治理研究十分薄弱，我们建议如下。

一、紧紧对接我国生态文明建设战略和行动

湿地治理的机构建设可着眼长远。前文已经阐述，湿地就是“九龙治水”。为了解决“九龙治水”的问题，国家在青海探索三江源国家公

园试点。不少学者担心可能只会增加一条龙，而变成“九条龙＋一条龙治水”。2018 年国家机构改革只是将湿地管理从一个事业单位提升为一个行政司，职责专司生态。党的十八大以来，我国生态文明建设在发展方式、体制和机制等方面都取得了长足的进步。然而，客观地说，湿地依然被动。在各部门、各利益群体纷纷介入这场宏大的生态文明建设的时候，湿地整体性管理没有得到充分的体现。在 2018 年国家机构改革前，一些专家建议成立国家湿地局，直属自然资源部，这或许是可以彻底改变湿地治理局面的一个途径。

需要自然资源部在新的国家治理体系建设中将湿地突出出来，使其成为国土空间规划重要组成单元，统一各专业部门对湿地的定义，最好把“地”和“生态系统”的含义统一起来，把生态保护和经济发展统筹起来。需要以国土空间规划和自然资源核算、自然资源离任审计制度作为重要抓手，构建湿地治理体系，重建湿地管理队伍，补齐我国生态文明建设这一短板。

需要启动我国湿地治理体系和能力建设现代化的战略研究。探索我国湿地治理体系中法律体系构建，多部门协调制度，多利益群体参与制度，湿地生态系统安全预警制度。如何充分发挥市场主体在湿地资源配置中的基础性作用和湿地可持续管理有机结合，如何培育社区力量参与湿地管理，如何发挥社会组织的作用推动湿地可持续管理等，均需要破题。

按照生态文明制度建设的总体要求，明晰湿地生态资源的产权权属，可在理论的引导下，研究湿地生态资源产权权属新的划分方法。以往的所有权、使用权等传统的划分方法已不适应明晰产权的要求。另外，建立健全湿地生态资源的政府管理制度，界定管理主体，明确各主体的事权和责任，并在此基础上有计划地、逐步地建立包括自然湿地保护制度、退化湿地恢复制度、湿地生态补偿制度、湿地保护红线制度、湿地生态系统评价制度、湿地生态系统功能动态监测和预警制度等一系列重要制度，使湿地保护形成较为完整的制度框架。要强化林草部门从生态系统角度管理湿地的职能，推动形成生态系统统一管理、自然资源各负其责的管理格局，全面提升湿地管理合力。

二、维护和提高湿地生态服务能力

我国湿地面临的主要问题，即湿地退化导致生态服务功能下降，已经成为政府和社会的共识。因此，湿地管理部门可将维护和提高湿地生态服务能力作为工作的目标，提出一系列的行动和计划。

制定科学完善的湿地保护规划。在过去，经济发展是我国的主旋律，以牺牲自然资源换取经济效益的现象比比皆是，湿地保护区的建设并未落到实处，甚至存在湿地自然保护区为获取更多资金扶持，将保护区上报面积盲目扩大的情况。随着经济社会的发展，生态保护的重要性提上日程，以前不合理的规划则带来很多社会矛盾。

健全湿地治理的法律法规体系。健全法律法规体系是各项制度得以实行的前提，应尽快出台国家层面的湿地保护法规，抓紧建立湿地保护的目标体系、考核办法、奖惩机制，规范各部门的管理权能，明确各主体的责任和义务，实现依法“治湿”。

建立健全湿地保护制度。建立湿地自然保护区、湿地公园、湿地保护小区，构建完善的湿地保护体系，扩大湿地面积，提高保护成效。认真实施各类湿地保护项目，继续加大湿地保护投入，同时鼓励社会资金投入湿地保护。全面启动湿地生态效益补偿基金，缓解湿地自然保护区、湿地公园等管理机构的资金困难。加紧推进生态修复工作，对原先遭受破坏的湿地进行生态修复资金补助，使湿地生态功能得以恢复。

全面推进湿地生态系统恢复工程。在重点生态功能区、饮用水源地、鸟类迁飞路线等区域，规划实施一批新的国家湿地恢复工程，退耕还湖还湿，扩大湿地面积，修复湿地生态功能。把湿地作为新型城镇化的重要基础设施，巩固并扩大城市湿地率。在工程建设中，要注意保护湿地原生状态，防止自然湿地人工化。

三、加强湿地保护的宣传教育

要采取多种形式的宣传教育活动，广泛宣传湿地的功能、作用和地位，广泛宣传湿地保护的法律法规，增强社会公众湿地保护意识，引导人们科学认识湿地、文明对待湿地。要重点加强对各级领导干部和广大青少年的湿地宣传教育，使善待自然、保护湿地成为自觉行为。同时，要加强湿地科学研究和技术推广，抓好人员培训，强化湿地监测，提高湿地保护管理科技支撑能力。

第十章

海洋生态系统治理体系

海洋占据着地球表面71%的面积，是全球生命支持系统的重要组成部分，为人类生存、发展和进步提供了重要的物质基础。我国是海洋大国，濒临中国陆地的海域有渤海、黄海、东海、南海和台湾以东的太平洋的一部分，面积约470万平方千米，其中，根据《联合国海洋法公约》的规定，我国主张管辖的海域面积约为300万平方千米。我国大陆海岸线长度约1.8万千米[①]，海洋及海岸带生态系统为沿海人民的生产和生活提供了多种重要资源，如生物资源、矿产资源、航道港口资源、海水资源、旅游资源等。除了直接的经济价值外，我国近海与海岸带有着多种海洋生态系统类型，集中了丰富的物种和基因多样性，具有营养储存和循环、陆源污染物净化、岸线保护等功能。此外，大洋对调节全球水动力和气候起着关键的作用。海洋是主要的碳汇和氧源，对人类的生存和发展有着不可替代的作用。

海洋在人类生活中扮演的角色越来越重要。实现海洋价值，使海洋可持续地造福于人类，是海洋治理要达到的基本目标。第一，海洋领域的斗争是关系到民族生存和发展的战略性争夺，是国家综合实力的较量，也是涉及政治、经济、科技、军事等多领域的复杂斗争。第二，海

① 参见：http：//www.mnr.gov.cn/zt/ch/sbh_30619/gjbtzs/201807/t20180727_2156199.html。

洋经济已经成为我国国民经济的重要组成部分、核心增长点，海洋资源已成为现代经济发展的重要依托。第三，海洋生态系统在向人类提供产品和服务的同时，还维持着人类生存的自然环境平衡。无论是维护海洋的自然特性，还是规范海洋资源开发利用，都需要全新的海洋治理体系和治理能力来指导现实的海洋实践活动。

随着经济发展、人口增加和城市化进程的加快，人类活动对我们赖以生存和发展的海洋环境和生态系统造成日益严重的破坏，生态承载力持续下降，严重威胁到海洋环境的可持续发展。从表象来看，我国海洋生态系统呈现出来的主要问题有：（1）陆源和海上污染物造成的污染和富营养化引起的近岸海域环境质量的严重下降；（2）与污染有关的生态灾害和环境事件频繁发生；（3）因开发活动引起的生态系统破坏，已使多数重要生态系统处于亚健康和不健康状态；（4）由于持续过度利用，已造成渔业资源严重衰退和沿海地下水资源枯萎；（5）因环境污染、生境破坏和利用过度等综合因素，已使许多珍稀物种处于濒危状态，诸多重要海洋生态功能区受损（韩庚辰、樊景凤，2014）。但这些问题产生的根源在于中华民族传统的重陆轻海的思维定式，在于我国海洋治理体系的落后和治理能力的不足。

要解决上述问题，我国必须革新海洋治理理念，构建科学合理的海洋治理模式，这样才能走上可持续发展的海洋治理道路（鹿守本，2011）。我国海洋事业从“部门治理”转型“综合治理”已然是大势所趋，寻求多元治理、和谐发展的科学治理模式是当前我国海洋治理的重要任务。本章介绍了海洋生态系统的功能，归纳了海洋生态系统治理体系的内涵特征，系统梳理了我国海洋生态系统治理的法律体系，总结了我国不同历史阶段的海洋治理实践，对我国现行海洋生态系统治理面临的困境进行分析，并对未来海洋生态系统治理的发展趋势提出展望。

第一节　海洋生态系统的功能

海洋生态系统、陆地生态系统和湿地（湖泊、河流）并称为地球的三大生态系统。海洋生物群落与海洋非生物之间相互联系、相互作用，形成海洋生态系统这个物质不断循环、能量连续流动的统一整体（崔凤等，2017）。根据学术界最具代表性的关于生态系统服务的分类系统“千年生态系统评估”，结合我国海岸带及海域生态系统特点、海洋开发利用历史和现状，海洋生态系统提供的服务可分为四大类共21项（见表10－1）。

表10－1　　海洋生态系统服务功能分类

生态系统服务大类	次级生态系统服务	生态功能说明
供给服务	食物	从海岸带生态系统的植物、动物、微生物中获得的食物，如鱼类、贝类等
	原材料	从海岸带生态系统可更新生物资源获得的建筑和制造材料（如木材，皮毛等）、燃料和能源以及饲料和肥料（磷虾、树叶和杂草等），非生物的资源（如矿物、化石燃料、风力和太阳能等）不包括在内
	基因资源	包括从简单的野生生物物种和重要养殖物种的杂交得到基因资源，也包括通过复杂的生物技术和基因工程控制遗传的基因资源
	医药资源	包括来源于海岸带生态系统的作为医药品的化学物质、作为合成这些药品的投入品、作为检验新药的动物以及作为研究药品的样品
	观赏资源	来源于海岸带生态系统的作为装饰、工艺品、纪念品、收藏品用途的动植物，包括动物生活形态的观赏，如赏鲸、观赏海豚等

续表

生态系统服务大类	次级生态系统服务	生态功能说明
供给服务	水供给	源于海岸带生态系统的湿地、河口的含水层过滤、保持和储存水；为人类活动（包括消费、工农业生产）提供可利用的水
调节服务	气体调节	通过吸收二氧化碳及其他气体，释放氧气，维持全球空气质量，并对气候产生影响
	气候调节	海岸带生态系统可以影响本地和全球的气候，在本地的尺度上，土地覆盖的变化可以影响温度和降水；在全球尺度上，生态系统通过吸收或者排出温室气体对全球气候起着重要作用
	水调节	径流、洪水、储水层补充的时间和大小都受土地覆盖变化的强烈影响；例如，用农田或者城市代替湿地和红树林等改变系统储水潜力
	干扰调节	包括海岸带生态系统，如红树林和珊瑚礁的风暴和海浪带防护服务，红树林和湿地的洪水控制服务和侵蚀控制服务
	废物处理	包括净化水源和废物处理服务；海岸带生态系统是淡水中杂质的来源，同时也可以过滤、转移和分解有害化学物质、营养盐和化合物
	生态控制	通过动态营养关系控制生物数量，从而控制病虫害和疾病的流行
文化服务	审美信息	人们在海岸带生态系统不同方面发现的美学或者审美价值，反映在支持公园的建设、房屋地点的选择等方面
	娱乐旅游	很多人对休闲消费地点的选择部分依赖于某一特定地方的自然或者人文景观
	文化艺术	海岸带自然生态系统是书本、杂志、电影、绘画、雕刻、民间传说、音乐和舞蹈、民族象征、时尚、建筑、广告等的动力和灵感的源泉
	精神和宗教	很多地方将精神和宗教价值归因于海岸带生态系统及其组成成分；生态系统对不同文化发展起来的知识系统的类型产生影响
	科学和教育	海洋生态系统、其组成及过程为社会的很多正式和非正式的教育以及科学研究提供了基础

续表

生态系统服务大类	次级生态系统服务	生态功能说明
支持服务	初级生产	通过光合作用将太阳能转化为碳水化合物和糖类，同时提供氧气，吸收二氧化碳
	土壤形成和保持	维持土壤的自然生产，保持可耕种的土地，防止侵蚀和淤积的损害
	养分调节	指海岸带生态系统在营养盐的储存（氮/磷/硫）和循环中的作用
	生境服务	包括为野生生物物种提供繁殖地，以保持生态和基因多样性；为具有商业价值的物种提供栖息地，维持商业性物种的收获

资料来源：彭本荣等（2015）。

第二节　海洋生态系统治理体系的理论发展与内涵特征

一、政府集权管理理论

海洋资源是一种排他性弱、排他成本高、在使用中具有竞争性的公共资源，是典型的公共池塘资源（common-pool resource）。由于资源保护者很难排除他人对保护成果的使用，往往会产生许多“搭便车者”，因此没有哪一个个体愿意单独进行资源保护，结果就产生了“公地悲剧”。搭便车的存在导致个人利益与集体利益的背离、个人理性与集体理性的背离。学者们通过“公地悲剧”“囚徒困境”和“集体行动逻辑”三个研究范式，从不同角度分析了公共资源中的“搭便车”问题，发展了政府集权管理理论，并付诸海洋治理的实践。

政府集权管理是政府通过其权威和强制力，对海洋资源进行高度集中的控制和监管的一种制度。由于海洋资源的特性决定了其产权的难以界定性，即使在承认私有制的国家也很难采取与私有产权相对应的海洋资源管理体制，大多数国家普遍采用由中央政府控制海洋资源的做法。我国海洋资源的集权管理制度是其生产资料公有制的自然延伸和体现，也是计划体制的必然结果。但政府集权管理的实践效果并不是像人们所期望的那样，海洋资源开发利用中的“公地悲剧”还是发生了，海洋资源被过度开发，海洋环境污染与生态破坏严重。人们开始探讨集权管理的替代形式或补充形式——分权管理。

二、分权管理理论

在集权管理制度下，资源保护和管理决策往往充分体现了政府集权的思想，而忽视了资源使用者（如渔民）对于海洋资源使用规则的观点和建议。分权管理就是将政府与社区组织相结合，把基于产权管理的实际要素置入一个与特定社区状况相关的规则和管制的统一体中，对海洋资源实施管理（Townsend et al.，1995）。分权管理的实施方式包括共同管理、合作制和公司制。共同管理是中央政府与地方政府共同对自然资源的利用进行管理，以地方政府控制为主的一种管理方式。作为集权管制的典型替代方案，共同管理仍然存在着管理者与被管理者脱节的弊端，致使这种管理方式的效率低下。合作制是劳动者联合，按互利原则组织生产、流通和消费的社会经济活动方式。合作制是许多地方采取的一种分权管理方案，它克服了资源管理者与资源使用者相分离引起的低效率。在我国的海洋渔业实践中，通过建立一种有权威的社会团体组织，将分散独立的小规模养殖渔民和小型股份制渔船等组织起来，减少海洋渔业生产中经济主体间的非合作博弈，甚至转变渔民间的非合作博弈为合作博弈，在一定程度上起到了养护海洋渔业资源和合理利用海域资源的作用（高健，2012）。在分权管理理论的实践中，无论是共同管理、合作制管理还是公司制分权管理都存在一个问题，即生态资源保护与经济增长的矛盾问题。长期以来，在海洋开发中，各级政府偏重追求经济增长，倚重考核经济增长指标的考核机制，缺少保护海洋资源的内生动力，而企业受利润驱动，保护海洋资源的责任意识薄弱，缺乏资源保护的主动性和积极性。

三、公共事务治理理论

公共事务治理理论强调政府及其他组织共同参与公共事务管理，共同承担治理责任。公共治理的实质是在主体多元化、方式民主化、管理协作化的基础上，形成上下互动的新型治理模式。公共事务治理理论要求政府、企业、公众和社会组织之间分享公共权力，在遵守法制、维护公共利益和尊重市场原则的基础上开展协商合作。根据公共事务治理理论，在海洋治理体系改革中，应当按照政府、企业、公众和社会组织多元共治方式，有效采取一些非管制性的政策手段，包括利用合同、协商和信息交流等方式，促成公共政策的形成、执行与发展。

美国经济学家埃莉诺·奥斯特罗姆（Elinor Ostrom）在1990年出版的《治理公共事务》（Governing the Commons：The Evolution of Institutions for Collective Action）中系统阐述了其公共事务治理理论。基本观点包括三个方面：第一，传统的分析公共事务的理论模型主要有三个，即哈丁的公地悲剧（Hardin，1968）、道斯等人的囚徒困境（Dawes et al.，1973，1975）以及奥尔森的集体行动逻辑（Olson，1965），但是这些理论模型给出的解决方案不是市场的就是政府的，而且得出的结论往往是悲观的；第二，当前解决公共事务问题的或者以政府为唯一途径或者以市场为唯一途径的方法是有问题的，仅仅在这两种途径中寻找解决方法的思路是不合理的；第三，从理论与案例的结合上提出了通过自治组织管理公共物品的新途径，但这不是唯一的途径，因为不同的事物都可以有一种以上的管理机制，关键取决于管理的效果、效益和公平。

在我国，也有类似奥斯特罗姆教授的自主组织和治理公共资源的案例。四川省平武地区是我国拥有大熊猫数量最多的地区，但是由于生态环境的碎片化，很多大熊猫只能栖息在各类保护区之内。关坝保护小区就是这样的一个管理社区，它是由社会组织和当地的村民构成的，地处几个保护小区的中间地带，也是当地不少村民的饮用水源地。关坝保护小区为保护大熊猫提供了一个很好的支持。2015 年，经四川省林业厅批复，关坝保护小区成为保护大熊猫的一个试点，由外来的组织或者企业等提供资金和技术支持，而保护区则由当地的社区组织作为主体进行治理。这就是自主治理在我国一个很好的实践案例，也为我国自然资源的治理提供了很好的借鉴意义。

北京大学的王浦劬教授也探讨了奥斯特罗姆的公共治理理论在我国森林资源的治理研究和实践过程中的有益借鉴。他提出的“社区林业”的概念特别值得关注。在社区中，当地的农户自主地组织起来，通过一定的规则，自主管理共有的资源，同时注意开展与政府的交流与互动，共享信息。这样可以充分调动当地村民的积极性，利用村民对共有资源的了解，使得决策更加科学合理，对森林资源的治理更加有效，同时也能增加当地村民和政府之间的互信，形成多层次的嵌套结构，更好地服务于森林资源的治理。如此有益的尝试说明了公共治理理论对我国自然资源的治理具有很好的借鉴意义，值得更加深入探索（崔方华，2018）。

四、现代海洋生态系统治理体系

海洋生态系统治理体系是国家治理体系在海洋生态系统保护领域的具体体现。按照公共治理理论，现代海洋生态系统治理体系可以理解为在法律规范和文化习俗的基础上，依照海洋生态系统的基本规律，调动政府、市场、社会和社区组织的积极性，运用行政、经济和社会、社区管理的多元手段，协同保护海洋生态环境的体制、制度体系及其互动合作的过程。

与传统的、以政府行政管制为主的海洋生态系统管理体系相比，一个运转良好的现代海洋生态系统治理体系具有的基本内涵和特征见表10－2。

表10－2　传统海洋生态系统管理体系与现代海洋生态系统治理体系的比较

项目	传统海洋生态系统管理体系	现代海洋生态系统治理体系
治理主体	由政府单向主导	强调发挥市场机制和社会自治的作用，政府、企业、社会共担责任、共同参与，聚焦于激发非政府主体的活力
治理手段	“命令—控制”型的行政指令；经济手段	以法治为基础，采用多元手段，形成一整套相互协调、相互配合的政策工具
治理结构	权威家长居高临下的金字塔状科层结构	多主体、多中心、“政府—市场—社会”之间形成有效互动和制衡的网状结构
治理机制	“二元对抗”，政府绝对管制	协商民主，多方互动，协调合作
治理功能	较为宽泛，在实践中通常被理解为无所不包	预防和化解由海洋生态环境问题所引发的社会矛盾，保护海洋生态系统及其服务功能的整体性和多样性，保证生态环境公共产品和服务的有效提供

我国现行的海洋生态系统治理体系是在传统计划体制下萌发的，并伴随着改革开放，特别是经济体制和行政体制的改革，以及海洋生态环境问题的日益突出而逐步形成。经过多年的发展和实践，我国初步形成了以政府为主、企业和社会组织有所参与的海洋生态系统治理格局。从政府、企业、社会和社区协同的意义上讲，现代海洋生态系统治理体系刚开始出现。

第三节　我国海洋生态系统治理实践历程

一、海洋生态系统治理的萌芽状态（1949—1977 年）

（一）法律制度安排

我国是世界上开发利用海洋最早的国家之一，对海洋的开发利用延续了千年之久，但长期以来，海洋资源的开发利用都是处于“谁发现、谁开发、谁所有、谁受益”的原始状态。传统中华文明始终是大陆文明而非海洋文明，是农业文明而非商业文明，其对于陆地农耕资源的重视程度要远远高于海洋资源。因此，国家层面对海洋生态系统的治理与防护问题较为忽视，因此也鲜有与海洋生态系统治理相关的法律法规。中华人民共和国成立以后，中央及各级人民政府开始着手海洋生物资源管理，但此时的管理措施主要是针对海洋捕捞业。1955 年 6 月，国务院发布了《关于渤海、黄海及东海机轮拖网渔业禁渔区的命令》；1957 年 3 月，水产部发布了《关于限制并逐步减少用鹭鸶捕鱼的指示》；1957 年 4 月，水产部颁布了《水产资源繁殖保护暂行条例（草案）》；1957 年 7 月，国务院颁布了《关于渤海、黄海及东海机轮拖网渔业禁渔区的命令的补充规定》；同年 7 月，水产部发布了《对渔轮入侵禁渔区的处理指示》；1962 年 4 月，水产部发布了《关于制止在浙江敲舟古作业的通知》；1962 年 7 月批转水产部制定的《渤海区对虾资源繁殖保护试行办法》等（黄硕琳、唐议，2019），所有这些都为海洋生物资源的保护创造了条件。在海洋污染防治方面，我国于 1974 年颁布了《中华人民共和国防止沿海水域污染暂行规定》。这些法规与规章标志着我国海洋生态系统的法治建设处于发展的萌芽状态。

随着 1982 年《联合国海洋法公约》的通过，海洋生态系统的保护问题终于有了国际公约的明文规定。《联合国海洋法公约》第十二部分对海洋环境的保护问题做了明确规定，除第十二部分的具体规定外，其他部分也有与海洋环境保护的相关规定，对我国的海洋环境保护起到了至关重要的影响作用，具体见表 10 – 3。

表 10 – 3　《联合国海洋法公约》对海洋生态系统保护的相关规定

具体条文	具体内容
第一九二条	各国海洋环境的保护一般义务
第一九四条	海洋环境污染防治措施
第一九九条	海洋环境污染应急计划
第二〇四条	海洋环境污染危险监测
第二〇六条	对各种活动可能的影响评价
第二一〇条	倾倒造成的海洋环境污染
第二一一条	来自船只的海洋环境污染
第二三四条	对极地冰封区域的规定
第二三五条	北极自然资源开发事项的规定
第二三七条	其他海洋环境保护的规定

资料来源：联合国相关机构网站。

（二）行政管理体制

中华人民共和国成立初期，国家海洋管理逐渐纳入国家管理体系，基层乡绅日渐式微，海洋事务以行政管制为主，没有设立专门的海洋管理机构。国家根据海洋自然资源的属性与开发产业特点，参照陆地行业管理，从中央到地方，以行业分头管理的模式，将海洋产业分门别类地与陆地上的资源开发行业进行一并管理。这一时期的海洋管理基本是陆地各种资源开发部门的管理职能向海洋领域的延伸。

海洋生物资源的管理主要由负责海洋渔业行业管理的部门负责。1950 年 12 月，渔业划归农业部，农业部下设水产处。1953 年 1 月，农业部在原水产处基础上建立水产管理总局，负责全国水产工作。1955 年 11 月，农业部所属水产管理总局划归商业部领导。1956 年 5 月，水产部成立。1957 年，水产部设立渔政司，主管全国渔政管理工作。一些沿海主要省份也建立了渔政管理机构。

但是，1970 年水产部撤销，水产业务并入农林部，保留水产局。原有的渔政机构被撤销，渔政管理工作基本停止，受“文化大革命”和极左思潮的干扰和影响，渔业生产指导思想违背客观规律，批判所谓“资源枯竭论”，错误地提出了“增船就能增产”“淡季不淡，旺季更旺”“哪里有鱼哪里捕”等口号，致使渔业管理制度被冲垮，资源受到破坏，海洋生态环境承受了巨大的人为压力。

1964 年 7 月国家海洋局正式成立，由海军部门代管。1964 年 11 月，中共中央、国务院作出《关于国家海洋局管理体制问题的批复》，海洋工作方面有关科学调查研究的方针政策、远景规划、年度计划等由国家科委管理，海军负有督促检查之责。国家海洋局的党政领导、组织编制、海上行动指挥等由海军负责。

国家海洋局的成立是我国海洋生态系统治理进程中的重要节点，

致力于将分散的、临时性的协作力量转化为一支稳定的海洋工作力量，对内和对外分别行使海洋治理职能。当时，国家海洋局的基本任务是调查、科研，以及为国民经济和国防提供资料服务。国家海洋局统筹规划，开展了一系列海洋调查，如定期海洋水文断面调查、东海大陆架调查、远海和大洋调查，以及为远程运载火箭试验而进行的太平洋特定洋区综合调查等，开创了海洋事业新局面，并提出了长远的奋斗目标——查清中国海，进军三大洋，登上南极洲（严宏谟，2018）。

二、海洋生态系统治理摸索徘徊阶段（1978—1998 年）

（一）法律制度安排

改革开放后，我国海洋生态系统治理随着经济社会的发展而不断发展，经历了单纯的污染防治阶段和污染防治与生态保护并重阶段。但是，由于对海洋生态系统及其作用并不完全了解，整个社会对海洋生态系统的保护重视程度不够，我国的海洋生态系统法治建设进入了摸索徘徊阶段。

中国政府认识到海洋环境问题的严重性以及由此带来的环境代价和社会经济成本，从 20 世纪 70 年代后期开始就把“减少环境污染和保护自然资源”作为国家政策的优先领域。20 世纪 90 年代，环境保护被列为国家的一项基本国策。1996 年颁布的《中国海洋 21 世纪议程》提出了海洋领域可持续发展的背景、目标与优先行动领域。1978 年至 1998 年，在改革开放的这二十年里，我国颁布了相当数量的海洋生态系统保护相关的法律、行政法规、部门规章、规范性文件、地方性法规以及相关标准及规范，具体见表 10 - 4。

表 10－4　1978—1998 年我国与海洋生态系统保护相关的主要法律规定

类别	名称	颁布时间
法律	《中华人民共和国宪法》	1982 年
	《中华人民共和国海洋环境保护法》	1982 年
	《中华人民共和国水污染防治法》	1984 年
	《中华人民共和国渔业法》	1986 年
	《中华人民共和国矿产资源法》	1986 年
	《中华人民共和国水法》	1988 年
	《中华人民共和国环境保护法》	1989 年
	《中华人民共和国野生动物保护法》	1989 年
	《中华人民共和国领海及毗连区法》	1992 年
	《中华人民共和国固体废物污染环境防治法》	1995 年
	《中华人民共和国专属经济区和大陆架法》	1998 年
行政法规	《中华人民共和国对外合作开采海洋石油资源条例》	1982 年
	《中华人民共和国海洋石油勘探开发环境保护管理条例》	1983 年
	《中华人民共和国海洋倾废管理条例》	1985 年
	《中华人民共和国防治拆船污染环境管理条例》	1988 年
	《中华人民共和国防治海岸工程建设项目污染损害海洋环境管理条例》	1990 年
	《中华人民共和国防止陆源污染物污染损害海洋环境管理条例》	1990 年
部门规章	《海洋石油勘探开发环境保护管理条例实施办法》	1990 年
	《海洋倾废管理条例实施办法》	1990 年
	《疏浚物海洋倾倒分类和评价程序》	1992 年
	《海洋自然保护区管理办法》	1995 年
	《海洋标准化管理规定》	1997 年
其他	《全国海洋开发规划》	1995 年
	《中国海洋 21 世纪议程》	1996 年
	《中国海洋事业的发展》	1998 年

资料来源：李龙飞（2019）。

1982 年颁布的《中华人民共和国海洋环境保护法》是在海洋生态与海洋环境保护领域的基础性法律，对我国的海洋生态保护与污染防治起到了至关重要的保护作用。在此时期，我国海洋生态系统治理立法主要呈现出以下特点：首先，相关法律法规体现出重近海污染防治的观念，比较关注石油勘探开发和陆源污染，较为忽视深海海洋污染问题；在海洋动植物资源保护方面，国务院于 1979 年颁布了《水产资源繁殖保护条例》，同年国家水产总局颁布了《渔业许可证若干问题的暂行规定》。1986 年颁布的《中华人民共和国渔业法》明确规定了捕捞许可制度。1989 年，农业部根据《中华人民共和国渔业法》及其实施细则的规定，制定并颁布了《捕捞许可证管理办法》，对在中国管辖水域内捕捞许可制度做了具体规定。一般来说，捕捞许可证的发放是以渔业资源的状况为先决条件的，根据渔业资源的生物量和可捕量来确定捕捞许可证的发放数量。而中国的捕捞许可制度在执行中往往不注重这一先决条件，因此捕捞许可制度在渔业资源养护方面起到的作用是十分有限的。其次，虽然与海洋环境保护相关的法律法规数量较多，但是有的法律法规仅仅以个别条文的形式对海洋环境及生态保护做了规定，内容不够具体详细。最后，大部分与海洋环境保护相关的法律法规在执行方面并不乐观，对海洋环境及海洋生态没有起到真正的保护作用，并不利于海洋环境的改善与发展。

（二）行政管理体制

1978 年，党的十一届三中全会决定“把全党的工作重心转移到经济建设上来”。在此背景下，1980 年 9 月 20 日，国务院、中央军委决定：从 1980 年 10 月 1 日起，国家海洋局改由国家科委代管，并明确规定国家海洋局是国务院管理全国海洋工作的职能部门。

1982 年 5 月，全国人大常委会决定将农业部、农垦部、国家水产总局合并设立农牧渔业部。1988 年 4 月，农牧渔业部改名为农业部，内设渔政渔港监督管理局和渔船检验局。1989 年 5 月，农业部机构改革，水产局改为水产司，保留渔政渔港监督管理局。1983 年 9 月，国务院批准将环渤海、东海和南海三个海区渔业指挥部的领导关系划归农牧渔业部，三个海区渔业指挥部工作重点转为渔政管理，组建渔政船队，海区渔业指挥部办公室加挂海区渔政分局的牌子（1990 年改名为海区渔政局），并在沿海若干个重要港口设立渔政管理站。

1982 年，国务院机构改革决定，国家海洋局为国务院直属局，由国务院领导，国家科委不再代管。国家海洋局的职能由此开始转变，主要任务和职责是：负责组织协调有关海洋工作，并组织实施海洋调查、海洋科学研究、海洋管理和服务工作，为国民经济和国防建设服务。1982 年 8 月，全国人大常委会通过的《中华人民共和国海洋环境保护法》赋予国家海洋局“负责海上巡航监测、监视管理”的职责。国家海洋局于 1983 年组建“中国海监”队伍，开始在我国管辖海域巡航执法。

1987 年底，国务院开始新一轮机构改革，对国家海洋局职能和职责进行了重大调整和加强。1988 年 10 月，国务院确定国家海洋局“三定”方案，规定国家海洋局是国务院管理海洋事务的职能部门，主要职能是：综合管理我国管辖海域，实施海洋检测监视，维护我国海洋权益，协调海洋资源合理开发利用，保护海洋环境，会同有关部门建设和管理海洋公共事业及其基础设施。

这次机构改革明确赋予国家海洋局综合管理我国管辖海域和维护我国海洋权益的职责，具有历史性意义，国家海洋局由事业机构转变为行政管理机构。根据国家颁布的海洋法规和国务院赋予国家海洋局的职责，国家海洋局强化了“中国海监”队伍的职责，增加了海监船只和装备，担负起综合管理我国管辖海域的职责。

为了完善海洋工作体制，1986 年国家海洋局建议沿海地区人民政府设立海洋行政管理机构。截至1991年，沿海省、自治区、直辖市和计划单列市全部成立了海洋局（厅或处）。经国务院批准，1992年召开了首届全国海洋局长会议，讨论并部署了全国海洋工作，标志着中央与地方相结合的海洋工作管理体制形成。

1993年下半年，国务院又一轮机构改革开始。改革方案提出，国务院要减少直属机构，国家海洋局在列，国家海洋局为国家科委管理的国家局（副部级）。

这一阶段，国家行政机构经历了分权改革、精简机构和转变职能等一系列改革。虽然在部分时期内的改革重点或有不同，但在总体方向上有了“分权化”的特征。在海洋治理领域，从前高度集中的海洋管制权越来越多地被下放至地方海洋行政部门，省—市—县/区三级都成立了相应的海洋管理机构，地方海洋行政组织拥有更多的地方性海洋事务治理权和自由裁量权，中央与地方海洋行政职能界限逐渐清晰，垂直海洋行政体系不断完善（李莹，2018）。1998年国务院机构改革，将国家海洋局作为国土资源部的部管国家局。

这一阶段，我国摸索建成了统一管理与分层管理、海洋综合管理与行业管理相结合的海洋管理体制。国家海洋局作为最高海洋行政管理组织，拥有海洋领域最高职权，统领国家海洋治理工作，对外维护国家海洋权利，对内调控国家海洋治理。而每一个沿海省、区、市及计划单列市和沿海县市都建立了海洋管理职能部门，承担着当地的海洋综合管理任务。但是，我国的海洋生态系统治理体系并没有完全理顺。海洋生物是整个生态系统的重要组成部分，而我国海洋管理体制中，海洋生物及依赖于海洋生物的海洋渔业的治理归农牧渔业部（农业部）及其所属的渔政部门。海洋生态系统的治理存在如何综合治理、涉海各部门如何协调的问题。

三、海洋生态系统治理变革阶段（1999—2011 年）

（一）法律制度安排

1999 年是我国海洋生态系统法治建设的重要转折点，我国的海洋生态系统治理的法律制度安排步入变革阶段。

随着我国经济与社会的不断发展，也出于对海洋生态系统治理认识的不断深化，1999 年全国人大对 1982 年出台的《中华人民共和国海洋环境保护法》进行了修订。修订后的法律在海洋环境的监督与管理、海洋生态的保护与改善、海洋环境污染的治理等方面都发挥着至关重要的作用。

到 21 世纪初，已经颁布实施了包括水环境、水资源、海洋环境、渔业、港口航运、生物多样性、海洋权益等在内的相对完整的法律体系（见表 10－5）。此外，此前生效的多部法律法规也经历了不同程度的修

表 10－5　1999—2011 年我国与海洋生态系统治理相关的主要法律规定

类别	名称	颁布时间
法律	《中华人民共和国海域使用管理法》	2001 年
	《中华人民共和国环境影响评价法》	2002 年
	《中华人民共和国港口法》	2003 年
	《中华人民共和国可再生能源法》	2005 年
	《中华人民共和国循环经济促进法》	2008 年
	《中华人民共和国海岛保护法》	2009 年
行政法规	《中华人民共和国野生植物保护条例》	1999 年
	《防治海洋工程建设项目污染损害海洋环境管理条例》	2006 年
	《防治船舶污染海洋环境管理条例》	2009 年

续表

类别	名称	颁布时间
部门规章	《海洋预报业务管理暂行规定》	1999 年
	《船舶安全营运和防止污染管理规则（试行）》	2001 年
	《海洋行政处罚实施办法》	2002 年
	《倾倒区管理暂行规定》	2003 年
	《国家自然保护区监督检查办法》	2006 年
	《海洋工程环境影响评价管理规定》	2008 年
	《海洋特别保护区管理办法》	2010 年
	《围填海计划管理办法》	2011 年
其他	《全国海洋功能区划》	2002 年
	《全国海洋经济发展规划纲要》	2003 年
	《全国海洋经济发展“十二五”规划》	2010 年

资料来源：李龙飞（2019）。

改完善。我国于 1999 年及 2004 年对《中华人民共和国宪法》进行了修订，1999 年对《中华人民共和国海洋环境保护法》进行了修订，1996 年及 2008 年对《中华人民共和国水污染防治法》进行了修订，2000 年、2004 年及 2009 年对《中华人民共和国渔业法》进行了不同程度的修订，1996 年对《中华人民共和国矿产资源法》进行了修订，2002 年对《中华人民共和国水法》进行了修订，2004 年及 2009 年对《中华人民共和国野生动物保护法》进行了修订，2004 年对《中华人民共和国固体废物污染环境防治法》进行了修订等。

在该阶段，我国的海洋生态系统治理进入改革发展时期，海洋环境保护方面的立法与修订不断加速，海洋环境与生态保护成就也不断显现。这一阶段的发展特点表现为：海洋环境立法较为全面，在海洋主权、海洋环境与生态保护、海洋的规划与利用、海洋资源的开发与保护、海洋水质的监督管理、海洋动植物的保护、生物多样性的保护以及各种对海洋污染源的防治等方面都有相应的立法，这些与海洋环境及生态保护息息相关的法律法规逐渐构成了我国海洋生态系统治理的法律体系。

（二）行政管理体制

为适应新的国际海洋管理制度和国内渔业统一综合执法的需要，经国务院中央机构编制委员会办公室批准，2000 年 5 月中国渔政指挥中心成立，代表农业部专职全国渔业行政执法的指挥协调。

1998 年国务院机构改革时，根据第九届全国人大批准的方案，设置国家海洋局，由国土资源部管理监督管理，职能包括海域使用和海洋环境保护、依法维护海洋权益、组织海洋科技研究等。在此次机构改革中，国家海洋局将各分局的海监大队和局机关船舶飞机调度指挥中心整合，成立了中国海监总队，其主要职责是依照国家海洋法规，对我国管辖海域实施巡航监视管理，对侵犯海洋权益、非法使用海域、损害海洋环境和资源、破坏海上设施等违法行为进行查处。在海洋生态系统治理发展阶段，国家海洋局的领导体制一直是国土资源部管理的国家局。

四、海洋生态系统治理改革深化阶段（2012—2018 年）

（一）法律制度安排

2012 年是我国海洋生态系统法治改革发展具有突破性的一年，党的十八大创造性地提出了保护海洋生态、发展海洋经济、维护海洋权益的海洋强国战略，这标志着我国对海洋环境与海洋生态的关注力度上升到了新的高度。2013 年，习近平总书记又提出了“一带一路”倡议，再一次强调了海洋强国的重要意义。

我国的海洋生态系统保护立法也随之深入发展。《海洋观测预报管理条例》（2012 年）、《海洋生态文明示范区建设管理暂行办法》（2012 年）、《海洋生态损害国家损失索赔办法》（2014 年）、《中华人民共和国防治船舶污染内河水域环境管理规定》（2015 年）、《中华人民共和国深海海底区域资源勘探开发法》（2016 年）等相关法律法规进一步体现了我国海洋强国战略以及"一带一路"倡议。该时期内，我国对多部法律法规进行了修订，其中包括《中华人民共和国对外合作开采海洋石油资源条例》（2013 年修订）、《防治船舶污染海洋环境管理条例》（2013 年、2014 年、2016 年修订）、《中华人民共和国渔业法》（2013 年修订）、《中华人民共和国固体废物污染环境防治法》（2015 年修订）、《防治拆船污染环境管理条例》（2016 年修订），详情见表 10－6。

表 10－6　2012—2018 年我国与海洋生态系统治理相关的主要法律规定

类别	名称	颁布时间
法律	《中华人民共和国深海海底区域资源勘探开发法》	2016 年
	《中华人民共和国大气污染防治法》	2016 年
行政法规	《海洋观测预报管理条例》	2012 年
部门规章	《船舶油污损害赔偿基金征收使用管理办法》	2012 年
	《海洋生态文明示范区建设管理暂行办法》	2012 年
	《湿地保护管理规定》	2013 年
	《船舶油污损害赔偿基金征收使用管理办法实施细则》	2014 年
	《海洋生态损害国家损失索赔办法》	2014 年
	《中华人民共和国防治船舶污染内河水域环境管理规定》	2015 年

续表

类别	名称	颁布时间
其他	《海洋生态文明示范区建设指标体系（试行）》	2013 年
	《国家级海洋保护区规范化建设与管理指南》	2014 年
	《海洋油气勘探开发工程环境影响评价技术规范》	2014 年
	《海洋垃圾监测与评价技术规程（试行）》	2015 年
	《海水质量状况评价技术规程（试行）》	2015 年

资料来源：李龙飞（2019）。

2013 年，国务院提出以邓小平理论、“三个代表”重要思想、科学发展观为指导，深入贯彻落实党的十八大精神，坚定不移地建设海洋强国，以加快转变海洋渔业发展方式为主线，坚持生态优先、养捕结合和控制近海、拓展外海、发展远洋的生产方针，着力加强海洋渔业资源和生态环境保护，不断提升海洋渔业可持续发展能力；着力调整海洋渔业生产结构和布局，加快建设现代渔业产业体系；着力提高海洋渔业设施装备水平、组织化程度和管理水平，不断提高海洋渔业综合生产能力、抗风险能力和国际竞争力；着力加强渔村建设和优化渔民就业结构，切实保障和改善民生（严宏谟，2018）。海洋渔业政策的转变使海洋捕捞业的目标从提高捕捞产量向渔业资源和生态环境养护转变，加速向持续健康的方向发展。

2017 年，经国务院批准，农业部宣布捕捞产量、渔船数和渔船总功率负增长的计划；实施海洋渔业资源总量管理——根据海洋渔业资源状况，对年捕捞产量实行限额管理；实施海洋渔船双控管理——控制海洋捕捞渔船数量和功率总量实现零增长或负增长；延长伏季休渔时间，扩大休渔范围（李莹，2018）。这一渔业政策明确了我国海洋渔业管理历史上第一次针对海洋捕捞产量和渔船数量功率所提出的削减指标，给我国近海海洋生物多样性和海洋生态系统提供喘息和恢复空间。

我国对《中华人民共和国海洋环境保护法》也进行了修订（2014年、2017年）。与以往不同的是，这两次修订在内容上更加全面具体，在法律责任上也更加详细明确，更加注重对海洋环境与海洋生态的监督与保护，加大了对各种污染损害的防治（包括对陆源污染物、海岸工程建设项目、海洋工程建设项目、倾倒废弃物、船舶及相关作业活动对海洋环境的污染损害的防治）。我国加入了一系列与海洋环境保护相关的国际公约，也制定了众多与海洋环境保护相关的法律法规及相关文件，遵循了可持续发展原则与绿色发展原则，力求我国的海洋环境与生态保护工作与时俱进。我国的海洋生态系统保护法律法规主要包括：防治陆源污染的法律制度、防治海洋工程污染的法律制度、防治倾倒污染的法律制度、防治船舶污染的法律制度、海洋生物保护的法律制度、海洋生态保护的法律制度以及对海洋水下文化遗产的保护法律制度。我国的海洋生态文明法律制度主要包括海洋生态红线制度、海域海岛有偿使用制度、海洋生态补偿制度、国家海洋督查制度等。

我国已经形成了以《中华人民共和国宪法》为根据，以《中华人民共和国环境保护法》为基础，以《中华人民共和国海洋环境保护法》为主体，以海洋环境保护行政法规、地方性法规、地方政府规章和海洋环境标准为补充的一套海洋生态系统治理法律体系（彭本荣等，2015）。

在我国海洋生态系统治理法律制度的总体指导下，各省份不断推动本地区的海洋生态系统立法建设，包括青岛、舟山、宁波在内的多个地区的海洋环境立法都体现了其地区特色，在贯彻我国《海洋环境保护法》的同时，也体现了因地制宜与多措并举的治理理念，对我国的海洋环境法治建设起到了至关重要的作用。党的十八大以来，我国深入贯彻习近平总书记的生态文明战略构想，不断建立健全海洋环境保护法律体系，强化海洋生态保护，统筹推进综合治理，实现了沿海地区的环保督查全覆盖，并持续开展“碧海”专项执法行动，在海洋环境保护方面取得了突出成效。但是，从总体的实行效果来看，我国的海洋生态系统法治建设并不尽如人意，海洋生态文明法律体系建设只能说是初具雏形，离真正实现海洋强国战略目标还有很长的路要走。

（二）行政管理体制

2013年3月，全国人民代表大会第十二届一次会议决定开展海洋管理体制改革，重新组建国家海洋局，将国家海洋局及其中国海监、公安部边防海警、农业部中国渔政、海关总署海上缉私警察的队伍和职责整合，重建国家海洋局，以中国海警局名义开展海洋维权执法。至此，农业部所属中国渔政指挥中心及黄渤海、东海、南海区渔政局并入国家海洋局（中国海警局），参与的重组筹备工作，海区渔政局基本停止运行，禁渔区线外的渔业执法和维权工作由中国海警承担。

重组后的国家海洋局的主要职责是：拟订海洋发展规划，实施海上维权执法，监督管理海域使用、海洋环境保护等。国家海洋局以中国海警局的名义开展海上维权执法，接受公安部业务指导。同时，国务院机构改革和职能转变方案提出，设立高层次议事协调机构国家海洋委员会，负责研究制定国家海洋发展战略，统筹协调海洋重大事项，具体工作由国家海洋局承担。2013年7月经国务院批准的国家海洋局“三定”方案规定：国家海洋局将加强海洋综合管理、生态环境保护，加强海上维权执法，统一规划、统一建设、统一管理、统一指挥中国海警队伍，维护海洋秩序和海洋权益。

历经数次改革和重组，我国海洋综合治理能力得到了提升，海上综合执法取得了突破，也逐渐融入国际海洋治理变革的潮流。

在纵向海洋管理层次上，主要分为国家—海区—地方三级，形成国务院统筹管理、地方人民政府辅助管理的垂直结构。其中，在黄渤海设立北海分局，东海设立东海分局，南海设立南海分局。16个省（区、市）中，有 12 个采取海洋与渔业管理相结合的管理模式，3 个省（区、市）——河北省、天津市和广西壮族自治区采取国土资源管理机构模式，1 个市（上海市）采取专职海洋行政管理模式。

中央—地方海洋治理职能的界限在行政层级的指引下逐渐清晰。中央在经济事务上的职能缩小，在宏观统筹的职能上扩大，而地方拥有更多的事权和财权。从总体上说，下层的海洋行政管理组织在海洋事务管理权上，受上级海洋行政管理组织的指导和分配，基本是上级职能的地方化和具体化；在组织机构的财权和人事权上，很大程度受到地方政府的限制，人事调配和运转资金基本由地方政府统一执行（李莹，2018）。

这一阶段的分权化改革只是实现了海洋行政体制内部的分权，已有体系内的海洋治理模式仍是集中式的、自上而下的。治理主体也依然是海洋行政部门及其公务人员为主，民间力量极少参与。海洋治理领域聚焦于海洋环境、海域管理、海洋渔业和涉海产业等海洋直接关联的小范围，除了维护海洋国土安全以外，基本以实现海洋经济利益为主要治理目标。

五、海洋生态系统治理新时代（2018 年至今）

2018 年以来，习近平总书记多次就海洋生态环境保护提出重要论述、作出重要批示。2018 年 3 月 8 日，在参加十三届全国人大一次会议山东代表团审议时，习总书记强调“海洋是高质量发展战略要地。要加快建设世界一流的海洋港口、完善的现代海洋产业体系、绿色可持续的海洋生态环境，为海洋强国建设作出贡献”。2019 年 4 月，在集体会见应邀出席中国人民解放军海军成立 70 周年多国海军活动的外方代表团团长时，他指出“海洋孕育了生命、联通了世界、促进了发展”，提出了“海洋命运共同体”的重要理念；10 月，在致 2019 年中国海洋经济博览会的贺信中强调，“要高度重视海洋生态文明建设，加强海洋环境污染防治，保护海洋生物多样性，实现海洋资源有序开发利用，为子孙后代留下一片碧海蓝天”。新时代海洋治理的特征主要体现在：确立科学长远的海洋治理目标（王琪，2015）；重建大众认可的海洋价值观；吸纳先进有效的海洋治理手段（刘芳，2008；王印红、渠蒙蒙，2015）；此外，还包括构建多元主体间有序的协调互动关系（黄任望，2014；俞越鸿，2015）。

（一）法律制度安排

这一时期海洋生态环境保护法律顶层设计工作有序推进。《中华人民共和国海洋环境保护法》和《“十四五”全国海洋生态环境保护规划》前期研究有序展开，《中华人民共和国海洋石油勘探开发环境保护管理条例（修改草案）》报请国务院审定。

《中华人民共和国海洋环境保护法》修订多次，但大多是对个别条款的调整。2018 年新一轮机构改革之后，我国海洋生态环境保护管理体制机制发生了重大变化。全国人大常委会开展了海洋环境保护法执法检查，对解决法律实施中存在的问题提出了明确要求，对《中华人民共和国海洋环境保护法》及配套条例提出修订原则：

一是坚持保护优先，以改善海洋生态环境质量为核心，强化生态环境监管，加强生态保护，维护生态安全；二是坚持陆海统筹，落实陆海统筹、以海定陆理念，完善海域与陆域、流域的协调联动机制，强化陆源污染治理；三是强化问题导向，针对海洋污染防治、生态保护、环境风险等方面的突出问题，厘清相关主管部门、地方党委政府和企业责任，提高法律的针对性和震慑力；四是注重改革创新，充分反映生态文明体制改革和机构改革的新理念新成果，落实“放管服”改革要求，创新和完善制度抓手；五是完善治理体系，充分调动政府、企业、公众参与海洋生态环境保护的积极性，努力构建海洋生态环境保护共治格局；六是做好法律衔接，强化与《中华人民共和国环境保护法》《中华人民共和国水污染防治法》等法律的衔接，处理好与《中华人民共和国海域使用管理法》等海洋相关法律之间的关系。

（二）行政管理体制

随着2018年新一轮国务院机构改革的推进，原国家海洋局被“分解”成三大块，主体并入新组建的自然资源部，环保职能并入生态环境部，海警编入武警序列（史春林、马文婷，2019），见表10－7。将海洋环境保护职责整合到新组建的生态环境部，这是以习近平同志为核心的党中央立足新时代增强陆海污染防治协同性和生态环境保护整体性作出的重大决策部署。至此，中国海洋生态系统治理模式进入一个新时代。

表10－7　　　海洋生态系统治理相关行政管理部门及分工

部门	涉及海洋生态系统治理的相关职责
自然资源部	海洋生态、海域海岸线和海岛修复，监督实施海洋战略规划和发展海洋经济，海洋开发利用和保护的监督管理，组织拟订并实施海洋自然资源年度利用计划，土地、海域、海岛等国土空间用途转用工作，土地征收征用管理
生态环境部	海洋生态环境监测、监督执法，统筹协调国家重点区域、流域、海域生态环境保护工作，组织制定陆地和海洋各类污染物排放总量控制、排污许可证制度并监督实施，确定大气、水、海洋等纳污能力，提出实施总量控制的污染物名称和控制指标，负责环海洋环境污染防治的监督管理，协调和监督海洋生态保护修复工作
交通运输部	负责中央管理水域水上交通安全事故、船舶及相关水上设施污染事故的应急处置，依法组织或参与事故调查处理工作；牵头组织编制国家海上搜救和重大海上溢油应急处置预案并组织实施，承担组织、协调、指挥重大海上人命搜救、重大海上溢油、船舶污染事故和重要通航水域清障等应急处置工作；指导地方水上交通安全监管工作
农业农村部	负责种渔业产业的监督管理，双多边渔业谈判和履约工作，远洋渔业管理和渔政渔港监督管理，指导农用地、渔业水域以及农业生物物种资源的保护与管理，负责水生野生动植物保护

资料来源：根据相关部委网站信息整理。

海洋生态保护。在海洋生态保护领域，自然资源部的组建，除了统一林、草、土地、水等生态资源的所有权人，也明确了这些生态要素的整体性，解决了空间规划重叠的问题。此后，海洋生态保护区的划分、海洋生态红线的设定等，作为海洋空间规划的内容，都将在这一新的管理格局下展开。如此可避免此前各部门争相划定各自保护地的“圈地”局面，也避免了政出多门。原本归国家海洋局管理的海洋保护区大多包含滨海湿地的部分，而湿地同时又是原国家林业局的管辖范围，因此常存在同一片空间有两个甚至多个“主”的情况。此后，这一局面将改变。在机构改革之后，自然资源部下新组建的国家林业和草原局（在原国家林业局基础上发展而来）及其下属的国家公园管理局（负责各类自然保护地的管理）均有可能成为海洋生态保护区的具体管理机构。

海洋环境污染治理。新的生态环境部是在原来环保部的基础上组建的。除了纳入环保部的所有职能，该部门还纳入了包括国家海洋局在内另外六个部门的环保相关职能。自此，打通了海洋和陆地的管理通道，陆源污染入海的治理不必再跨部门协调。以海洋塑料垃圾为例。在陆海管理联通之前，海洋塑料垃圾一直是海洋局的研究和管理对象，但是海洋里的塑料很大部分来自陆地，而中国海域监测发现超八成垃圾为塑料。这些本该在陆地解决的问题，今后有机会与岸上协调治理。

渔业监管。作为海洋环境领域重要议题的渔业，一直在农业部的渔业渔政局管理范围内，在此次部门调整中受到的影响不大，渔政局下属的渔船检验和监督管理职能将转给交通运输部水运司。

船舶污染治理。目前中国海事局仍具有海上设施与船舶污染防治职能，面临着与2018年新成立的生态环境部的污染防治职能交叉重叠问题，因此将来会把中国海事局的船舶污染防治的职责归并到生态环境部，实现对海洋污染问题进行统一治理。

第四节　我国现行海洋生态治理体系面临的问题

一、海洋生态治理体系构建问题

从前面的描述可以知道，我国实行的是以政府为主、企业和社会组织有所参与的海洋生态系统治理格局。在实际执行过程中，政府处于绝对的主导地位，而其他参与治理的主体实际上参与机会不多或基本没有话语权，治理的成效与其他主体的直接利益没有直接的关联。在这样的治理体系下，除政府部门外，其他主体缺乏积极性或内生动力去参与海洋生态治理。即使是在政府内部，由于分工的不同，不同的政府部门主导着相应海洋领域的治理，相应的治理理念也有很大的不同。如何促进综合的、跨部门的海洋生态治理，能否在决策过程中协调、合作，直接影响到海洋生态治理的成效。

从海洋执法体系来说，目前基本上由进入武警序列的中国海警承担了海洋维权与海洋秩序维护的各项执法任务。中国海警面临着管辖范围广、沉重而又艰巨的海上执法任务。单单从海洋生物方面着眼，既要维护我国专属经济区内的渔业生产秩序，又要行使和维护我国在专属经济区的主权权利和管辖权，保证海洋资源的可持续发展；既承担了保证我国渔船遵守国际公约的履约能力的任务，又要争取和维护我国公海渔业权益。要完成海洋生物资源执法任务，执法队伍必须满足一些最基本的要求。首先，执法队伍的人员素质必须能满足国内和国际执法的需要。不仅要了解渔业资源的基本情况，也要了解渔具渔机及捕捞方法的情况，至少要对国内、国际重要捕捞对象、主要渔具渔法、作业原理、禁捕对象、禁用渔具、禁捕季节等有比较清晰的了解。其次，执法人员不仅要了解和掌握国内的相关法律规定，也要了解国际和合作国家的法律规定，如有关《联合国海洋法公约》的基本规定，有关公海渔业制度的基本规定等。就这方面来看，我国的海洋执法能力建设任重道远，而如何吸引更多的主体参与或协助海洋执法，是提升海洋执法能力的重要环节。

治理体系的构建要点有：一是在政府层面，建立一个各部门之上的海洋生态治理决策与协调机构，最大限度排除各部门利益的干扰，真正从海洋大生态系统维护与可持续发展的角度进行决策；二是应当吸纳企业、科研机构、执法机构、社区组织、其他利益相关方最大限度地有效参与，提高治理决策的科学性和可执行性；三是涉海社区组织或行业组织参与海洋治理的潜力是巨大的，关键是要把社区组织或行业组织的自治机制纳入海洋治理体系，并要给予这些自治组织一定的资源支配权，使其具有管理上的权属基础（马彩云、唐议，2020）。

在我国治理体系的改革中，一个总体趋势是要使市场在资源配置中起决定性作用。对于海洋生物资源和海洋生态治理来说，遵循的不仅仅是市场规律，更重要的是遵循生物学和生态学规律，受自然生态规律的制约。举例来说，海洋生物资源的再生能力是有限度的，人类对海洋生物资源的利用必须限制在资源的再生能力范围内，才能避免资源被过度开发利用，确保可持续发展。海洋治理不仅要考虑生产、社会需求，更重要的是要考虑海洋生物资源保护和海洋生态环境维护的需要；不仅要考虑近期的利益，更重要的是着眼于人类的长远利益；不仅要考虑当代人的福祉，还要考虑子孙后代的福祉。这些都是市场作用无法达到的。

海洋治理是一项涉及诸多方面的复杂而艰巨的巨大工程，必须以全社会的海洋保护意识为基础。前面提及，中华文明是传统的农耕文明，与发达的海洋国家相比，我国的海洋意识还相对比较淡薄，中华民族的海洋观念还比较薄弱。因此，如何加强国民的海洋教育，如何增强国民的海洋保护意识，是构建海洋治理体系的重要环节。

二、重要法律规范缺位，体系不健全

第一，整个海洋法律体系中缺少上位法，尽管《海洋基本法》在2015 年就已被列入立法计划当中，但目前我国海洋管理上适用的仍然是分散于各部门法中的相关规定，而且大部分是陆地相关法律法规向海洋的延伸。由于海洋具有其区别于陆地的特性，直接将陆地法延伸至海洋就会出现有些规定不能适用或者出现法律空白等问题。

第二，海洋生态系统领域产权制度不健全，政府针对海洋资源的公共管理职能同海洋资源资产市场的运营机制尚未明确区分；政府和市场定位不清，仍然采用计划经济体制的管理手段和措施，过于依赖项目行政审批、行政指标分配和行政指标考核。

第三，法律法规中存在着内容不全面的问题。法律责任体系不够严格完整，责任追究不能严格到位，海洋生态领域违法常态化。以《中华人民共和国渔业法》为例，当中就存在法律主体缺失的问题，即渔民不是法律主体。《中华人民共和国海域使用法》对海洋权属的规定未充分体现渔民这一群体的生存要求，这必然导致渔业捕捞强度失控、渔民权益得不到法律保障的局面（秦曼，2017）。

第四，海上执法力量的主体资格及权限界定的法律缺失，造成执法主体不明确，授权不明确，行业矛盾、部门纠纷和权属之争在执法工作中经常发生。

例如，我国海洋管理体制中高层次的海洋协调机构——国家海洋委员会，自成立至今并没有明晰其具体职责，只有笼统的规定，其具体职责由国家海洋局承担。这样导致国家海洋局既是海洋事务管理机构又是海洋事务协调机构，不利于权力制衡，可能导致国家海洋局的权力滥用。

三、法律制度规划性不强，法律之间协调性弱，可操作性不强

目前，很多关于海洋生态系统治理的法律规定滞后于社会主义市场经济发展。立法机关出台的关于海洋资源养护与管理法律法规往往滞后于现实中出现的新问题，部分立法的应急性比较强，属形势所迫、临时动议。随着国内外形势不断变化，其不足也逐渐显现出来，甚至造成了某种被动局面，指导性和规划性不强。

我国在海洋资源治理方面的基础性理论研究较薄弱，涉及海洋资源养护与管理的法律法规散见于法律、行政法规、部门规章及国际公约，立法部门间缺乏协调沟通，造成法律法规之间缺乏统一协调性。法律制度构建上重规划、评价和审批，轻过程和后果的管理监督，用规划、评价和审批代替监督管理。注重实体规定，而适用于海洋资源保护的程序性立法不足，法律实施的配套规范不健全，条款中实体性条款与程序性条款不成比例，为法律法规的操作落实带来困难。

四、利益冲突导致统一领导与分级管理模式难以形成合力

在海洋生态系统治理中，国家的利益诉求主要在于其要维护海洋权益，维护海洋生态；而地方的利益诉求在于追求海洋经济发展，促进本区域发展；不同区域之间、不同涉海主体之间的利益要求差异较大，因此彼此间存在矛盾冲突。

以渔业资源为例，根据《中华人民共和国渔业法》，地方渔业行政主管部门在行政管理上受地方政府管辖，同时接受上级渔业行政主管部门的业务指导。所以，实际上地方的渔业主管部门主要听从当地政府指挥。当某些地方领导为了获取短期利益而作出错误决策的时候，执法人员服从于“长官意志”，会造成渔业资源管理的失控。由于长期的捕捞过度和水生环境的损害，我国主要鱼类产卵场退化，渔业资源日趋衰退。修复渔业资源和水生生态环境的必要性十分突出。

引入渔业权制度是中国近海渔业管理的重要方向。国际上对基于权利的渔业管理十分重视，联合国粮食和农业组织每年都组织开展这方面的研讨。在中国，引入渔业权制度将激励广大渔民保护海洋渔业水域、保护海洋渔业资源的内在动力，无疑对确保捕捞渔民和养殖渔民的合法权益和水产养殖的发展空间，提升海洋生物资源管理的效率大有好处。但是，如何构建具有中国特色的渔业权制度，需要加大研究的力度。根据其他国家或地区的经验，渔业权制度的实施需要渔民组织作为重要的载体，因此，我国还应把培育具有自我组织管理职能的渔民组织作为一个重要的渔业管理任务（黄硕琳、唐议，2019）。

五、海洋管理部门职能交叉，权责不清

长期以来，我国采用的是“条条管理为主，条块结合”的海洋管理体制。由于海洋法律法规中尚未明确各管理部门的职权和层级划分，因此海洋资源治理过程中存在管理混乱、职能交叉和职能空缺的状况，导致管理成本高且效率低。

目前，我国实行的是国家海洋局与地方分级管理的海洋治理模式，分为国家、海区和地方三级管理。这就导致我国目前的海洋治理存在两个治理主体，一个是自然资源部国家海洋局及其下属的三个海洋分局，

另一个是归属于各级地方政府管理的海洋局。除此之外，各地的海洋局和海事局之间也存在职能交叉问题。我国现行的海上执法主体有中国人民武警部队领导指挥的海警局和交通运输部下属的海事局。目前，我国尚未出台相应的法律法规对这两个海上执法主体的权责划分进行明确，这二者也存在职能交叉问题。

六、片面强调行政手段，经济激励手段远远不够

在海洋生态系统治理的过程中，受制于长期以来形成的思维惯性，我国一般倾向于使用和依赖政府，而非市场的力量。在海洋生态系统治理体系中，处理好政府和市场的关系，对我国而言仍是巨大的挑战。

由于未形成各种海洋资源的资产管理制度，对公益性和商业性资源的界定不够明晰，监管不够严格，导致一方面，对完全可以纳入市场交易的各种商业性资源仍然采用行政审批等管理手段，如对渔业资源采用捕捞许可证的方式无偿出让，对海域价格采用政府定价的方式；另一方面，热衷于对公共性、公益性海洋生态环境资源实行商业性经营，过度追求部门和地方资源收益，忽视其公益绩效和目标（中国科学院可持续发展战略研究组，2015）。

在海洋生态系统治理过程中，行政手段和措施使用得多，市场调节、社会管理的手段和措施应用得少，没有形成良好的公共治理结构所需要的制度体系。在实际操作中，以行政规划、行政许可、行政检查、行政强制等为主的行政管制制度和措施占有压倒性地位和作用，价格、税收、财政、信贷、收费、保险等方法运用得较少，对市场主体的调节、影响和规范作用较小。目前，海洋生态治理的经济手段主要有海域使用金、海洋工程排污收费制度、海洋倾废收费制度和海洋生态补偿。这当中有的制度措施已经滞后于海洋生态系统的开发利用水平，而海洋

生态补偿与赔偿方面甚至还没有出台专门的法律法规。现行的经济激励手段基本只是起到了筹集政府财政收入的作用，而在调解海洋生态系统利用行为方面的作用微不足道。

七、政治资源分配不公，多元协同治理理念流于形式

中国的海洋资源管理制度始终是命令与控制式管理制度，属于政府主导的管理范式。参与海洋事务管理的权力只为少数主体所享有，其他大部分主体在政治资源分配中处于劣势，在海洋公共治理中几乎没有话语权。而在这少部分海洋治权持有者中，又以政府官员、资本持有者或是领域内精英学者为主。政府层面官员是国家集中式治理的代言人，而他们所了解到的信息很多是间接得到的社会调查统计数据或是其他领域的经验借鉴，即使通过一定的调研活动作为参考，对于海洋基层治理的实际情况的了解依旧有限，由此制定的海洋治理决策不一定能真正反映大多数群体尤其是基层群众的海洋利益诉求。无论在法律和政策的制定过程中，还是执行过程中，政府都处于绝对主导地位，其他利益相关者则处于被动服从和被管理地位。

《中华人民共和国环境保护法》第五章明确规定，“公民、法人和其他组织依法享有获取环境信息、参与和监督环境保护的权利。各级人民政府环境保护主管部门和其他负有环境保护监督管理职责的部门，应当依法公开环境信息、完善公众参与程序，为公民、法人和其他组织参与和监督环境保护提供便利”。《中华人民共和国环境影响评价法》第五条规定，“国家鼓励有关单位、专家和公众以适当方式参与环境影响评价”。《国家级海洋保护区规范化建设与管理指南》中规定“国家级海洋保护区应与所在地政府、有关单位及当地社区的关系协调融洽，可以通过建立共管机制、签订共管协议等多种形式，积极推进地方社区和

居民参与海洋保护区管理”。但是，细观之下不难发现，各个文件之中虽然体现了政府对海洋环境的多元协同治理理念，但并没有对多元主体参与决策的具体制度和机制作出规定，多元协同治理理念流于形式。

八、参与海洋生态治理的主体范围过窄

目前海洋生态多元治理的主要主体仍是政府，而对多元主体的培育效果不明显。在海洋治理等公共事务管理的过程中，政府处于毋庸置疑的“垄断”地位：一方面，政府可利用主导地位充分整合社会资源，为海洋治理提供强有力的保障；另一方面，企业、社会组织和社区等非政府主体的力量薄弱，政府未能有效动员这些力量参与海洋治理，也未能搭建制度性的合作平台和协商沟通机制，从而形成较单一的海洋生态治理模式，整体缺乏由政府主导的、权责明确的治理体系。

九、多元治理的权责界限混乱

目前我国海洋生态保护和利用的总体规划不足，未明确划分各治理主体的职责，执行主体范围界定不清晰，缺乏相关管理监督机制，导致不能充分贯彻落实海洋生态治理的相关政策，公共服务保障能力不强。未明确建立海洋生态资源的权属制度，导致社会组织和公众缺乏法律规范约束，为谋求个人利益而随意开发利用，对海洋生态环境造成极大的破坏。

海洋生态多元协同治理是复杂而综合的系统工作，须由政府承担责任并发挥好主导作用，企业、公众和社会组织等其他治理主体也应自觉承担相应的社会责任，积极参与海洋生态治理行动，相互协作、互为补充，形成参与主体多元、执行力强和综合全面的协作治理和监督体系。

十、社会力量总体参与积极性不高

除政府和企业力量外，我国海洋生态治理主体还应加强对社会力量的重视。公众是参与海洋生态治理的至关重要的主体，社区、社会环保组织等关心海洋生态治理的民间团体也是不容忽视的主体。但目前我国大部分公众参与海洋生态治理的意愿和程度均不高，海洋环保组织也刚刚起步，数量少、规模小、专业性不强和资金不足等限制其扩充和发展，导致社会力量总体参与海洋生态治理的积极性不高。

第五节　我国海洋生态系统治理体系建设的趋势

一、逐步形成适应生态文明建设要求的法律和制度体系

目前，我国海洋生态系统治理方面的立法呈现出两个基本的调整方向：一是逐步形成适应社会主义市场经济发展和生态文明建设要求的自然资源产权制度和资产管理制度体系；二是修改和完善各项法律中有关资源节约和资源保护的规定，形成有效限制资源消耗和鼓励节约的涵盖行政、经济与社会的管理制度体系，包括海洋资源资产核算、海洋资源资产审计和考核等制度（中国科学院可持续发展战略研究组，2015）。通过完善海洋资源产权制度及其配套的统一登记、资产核算、市场交易和定价制度等，改革海洋资源资产管理体制，分离海洋资源行政管理和资产管理职能。这将有效改变现行体制中资源资产管理和资源行政管理

合一、行政管理手段和资产管理手段合一的现象，处理好海洋生态系统治理体系中政府和市场的关系。

二、加强“多元协同型”政策理念的制度建设和机制创新

理念是指导政策制定及政府行为的基础，科学的政策理念需要良好的制度供给和机制构建才能得以保障，否则，理念必将流于形式，陷入“空心化”的危机。“参与”“公众”“协调”“社会”等词在2012年以后的政策文件中的出现频率非常高（许阳，2018），不难看出政府对海洋环境的多元协同治理理念已经基本形成。

未来，伴随着我国的海洋基本法——《中华人民共和国海洋法》的出台，全面涉海法律体系将进一步完善。在海洋基本法中，将确定国家管辖海域的范围及其法律地位，规定公民、法人和其他社会组织在国家管辖海域中从事各项活动的基本权利和义务，以及国家机关的权力和责任。多元主体协同参与决策制度将更具可操作性。

三、建立海洋环境治理的政策评价指标体系和政策评估制度

公共政策评估是国家治理现代化必不可少的重要组成部分。党的十八大以来，政策评估越来越受到中央和各级地方政府的重视，以及社会各界的关注。公共政策评估是根据一定的评估标准和程序，对政策体系、政策过程和政策结果的质量、效果等方面进行评价或判断的系列活动。其目的是改进公共政策系统，提高公共政策的科学性和可实践性，促进政策目标的顺利实现。

然而，在中国海洋环境治理政策的历史变迁中，一直占有重要政策地位的“评价”是指对海洋环境本身的评价，包括污染物排放量变化、

环境污染指数变化、全国各沿海城市滨海环境等一系列的环境数据，这些数据在国家海洋局发布的年度统计公报上可以看到。但这些评价数据并不包括对海洋环境政策质量和执行效果的评价。国家每年出台的一系列政策措施没有科学公正的评估指标和评价结果，难以对之后的政策制定起到借鉴指导作用。

另外，即使海洋环境监测数据结果显示环境质量比上一年度有所提升，然而其影响因素众多。究竟政策作用效果如何，不能以此为据得出结论。对于海洋资源环境的可持续发展来说，政府政策起着最关键的作用。随着国家海洋发展战略的逐步实施，海洋环境治理决策的难度不断提升，需要通过政策评估提升政策的科学性、有效性。同时，有效落实海洋环境治理政策，提升国家海洋环境的可持续发展能力更加离不开政策评估。所以，未来在海洋环境治理领域，必须以专业性、科学性和开放性为理念，实现海洋环境政策评估的客观、公正和准确。

四、建立多元的政策工具选择使用模式，推动政策工具创新

纵观世界各国的环境管制实践，在环境发展的不同阶段使用不同的环境政策工具是一种共通的逻辑。自20世纪70年代以来，环境政策工具发展经历了三个演化阶段：从以命令—控制型手段为主导到市场经济手段的介入，再到合作型和信息型等自愿手段的参与。政策工具的变迁应和了政府对环境治理政策的渐进决策需求，满足政策环境转变的不同时期对政策系统的具体要求。中国海洋环境治理政策工具的选择同样符合这一整体趋势。在政策体系建立初期，以强制性政策手段为主，政府按照一定的环境标准颁布、实施相关法律政策，命令企业必须采取排污技术，以达到既定的排污目标；同时，对排污企业设置严格的审批标准和准入条件，在海洋环境遭受一定破坏的时候，通过事后控制手段对

环境进行治理和修补。在政策执行和深化调整阶段，以企业为主体的市场型政策工具开始介入海洋环境治理。基于市场激励型环境政策工具，通过给予经济主体一定的利益作为激励，借助经济手段使得排污企业能够从防污行为和环境保护中获得一定的经济利益，进而可以引导排污企业主动从自身利益出发，自愿选择对环境更有利的行为。在当前海洋政策的战略发展阶段，顺应多元化社会环境的发展趋势，信息型、合作型、参与型等自愿性政策工具发挥了重要的环境治理作用。在不同的政策发展阶段，根据政策环境具体需求选择合适的政策工具，并将不同类型的政策工具与政策问题进行类型匹配，以达到政策执行效果最优。然而，这种政策工具类型与影响因素的一对一匹配难以解决复杂的环境问题。面对受多种外在因素影响的政策情境，未来应将不同类型的政策工具进行合理搭配，形成综合的、多元的政策工具选择与使用模式。然后，再针对不同的政策环境与政策问题，选择合适的模式以实现政策效果最优。同时，基于新技术手段和大数据背景，推动政策工具的创新，以技术植入推进政策手段的升级。

五、新技术变革助推海洋生态环境的全面治理

其一，新的科技将成为全球海洋治理的倍增器，有助于壮大参与全球海洋治理的力量，实现多层次、多维度治理。当下全球治理主体主要是主权国家政府，其他主体参与程度有限。治理主体的不平衡主要表现为国家和其他国际组织地位和作用上的差异。国家在全球海洋领域的治理优势更为明显，因为海洋治理的门槛相对较高，需要大量的人力、物力、科技和军事力量的投入。国家具备强大的力量投送和前沿存在能力，使得它是唯一有能力应对重大海上挑战的行为体。

第四次科技革命加剧了技术的全面扩散，使得诸多非国家行为体拥

有了更强大的治理能力，这虽然不会撼动国家的主导地位，但其他主体将获得更多机会参与全球治理。新美国安全中心的报告认为（郑海琦、胡波，2019），人工智能的前沿研究大多出现在私营企业，因此美国需要推动人工智能领域的公私合作，改革现行采购办法，设立奖励机制，为人工智能专家和技术人员灵活进入政府从事短期工作创造条件。例如，进行人工智能研发的企业能帮助国家加强海洋生态环境的监测、预警能力。

其二，新的技术变革将使得人类对海洋的全面治理成为可能。海洋，特别是深远海是最后未被人类全面系统感知和利用的战略空间。迄今为止，无论是对海洋的开发还是治理，都尚停留在点状和线状的探索，绝大部分海洋空间还处在待有效认知的状态。大数据、人工智能和量子通信等新技术的兴起，为全面探索、开发和治理海洋提供了前所未有的机遇。目前，海域感知的一大难点就在于数据获取受环境因素限制较多且相关数据过于庞大。例如，英国国家海洋信息共享中心（NMIC）每天收到1000多万份报告（胡志勇，2018），而且这些报告还不包括未被识别的船只。人工智能有助于提高海洋数据的收集和分析速度，并可用于改进现有装备，甚至可以预先识别海洋生态环境的突发事件。

此外，美国国防部高级研究计划局（DARPA）于2017年提出“海上物联网”（Ocean of Things）计划，通过部署数以千计的小型智能浮标，形成分布式传感器网络，在广阔海域维持持久的海洋感知能力。每一个智能浮标都将包含收集数据的传感器，通过卫星定期传送数据到云网络进行存储和实时分析。无人和智能化平台能在更为复杂和恶劣的海洋环境中行动，能有效进行成本和风险规避。

第十一章

荒漠资源治理

荒漠是地球陆地生态系统主要类型，面积达3600万平方千米，占地球总面积的1/4，主要位于亚洲、非洲、南美洲等气候干旱的发展中国家。110多个国家和地区的15亿人口，36亿公顷耕地和牧场受到荒漠化影响。地理学上将其定义为“降水稀少，植物稀疏，人类活动遭受限制的干旱区”，而生态学上将荒漠定义为“由旱生、强旱生低矮木本植物，包括半乔木、灌木、半灌木和小半灌木为主组成的稀疏不郁闭的群落”。荒漠生态系统是指分布于干旱地区，极端耐旱植物占优势的生态系统。由于水分缺乏，植被极其稀疏，甚至有大片的裸露土地，植物种类单调，生物产量很低，能量流动和物质循环缓慢。荒漠可分为岩漠、砾漠、沙漠、泥漠、盐漠、寒漠等多种类型。沙漠较为人们熟知，如非洲的撒哈拉沙漠，以及中国的塔克拉玛干沙漠、腾格里沙漠、乌兰布和沙漠、毛乌素沙漠等。石漠主要覆盖巨砾和裸露的基岩，在我国西南喀斯特地貌地区、西北山前冲积或洪积平原广泛分布。在高山上部和高纬度地带，由于气温低而植物贫乏，是荒漠的特殊类型，称作“寒漠”，南极和北极就是典型的寒漠地带。

在我国，似乎只有电影工作者对大漠情有独钟，而南极科考会上新闻，引起公众兴趣，主要还是出于对科学研究或到南极旅游的兴趣，似乎与全球治理无关。这些年，我国努力参与北极事务却常被美国阻挠，才让学术界发现了荒漠治理研究的政治意义。普遍的认知是，参与北极事务，争的是尊严或者潜在巨额的经济价值，似乎没有意识到这是全球自然资源治理的重要组成部分。

第一节　荒漠资源功能

我国是世界上荒漠化面积最大、危害最严重的国家之一，是世界上荒漠化面积最大、受风沙危害严重的国家之一。全国有荒漠化土地261.16万平方千米，占国土面积的27.2%；沙化土地172.12万平方千米，占国土面积的17.9%。我国荒漠土地主要分布于“老、少、边、贫”地区，受土地荒漠化影响人口达4亿人之多[①]。据专家测算，每年因为荒漠化危害造成的直接经济损失达1200亿元，荒漠化导致生态恶化，严重影响人们的生产、生活，甚至危及生存，严重制约经济社会的可持续发展，是全面建成小康社会、建设生态文明的重大障碍。

荒漠生态系统是我国陆地生态系统的重要组成部分，蕴藏着大量珍稀、特有物种和珍贵的野生动植物基因资源，具有独特的结构和功能。荒漠生态系统在防风固沙、水文调控、气候调节以及生物多样性保育、生态旅游等方面有着重要的生态服务功能，在碳汇和生物地球化学循环方面也发挥着不可替代的作用（黄湘、李卫红，2006），见表11－1。

---

① 《中国沙化与荒漠化状况公报》，2011年。

表 11－1　　　　荒漠生态系统的主要功能类型

一级分类	二级分类
调节功能	涵养水源、缓解气候变化、防灾减灾
支持功能	生物多样性维护、防风固沙、保持水土
供给功能	农副产品生产、工业原料供给、沙产业、新能源
文化功能	遗迹保护、文化传承、生态旅游、科研教育

一、调节功能

荒漠具有涵养水源、净化水体的功能。水是荒漠生态系统正常运转、保持生态平衡的限制性因子，也是荒漠生态系统中能量流动、物质循环的重要载体。在荒漠生态系统中，水源丰富的地方常常有森林分布，而森林具有巨大的渗透和蓄水能力，因此荒漠生态系统也具有涵养水源、净化水体的功能。荒漠中的灌草植被具有一定的渗透和蓄水能力，能够减少降水蒸发，调节降水进入河道的水量和时间，削弱和调节洪峰，从而减少水土流失。我国西北干旱区绿洲的存在，无论是新疆塔里木盆地，还是北疆的绿洲以及青海柴达木盆地的绿洲，其上游山区森林的存在是其得以存在的基础。在荒漠生态系统中，水体生态系统中丰富的生物资源，尤其是根际微生物的旺盛活动，能截留大部分营养物质，降解相当数量的有机物，净化水质，为动植物提供可用水源。

荒漠资源具有净化空气的功能。这主要体现在固定二氧化碳、杀菌、吸收二氧化硫等气体上。据估算，中国西部地区荒漠生态系统每年固定二氧化碳的总量为 5817 万吨，储存总量为 7480 万吨。西部荒漠生态系统每年释放氧气 4231 万吨。荒漠植被使灰尘失去移动动力而降落，植物叶片蒸腾使树冠周围和森林表面保持较大湿度，使灰尘湿润加重，加上湿润的树木叶片吸附能力增强，这样灰尘较容易降落而被吸附，起到清洁空气的作用。

荒漠在缓解气候变化方面具有重要的作用。荒漠资源结构简单、生态环境脆弱，固碳能力有限，我国荒漠生态系统占我国国土面积的20%左右，其碳汇功能不可小觑。我国西部地区有260多万平方千米荒漠化土地，每年损失土壤有机质5590万吨，这就是重要的碳源。治理荒漠化就是一个碳汇的过程，破坏荒漠植被就是碳源的过程。

荒漠还可起到防治水涝灾害的功能，如地处黄河边、位于内蒙古的我国第三大沙漠——“库布其沙漠”，在沙漠腹地中保持着较高的地下水位，蓄积黄河水，降低黄河水害的发生率。此外，荒漠通过改变沙区气候环境，促进沙区植被和昆虫区系的发展演替等过程，使物种变得丰富。

二、支持功能

荒漠是重要的物种遗传基因库。据《中国沙漠植物志》统计，中国荒漠区（沙漠）植物共计96科、498属、1694种（种、亚种、变种、变型共计1828个）。其中，荒漠区植物约1079种。我国荒漠植被属于由特殊的超旱生、强旱生灌木、半灌木或盐生、旱生的肉质半灌木植物生活型为主所组成的植被类型，植物区系旱生性、古老性突出，旱生种占总数的56.22%，有许多稀有物种，包括经济物种（如哈密瓜、库尔勒香梨、沙棘等）、药用生物（如肉苁蓉、甘草、罗布麻等）、耐旱耐盐碱植物（如胡杨、旱柳、沙柳、红柳、梭梭、沙冬青、柠条等），还有近20种濒危植物等遗传种质资源。荒漠生态系统可被视为一个特殊的物种遗传基因库，尤其是抗旱耐盐碱基因，对于保障国家的粮食安全、生态安全和社会可持续发展具有重要意义。

荒漠资源具有防风固沙、保持水土的功能。在荒漠地区，生态系统可以改变沙区气候环境，促进沙区植被和昆虫区系的发展演替过程，使物种变得丰富；此外，还可以改善沙土的理化性质，减少风蚀，阻止流沙的扩展。荒漠生态系统可减少表土损失量，保护土壤肥力，减轻泥沙淤积灾害，减少风沙灾害等，从而减少和缓解水土流失，减少河流湖泊及水库的泥沙滞留和淤积，保持土壤肥力。

三、供给功能

荒漠生态系统以其独特的生态环境及构成方式，成为人类重要的经济资源。荒漠生态系统为人们提供丰富的动植物产品，动物有山羊、骆驼等，植物如柠条、甘草、沙枣等，杨柴、花棒、锦鸡儿属植物是荒漠地区优良的豆科牧草。销售羊肉、羊奶、沙枣等农副产品是当地农牧民重要的经济收入来源，其中，甘草、麻黄、沙枣等还是重要的药材。荒漠生态系统提供的物质产品带动了当地加工业的发展，如促进了以羊毛为原料的纺织业发展，促进了以甘草、麻黄为原料的制药业的发展等。荒漠化地区拥有丰富的太阳能、风能等绿色能源资源，而且沙漠下面蕴藏着巨大的石油资源。在能源日益缺乏的今天，合理地开发荒漠化生态系统的能源资源，可为未来经济社会的发展提供源源不断的能源储备。

四、文化旅游功能

荒漠化生态系统是我国西北地区主要的陆生生态系统。在人与自然逐渐融合的过程中，人类文化也随之融入其所处的生态系统之中，如游牧文化、胡杨文化、大漠文化等以荒漠生态系统为载体的传统文化，在人类历史进程中世代相传。

荒漠资源由于其独特的自然地理环境，在景观上呈现独特性，有林、沙、山、水、花、草、古迹，具有相当的观赏价值。荒漠地区旅游资源按景观属性可以分为自然风景旅游资源和人文景观旅游资源。例如，新疆罗布泊地区构成了一幅具有干旱区特征的“雅丹地貌”景观，大自然的鬼斧神工令人叹为观止。荒漠地区的人文景观旅游资源十分丰富，包括古建筑工程、民族风情、商业、文化之路等。我国荒漠地区拥有延绵万里的长城，古代四大水利工程之一的坎儿井，世界上罕见的宗教建筑——敦煌莫高窟，以及楼兰遗址等。我国古代丝绸之路以长安为起点，经甘肃河西走廊进入新疆，穿绿洲、涉大漠、翻崇岭，西行波斯，到达君士坦丁堡，然后到达罗马等地。丝绸之路上有许多神话传说、民间故事、历史掌故。荒漠生态系统还具有美学、艺术、教育、精神或科学等文化价值，具有休闲娱乐和文化孕育功能，能够为游客提供休闲游乐的场所。

第二节　荒漠治理制度

我国荒漠化防治取得了举世瞩目的成绩。20 世纪 50 年代，我国成功建设了豫东防护林带，如今大面积的荒漠化黄河故道已经成为优质的良田。早在 1978 年，我国启动了三北防护林工程。我国成立了专门的荒漠化管理机构，这是因我国加入《国际荒漠化公约》，因开展国际合作、承担国际义务而催生和促进的，是在一个相对弱势的产业部门中孕育成长为荒漠化防治管理机构，因此国家林业和草原局荒漠防治管理部门深受《国际荒漠化公约》的影响。我国荒漠化治理，相较于其他自然生态系统，其国际性非常高。这一方面得益于我国是世界荒漠主要分布区，除寒漠外，我国沙漠、石漠、盐漠、戈壁等荒漠形态分布很广。另一方面，我国历史悠久，关于荒漠管理的文化让世界其他国家难以望其项背，自古以来，一直追求人与自然和谐共生。《联合国防治荒漠化公约》背后的基本思想体现了老欧洲文明人与自然一分为二的基本哲学逻辑。因此，从原国家林业部建立荒漠化机构起，其基本思路就是借鉴国际先进荒漠化防治经验，以外促内，较少把治理之根深深扎入中华民族的文化中，加上缺乏全方面哲学、政治、经济、社会、艺术、文化等全方面知识的指导，我国荒漠治理工作难免多强调国际上是怎么做的，在基层实际工作中常显得些水土不服。

我国深受荒漠化之害，在长期与荒漠化斗争中形成了无与伦比的人与荒漠共处的知识体系和管理制度，这为开展适合我国荒漠化治理体制和机制研究及实践提供了环境条件。然而，在我国僵化的行政体系和技术官僚主导下，依赖封闭的技术研发体系，形成相对固定的利益集团，我国荒漠和荒漠化治理体系及能力现代化建设之窗始终没有开启。

本节介绍了与荒漠及荒漠化治理相关的产权制度、行政管理制度和其他荒漠化防治政策项目等。总体来说，荒漠资源治理是碎片化的，有待在国家治理体系和治理能力现代化过程中不断完善。

一、荒漠治理与荒漠化治理的内涵

治理的含义比较复杂，至少包含两个意思：一是本书中治理的概念，英文为 governance；二是在关于有关荒漠科技文献中经常出现的治理概念，大意为修理、整修荒漠（化）。在绝大多数场景下，治理荒漠的含义指的是原来很好的草原、农田、湿地生态系统遭到人为严重破坏，发生了荒漠化，所以人要治理荒漠化了的林地、草地或农田，使其重回健康的生态系统。作为地球的主宰，人类自信或者很傲慢地认为，能把破坏了的生态系统再修回来。然而，其结果并不完全如此，一些荒漠资源越修越坏。我国在生态文明建设大旗的感召下，学术界和政策界越来越多地采用修复这个词，但在国际学术界常用生态系统恢复和重生（ecosystem restoration and rehabilitation）。

由于我国缺少关于荒漠治理的研究和实践，因此本章不是针对特定生态系统的治理，而是针对一个趋势的治理，即荒漠化治理。荒漠化治理可认为是荒漠治理的一个重要组成部分。荒漠化治理指的是政府主体、市场主体、社会主体和社区主体如何协作，防治生态系统退化和荒漠化的过程。

如果从自然资源可持续管理视角来看，在荒漠治理中讨论荒漠化治理有“狗拿耗子”的嫌疑，湿地退化为荒漠，该由湿地治理主体来探讨恢复的问题，而草原、森林也该由其主体负责恢复，让荒漠生态系统治理回归本位，管理好占中国1/4国土面积强的荒漠生态系统。从这点来看，我国自然资源治理改革仍然在路上。

二、荒漠产权制度

荒漠产权，因其极低的经济价值，都置于公共领域中，除了主权有含义外，明确是谁的产权没有意义。即使考虑到荒漠具有经济价值，因人烟稀少，也难以形成有效稳定的集体行动。

我国《宪法》规定：农村和城市郊区的土地，除由法律规定属于国家所有的以外，属于集体所有。广袤的荒漠，几乎无人，名义上集体所有，实质上绝大多数处于无主状态。我国荒漠化资源产权是由以《宪法》为基础，多个单行法共同约束的一个法群体系决定。我国《森林法》《草原法》等从法律上赋予了国家单位、集体单位和个人依法享有荒漠化土地资源的使用权、承包和收益权，并可在法律允许的范围内进行流转。我国《防沙治沙法》还提出，不拥有土地所有权或使用权的主体可通过签订协议，依法取得土地使用权；对使用已沙化的国有土地从事治沙活动，可享有不超过七十年的土地使用权。此条款旨在整合社会各界力量，引入市场化机制，防护治理土地荒漠化，为高效配置和利用荒漠资源提供了法律依据。

三、法律框架

我国已经制定了近20部与荒漠生态建设和环境保护相关的法律以及一系列生态环境保护法规和标准，地方生态环境保护法制建设不断加强，基本形成了由生态环境保护专门法律与相关法律、国家法律与地方法规相结合的生态环境保护法律法规体系。2002年1月1日《中华人民共和国防沙治沙法》正式实施，标志着中国防沙治沙工作从此纳入法制化轨道，进入了依法防沙、依法治沙的新阶段。

《中华人民共和国宪法》是一切法律法规的基础。《宪法》规定，“农村集体经济组织实行家庭承包经营为基础、统分结合的双层经营体制”，这为产权确权到户奠定了基本条件。《宪法》指出，矿藏、水流、森林、山岭、草原、荒地、滩涂等自然资源有两类产权主体：一是国家所有，即全民所有；二是由法律规定属于集体所有的森林和山岭、草原、荒地、滩涂为集体所有。另外，《宪法》还强调“国家保障自然资源的合理利用，保护珍贵的动物和植物。禁止任何组织或者个人用任何手段侵占或者破坏自然资源”，明确提出要合理利用自然资源，改变自然资源无序混乱利用的现象。

《民法通则》第八十一条规定，“森林、山岭、草原、荒地、滩涂、水面等自然资源”由国家所有，其“可以依法由全民所有制单位使用，也可以依法确定由集体所有制单位使用，国家保护它的使用、收益的权利”；并赋予了公民、集体对自然资源的承包经营权。但“国家所有的矿藏、水流，国家所有的和法律规定属于集体所有的林地、山岭、草原、荒地、滩涂不得买卖、出租、抵押或者以其他形式非法转让”。

荒漠生态系统还包含森林生态系统、草原生态系统、河流湖泊生态系统等子系统，各子系统又分别适用于我国《森林法》《草原法》《土地管理法》等相关法律法规。

四、管理体制

鉴于构成荒漠生态系统的子生态系统的多样性，当前荒漠生态系统的治理涉及中央和地方政府以及多个职能部门。在“央地关系”上，大体形成了中央制定政策，地方执行政策的方式。在各职能部门之间，形成以林草部门为主体，国家发改委、财政部、农业农村部、自然资源部、水利部、生态环境部等为协调部门的复合管理主体，中央和地方政府，以及各职能部门之间互相协作，形成合力，共同做好防治荒漠化工作。

1988 年，我国成立了“全国水资源与水土保持工作领导小组”。1994 年，“中国防治荒漠化协调小组”成立，对外称“联合国防治荒漠化公约中国执行委员会”。1997 年，中央政府为加强防治荒漠化，在政府机构改革中批准组建“中国防治荒漠化管理中心”，设在原国家林业局。2018 年，新一轮政府机构改革中，在国家林业与草原局下成立荒漠化防治司，进一步增强了统一管理全国荒漠化防治的工作。地方各级政府在机构改革中保留了地方各级政府防治荒漠化协调小组或领导小组设置，以及林业（农林）厅（局）设置。

当前，荒漠化防治行政管理在纵向和横向上均存在一些亟待解决的问题。在央地关系上，中央政府承担宏观指导、政策和规划制定、法律法规完善等，而落实荒漠生态系统管理和防治的主要责任在地方政府。

我国荒漠地区主要分布在相对贫困的地区，地方政府脱贫攻坚、发展经济任务很重，荒漠生态系统的维护和修复难以得到应有的重视。新的一轮机构改革在一定程度上解决了荒漠生态资源管理上存在职能部门权责交叉重叠的问题。完全消除生态系统管理职能交叉重叠是不太现实的，荒漠生态系统的复杂性也决定了完全克服部门重叠交叉是不可能的。各国荒漠化防治一个重要的经验就是如何建立多部门协调机制，以形成部门合力，维护荒漠生态系统和防治荒漠化。

荒漠、荒漠化，以及荒漠化的防和治客观地反映了荒漠生态系统的动态性。在这个过程中，地被物发生了很大的变化，因而会涉及许多部门的职责。我国荒漠化土地一般被纳入“四荒地”管理。在我国沿黄灌区，荒漠土地被成功改造成农田；在新疆、甘肃、内蒙古沙漠绿洲周边，通过灌溉设施的延展，可开辟新的农田。但是，上游灌溉用水的增加导致石羊河等一些荒漠地区河流断流，而新疆绿洲大批新疆杨枯死亦与天山森林植被的破坏和河流上游大规模的农业开发相关。此外，贵州、四川、广西等地因不合理开垦坡地，导致表土流失，形成大片石漠化地区。实践证明，只要措施得当，一些荒漠化的土地可以重新转化为可耕地，而由农业部门来管理。如果这些农业土地管理不当、过度利用，会重新沙漠化、石漠化和盐渍化，林草部门又必须采取措施。然而，在实际工作中，农业用地与荒漠化土地的界限很难清晰的划定，导致农业部门与林草部门、土地管理部门的部门职责难以划分。

五、保护制度

由于荒漠化生态系统具有动态性，林业行政主管部门提出了划定生态红线的保护方式。2013 年编制出台的《国家林业局推进生态文明建设规划纲要》中划定了全国治理和保护恢复植被的沙化土地面积不少于56万平方千米。为达到生态文明建设的要求，应严守沙区生态红线，用最严格的手段保护沙区植被和荒漠生态系统。推行禁止滥樵采、滥放牧、滥开垦制度和沙区开发建设项目环境影响评价等制度，全面落实草原保护、水资源管理、沙化土地单位治理责任制，严厉打击破坏沙区植被的违法犯罪行为。

六、生态补偿与修复制度

生态补偿与生态修复是当前保护荒漠生态系统的两种重要手段。我们应大力推进沙化土地封禁保护补助试点工作，认真总结试点经验，完善封禁保护制度，全面推进沙化土地封禁保护区建设；要着力推进京津风沙源治理二期、三北防护林体系建设五期、退耕还林等沙区重点工程建设，尊重自然规律，坚持宜林则林、宜草则草，因地制宜优化建设内容，优选建设模式，提高工程治理成效。

此外，随着森林生态效益补偿、林业贷款贴息、造林补贴、草原生态保护补助奖励等一系列支持沙区生态建设、产业发展的政策出台，各地结合实际，在投资、税收、金融等方面完善了防沙治沙优惠政策，极大地调动了企业、个人等各种社会主体参与防沙治沙的积极性，促进了资金、技术、劳动力等生产要素向沙区聚集，初步形成了全社会参与、多元化投资防沙治沙的新格局。

在生态文明建设的背景下，防沙治沙、防治荒漠化已成为生态建设的重中之重。“十三五”时期是生态建设的攻坚阶段，荒漠生态系统的有效治理将是未来较长一段时间内国家治理制度建设需要着力加强的内容。

第三节　我国荒漠和荒漠化治理的进展情况

荒漠生态系统是地球生命系统十分重要的组成部分，而人类对地球资源的争夺甚至已经超出了国界，特别是南极和北极治理已经成为大国博弈的重要领域。然而，对于荒漠化治理体系，更加需要关注的是如何通过有效治理，扭转荒漠化的趋势。全球每年约有600万公顷的土地变为荒漠，主要是石漠化、沙漠化和盐碱化，导致大片土壤生产力下降，甚至丧失，每年造成直接经济损失达420多亿美元。土地退化和荒漠化已经成为广大发展中国家共同面临的难题。不少国家积极探索有效的治理体系，以缓解荒漠化趋势，恢复退化土地。1992年，在巴西里约热内卢召开的联合国环境与发展大会通过了《联合国防治荒漠化公约》，有助于各国和国际社会共同阻击荒漠化。

一、履约和国际合作

中国是世界上荒漠化面积最大、受影响人口最多的国家之一。经过半个多世纪的不断探索和不懈奋斗，中国形成了政策支持、企业运作、社会参与的治沙经验和模式，走出了一条生态与经济并重、治沙与治穷共赢的防治荒漠化道路。联合国2030年可持续发展议程确定了到2030年实现全球土地退化零增长的目标，而我国在2000年前后，荒漠化土地面积已实现零增长，并在此后持续负增长，为全球荒漠化防治目标的实现作出了巨大贡献。

相较于《生物多样性公约》和《联合国气候变化框架公约》，《联合国防治荒漠化公约》受到的国际关注很少，主要发达国家不大可能主动推动并提供必要的财政资源来推动全球土地退化和荒漠化问题的解决，全球努力所取得的进展很小。这为中国展示其荒漠化防治成就和经验提供了空间。中国认真履行《联合国防治荒漠化公约》并推动各国履行公约，积极参与公约各项国际进程，将荒漠化防治作为国际合作的重要内容给予大力支持。我国主导或参与的相关国际机制，如中非合作论坛、中国—阿拉伯国家合作论坛、中国与海湾国家经贸合作论坛、中日韩三国合作机制、东北亚环境合作机制等都将荒漠化防治列为优先领域。2016 年 6 月，国家林业局与联合国防治荒漠化公约秘书处共同发布《“一带一路”防治荒漠化共同行动倡议》。2017 年 9 月，在《联合国防治荒漠化公约》第十三次缔约方大会期间，中国、阿尔及利亚、柬埔寨等有关国家启动了“一带一路”防治荒漠化合作机制。借助“一带一路”倡议的契机，中国先进的治沙经验可在更大范围内传播与推广，不仅能够为“一带一路”沿线荒漠化防治贡献力量，同时也带动了我国防沙治沙相关科研成果的转化，实现了互利共赢。

然而，我国推动《联合国防治荒漠化公约》缺乏话语、知识和制度生产和引领能力。其中，我国缺乏对其他国家防治荒漠化治理基本知识的理解，对当地政治、经济、社会、文化背景以及与荒漠化的关系缺乏系统的认识，我国在推动国际履约的过程中更多的只是展示我国荒漠化防治的成就。这些成就对来自发展中国家政府的官员和发达国家的学者来说很难理解，最后只能归结于中国制度的优势或者是中国特色，很难贡献于全球荒漠化防治。

二、在发展中寻求荒漠化防治之策

我国在荒漠化防治上具有他国无法比拟，甚至无法效仿的做法，尤其是基层政府强大的动员能力。内蒙古赤峰市和陕西榆林市是我国荒漠化防治旗帜性的典范，生动诠释了我国基层政权强大的动员能力和集中力量办大事的制度优势。随着鄂尔多斯等地经济增长异军突起，强大的地方财政能力、乡村去人口化、私有企业的介入成为荒漠化防治旗帜性地区的关键变量。然而，对于深受荒漠化危害的发展中国家而言，上述关键变量难以企及，因而很难学习模仿中国的经验。

中国荒漠化防治始终贯穿一条理念，即坚持防治荒漠化和缓解贫困，甚至消除贫困紧密结合，提供必要的财政、金融、技术政策的支持，改善基础设施条件，充分发挥市场主体和当地社区的主动性，将防治荒漠化事业融入减贫和缓贫工作中。这是我国取得荒漠化防治如此惊艳成绩的法宝。

土地荒漠化与贫困相伴相生，互为因果。我国近 35% 的贫困县、近 30% 的贫困人口分布在西北沙区。沙区既是全国生态脆弱区，又是我国深度贫困地区；既是生态建设主战场，也是脱贫攻坚的重点难点地区，需要同时打赢改善生态与消除贫困两场战争（张建龙，2018）。主要经验和做法包括：（1）用科学方法修复生态。生态问题是荒漠化地区最突出的问题，严重制约了当地经济社会的可持续发展。树立尊重自然、顺应自然、保护自然的理念，坚持生态优先、保护优先、自然修复为主的方针，实行严格的保护制度，保护荒漠天然植被，促进自然植被休养生息。考虑水分平衡问题，以水定需、量水而行，宜林则林、宜草则草、宜灌则灌。对适宜治理的区域，中央政府提供财政激励，实施生态工程，采取综合治理措施，改善沙区生态状况和人居环境。（2）发展特色产业，助力精准脱贫。践行绿色发展理念，发展以灌草饲料、中药材、经济林果等为重点的特色种植业、精深加工业、生物质能源、沙漠旅游业等绿色产业。中央财政支持增加生态护林员规模，转移劳动力就业。（3）发挥群众主体作用。激发内生动力，调动荒漠化地区贫困群众的积极性、主动性和创造性。加大防沙治沙技能培训，激励群众依靠辛勤劳动脱贫致富，用实际行动建设美好家园、创造美好生活。（4）建立和完善荒漠生态补偿政策，对因保护、修复荒漠生态而造成的损失及损失的机会成本等予以补偿。创新金融支持政策，鼓励金融企业开发面向防沙治沙和沙产业开发的金融服务和产品。

第四节 荒漠和荒漠化治理面临的问题

一、荒漠管理任务艰巨，荒漠化防治依然严峻

我国仍然是全世界荒漠化严重的国家之一，有 31 万平方千米的土地具有明显沙化趋势。局部地区沙化土地仍在扩大，而北方荒漠化地区植被总体上仍处于初步恢复阶段，自我调节能力较弱，稳定性较差，难以在短期内形成稳定的生态系统。加之人为活动对荒漠化植被的负面影响远未消除，超载放牧、盲目开垦、滥采滥挖和不合理利用水资源等破坏植被行为依然存在。

新中国成立以来，我国荒漠化防治管理曾出现重重失误，曾经一波又一波地在生态脆弱带大规模开荒种粮，随着农村去人口化、劳动工资大幅上扬，如今转变为规模化种植经济作物。草场上纵横交错的铁丝网将系统分割为所谓的资源，强化了资源属性，而弱化了自然属性。脆弱生态系统中单项资源价格飙升可能对生态系统的冲击依然处于放任自由的状态，如 20 世纪 90 年代的发菜、世纪之交的藏红花，以及近些年的冬虫夏草。当然，我们也取得了一些可喜的成绩，如对藏羚羊的保护，但这一成绩源于媒体、公众巨大的压力，而祁连山生态系统保护则来自

中央领导人深邃的洞察力和英明的决策。这些显然不是制度性架构。诸如祁连山雪豹，喜马拉雅山的垃圾等问题依然令人担忧。

此外，在国际上，对于如何参与南极和北极等寒漠地带管理，我国尚未形成清晰的战略，有关全球气候变化对南极和北极的影响，以及开发寒漠资源对地球生态系统安全和寒漠生物多样性的影响的研究还很欠缺。而在国内，不能因荒漠化治理取得了成绩而自满，需要从我国的实际出发，培养勇于走向世界前沿的科学家，为荒漠化治理提供理论和实践支持。

二、荒漠化土地具有动态性造成管理的权责不清

荒漠生态系统是由森林生态系统、草原生态系统、河流湖泊生态系统形成的复杂生态系统，其治理涉及林业、农业、水利、环境等多个部门，各部门都具行政管理权，形式上看似管理很全面，但实际在执行过程中往往是“有利的事情争相管理，不利的事情相互推诿”。这种多重管理的现象导致管理效率低下和管理秩序混乱。另外，由于荒漠化土地具有动态性，比如耕地管理不善，则可能退化为荒漠化土地，管理主体也由农业部门转向林草部门，但其中的界限并不清晰，因此造成现实中各管理部门争权现象突出。

三、荒漠化治理主体单一

从前文的分析来看，当前荒漠化生态系统的治理主要是依靠政府行政管理部门的行政管理权，缺少私人、企业、社区等其他治理主体的参与。单一的治理主体往往力量不足以实现对荒漠生态系统的有效控制，造成治理过程困难重重，治理进度进展缓慢。需要正视并尊重利益相关

方的诉求，让市场、社会和社区等多元主体共同参与到荒漠化治理的整个过程中，在生态、经济、民生共赢的基础上，成功实现对荒漠化治理。

四、荒漠化防治资金投入不足

我国是发展中国家，经济基础薄弱，但我国的荒漠化土地面积却是全世界排名靠前。近年来，国家和政府启动了多项治理工程，颁布了一系列的防沙治沙政策，并加大了对重点生态工程建设的投入。虽然这在一定程度上缓解了防治荒漠化资金投入不足的问题，但就生态修复与生态补偿所需的巨大财政投入额而言，当前的资金投入仍显不足。

五、荒漠化防治法律体系仍不健全

《中华人民共和国防沙治沙法》的出台标志着荒漠化的防治工作进入依法治理的阶段。但不难发现，当前的法律体系仍不健全，对荒漠化土地的产权权属、各职能部门的事权划分以及行政管理权的划分仍缺少有针对性的法律法规，因此在实际操作的过程往往各部门之间难以形成合力，造成荒漠化防治能力低效，管理无序。

第五节　完善荒漠和荒漠化治理

随着社会经济发展水平的提高，对荒漠资源治理问题也会越来越重视。在我国生态文明建设中，相关部门应当重视荒漠资源，及时跟踪荒漠资源出现苗头性、趋势性的问题，加大宣传力度，唤醒公众对荒漠资源的重视，及时分析我国荒漠资源治理中存在的漏洞和问题。切不可等到荒漠资源出现了严重的生态问题，再回头治理，那样损失就太大了。我们在 2019 年夏天走访了新疆和田和阿克苏地区，发现荒漠绿洲人口和经济对资源需要严重超出了荒漠绿洲生态的承载力。一些县将绿洲周边荒漠的绿化作为当地重大的生态工程，在绿洲内已出现过密化，而当地人口呈快速增长之势，农业和生态用水已经难以有进一步拓展的空间。寻求合理的手段解决当前荒漠生态系统存在的问题是推进生态文明建设、维护国家生态安全的需要，是推动经济社会发展、改善民生的需要，是促进民族团结、保持边疆稳定的需要，是履行国际公约、提升国际形象的需要。鉴于荒漠治理资料极其有限，也缺乏相应的研究，以下就荒漠化治理提出一些建议以供参考。

一、构建荒漠资源综合治理体系

生态系统的治理应该拥有多元的治理主体、复合的治理制度、多样的配套政策和全面的治理手段，而不是由某单一的制度就可完成所有的治理任务。当前的治理体系存在主体单一、制度缺乏、配套政策跟不上等问题，应该加紧构建荒漠生态系统综合治理体系，全面高效治理荒漠生态资源，将自然资源治理体系纳入国家治理体系之中。

二、加强植被保护，严守荒漠化土地红线

针对荒漠化土地的动态性质，划定地理和总量上的生态红线是有效的解决手段。应进一步探索生态红线的划分机制，更准确合理地在各省份之间划分生态红线，落实各地政府及行政主管部门的责任，将生态红线制度纳入社会经济发展的考核绩效中，确保荒漠化土地红线不被突

破，植被覆盖有效增加。

三、健全组织保障，突出林草部门的主管地位

防治荒漠化是地方各级政府的重要职责，要切实加强各级政府对荒漠化防治工作的组织领导，实行各级领导干部任期目标责任制，并将其列入考核干部政绩重要内容，实行目标管理，定期考核，严明奖惩。建立健全防治荒漠化工作领导机构和办事机构，各有关部门要按照职能分工，密切配合，共同推进荒漠化防治工作。林草部门作为荒漠生态系统的主管部门，应对其主管地位给予更大的权利保障，以充分发挥其在防治土地荒漠化过程中的负责、组织和协调功能。

四、引入多元监管主体，强化监督与管理

除政府行政管理部门监管荒漠生态系统的治理之外，还应引入私人、社区等多元监管主体。通过整合荒漠化防治相关行政主管部门的监测监督机构，建立健全荒漠化防治相关的资源状况监测、资源利用监督体系，建立监测监督信息公开制度，在公众和新闻媒体的监督下，实现荒漠化防治从“监督治理”向“监督预防”的方向转变。

五、健全财税金融体制，保障财政资金投入

防治荒漠化是一项规模宏大的系统生态工程，必须走以国家大型生态工程带动大发展之路，需要公共财政长期的投入保障，将荒漠化防治作为国家基础设施建设的重要内容，加大投资力度，全面提高治理的规模。同时，需要从全社会各个方面多渠道筹集资金，鼓励私人资本进入

生态建设领域，充分引入国外政府和民间资源。

六、加大宣传，提高公众防沙治沙意识

切实加大宣传力度，提高全社会对土地荒漠化的严重性和紧迫性，以及对防治任务的长期性和艰巨性的认识，动员各方面的力量自觉投身荒漠化防治事业。积极开展多层次、多形式的防治荒漠化教育，使广大农牧民掌握防治荒漠化基础知识和基本技能。

第十二章

生物多样性治理

世界上对生物多样性的保护研究较早是针对动物，20 世纪 70 年代人们进一步认识到植物，尤其是森林在生态系统中的重要性，开始重视植物多样性的保护工作，并召开了若干次国际会议。在 20 世纪 80 年代初期，国际自然保护联盟（IUCN）对受威胁的植物提出了“抢救植物就是拯救人类本身”的行动纲领。2010 国际生物多样性年中国行动提出：生物多样性就是生命，生物多样性就是我们的生命。IUCN 对生物多样性的认识主要基于：（1）植物是人类生存与发展的最重要的基础。人类的物质和精神生活，以及良好的生态环境都离不开植物。（2）植物在生态系统中是第一生产者，只有绿色的植物能够贮藏太阳能，植物是生态环境中的主体，为其他动物、微生物、菌类等提供基本的生存条件。据科学家研究，一个植物物种的灭绝就会引起 10 ~ 30 种其他生物的消失。（3）由于近代人口的快速增长，人类对自然资源的破坏性开发和环境的急剧变化等原因已经使包括植物在内的生物物种在地球上的灭绝速率比自然的灭绝速率加快了约 1000 倍。植物中最大的一部分就是森林，森林消退是生物多样性面临的最大威胁，保护森林对于保护生物多样性意义重大。

生物多样性锐减已成为当今世界重大环境问题之一，主要表现在：一方面，生态系统破坏、衰退严重，各类生态系统特别是森林和草地生态系统遭到严重破坏，衰退和退化非常严重，如森林已从人类文明初期的80亿公顷减少到目前的28亿公顷，且以每年1800~2000公顷的速度在减少。另一方面，物种灭绝速度加速。据IUCN等组织调查，以鸟类为例，在3500万年到100万年前，平均每300年有一种鸟类灭绝；从100万年前到现在，平均每50年有一种鸟类灭绝；在最近300年间，平均每2年就有一种鸟类灭绝；而进入20世纪，每年就有一种鸟类灭绝。如果考虑低等的动植物，科学家估计在21世纪90年代，将有50万~100万种生物灭绝。物种基因资源日益匮乏，一个物种的灭绝就损失了成千上万个物种基因资源，加上现存的物种面临着单一化的严重威胁（生态系统简单化、农业定向培育和林业集约化经营等造成），物种基因资源的损失将是一个天文数字。《生物多样性展望》对此现状的阐述是：（1）以将原始开垦作为种植园和农业用地的主要毁林方式继续存在，且速率惊人。（2）大约3000个物种野生种群的趋势表明，1970—2000年平均物种丰富度持续下降了40%。（3）根据2008年的《IUCN濒危物种红色名录》，更多物种受到灭绝威胁，其中包括占总数12%的鸟类、21%的哺乳动物种类和31%的两栖动物（McNeely and Mainka，2009）。

第一节　生物多样性与自然保护地

一、生物多样性的概念及保护意义

生命系统极其复杂，“生物多样性”为我们提供了一个概念去理解生命系统的复杂性（DeLong，1996）。狭义的“生物多样性”是指构成地球生命的基因、物种和生态系统的多样性（Rands et al.，2010）；广义的“生物多样性”则包含了基因、物种、集合体、生态过程、生态成分、生态系统和它们之间的相互作用（DeLong，1996）。生物多样性为社会提供了许多基本服务，包括物质功能服务、基础功能服务和文化功能服务。据估算，多样性的自然生态系统为人类社会所带来的经济价值是维持它们所付出成本的 10～100 倍（Rands et al.，2010）。在物质功能方面，多样化的生物及其互动为人类提供了清洁的水源、丰富的食物、木材、纤维和燃料。除此之外，生物资源是传统医学的基础，也是现代医药的重要支柱（Millennium Ecosystem Assessment，2005）。在基础功能方面，生物多样性可以保证稳定的物质交流和自然系统的长期稳定状态，提高人类社会面对外界不利因素和环境变化的适应能力。一方面，生态系统可以保证生物圈内的营养循环，调节气候，提高空气质量，处理和排除系统内的废弃物和毒素；另一方面，生态系统可以有效提高农业授粉和防治病虫害，帮助人类社会抵御洪水、火灾、台风等自然灾害，控制病毒和细菌的传播，抑制流行病的爆发（Millennium Ecosystem Assessment，2005）。在文化功能方面，良好的生态环境为人类的休憩和娱乐提供了场所，对人类的身心健康产生积极影响（Millennium Ecosystem Assessment，2005；Rands et al.，2010）。

但是，日益增长的人类活动给生物多样性带来了巨大的威胁，人类干预下的物种灭绝率比自然状态高出 1000 倍（Brooks et al.，2006）。幸运的是，国际社会已逐渐意识到生物多样性的急速萎缩正在侵蚀人类赖以生存的环境，生物多样性保护逐步成为全球关注的焦点议题。面对这场危机，世界各国政府、多边机构、基金会等每年投入 60 亿美元的资金来支持国内和国际保护事业，旨在降低生物多样性的减少速度（Brooks et al.，2006）。

二、自然保护地的概念及发展

自然生态系统和生物多样性是人类赖以生存和发展的物质基础，也是国家生态安全的重要基石（陈耀华、黄朝阳，2019）。为保护生态系统的完整性和生物多样性，各国建立了类型多样的自然保护地。自然保护地（protected areas）是具有保护自然功能区域的泛称（蒋志刚，2005），国际自然保护联盟将保护地定义为“通过法律及其他有效方式，用以保护和维护生物多样性、自然及文化资源的土地或海洋”（李双成，2014）。自然保护地是被人类构建的一个自然生态系统类型，不同于森林、湿地、草原、海洋等自然生态系统。随着人类在利用和开发森林、湿地、海洋、草原、荒漠等自然生态系统过程中面临的不同问题，保护地的内涵也在不断调整。

1832 年艺术家乔治・卡特林对美国西部大开发影响印第安文明、野生动植物和荒野深感忧虑，写道“他们可以被保护起来。只要政府通过一些保护政策设立一个大公园……一个国家公园，其中有人也有野兽，所有的一切都处于原生状态，体现着自然之美。”卡特林的期望在 1864 年得到部分实现。是年，加州的优诗美地峡谷（Yosemite Valley）被美国政府列为州立公园并实行保护。1872 年，国会批准将位于怀俄明州和蒙大拿州边界的风景奇异的黄石地区（Yellow Stone）保留为“公众的公园，为了人民的利益和愉悦而建的游乐场地”。这也是世界上第一座国家公园，被认为是自然保护运动最初的胜利果实之一。继黄石国家公园建立之后，威尔逊总统于 1916 年 8 月签署关于成立国家公园管理局的法案，正式成立国家公园管理局，隶属内务部。该局负责内务部以前所管辖的国家公园和国家纪念地，以及“今后可能由国会创建的具有类似特征的国家公园和保留地区”。这意味着国家公园的管理纳入了法制化行政管理体制中。美国《国家公园事业法》规定："保护自然景观和历史遗迹及栖息生长在其中的动植物资源，在一定条件下为当代和后代提供消遣和游乐场所的同时，保证在利用中不得使之受到损害。"

美国国家公园系统从孕育诞生到发展成熟经历了近 200 年的时间，其中利用和保护之争从未中断，但最后以自然保护的胜利而告终。美国国家公园重视游憩功能的开发，但游憩必须先服从于保护的要求，并充分发挥游憩的教育和启示作用。公园建立了形式多样、科学生动的解说体系，引导民众更好地欣赏国家公园，并促使游憩者成为保护者（朱璇，2006）。

自 1872 年起，国家公园运动逐渐从美国向世界其他地区扩展。1969 年，IUCN 正式接受美国的概念，确立了一致的关于国家公园的国际标准。自此，世界上许多国家也都建起了各自的国家公园。时至今日，世界上已经有超过 200 个国家和地区相继建立了国家公园，包括加拿大、澳大利亚、德国、英国等发达国家，也包括发展中国家（卢琦等，1995）。

在二战之后，自然保护事业发展迅速，国际社会先后达成了《濒危野生动植物种国际贸易公约》《关于特别是作为水禽栖息地的国际重要湿地公约》《保护世界文化和自然遗产公约》《生物多样性公约》等物种及生态系统保护的国际公约。联合国教科文组织、联合国环境规划署、联合国粮食与农业组织等国际机构在自然保护领域中扮演着越来越重要的角色，专业的自然保护组织逐渐崭露头角，国际自然保护联盟（IUCN）、世界自然基金会（WWF）、大自然保护协会（TNC）、国际野生生物保护学会（WCS）等机构也越来越具有影响力（李双成，2014）。各国政府和社会不断加深对自然和生物多样性的认知，国际组织不断加大对自然保护事业的支持，有力推动了全球范围内的自然保护事业的发展。截止到 2018 年，全球建立了超过 23 万个自然保护地，其中位于陆地的超过21万个，约占陆地面积的15%，历经150余年的自然保护事业颇具成效（马永欢等，2019）。

三、自然保护地分类体系

不同的国家和部分国际自然保护组织依据保护工作开展的历史和业务偏好，提出了不同的自然保护地体系，各国按照自身国情构建了相配套的自然保护地管理体系（陈耀华、黄朝阳，2019）。保护地类型分类是保护事业的基础，通过区分不同保护区之间的共性、独特性和差异性，明确保护区的治理主体、治理目标和治理手段，制定不同的管理方式，从而实现理论指导和保护实践的结合（王献溥、郭柯，2005）。

中共中央办公厅、国务院办公厅于2019年共同发布的《关于建立以国家公园为主体的自然保护地体系的指导意见》按照自然生态系统原真性、整体性、系统性及其内在规律，依据管理目标与效能并借鉴国际经验，将自然保护地按生态价值和保护强度高低依次分为三类，包括国家公园、自然保护区和自然公园。

国家公园是指，以保护具有国家代表性的自然生态系统为主要目的，实现自然资源科学保护和合理利用的特定陆域或海域。这是我国自然生态系统中最重要、自然景观最独特、自然遗产最精华、生物多样性最富集的部分，保护范围大，生态过程完整，具有全球价值、国家象征，国民认同度高。

自然保护区是指，保护典型的自然生态系统、珍稀濒危野生动植物种的天然集中分布区、有特殊意义的自然遗迹的区域。自然保护区具有较大面积，以确保主要保护对象安全，维持和恢复珍稀濒危野生动植物种群数量及赖以生存的栖息环境。

自然公园是指，包括重要的自然生态系统、自然遗迹和自然景观，具有生态、观赏、文化和科学价值，可持续利用的区域。其目的是确保森林、海洋、湿地、水域、冰川、草原、生物等珍贵自然资源，以及所承载的景观、地质地貌和文化多样性得到有效保护。自然公园包括森林公园、地质公园、海洋公园、湿地公园、荒漠公园等。

我国现行各类法定保护地的主要类型包括国家公园、自然保护区、地质公园、森林公园、湿地公园、风景名胜区、自然遗产地、水利风景区。如表 12－1 所示，这些类型各异的自然保护区是由国家林业和草原局、生态环境部、住房和城乡建设部等中央机构按照不同职能规划而设定的，因此具有不同的保护目标和管理架构。在 2018 年 3 月国务院机构改革后，原国家林业局改组为国家林业和草原局，整合了国家林业局的职责、农业部的草原监督管理职责，以及国土资源部、住房和城乡建设部、水利部、农业部、国家海洋局等部门的自然保护区、风景名胜区、自然遗产、地质公园等管理职责。自然保护地体系由“九龙治水”的格局转变为单一专业部门治理制度。

表 12－1　　中国主要保护地分类

类型	定义	管理层级	主要功能
自然保护区	对有代表性的自然生态系统、珍稀濒危野生动植物物种的天然集中分布、有特殊意义的自然遗迹等保护对象所在的陆地、陆地水体或者海域，依法划出一定面积予以特殊保护和管理的区域	国家—省—市—县四级	自然资源保护
森林公园	以森林资源为依托，生态良好，拥有全国性（区域性）意义或特殊保护价值的自然和人文资源，具备一定规模和旅游发展条件，由林业行政主管部门批准的自然区域	国家—省—市三级	保护自然生态系统风景资源和生物多样性、科普宣传、生态旅游

续表

类型	定义	管理层级	主要功能
地质公园	地质遗迹景观和生态资源重点保护区，地质科学研究与普及基地；具有生态、历史和文化价值；提供观光游览、度假休息、保健疗养、科学教育、文化娱乐的场所	国家—省—市三级	资源保护、科学研究、游览
湿地公园	以保护湿地生态系统、合理利用湿地资源为目的，可供开展湿地保护、恢复、宣传、教育、科研、监测、生态旅游等活动的特定区域	国家—省二级	资源保护、科普宣传、合理利用
风景名胜区	风景资源集中、环境优美，具有一定规模和游览条件，可供人们游览欣赏、游憩娱乐或进行科学文化活动的地域	国家—省—市三级	风景资源保护、游览
世界遗产地	被联合国教科文组织和世界遗产委员会确认的人类罕见的、目前无法替代的财富，是全人类公认的具有突出意义和普遍价值的文物古迹及自然景观	单级	世界级遗产资源的保护、保存和展出
水利风景区	以水域（水体）或水利工程为依托，具有一定规模和质量的风景资源与环境条件，可以开展观光、娱乐、休闲或科学、文化、教育活动的区域	国家—省二级	风景资源保护、游览

资料来源：刘金龙、赵佳程等（2008）。

不同于我国根据不同部门划分的自然保护地体系，IUCN 于 1994 年出版的《保护区管理类型指南》根据自然保护地的主要管理目标、保护严格程度、资源价值和可利用程度等，将全球自然保护地划分为六大类型（见表 12－2）。虽然各国对于自然保护地体系的构成要素根据各国保护对象、保护性质和管理系统的差异而有不同的划分方法，但整体上，该指南提出的自然保护地分类体系在全球范围内被广泛接受、认可并应用。

表 12－2　　IUCN 保护地管理分类体系

类型	名称	描述
第Ⅰa类	严格的自然保护区	指受到严格保护的区域，目的是保护生物多样性，亦可能涵盖地质和地貌保护。在此类区域中，人类活动、资源利用受到严格控制，以确保其保护价值不受影响。这类保护区在科学研究和监测中发挥着不可或缺的参考价值
第Ⅰb类	原野保护区	通常是指大部分保留原地貌或原地貌仅有微小变动的区域。这类保护区保存了原有的自然特征，没有永久性的或者明显的人类居住痕迹，对其保护和管理是为了保持其自然原貌
第Ⅱ类	国家公园	指大面积的自然或近自然的区域，设立的目的是保护大规模（大尺度）的生态过程，以及相关的物种和生态系统特征，并提供环境和文化兼容的精神享受、科研、教育、娱乐和参观的机会
第Ⅲ类	自然历史遗迹或地貌	指为保护某一特别自然历史遗迹所特设的区域，可以是地形地貌、海山、海底洞穴，也可以是洞穴，甚至是古老的小树林这类依然存活的地质地形。其面积往往较小，但通常具有较高的观赏价值
第Ⅳ类	栖息地/物种管理区	主要用于保护某类物种或栖息地，管理工作中也需体现这种优先性。这类保护地需要经常性的、积极的干预，以满足保护或维持某种物种或栖息地的需要，但这并非该类保护地成立的必要条件
第Ⅴ类	陆地景观/海洋景观保护区	指人类和自然长期相处所产生的特点鲜明的区域，具有重要的生物、文化和游憩价值
第Ⅵ类	自然资源可持续利用保护区	指为了保护生态系统和栖息地、文化价值和传统自然资源管理系统而划建的区域。这类保护地通常面积庞大，大部分地区处于自然状态，其中小部分区域可处于自然资源可持续管理利用之中。该类保护地的主要目标是保证与自然保护相兼容的低强度、非工业化的自然资源利用

资料来源：IUCN（1994）。

IUCN 的自然保护地分类体系依照不同地区的自然社会条件，设立了不同的自然保护地类型，这些保护地的保护严格程度、保护目标、保护手段都存在差异，并构建了完整、动态的自然保护地框架。这些国际经验对我国自然保护地分类体系的完善、保护效果的提升而言，都有着重要的启示意义。

第二节　中国自然保护地建设历程

自 1956 年设立第一个自然保护区以来，我国逐步建立了面积广阔、种类完善的自然保护地体系。截止到 2018 年，我国各类自然保护地已达 1.18 万处，占国土面积的 18% 以上，包括国家公园体制试点 10 个，国家级自然保护区 474 处，国家级风景名胜区 244 处，世界地质公园 37 处，国家地质公园 212 处，国家级海洋特别保护区 71 处。（蒋志刚，2005）。截止到 2019 年，我国共有 55 个项目被联合国教科文组织列入《世界遗产名录》，数量列世界第一，其中世界文化遗产 37 处，世界自然遗产 14 处，世界文化和自然遗产 4 处，世界文化景观遗产 4 处。

我国现在已经是全世界自然保护区面积最大的国家之一，基本形成了类型比较齐全、布局基本合理、功能相对完善的自然保护区网络，建立了比较完善的自然保护区政策、法规和标准体系，构建了比较完整的自然保护区管理体系和科研监测支撑体系（高吉喜等，2019）。

一、中国自然保护区的发展历史

中国现代的自然保护始于 1956 年直至 1964 年，自然保护事业一直有序推进。但是在 1965—1972 年期间，社会动荡严重影响了自然保护工作的开展，以至于原有建立的自然保护区遭到撤销或破坏。随着人与生物圈计划在华实施、“熊猫外交”等行动对外部环境的改善，自然保护事业在 1973—1977 年逐渐开始恢复。在 1978 年之后，稳定的社会经济发展和各级政府的重视使得我国的自然保护逐步得到大规模发展。2015 年，国家发展和改革委员会等 13 个部委联合发布了《建立国家公园体制试点方案》，开启了以国家公园为主题的自然保护地体系建设的序幕（朱靖，1990）。

（一）初步发展与曲折前进阶段（1956—1972 年）

1956 年 9 月，秉志等五位科学家在第一届全国人民代表大会上提出了“请政府在全国各省（区、市）划定天然森林禁伐区，保存自然植被以供科学研究的需要”提案。同年 10 月，林业部颁布了《关于天然森林禁伐区（自然保护区）划定草案》，指出“有必要根据森林、草原分布的地带性，在各地天然林和草原内划定禁伐区（自然保护区），以保存各地带自然动植物的原生状态”，并明确了自然保护区的划定对象、办法和重点地区（高吉喜等，2019）。1956 年，我国建立了第一个自然保护区——广东鼎湖山自然保护区。此后，在浙江天目山、海南尖峰岭、广西花坪、云南西双版纳小勐养、吉林长白山等地陆续建立自然保护区，填补了我国自然保护地体系的空白。

但是，1964—1972 年，中国社会的曲折发展也使得自然保护事业停滞不前，各地大量的自然资源开发严重威胁了原本就比较脆弱的自然生态系统，林区过度采伐、大河流域围湖造田、开垦湿地林地等现象屡见不鲜。我国这段时期的自然保护事业处于“名存实亡”的倒退期。

（二）恢复发展阶段（1973—1993 年）

20 世纪 70 年代，中国的外交形势发生了转变，这也给中国自然保护事业带来了转机。1971 年，中国重返联合国，随后于 1972 年加入联合国人与生物圈计划并当选为理事国。1978 年 9 月正式成立了中华人民共和国人与生物圈国家委员会，同时设立人与生物圈秘书处，挂靠在中国科学院，负责指导落实、执行人与生物圈计划在中国的具体工作

（彭海昀，1990）。这一时期的“熊猫外交”也使得国内外社会的关注点聚焦在大熊猫等旗舰物种的保护上，卧龙、长白山等重要保护区相继加入人与生物圈计划，中国自然保护工作开始逐渐复苏。

1978 年之后，随着政治环境的稳定和社会经济的发展，我国自然保护事业重新回到了正常发展的轨道。到 1993 年，全国共建立各类自然保护区 763 处，总面积达 66.18 万平方千米，占国土面积的 6.84%。除自然保护区建设外，我国逐步完善了自然保护地的法律体系，并相继建立了风景名胜区、森林公园、世界遗产等多种保护地类型。

在自然保护地立法方面，1985 年我国颁布并实施了《森林和野生动物类型自然保护区管理办法》，这是我国第一部关于自然保护区建立和管理的法规，为规范建立自然保护区体系提供了法律依据。1987 年 5 月，国务院环境保护委员会颁发了《中国自然保护纲要》，这是我国第一个保护自然资源和自然环境的宏观指导性文件（高吉喜等，2019）。

在保护地类型构建方面，1982 年，我国正式建立风景名胜区制度，在“具有观赏、文化或者科学价值，自然景观、人文景观比较集中，环境优美，可供人们游览或者进行科学、文化活动”的区域依法建立风景名胜区，并审定批准了山西五台山等首批 44 个国家重点风景名胜区。同年 9 月，我国正式批建湖南张家界国家森林公园。作为我国第一座森林公园，它是以大面积森林为基础，生物资源丰富，自然景观、人文景观相对集中的具有一定规模的生态郊野公园。这一体系的建立与发展使我国林区一大批珍贵的自然文化遗产资源得到了有效保护。中国于 1985 年加入《保护世界文化和自然遗产公约》。1987 年 12 月，长城等六处名胜古迹首次被列入《世界遗产名录》，有效保护了重要自然生态系统和珍贵自然遗产。

（三）快速发展阶段（1994—2015 年）

在这一阶段，我国自然保护工作取得了长足的进展，地质公园、湿地公园、海洋特别保护区等新型保护地也相继由各部委建立。同时，1999 年开启的天然林保护、退耕还林等林业工程大大降低了我国社会发展对森林资源所带来的压力，为自然保护工作提供了良好的外部条件。

1994 年，国务院发布实施了《中华人民共和国自然保护区条例》，这是我国第一部自然保护区专门法规。自 1999 年开始，国家陆续启动了天然林保护、退耕还林等一系列重大生态工程。2001 年，国家正式启动了全国野生动植物保护和自然保护区工程，大熊猫、老虎、亚洲象等 15 大类重要物种和一批典型生态系统就地保护纳入了工程建设重点。2010 年，国务院针对全国自然保护区保护与开发矛盾日益突出等问题，出台了《关于做好自然保护区管理有关工作的通知》。2015 年，为了严肃查处自然保护区典型违法违规活动，原环境保护部等十部门印发了《关于进一步加强涉及自然保护区开发建设活动监督管理的通知》（高吉喜等，2019）。

国家地质公园是以具有国家级特殊地质科学意义和较高的美学观赏价值的地质遗迹为主体，并融合其他自然景观与人文景观而构成的一种独特的自然区域。1999 年 4 月，联合国教科文组织提出建立世界地质公园（UNESCO Geoparks）。为配合世界地质公园的建立，2000 年 8 月由原国土资源部组织成立了国家地质公园领导小组和国家地质公园评审委员会，并开展申报工作。2001 年 4 月，国土资源部正式批准授牌第一批 11 处国家地质公园。截至 2018 年，我国共建立 270 处国家地质公园（含资格），建立省级地质公园 100 余处，其中 37 处被联合国教科文组织收录为世界地质公园，初步建立了地质门类齐全、管理等级有序、分布宽广的中国地质公园体系（何小芊等，2014）。

湿地公园以湿地生态系统保护为核心，兼顾湿地生态系统服务功能展示、科普宣教和湿地合理利用示范，蕴涵一定文化或美学价值，可供人们进行科学研究和生态旅游，受到特殊保护和管理。2003 年国务院批准了《全国湿地保护工程规划》，从此我国湿地公园建设进入实质性发展阶段。2005 年，西溪湿地公园正式成为第一家国家湿地公园。

海洋特别保护区是指“对具有特殊地理条件、生态系统、生物与非生物资源及海洋开发利用特殊需要的区域采取有效的保护措施和科学的开发方式进行特殊管理的区域”。原国家海洋局于 2005 年建立了第一个海洋特别保护区——浙江省乐清西门岛海洋特别保护区，并于次年 1 月颁发实施了《海洋特别保护区管理暂行办法》。这对于我国海边滩涂湿地、海洋等多种生态系统保护有着重要意义。截止到 2018 年，我国建立各级海洋特别保护区 111 处，面积达 7.15 万平方千米，其中国家级海洋特别保护区 71 处（含国家级海洋公园 48 处）。目前，我国已初步形成了包含特殊地理条件保护区、海洋生态保护区、海洋资源保护区和海洋公园等多种类型的海洋特别保护区网络体系。

（四）改革调整阶段（2015 年至今）

在这一阶段，我国推动了中国国家公园的试点建设，开启了三江源、东北虎豹、大熊猫、祁连山、北京长城（后取消）、福建武夷山、云南普达措、浙江钱江源、湖北神农架、湖南南山、海南热带雨林（2019 年增补）等国家公园试点。2015 年开启的国家公园建设拉起了我国自然保护地体系改革的大幕。随着 2018 年国务院机构改革等相关体制调整，以国家公园为主体的自然保护地体系建设旨在解决我国自然保护事业在治理架构、立法、规划、社区发展等方面的痼疾，并取得了长足的进展。

二、以国家公园为主体的自然保护地体系建设进展

经过60多年的努力，我国已经建立了数量众多、类型丰富、功能多样的自然保护地体系。虽然保护地的数量和面积快速增长，但保护质量不高，保护模式有待转型。为了改善自然保护质量，我国于2015年开启了国家公园体系的探索和以其为主体的保护地改革。

在地方层面，我国国家公园体系的第一次尝试是2006年8月由云南省政府建立的普达措国家公园，这座由原国家林业局批准设立的试点也被称为“中国大陆首个国家公园”。2008年10月，原环境保护部和国家旅游局批准建设了黑龙江汤旺河国家公园。但是，囿于“九龙治水”的自然资源行政管理体制和行政授权格局，2009年中央政府暂停了国家公园的试点工作，要求在自然遗产资源保护立法中继续探索研究（田世政、杨桂华，2011）。

在国家层面，2013年党的十八届三中全会决议提出建设国家公园体制，希望借此破解保护地长期面临的问题。2015年1月，国家发展和改革委员会等13个部委联合发布了《建立国家公园体制试点方案》，先后在12个省份设立了三江源、东北虎豹、大熊猫、祁连山、神农架、武夷山、钱江源、湖南南山、普达措和北京长城等国家公园体制试点区，拉开了国家公园体制改革的序幕。

2017年9月26日，中共中央办公厅、国务院办公厅印发了《建立国家公园体制总体方案》（以下简称《总体方案》）。这是推动我国国家公园体制改革的纲领性文件，系统阐明了构建我国国家公园体制的目标、定位与内涵，明确了推动体制机制改革的路径，加强了国家公园体制的顶层设计。《总体方案》中确定的十项重点任务，包括制定国家公

园设立标准、确定国家公园布局、优化完善自然保护地体系、建立统一管理机构等都取得了实质性进展。

2017 年，党的十九大进一步提出“建立以国家公园为主体的自然保护地体系”的要求。2018 年 5 月，国家发展和改革委员会把国家公园体制试点工作整体移交给国家林业和草原局。在国家发展和改革委员会前期工作的基础上，国家林业和草原局加大工作力度，全面指导国家公园体制试点工作，针对前期存在的问题进行了全面的梳理，并采取了针对性措施，终止了不符合资源条件和规模标准的北京长城国家公园试点，推动建立了海南热带雨林国家公园试点。

国家公园体制建设得到了高层领导的重视与引领。习近平总书记高度重视国家公园建设，多次发表重要讲话和作出批示，引领国家公园体制改革方向，推动试点和制度建设工作不断深入。2016 年，在中央财经领导小组第十二次会议上，习近平指出，要着力建设国家公园，保护自然生态系统的原真性和完整性，给子孙后代留下一些自然遗产；要整合设立国家公园，更好保护珍稀濒危物种；要研究制定国土空间开发保护的总体性法律，更有针对性地制定或修订有关法律法规。

建立国家公园体制是中央层面的重点改革任务，是我国生态文明制度建设的重要内容，对于推进自然资源科学保护和合理利用，促进人与自然和谐共生，推进美丽中国建设，具有极其重要的意义。自 2015 年启动国家公园体制试点以来，国家公园体制改革积累了一批可复制可推广的制度和经验，在国家公园管理体制、制度构建、建设规划、保护措施、资金来源、合作机制等方面取得了初步进展（王毅、黄宝荣，2019）。

第三节 中国自然保护地治理架构

一、中国自然保护区的治理架构

（一）管理体制

由于我国行政体制和自然保护的发展历史，我国自然保护区的建设遵循“抢救式保护，先划后建，逐步完善”的原则，并形成了分类型、分等级的管理体制（欧阳志云等，2002）。在2018年国务院机构改革之前，国务院代表中央人民政府，是自然保护区管理的最高领导和决策机构。国家环境保护部是国务院下设的环境保护行政主管部门，对全国自然保护区治理实施综合管理和统一协调。原国家林业局、农业部，以及地质矿产、水利、海洋等行政主管部门在各自的职责范围内，根据不同的保护对象，批准建立并管理有关的各类型自然保护区。在改革后，包括各级自然保护区、国家公园、世界遗产、风景名胜区等自然保护地统一由国家林业和草原局行使行政管理权（沈兴兴、虞慧怡，2015）。

根据自然保护区保护对象的代表性与重要性，我国自然保护区实行分级管理，根据自然保护区的重要程度分为国家级和地方级，地方级又分为省、市、县级。国家自然保护区管理条例规定：“国家级自然保护区，由其所在地的省、自治区、直辖市人民政府有关自然保护区行政主管部门或者国务院有关自然保护区行政主管部门管理。地方级自然保护区，由其所在地的县级以上地方人民政府有关自然保护区行政主管部门管理。”但实际上，除卧龙、白水江及佛坪三个自然保护区由国家林业和草原局直接管理外，其他国家级自然保护区均是由保护区所在地的省、自治区、直辖市人民政府的林业等行政部门管理，或市、县林业等行政主管部门管理，有的国家级保护区由乡镇政府管理。地方级自然保护区，由其所在地的省、市、县人民政府有关自然保护区行政主管部门或乡镇政府管理。有关自然保护区行政主管部门大多在自然保护区内设立专门的管理机构，配备专业技术人员，负责自然保护区的具体管理工作（欧阳志云等，2002）。

（二）财政制度

按照分级管理的制度，国家级自然保护区应当隶属中央政府管理。但实际上，我国的绝大多数国家级自然保护区是由所在当地政府管理，其中许多是由市、县、乡级政府管理。自然保护区管理及建设所需经费由自然保护区直接主管部门或地方人民政府安排。国家只对国家级自然保护区的建设给予有限的资金补助。这就造成了当中央政府在把责任委托给地方政府时，并没有足够的经费投入。由于自然保护区管理体制混乱、责任不清、定位不明确，国家及各级政府均没有明确的经费预算计划。国家各主管行政部门每年仅对极少数的几个自然保护区下拨部分基建费，而且专款专用，其运行费及自然保护区职员的工资均由地方政府负担及自然保护区创收自筹。地方级自然保护区的经费更是难以保障，多数地方政府不能保证对自然保护区最基本的投入，而许多地处贫困边远地区的自然保护区的处境更是困难。

据在21世纪初的估算，各级政府对自然保护区每年总的投入约为2亿元，其中包括工资、福利、运行和基建费用，平均到每个保护区为32.36万元，平均到保护区职工人均仅为11754.33元。另据调查，一个保护区一般需要长达10年左右或更长的时间，才能完成最起码的基本建设。经费不足严重制约着自然保护区职能的发挥，也是保护效率下降的主要原因之一（韩念勇，2000）。

（三）管理方式

我国保护地管理体制主要采用自上而下的强制性行政管理手段。该模式的特点是管理目标简单明确，但需要大量人力物力，管理成本高昂。这种保护方式适于数量有限、人口压力不大的重点保护区，并需要较强经济实力作为外部支撑。然而，由于经济能力所限，处在强制管理体制中的保护区机构得不到所需要的足够投入，从而使自然保护地管理制度陷入困境。建立的保护地数量越多，所陷入的困境越深（韩念勇，2000）。

另外，强制管理体制推崇排斥人类活动的壁垒式保护，在这样的体制下，保护区往往将当地社区作为干扰源，采用行政强制和政策宣传手段，阻止社区的自然资源利用行为。当地社区群众往往处于被动的或与保护区对立的地位，不利于协调与当地经济发展的关系，反而经常加剧两者的矛盾。这包括土地权属不清引起的冲突和土地收益受到限制而产生的冲突（周建华、温亚利，2006）。前者主要表现为自然保护区与周边社区的边界不清，既可能是因为自然保护区划界不明确而引起，也可能是因为保护区在划界和土地确权时没有得到周边社区的认可而造成的。目前，有些自然保护区在名义上的土地权属和界限是清晰的，但保护区和周边社区对于自然保护区管理机构对边界的认识不同，因而会产生冲突。还有一些自然保护区，虽边界自身清楚且土地权属清晰，但是在确权的过程中没有得到周边社区的认可而造成了冲突。例如，有些自然保护区在建立的时候，相关部门将原先的自留山和集体林等集体土地变更为国有土地，并颁发了土地证和林权证，但是这一变更没有得到当地居民的认可，从而产生了矛盾。

土地收益受到限制而产生的冲突则更为常见和普遍，表现为社会经济发展与生物多样性保护的冲突。目前大约有 1/4 的保护区面积属于集体土地，周边社区拥有自然保护区的土地和森林资源，但对土地和自然资源的利用受到严格限制，而且还得不到任何补偿或只有很少的补偿。这些自然保护区的建立影响了当地社区的经济发展和居民收入。在现行的自然保护区管理条例规定下，核心区和缓冲区是限制人为干扰的，即使是试验区也不得从事工农业生产活动。但是，在我国自然保护区规划中，有相当数量的保护区都涵盖了集体土地，甚至在核心区和缓冲区都大量存在集体土地，包括当地社区的林地、耕地，甚至住宅用地。然而，实际上很多保护区并没有获得划为核心区和缓冲区的集体土地的使用权。如果严格执行自然保护区管理条例的规定，这些集体土地的权益必然受到极大限制。这也是自然保护区与周边社区利益冲突的根本原因。也正因如此，自然保护区无法按照自然保护区管理条例的要求进行管理，影响了管理的有效性，保护生物多样性的目标也无法实现。

二、中国国家公园的治理架构

按照“国家所有、全民共享、世代传承”的原则，我国国家公园由国家林业和草原局统一实行管理权，国家林业和草原局加挂国家公园管理局的牌子，履行统一管理国家公园等各类自然保护地的职责，构建了事权统一、分级管理的治理架构，打破了原来“九龙治水”的格局。

中国国家公园体制建设整合组建了统一的管理机构，积极探索分级行使所有权和协同管理机制。三江源、东北虎豹、大熊猫、祁连山、武夷山、神农架、湖南南山、钱江源、普达措试点区均成立了国家公园管理局或管委会。东北虎豹国家公园试点区的全民所有自然资源资产所有权由中央政府直接行使，具体依托国家林业和草原局驻长春森林资源监督专员办事处进行管理。祁连山和大熊猫国家公园试点区分别依托国家林业和草原局驻西安森林资源监督专员办事处和国家林业和草原局驻成都森林资源监督专员办事处管理（分别加挂祁连山、大熊猫国家公园管理局牌子）。三江源国家公园试点区探索了委托省级政府代理行使自然资源资产所有权的管理模式。湖北神农架的情况较为特殊，虽然由湖北省人民政府垂直管理，但是委托神农架林区政府代为管理（刘治彦，2017）。

在财政方面，国家公园探索构建了财政投入为主、社会投入为辅的资金保障机制。试点开展以来，中央有关部门通过现有的中央预算内投资渠道和中央财政专项转移支付投入资金91.26亿元，对各个国家公园基础设施建设、生态公益林补偿、野生动植物保护等予以支持。地方政府加大国家公园建设资金投入力度，累计投入达39.51亿元。三江源基金会、中国绿化基金会等组织也为国家公园建设助力。

在管理手段方面，中国国家公园体制建设依照“政府主导、多方参与”的原则，强调在自然保护工作中社会组织的参与和当地社区的利益。现有试点工作正在逐步探索社会捐赠机制、志愿者机制、社会组织、个人、科研机构参与合作管理机制、社会监督机制等社会组织参与方式，推动全民共建国家公园（钟林生、肖练练，2017）。

第四节　中国自然保护地建设面临的焦点问题

一、自然保护区保护能力欠缺

近年来，随着社会经济活动的加剧，我国的自然保护区亦受到了一定影响，不仅表现为生态系统的破碎化，更为严重的是其生态功能（如维系物种多样性）等方面的退化或丧失。但是，受限于技术、资金、管理架构，我国自然保护区难以对保护对象实施有效的保护（沈兴兴、虞慧怡，2015）。目前，只有少数几个自然保护区能达到这一要求，有25%以上的自然保护区没有土地使用权，近1/3的是无机构、无人员、无边界的“三无”自然保护区。从管理机构的建设来看，926 个自然保护区中有 566 个建立了管理机构，占总数的 61.12%（王伟等，2016）。

二、自然保护区过度商业性开发

由于国家和地方政府没有提供足够的经费，或为了自身的“发展”，许多保护区通过各种途径增加收入，尤其是将主要精力放在商业性开发和增收节支上，把开发利用保护区的旅游资源与其他生物资源作为保护区增加收入的主要途径（欧阳志云等，2002）。这不仅影响了保护区的管理与保护，加剧了保护区与社区的矛盾，还削弱了各级政府对其主管保护区的监督管理能力。

目前，保护区资源利用方式主要包括生态旅游和资源利用。由于各种利益的驱动，在资源开发中很少经过严谨的科学论证和严格的生态环境影响评价，在保护区中心地带发展“生态旅游”的保护区越来越多。

商业性开发还使得保护区的定位不明确。目前，很多保护区都设有生产经营或旅游开发机构，专门从事资源开发。它们是保护区管理机构管辖的企业，与其他经营者相比，享有特权。自然保护区管理机构一般拥有保护区资源的保护者与经营者的双重身份。一方面，它们代表国家维护自然保护区的资源，执行国家有关法规；另一方面，它们又是资源的利用者和经营者，转而成为管理和执法的对象。例如，长白山保护区共有职工近 1000 人，而在自然资源保护与管理方面的职工仅约 20 ~ 30 人，其余 60 ~ 70 人主要从事旅游管理，可见应作为重点的保护工作反倒成了保护区所有工作的一小部分。保护区管理机构既是执法者又是执法对象的这种体制上的混乱，势必造成管理上的混乱并引起社区的纠纷。

三、自然保护与社区发展的矛盾

我国大多数国家级自然保护区分布在经济发展水平较不发达的西部地区，其中80%以上的保护区内部及周边存在规模以上的社区。这些地区地理位置偏僻，自然条件恶劣，生产条件差，收入水平低（张晓妮，2012）。地理区位造成了两方面的影响：一方面，远离经济较发达、人口较密集地区的地理区位在客观上为生态系统的保留提供了外界条件；另一方面，偏低的区位也使得当地社区远离市场、技术，造就了当地以自然资源为基础的生产生活方式，虽然自给自足，但也很难摆脱贫困，形成了这些地区“富饶的贫困”，即“生态资源上是富饶的，人民生活是贫困的”这一特殊的贫困现象。以神农架为例，2003 年湖北省人均国内生产总值 9001 元，而神农架只有 4927 元，是全省平均水平的 54. 7%；人均财政收入 233 元，只有全省平均水平 433 元的 53. 8%。

自然保护区内及周边社区的居民往往具有共性：对自然资源依赖性强，利用方式简单；人口压力大，且受教育程度低；外来资金匮乏，缺乏发展空间。这也使得当地社区对于自然资源的黏性较大，而且随着市场化的进程加快，市场对于野生动物的皮毛、肉类、木材、草药、菌类、野生鱼等资源的需求日益旺盛，社区对于自然资源的依赖在某种意义上被加强了。同时，教育水平的低下和外来信息的匮乏使得当地社区难以寻找到产业转型的动力和方向。这几方面因素使得当地社区和自然资源被牢牢绑定在一起。

出于保护生物多样性的目的，自然保护区内的资源不允许开发利用，这在很大程度上制约了周边社区的经济发展。而自然保护区同当地农民的村落、农田、牧地及集体山林等交错在一起，甚至在保护区的核心区都有当地社区居住。自然保护区的建立使得这些社区居民不得不改变他们传统的生活与生产方式，但他们也难以找到替代产业。这也加剧了自然保护区与当地社区的矛盾，大大增加了自然保护工作的难度。

四、自然保护地立法缺位

中国现行自然保护地立法模式下的法律法规对引导和规范中国自然保护地的建设和发展提供了一定的法律保障。但是，随着经济社会的进一步发展，现有立法模式已不能满足实际需要（徐本鑫，2010）。随着社会对环境资源问题的日益重视，行政法规的效力等级与自然保护地的重要地位已明显不符。中国现行的自然保护地法规立法层级低，法制统一性不足，级别最高的《中华人民共和国自然保护区条例》属行政法规层级，在层次上不能统领其他自然保护地立法，在效力上也不能有效地协调各自然保护地的部门立法。法制统一性不足，首先体现在立法依据不统一上。例如，《森林和野生动物类型自然保护区管理办法》的制定依据主要是《中华人民共和国森林法》，而《海洋自然保护区管理办法》则主要是根据《中华人民共和国自然保护区条例》制定的。针对同样级别的自然保护地所进行的立法，不同的法规在指导思想和立法内容方面也多有冲突。

现行的自然保护地法规立法体系封闭，制度建设滞后于实际需要。中国的自然保护地是在强大的资源压力和抢救性保护政策导向下发展起来的。自然保护地综合性立法的缺失和自然保护地分类模式的缺陷造成了中国自然保护地立法体系的封闭。现有的自然保护地立法只是将自然资源保护规则和污染控制规则简单组合，是经济优先思想指导下的被简化的特殊区域保护法，其正面临着数量与质量保护与利用及如何有效管理等各种问题，需在立法体系上加以解决。

中国现关于自然保护地的六部现行的“管理办法（规定）”原是分

别由国务院所属的不同部门制定的，各部门往往不能从全局考虑，而是较多地考虑本部门、本系统的利益，从各自的角度管理保护和开发利用相关资源。一方面，各部规章之间相互协调性差，系统性不强，不但未形成协同统一的保护和合理开发资源的规范体系，反而成为扩展部门权力、维护部门利益的工具。另一方面，以部门规章形式表现的行政法规范受其自身能效的限制而给地方保护主义留下了可乘之机。例如，关于自然保护地的变更和撤销，能找到的法律依据只有《中华人民共和国自然保护区条例》第十五条第一款："自然保护区的撤销及其性质、范围、界线的调整或者改变，应当经原批准建立自然保护区的人民政府批准。"但是，该条款没有具体规定因何种原因、有何种情形、在何种条件下才可以为之，将撤销或变更自然保护区的权力交给了地方政府，这导致地方政府以地方经济建设需要为由，即可"合法"地裁剪自然保护区。

我国自然保护现行法律概念模糊，保护对象不明确。在中国现有的法律法规中，没有采用"自然保护地"的概念，而是广泛采用"自然保护区"这一概念。这造成了自然保护区、风景名胜区、地质公园、森林公园，风景名胜区与文物保护单位等概念之间的重叠，导致对保护对象的多重管辖或无人管辖的局面，致使某些自然资源无法得到国家法律的有效保护；另一个结果就是，管理者在实际工作中难以把握保护对象的范围与边界，无从适用有效管理自然保护地的政策措施，也就难以实现自然保护地的管理目标。

第五节　以国家公园为主体的自然保护地体系建设

国家公园对于自然保护的意义不仅限于一种保护类型。自黄石国家公园建立起，国家公园的理念深刻影响了往后一百多年的自然保护对象、保护思想、保护方法、保护力量、保护技术和空间结构（杨锐，2003）。在自然保护对象方面，国家公园运动改变并扩展了保护对象，使保护目标从实用主义的资源保护到保护主义的环境保护，从视觉景观保护到生态系统和生物多样性保护，从陆地保护到陆地与海洋综合保护。在保护思想方面，国家公园运动促使保护思想从排斥人类行为的消极保护转变为平衡社区发展和自然保护的积极保护，在自然保护、公众游乐和当地居民多重目标之间达成妥协，并以此孕育了发展和保护综合项目（Integrated Conservation and Development Projects，ICDPs）、世界遗产、生物圈保护区等自然保护类型（杨锐，2003）。在保护力量方面，国家公园和保护区管理方式从中央政府的一方参与转变为各级政府、社区、非政府组织、私人企业等多方参与的多方治理，尤其强调当地社区在自然保护工作中的参与和获益。在保护技术方面，消极保护强调环境容量的重要性，但是这种静态的数字核算无法适应实际保护工作所面对的复杂现实。1985 年，美国科学家提出了“可接受的改变极限”理论（Limits of Acceptable Change，简称 LAC 理论），试图在绝对保护和无限制利用之间寻找到平衡，以同时达到资源保护和游憩利用两个目标。在空间结构方面，最初国家公园和保护区的保护规划是散点状的美学价值的地质地貌保护区，随着生态学的发展，公园和保护区规划逐渐发展为网络化的大面积规划，强调生物多样性和生态系统保护，同时重视与当地社区的互动、与其他保护区的生态联系和信息共享。

2013 年，中国提出“建立国家公园体制”，开启了中国特色国家公园体系建设进程。2017 年 9 月，中共中央办公厅、国务院办公厅印发《建立国家公园体制总体方案》，确立了中国特色国家公园体制的指导思想、目标和任务，力图改革自然保护地管理体制，建立统一规范高效的国家公园体制。2017 年 10 月，党的十九大提出建立以国家公园为主体的自然保护地体系。2018 年机构改革成立国家林业和草原局，加挂国家公园管理局牌子，统一管理国家公园及自然保护地。2019 年 6 月，中共中央办公厅、国务院办公厅印发了《关于建立以国家公园为主体的自然保护地体系的指导意见》。这一系列精准的政策设计，标志着中国在生态文明建设的背景下，初步完成了国家公园体制的顶层设计，正在快速推进国家公园及自然保护运动（唐芳林，2019）。

《关于建立以国家公园为主体的自然保护地体系的指导意见》（以下简称《指导意见》）指出，“到 2020 年，提出国家公园及各类自然保护地总体布局和发展规划，完成国家公园体制试点，设立一批国家公园，完成自然保护地勘界立标并与生态保护红线衔接，制定自然保护地内建设项目负面清单，构建统一的自然保护地分类分级管理体制。到 2025 年，健全国家公园体制，完成自然保护地整合归并优化，完善自然保护地体系的法律法规、管理和监督制度，提升自然生态空间承载力，初步建成以国家公园为主体的自然保护地体系。到 2035 年，显著提高自然保护地管理效能和生态产品供给能力，自然保护地规模和管理达到世界先进水平，全面建成中国特色自然保护地体系。自然保护地占陆域国土面积 18% 以上”。

一、构建自然保护地统一、分级的管理体系

以国家公园为主体的自然保护地治理体系需要建立“统一、分级”的自然保护地管理体系。在统一管理方面，《指导意见》提出要设定自然保护地设立、晋（降）级、调整和退出规则，制定自然保护地政策、制度和标准规范，实行全过程统一管理。在分级管理方面，结合自然资源资产管理体制改革，按照生态系统重要程度，将国家公园等自然保护地分为中央直接管理、中央地方共同管理和地方管理三类，实行分级设

立、分级管理。中央直接管理和中央地方共同管理的自然保护地由国家批准设立；地方管理的自然保护地由省级政府批准设立，管理主体由省级政府确定。

目前，我国自然保护地管理体系已经建立了统一管理机构，2018年国务院机构改革，组建了国家林业和草原局，加挂国家公园管理局牌子，统一管理国家公园及自然保护地。至此，国家和省级层面的各项改革措施已基本到位，各项任务正在积极落实中。

二、构建财政投入的资金保障制度

中国新型自然保护地治理体系要建立以财政投入为主的多元化资金保障制度，统筹包括中央基建投资在内的各级财政资金，保障国家公园等各类自然保护地的保护、运行和管理。国家公园体制试点结束后，结合试点情况，完善国家公园等自然保护地经费保障模式；鼓励金融和社会资本出资设立自然保护地基金，对自然保护地建设管理项目提供融资支持。健全生态保护补偿制度，将自然保护地内的林木按规定纳入公益林管理，对集体和个人所有的商品林，地方可依法自主优先赎买；按自然保护地规模和管护成效，加大财政转移支付力度，加大对生态移民的补偿扶持投入。此外，建立完善野生动物肇事损害赔偿制度和野生动物伤害保险制度。

试点开展以来，中央有关部门通过现有的中央预算内投资渠道和中央财政专项转移支付投入资金91.26亿元，地方政府资金投入累计投入达39.51亿元。

各个国家公园试点的实施计划已经对运营成本进行了详细的估算，成本可以分为三类：人员和运营资金、经常性支出和一次性支出。其中，经常性支出包括集体土地补偿、社会保障、资源保护和科学研究；

一次性支出包括分流管理人员安置费、社区居民搬迁、土地征收、对撤销合同的补偿、重大基础设施建设等。各个试点地区的总成本差距较大，一次性支出成为差距最大的因素。但是，成本统计口径不一致，难以进行横向比较。各试点单位的资金来源不清楚，补偿政策也并不一致，多元资金保障机制的建立还需进行更多的探索（庄优波等，2017）。

三、加强自然保护地保护能力建设

我国自然保护地体系要在生态修复、保护设施建设、技能和设备培训等方面加强保护能力建设，并建立多元参与的技术支撑体系。《指导意见》指出，要以自然恢复为主，辅以必要的人工措施，分区分类开展受损自然生态系统修复；建设生态廊道、开展重要栖息地恢复和废弃地修复；加强野外保护站点、巡护路网、监测监控、应急救灾、森林草原防火、有害生物防治和疫源疫病防控等保护管理设施建设，利用高科技手段和现代化设备促进自然保育、巡护和监测的信息化、智能化；配置管理队伍的技术装备，逐步实现规范化和标准化。

在生态系统修复方面，各国家公园试点区分别启动了林（参）地清收还林、生态廊道建设、外来物种清除、茶山专项整治、裸露山体生态治理等工作。

在技术支撑方面，北京师范大学建立了东北虎豹国家公园监测研究中心和保护生态学重点实验室；国家林业和草原局昆明勘察设计院成立了国家林业和草原局国家公园规划设计中心；青海省政府与中国科学院共建了中国科学院三江源国家公园研究院；国家发展和改革委员会与清华大学共建了国家公园研究院。这些科研机构是国家公园科学研究的重要力量，能够为我国国家公园建设和发展提供智力支持（刘治彦，2017）。

四、加强资源调查，建立评估考核制度

我国自然保护地治理体系将加强自然资源的清查，并以此为基础对地方领导干部的自然保护工作进行评估。通过摸清自然资源资产基数、设定清晰的考核指标，促使地方政府从“GDP锦标赛”向“绿色锦标赛”进行转型。

一方面，自然保护地治理体系要建立统一调查监测体系，建立国家公园等自然保护地生态环境监测制度，制定相关技术标准，建设各类各级自然保护地“天空地一体化”监测网络体系，充分发挥地面生态系统、环境、气象、水文水资源、水土保持、海洋等监测站点和卫星遥感的作用，开展生态环境监测。依托生态环境监管平台和大数据，运用云计算、物联网等信息化手段，加强自然保护地监测数据集成分析和综合应用，全面掌握自然保护地生态系统构成、分布与动态变化，及时评估和预警生态风险，并定期统一发布生态环境状况监测评估报告。对自然保护地内基础设施建设、矿产资源开发等人类活动实施全面监控。

生物多样性监测与研究被认为是国家公园保护的基础。长期监测和研究将进一步加深人们对生态系统的理解和认识，使国家公园的管理和规划建立在坚实的科学基础之上。我国20世纪80年代开始逐步建立长期定位研究网络，到2004年建成了国家生态系统观测研究网络，虽然取得了明显进展，但目前人们对生态系统长期动态过程的认识还相当有限，我国自然保护地治理体系的建立健全亟须更为系统、长期、翔实的科学调查（米湘成，2019）。

另一方面，自然保护地治理体系将把资源监测数据与地方党政官员评估相挂钩，促进地方治理的绿色转型。自然保护地上级主管部门将组织对自然保护地管理进行科学评估，及时掌握各类自然保护地管理和保

护成效情况，发布评估结果。适时引入第三方评估制度。对国家公园等各类自然保护地管理进行评价考核，根据实际情况，适时将评价考核结果纳入生态文明建设目标评价考核体系，作为党政领导班子和领导干部综合评价及责任追究、离任审计的重要参考。

所谓离任审计，是指在领导干部离任时检查其任期内能源、水、土地等重要资源存量及变化情况，从而掌握各地自然资源资产的产权归属情况、资产数量和价值量情况，关注资源开发利用和生态环境治理保护资金筹集、分配、管理、使用的真实性、合法性。通过评估考核，促进责任人合理维护、开发和使用资产，提升自然资源资产保护和使用的整体效益（王素梅、羊柳青，2018）。

在资源本底调查和生态系统监测方面，三江源、东北虎豹、祁连山、神农架、钱江源等试点区初步搭建了生态系统监测平台，为实现国家公园立体化生态环境监管格局打下了基础。

五、社区发展与自然保护并存，探索多种自然保护方式

如何平衡社区发展和自然保护的双重目标是国家公园等自然保护地建设的核心问题。《指导意见》指出，我国自然保护地治理体系要保护原住居民权益，实现各产权主体共建保护地、共享资源收益，探索全民共享机制。

根据国际经验，学者总结了自然保护过程中社区冲突的三个根源：土地政策、利益机制和管理手段（高燕等，2017）。目前，中国自然保护地针对社区管理已采取了异地搬迁、生态补偿、社区共管、社区扶贫与社区旅游等几项主要措施（张晓妮，2012）。

在土地政策方面，面对社区与自然保护地之间的土地权属冲突，以国家公园为主体的自然保护地治理体系需要创新自然资源使用制度。第

一，新型自然保护地治理体系应当明晰土地权属，依法界定各类自然资源资产产权主体的权利和义务，对划入各类自然保护地内的集体所有土地及其附属资源，按照依法、自愿、有偿的原则，探索通过租赁、置换、赎买、合作等方式维护产权人权益，实现多元化保护。第二，新型自然保护地治理体系应当全面实行自然资源有偿使用制度，按照标准科学评估自然资源资产价值和资源利用的生态风险，明确自然保护地内自然资源利用方式，规范利用行为。

在利益机制方面，新型自然保护地治理体系应当采用特许经营、生态产业等多种手段与原住居民共同构建利益分享机制。在特许经营方面，制定自然保护地控制区经营性项目特许经营管理办法，建立健全特许经营制度，鼓励原住居民参与特许经营活动，探索自然资源所有者参与特许经营收益分配机制。

在生态产业方面，在自然保护地控制区内划定适当区域开展生态教育、自然体验、生态旅游等活动，构建高品质、多样化的生态产品体系。扶持和规范原住居民从事环境友好型经营活动，践行公民生态环境行为规范，支持和传承传统文化及人地和谐的生态产业模式。

在管理手段方面，新型自然保护地治理体系应当推行参与式社区管理，按照生态保护需求设立生态管护岗位并优先安排原住居民。建立志愿者服务体系，健全自然保护地社会捐赠制度，激励企业、社会组织和个人参与自然保护地生态保护、建设与发展。

六、加强自然保护地立法，完善规划体系

法律法规和保护地规划是自然保护工作开展的基础。《指导意见》指出，我国自然保护地治理体系需要完善法律法规体系，加快推进自然保护地相关法律法规和制度建设，加大法律法规立改废释工作力度；修

改完善自然保护区条例，突出以国家公园保护为主要内容，推动制定出台自然保护地法，研究提出各类自然公园的相关管理规定。

学者将中国国家公园规划体系设计为两个序列和四个层级，包括宏观层面的国家发展规划和专项规划，实体国家公园层面的总体规划、专项规划、管理计划和年度实施计划。前者是国家公园及其他自然保护地的顶层战略设计，国家公园发展规划是在国家层面对全国国家公园建设和治理的整体性、长期性安排；后者是保护工作的实施步骤和细则，我国国家公园的总体规划不仅包括基础设施建设，而且延伸到生态系统保护、自然资源管理和公共服务等方面，起到了空间规划、建设规划和管理规划等专项规划的作用，实际上相当于国外已普遍实行的综合管理规划。专项规划是国家公园战略规划、总体规划在特定领域的细化，也是专项领域发展以及政府审批、核准重大项目，安排投资和财政支出预算，制定特定领域相关政策的依据。管理计划是开展和协调保护管理活动重要的保障文件，是规范管理行为的基础。年度实施计划是国家公园全年工作的详细安排（唐小平等，2019）。

目前，三江源、武夷山和神农架的国家公园条例已印发实施，各试点区都制定了相关管理制度和标准规范。例如，三江源国家公园制定了科研科普、生态公益岗位、特许经营等 11 个管理办法，编制发布了《三江源国家公园管理规范和技术标准指南》；东北虎豹国家公园制定了国有自然资源资产管护、有偿使用、特许经营、调查监测、资产评估等管理制度。

第十三章

东洞庭湖湿地治理
——整体性视角下的破碎化治理

湿地生态系统具有水源涵养、气候调节等重要生态系统服务功能，在全球生物多样性保护中具有重要意义。全球湿地生态系统管理实践表明，在气候变化（Noss，2001；姜朋辉等，2013）、人口增长（赵锐锋，2013）、土地利用变化（Nagendra et al.，2004；刘红玉、李兆富，2007）等自然社会因素的综合作用下，湿地生态系统景观日趋破碎化，造成原始生境退化、生态系统功能丧失、生物多样性锐减等生态灾难（Fahrig，2003；刘红玉，2005）。在湿地生态系统经管破碎化的诸多驱动因素中，不合理的人类活动是主导因素（陈利顶、傅伯杰，1996；郑华等，2003）。由于缺乏行之有效的湿地生态系统管理机制和体制，人类行为得不到合理的引导和规范，导致人类活动与自然环境关系的失衡。

改革开放以来，伴随快速的社会经济转型进程，中国政府在管理社会经济事务方面大多采取"摸着石头过河"的渐进式、碎片化改革（林毅夫等，1993；刘华安，2014），自然资源管理领域也不例外。这一改革方式为中国社会经济体制的平稳转型作出了卓越贡献。然而，随着改革的由局部向整体推进，在森林、湿地、土地、水等自然资源治理领域，人与人、人与自然、部门与部门等社会关系越来越紧密，政府部门的“条块分割”难以解决因涉及多方利益而带来的棘手问题，治理破碎化使得公共自然资源的保护与管理缺乏协同，形成新的集体行动的困境，造成景观的破碎化，治理破碎化问题成为我国深化改革的重大羁绊。

本章引入整体性治理理论的分析框架，以东洞庭湖湿地治理为例，探讨治理破碎化如何影响和作用于湿地景观破碎化。整体性治理着眼于政府内部机构和部门的整体性运作，主张管理从分散走向集中，从部分走向整体，从破碎走向整合，为分析自然资源的破碎化问题提供了新的分析视角和方法。

第一节　治理破碎化和整理性治理理论

20 世纪 80 年代开始，针对官僚制结构僵化和公共服务供给效率低下的弊端，西方发达国家兴起了以“重塑政府”“再造公共部门”为内容，以分权化、市场化、私有化为手段的新公共管理运动，并迅速席卷全球，对全世界尤其是发展中国家的行政体制改革产生了巨大的冲击。20 世纪 90 年代末期，新公共管理在实践中的弊端显现，引起学界的反思和质疑，提出了“新公共管理主义的失灵”（贺东航，2008）。盛极一时的新公共管理逐渐衰微，但新公共管理范式下的政府改革不仅将整个公共产品和服务的供给系统逐步部门化、破碎化，而且将公共部门的权威社会化、分散化（李瑞昌，2009），导致执行机构和横向部门大量涌现，形成沟通不畅、协调不力的状况，最终导致公共服务的碎片化（曾维和，2009）。正如波特指出的那样：“新公共管理作用于公共部门改革的最终结果就是不断增加专业化和碎片化”（Pollitt and Bouckaert，2004）。莱恩也指出，公共领域碎片化时代已经到来（Lane，2000）。

“破碎化”是与“组织化”相对的概念（上官莉娜，2012）。美国学者将破碎化定义为：“在城市地区，由于政府部门的权威的划分、职责边界的多元化以及政府管辖权限割裂而造成的复杂状况”（Dagger，1981）。在实际中，碎片化一般表现为两种形式：一是政府权威在地理分割上的碎片化；二是政府功能的碎片化（Vogel and Harrigan，2000）。在我国，与治理破碎化较为相近的概念是治理体系的破碎化。一般认为，治理体系包含两大主轴：一是政府治理、市场治理和社会治理的互动与耦合；二是多元治理主体内部的权责矩阵关系（王卓君、孟祥瑞，2014）。基于这一定义，我们将“治理破碎化”界定为适应专业分工的需要，政府部门按功能划分职权和机构变革，造成政府、市场、社会边界模糊不清，各政府部门权责交叉重叠，各分散主体在公共活动中的目标、政策手段缺乏协同。

为应对日益严峻的治理破碎化问题，英国学者佩里·希克斯针对新公共管理理论过于强调市场化、分权化和竞争意识所造成的政府治理分散化、碎片化现象，借鉴新涂尔干理论和组织社会学中有关组织协调的“整合”思想，着眼于政府内部机构和部门的协调与整合，提出了整体性治理理论（竺乾威，2008）。整体性治理理论的“整合”对象包括政策过程、规章制度、服务提供者和政策效果的评估与监管四个核心内容，并可从层次、功能和部门三个维度进行解析（见图 13 - 1）。首先，可将不同层次或同一层次的治理进行整合，如中央政府和地方政府或地方政府内不同部门的整合；其次，可在一些功能部门间进行协调，如让环保、林业、农业等行业部门协作；最后，可在公私部门间进行合作，如政府部门与非政府组织、政府部门与私营企业等之间的整合（Perri，2002）。

不同的政府、部门和机构在治理的过程中会设定各自的目标，并采取差异化的手段去达成目标。这些目标和手段可能完全冲突，也可能相互一致，甚至可以相互增强。由此，希克斯根据各组织间目标与手段的相互关系构建了分析框架，如图 13－2 所示。

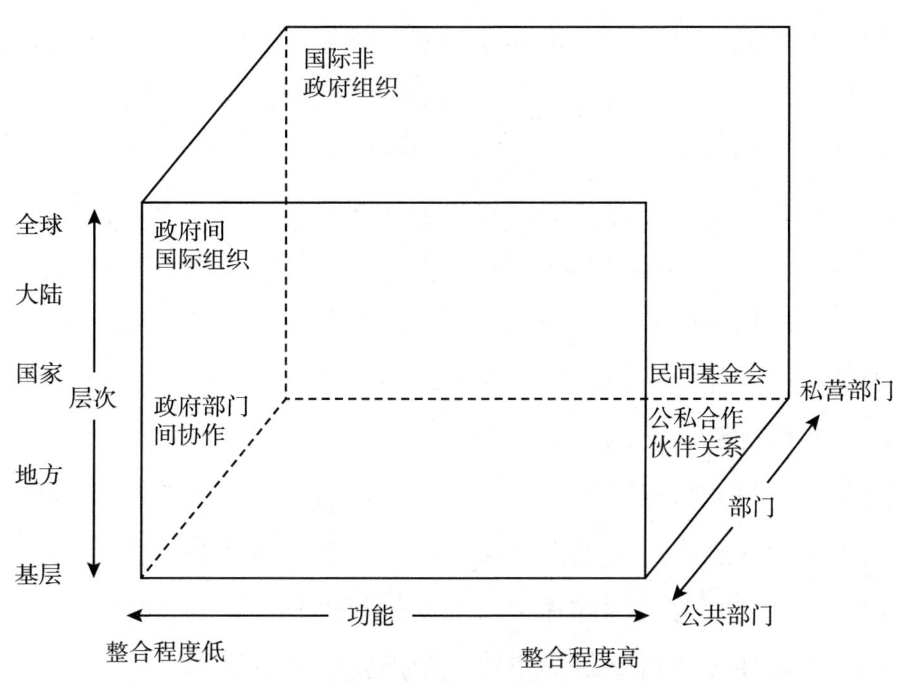

图 13－1　整体性治理中“整合”的三维空间

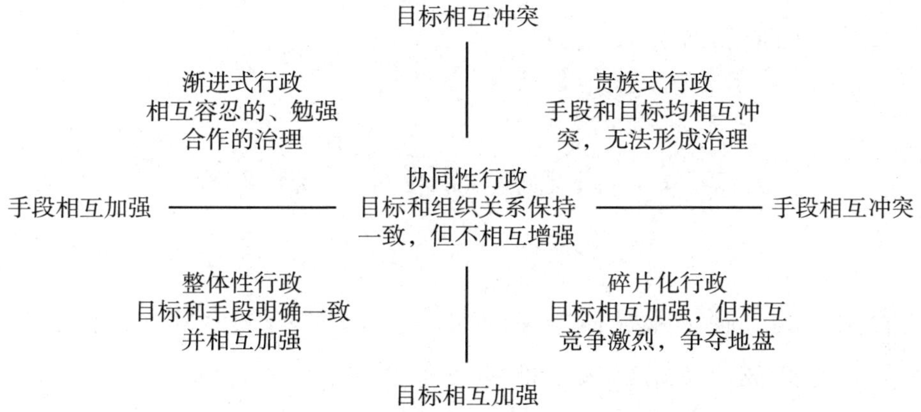

图 13－2　目标与手段间关系及行政过程的类型划分

可以看到，当目标和手段均相互冲突时，政府部门和机构致力于制造轻微的矛盾和小范围的冲突来宣示自身的独立性，争夺权威和相关领域的控制权，而无暇顾及对达成目标和保持手段融合的期望，这被希克斯称为“贵族式行政”（baronial government）。与此相对应的则是手段和目标均相互增强的整体性行政（holistic government），而协同性行政（joined-up government）则可被视为向整体性行政过度的中间形态，但二者的内涵并不相同。协同型行政的运作方式是考虑“我们能够一起做什么”，而整体型行政则思考“需要谁参与，在什么样的基础上可以取得我们真正想取得的东西”。在协同型行政中，目标和手段虽一致，但互不增强，而整体性行政的目标和手段均是相互增强的，可以将整体性行政看作是协同型行政的更高层次（翁士洪，2010）。

此外，渐进式行政虽手段相互加强，但目标相互冲突，政府部门与机构之间表面相互容忍，勉强合作，但心里却各有所思，造成政府治理资源浪费。与之相对应的碎片化行政虽然目标相互加强，但手段相互冲突，这时就需要考虑调整目标或协调政府部门间的手段，以优化、改进政府行政模式。在希克斯看来，贵族式行政、渐进式行政和碎片化行政都是令人失望和不可接受的。相对而言，协同型行政和整体性行政则是应该追求的政府行政方式。

第二节　东洞庭湖湿地的历史变迁

湖南东洞庭湖国家级自然保护区位于长江中下游荆江江段南侧，地处湖南省东北部岳阳市境内，地理坐标介于东经112°43′~113°14′，北纬29°00′~29°38′之间。东洞庭湖保护区成立于1982年，1992年被列为我国首批加入《湿地公约》的六个国际重要湿地之一，1994年经国务院批准升格为国家级自然保护区。东洞庭湖是洞庭湖区生境面积最大，生态作用最明显的湖泊型湿地。地处两湖地区交界处的长江荆江河段是承纳湘、资、沅、澧四水和吞吐长江的洪道型湖泊，具有蓄洪抗旱、调节气候、提供野生动物栖息地和保护生物多样性等生态功能。

近现代以来，“广八百里”的古洞庭湖经历了长达一个世纪的萎缩（见表 13－1）。至中华人民共和国成立时，湖面面积缩减为 4350 平方千米。此后，人类围湖垦殖活动有增无减，甚至变本加厉。20 世纪五六十年代，在“以粮为纲，人定胜天”的旗号下，湖面遭到不断蚕食。20 世纪 70 年代的“灭螺围垦”使湖面进一步萎缩。到了 20 世纪 90 年代，八百里洞庭仅剩 2820 平方千米。同时，随着工业化、城镇化进程的加快，一批排污严重的企业沿湖而建，为满足造纸企业对原材料的需求，在“林纸一体化”发展战略指导下，洲滩芦苇种植面积迅速扩张，并盲目引进意杨等外来物种，造成湖区物种类型单一化。此外，城镇化进程增加了对沙石的需求，湖面上往来的挖沙、运沙船甚至比渔船还多，致使湖底千疮百孔。千百年来，以捕鱼为生的渔民的生计陷入了“恶性循环”，鱼类越来越少，渔网越来越密，迷魂阵、电打鱼等非法捕鱼手段越来越猖獗。

表 13－1　　洞庭湖天然湖泊面积变化及影响因素

项目	1825 年	1896 年	1938 年	1949 年	1954 年	1958 年	1971 年	1977 年	1983 年	1998 年
面积（平方千米）	6000	5400	4700	4350	4700	3915	2820	2740	2691	2820
影响主因	自然因素主导		自然和人为因素共同影响，以人为因素为主导							
重大事件	泥沙淤积 私人围垦		围湖垦殖		修堤建垸 扩大耕地		以粮为纲 围垦灭螺		平垸行洪 退耕还湖	

注：部分年份面积数据参见《洞庭湖的演变、开发和治理简史》（李跃龙，2014，第 195 页）；历史大事记的史料参见《洞庭天下水　洞庭湖水文化研究》（熊剑，2008）。

资料来源：田野调查。

洞庭湖的变迁史也是人与自然相互作用的历史。在过去的半个多世纪，人们忙于“认识自然、改造自然”，却忽视了“顺应自然、尊重自然”。八百里洞庭，八千年渔村，洞庭湖因水而生存，因鱼而发展，却在一定程度上因人而走向衰减。

第三节　东洞庭湖湿地治理面临的主要问题

在东洞庭湖，分散且难以合作的治理主体、多样而缺乏统一的治理目标、差异且缺乏一致的政策手段，特有的“治理破碎化”造成管理混乱和治理失序，使不合理的人类干扰愈演愈烈，加剧了湿地景观破碎化。

一、东洞庭湖治理主体分散，缺乏统筹协调

在中华人民共和国成立后的很长一段时间内，国内并未引入湿地概念，而是将“湿地”归为荒地、滩涂、未开发利用地。政府采取“治水拓荒”的方针策略来治理洞庭湖湖泊型湿地，主要由水利、航运、农业等多部门负责，治理的首要目的就是修建堤坝，保障粮田，以兴利除害。根据希克斯的分析框架，可将东洞庭湖治理的行动者置于“三维空间”之中。在传统的官僚制影响下，东洞庭湖湿地治理主体既有“条条”延伸下来的业务部门，也有“块块”依实际情况设立的职能部门，形成了“条块分割”的管理体制（见表 13 – 2）。

从层级整合维度来看，“事权下放，财权上移”使得湿地治理集中在基层政府，而过度的分权和市场化改革导致政府纵向调控和干预的能力削弱，政策的制定部门与执行部门的目标出现不一致。从功能整合维度来看，专业分工、行政分割的行政理念，政府部门利益最大化的引

表 13－2　　东洞庭湖湿地治理的主要行动者

纵向	横向									
层次整合	功能整合							部门整合		
	东管会	东管局	水利	渔政	环保	砂石	其他	政府	市场	社区
中央政府	代表全国公共利益，发展目标由经济增长转向生态保护，制定湿地保护政策与法规，履行国际公约							各级政府及职能部门； 涉湖生产企业等； FAO、WWF、GEF、WI、TNC 等国际组织； 岳阳江豚保护协会、野生动物保护协会、洞庭湖湿地保护志愿者协会等民间志愿组织； 生计与湿地密切相关的周边社区居民		
地方政府	服从中央政府领导，代表地方公共利益；分解和传达中央政府的目标，依据地方实际情况监督执行，区域生态保护与地区经济发展并重，制定湿地保护与管理条例									
基层政府	服从中央政府和省级政府领导，代表基层（县、乡镇）公共利益；执行上级下达的目标和任务，综合考虑资源约束、财政压力、经济增长、环境质量等多方面的要素，采取“实用主义”的变通策略									

资料来源：田野调查。

导，致使各职能部门形成相互隔离和封锁的状态，甚至为了自身部门利益，不惜损害其他部门和整体的利益，基层政府各部门间的集体行动难以达成。从公私部门整合的维度来看，政府部门的权力过大，私营企业的责任感缺失，非政府组织的影响力有限，公民的环保和参与意识缺乏，导致公私伙伴关系难以建立。总之，当前东洞庭湖湿地以基层治理为主，且各主体间功能整合程度低，公私部门合作程度不高，因此，相关治理主体处于图 13－1 中立方体的左下角位置。

借鉴希克斯的分析框架，可根据治理目标与政策手段的关系来区分政府和各部门的行政过程（见图 13－2）。首先，从纵向治理角度分析：上级政府（省政府及国务院）面对全国（省级）环境问题日益突出的严峻形势，治理目标强调生态保护为主，并制定相应的发展政策。基层政府出于地方保护主义和财政压力的考虑，往往治理目标偏重于经济开发，轻视生态保护，并有选择性地执行上级政府的政策。因此，可以说两者目标相互冲突，但政策手段相互加强，是渐进式的行政类型。其次，从横向治理角度分析：有些职能部门对基层政府负责，因而治理目标大致一致，但政策手段却各不相同，形成碎片化行政类型，如岳阳县渔政、苇业、环保、林业等部门；有些部门的治理目标和政策手段则均不一致，形成贵族式行政类型，如东管局和东管会等，见表 13 -3。

表 13 -3　　东洞庭湖湿地治理行动者的目标和手段

项目	行动者	治理目标	政策手段
纵向	上级政府	保护东洞庭湖湿地的生态	禁止破坏湿地行为
	基层政府	发展地区经济	合理利用和综合开发
公私合作	采桑湖镇政府	发展经济，改善居民生活	拍卖采桑湖湿地经营权
	私营企业	依合同经营，获取利润	种藕养蟹，创造生产条件
	社区村民	获取承包金，增加收入	只关注短期利益
	非政府组织	开发与保护并重	社区共管
横向	林业部门	保护湿地自然保护区	授权东管局全面管理
	环保部门	保护湿地环境	查处污染破坏湿地环境的行为
	渔政部门	开发利用湿地渔业资源	监督、处罚非法捕鱼
	砂石部门	开发利用湿地砂石资源	拍卖砂石经营权
	苇业部门	开发利用湿地土地资源	扩张芦苇种植面积

资料来源：田野调查。

总体来看，当前的洞庭湖湿地治理既存在渐进式行政，也存在碎片化行政，甚至还存在贵族式行政，这些均不是有效的湿地治理所应追求的行政过程。应该认识到，当前的东洞庭湖湿地治理体系仍十分混乱，还有很大的改进空间。

二、条块分割的冲突：东管局和东管会之争

20 世纪 70 年代，《关于特别是作为水禽栖息地的国际重要湿地公约》在伊朗拉姆萨尔签署并生效，湿地的重要性在全球引起巨大反响，但湿地在国内并未得到重视。20 世纪 80 年代，洞庭湖生态环境迅速恶化，湿地生物多样性急剧减少。为保护洞庭湖自然资源与环境，湖南省人民政府建立了湖南岳阳东洞庭湖自然保护区①，归岳阳市人民政府领导。1990 年，岳阳市人民政府为保护区颁发《湖南省国有山林证书》，赋予保护区在核心区的专有权属。1992 年，中国政府成为《湿地公约》缔约国，湿地保护被真正提上议程。同年 7 月，东洞庭湖湿地成为我国首批加入《湿地公约》的六大国际重要湿地之一。1994 年 4 月，东洞庭湖自然保护区正式升格为国家级自然保护区，并更名为湖南东洞庭湖国家级自然保护区管理局（简称“东管局”），是隶属于岳阳市林业局的正科级单位。

除林业部门外，由于湿地的多功能属性和山水林田湖分割的管理体制，水利、环保、渔政等政府职能部门也根据专业分工，各自享有行政管理权。2000 年，为统一协调各部门的行政管理活动，岳阳市政府以会议纪要文件（岳市〔2000〕16 号）形式授权岳阳县政府对东洞庭湖行使统一有效管理。同年 7 月，岳阳县政府在原湖州管理局的基础上组建新的正科级单位，即岳阳县东洞庭湖管理委员会（简称“东管会”），以统一协调管理东洞庭湖的渔业、湿地、苇业、砂石等的开发和保护，见表 13－4。

① 其前身是 1982 年建立的岳阳君山自然保护区管理所。

表 13－4　　东管局和东管会的治理目标与政策手段

治理主体	隶属部门	治理目标	政策手段
东管局	国务院和省政府为保护湿地生态系统功能而设立的自然保护区管理部门。治理目标由市林业局下达，上对市林业局、市政府负责	保护东洞庭湖湿地国家自然保护区的生态系统完整性，保护野生动植物栖息地，维持生物多样性	依照国家相关政策和条例，在东洞庭湖核心区内实施封闭保护，禁止包括科学研究在内的一切单位和个人进入，同时依法在东洞庭湖查处破坏湿地生态的行为
东管会	岳阳县政府为统一协调管理东洞庭湖的各项事物而设立的政府职能部门。其治理目标由县人民政府下达，上对岳阳县政府负责	统一、协调管理位于岳阳县区划内的东洞庭湖，综合开发和合理利用渔业、湿地、苇业、砂石等资源，努力增加财政收入	依据属地管理原则，在东洞庭湖协调管理渔政、砂石、苇业等部门，监督和协调各涉湖单位的执法行政，发展湖区经济，为县财政创收

资料来源：田野调查。

由于东洞庭湖湿地自然保护区的核心区大部分位于岳阳县境内，导致东管局和东管会存在明显重叠的管辖区域，双方矛盾与争议不断。此外，受“位高一级，权高一等”的官僚制影响，正科级的东管局并无权干涉同为正科级的东管会的决定，更无法影响县政府的决策，致使东管局在核心区的管辖权几乎丧失，湿地生态保护措施难以执行。县政府虽然也提出“保护第一，生态优先”的口号，但基层政府面临“财政弱、担子重”的发展难题，在砂石开采贡献一半以上县财政的巨大利益诱惑下（Pollitt and Bouckaert，2004），相关部门顾此失彼，还是走了“以生态换增长”的老路。总之，在地方保护主义和部门利益主义的影响下，东洞庭湖湿地治理的多主体间缺乏统筹和协调，无法形成合力，进而造成管理混乱和治理失效。

三、公私之间的冲突：采桑湖租赁争夺战

碧波万顷的采桑湖距东洞庭湖国家级自然保护区核心区仅一堤之隔，水利、生产和生态三大功能均十分突出。它既能起到调蓄作用，又是周边百姓赖以生产生活的基地，而且还是灰鹤、豆雁、小白额雁等越冬候鸟的重要栖息地，号称“候鸟天堂”。历史上，采桑湖的土地权属属于采桑湖镇政府。2004 年，采桑湖以每年 38 万元的价格承包给私人养鱼，期限为 10 年。2013 年合同到期后，采桑湖租赁争夺战自此展开。

租赁合同到期时，与采桑湖隔堤而居的采桑湖村村民向当地政府提出，希望能为每家每户划出一片水域，让他们从事养殖，“靠湖吃饭”。但这一请求未获支持，理由是不便管理。东管局也曾与采桑湖镇政府协商，试图以每年 50 万元的生态补偿资金的形式将采桑湖租下来，并科学规划，在湖里养有机鱼，做几个供候鸟栖息的湖心岛等，把采桑湖打造成长江中下游的一颗生态明珠。但这一生态补偿金额度与市场价相距甚远，最终双方协商无果。

2013 年 12 月，湖南一家企业以每年 370 万元的价格从政府手中竞拍获得采桑湖的承包经营权，合同期为 5 年。与 10 年前的 38 万元相比，采桑湖的承包金额提高了近 10 倍，有参与竞拍的知情人士当时就表示：“拍下来肯定不是养鱼。如果只是养鱼，一年的收入不会超过 150 万元。”采桑湖的承包商透露：“370 万元和 38 万元在概念上当然不一样……肯定要增加一些经营的品种，在品种和鱼苗数量上肯定要增加。如果还按常规的养法，连利息都收不回来。”

采桑湖镇政府拍卖所得的年收入 370 万元中有 200 万用于改善当地百姓的生产生活，平均每家每户可分到万余元，相比 10 年前每家每户

分的几百元而言，现在赚到的实惠翻了几番，而且采桑湖的莲藕收获时，村民还可通过种挖藕赚取工钱。村民们觉得这是一件大好事，他们感兴趣的是当前利益，至于采桑湖的未来，好像与他们无关。

然而，让人担心的事情还是发生了，自 2014 年 2 月起，新的承包商在湖内加高围堤、修筑子堤，养螃蟹、种湖藕，同时喷洒、投放药物，人为灭绝采桑湖的底栖生物、鱼类及洲滩植物，破坏了采桑湖湿地生物多样性，破坏了湿地生态系统的完整性。事情被曝光后，包括国家林业局在内的多级单位和部门责令采桑湖政府整改，并恢复采桑湖湿地原状。

眼看经营计划受阻，承包商也很委屈，公司的经营行为都是依照承包合同经营，并没有违反合同，若停止经营将会损失上千万元。与此同时，采桑湖政府则陷入困境，一方面要坚持生态保护，另一方面当初签订的一纸漏洞百出、粗略的合同使得自己执法无力。总体来看，采桑湖“人鸟夺食”的背后是多方的利益博弈，政府部门的失灵，私营企业的环保意识不足，以及社区居民的急功近利，公私合作伙伴关系远未建立起来。

第四节　改善东洞庭湖湿地治理的建议

借鉴整体性治理理论，结合东洞庭湖湿地治理的实际情况，从强化责任机制、完善协调机制、建立整合机制、培育信任机制四个方面探索“治理破碎化”的破解之道。

第一，强化责任机制，实现权责利对等。针对东洞庭湖湿地治理“有利争着抢，有责相互推，得利不履责”的现象，可从整体性治理的角度强化中央政府的合理调控，完善法律法规和离任审计制度建设，通过正式的规章制度明确各政府主体的职责、权力，并使之与享有的利益相对等。

第二，完善协调机制，实现合作共赢。针对东洞庭湖湿地治理主体分散且追逐自身利益而各自为政的现象，可在市级政府层面成立跨区域多部门的综合治理协调机构，政府主要领导牵头，保护区与农业、林业、水利、渔牧业、发改委、环保等十多个部门为成员单位，加强部门间的沟通协商，统筹兼顾各部门的政策目标，实现合作共赢。

第三，建立整合机制，提供无缝隙服务。通过功能整合和部门整合，加强各地方政府及职能部门间的合作，如加大东管局同镇政府、渔政、苇业等部门的整合度，以“一站式服务”为导向，实现整体性行政，提供无缝隙服务。

第四，培育信任机制，实现协同治理。组织之间建立信任是整体性治理所需要的一种关键性整合。整体性治理的核心目标在于处理社会、公众最关心的问题，这要求政府之外的其他利益相关者的积极参与。政府不是东洞庭湖湿地治理的唯一行动者，政府之外的非政府组织、私营企业、社区居民等其他主体也平等享有参与权，并在政府的引导、协调下建立公私合作伙伴关系，协同治理东洞庭湖湿地。

第十四章

我国自然资源治理的重建

中华人民共和国成立70多年来，逐步摸清森林、湿地、海洋、草原、生物多样性等自然资源情况，以问题为导向，不断调整和完善自然资源治理体系，逐步实现了自然资源治理理念、体制和机制的转变，初步形成了政府、市场和社会、社区等各方利益者合作治理的局面，大幅度提升了自然资源领域治理体系和治理能力现代化水平。党的十八大以来，以习近平同志为核心的党中央，部署和实施了一系列有利于资源能源节约和生态环境保护的政策措施，着力改善我国日益趋紧的资源环境约束，促进人与自然和谐共生。随着自然资源部及其管理的国家林业和草原局的组建，自然资源管理体制改革的步伐又向前迈出了坚实的一步。在当前和未来的一段时间里，我国必将在推进国家治理体系建设和治理能力现代化过程中，加快推进自然资源管理体制改革，建设有利于山水林田湖草整体保护、系统修复和综合治理的长效机制，重建我国自然资源治理体系。本章在总结我国自然资源治理体系建设的历史经验与教训的基础上，对我国未来自然资源治理体系改革的原则与举措提出建议。

第一节　我国自然资源治理体系建设的历史经验

一、优秀的生态文明传统思想

中国儒家生态智慧的核心是德性，尽心知性而知天，主张“天人合一”，追求人与自然的和谐统一。儒家“天人合一”思想追求的目标是“与天地参”“辅相天地之宜”，使人与自然和谐相处、共同发展。儒家的生态实践观是：人与自然相处时，要按照自然规律安排自己的行为，一方面要合理利用自然，另一方面要节制欲望，不要过分索取，取而始终，使自然万物各得其所（王玲玲，2014）。道家强调人要尊重自然、崇尚自然、效法天地；人必须顺应自然，方可达到“天地与我并生，而万物与我为一”的境界。庄子把“物中有我、我中有物、物我合一”的境界称为“物化”，即主客体相融。中华传统文明包含了整体、综合的一元论哲学思想的基本元素，而与支撑工业文明的二元论思想是完全对立的。中国农耕文明蕴涵的自然观、系统生态观可为处理人与自然的关系提供深厚的哲学基础与思想源泉。

党的十八大将生态文明建设提升到与经济、政治、文化、社会建设并列的战略高度，秉承了天人合一、顺应自然的中华优秀传统文化理念。

二、坚持在发展中寻求资源环境问题的解决之道

经济持续高速增长也使得我国环境问题从无到有，不断恶化。但中

国的环境问题之所以没有发展到令人无法忍受，是因为中国始终坚持在发展中寻求资源环境问题解决之道。中国环境治理概念从无到有，从理念发展到方法，不断完善。中国探索出的治理模式存在两个特点：一是“摸着石头过河”的探索式，其优势在于从实际中来，符合地方需求；二是“突出顶层设计”的推进式，其优势是更具有操作指引性。在实践过程中，两种模式彼此互补。2013 年以来，一方面不断推进生态文明顶层设计，通过建立生态文明体制改革总体方案，详细制定了总体要求、产权制度、管理制度、规划体系、资源节约、生态补偿、环境治理、环境保护、责任追究、组织保证等章程；另一方面不断推动地方探索国家公园体制、生态文明示范区、重点生态功能区等的体制建设，一张一弛，以求充分发挥两种治理模式之所长，弥补两者各自的不足，协同推进生态文明建设。

改革的成效显著，举例而言，自中华人民共和国成立以来，在最初零自然保护区的情况下，截止到 2018 年中国已建立 2750 个自然保护区，其中国家级保护区 474 个，自然保护区的总面积达到 147 万平方千米，占陆域国土面积的 15%。全国各类自然保护地共 11029 处，面积占陆域国土面积的 18%，提前实现了联合国《生物多样性公约》提出的到 2020 年保护地面积达到 17% 的目标。1998 年特大洪水灾害后，我国意识到森林资源遭到严重破坏的事实，实施了天然林保护、退耕还林还草等一系列重大的生态保护工程。特别是党的十八大以来，我国开展了山水林田湖草系统性生态保护修复，以及国土绿化行动，不断筑牢国家生态安全屏障，显著提升了生态系统的稳定性和质量。不仅如此，70 多年来，我国坚持依靠法律、依靠制度保护生态环境，已基本形成了以环境保护法为龙头的法律法规体系。特别是党的十八大以来，立法力度之大、执法尺度之严、守法程度之好，都是前所未有的。2014 年修订的《中华人民共和国环境保护法》引入了按日连续罚款、查封扣押、限产停产、行政拘留、公益诉讼等措施，被称为“史上最严”的环境保护法。

当前，中国在环境保护中所采用的具体政策手段较为完善，包含：（1）命令控制类手段，具体指制定标准，有明确的要求和禁止，包括环境影响评价制度、“三同时”制度①、排污许可证制度、环境标准制度等；（2）经济刺激类手段，具体指用税、费、交易等手段进行社会福利调整，如排污收费制度、可交易许可证制度等；（3）劝说鼓励类手段，具体包括环境信息公开政策、环境认证政策、环境听证与公众参与制度等。在面临环境问题时，中国始终坚持不断地寻求解决资源环境问题的方法，并取得了一定的成绩。

三、中国特色社会主义自然资源产权体系

产权是影响治理体系的重要因素。我国现行法律关于自然资源产权的规定散布于《中华人民共和国宪法》《中华人民共和国民法通则》《中华人民共和国土地管理法》《中华人民共和国草原法》《中华人民共和国森林法》等法律以及大量的行政法规和部门规章中，体系庞杂，形成了具有中国特色的社会主义自然资源产权体系。总体而言，我国自然资源资产只有一种所有制，就是国有与集体所有的社会主义公有制。但是，自然资源的产权制度依据资源种类不同，在所有权、使用权、转让权上的具体安排也不同。使用权依据资源种类以及用途不同，又细分为土地的承包经营权、建设用地使用权、养殖捕捞特许经营权等，并可以通过法律规定、承包经营、许可证等形式取得。

从产权结构上看，这是产权分离、层次明晰的产权制度。一方面，

① 建设项目中防治污染的设施，应当与主体工程同时设计、同时施工、同时投产使用。防治污染的设施应当符合经批准的环境影响评价文件的要求，不得擅自拆除或者闲置。

所有权与使用权是分离的，所有权主体既可以享有完整的所有权与使用权，也可以把使用权分离出去，由其他的产权主体所有。另一方面，使用权与转让权也是分离的。使用权主体拥有使用权、经营权、收益权，但不一定同时拥有转让权，因为某些资源使用权的转让是被法律禁止的。

从产权性质上看，这是公有产权、私有产权相混合的产权制度。在所有权上，公有产权占主体，自然资源的所有权和连带的收益权属于国家和集体。但其余的各项权利，如使用权、转让权，则以有偿转让或协议的方式在不同的主体之间进行分配，建立起排他的私有产权，如国家、集体所有的资源可以为个人使用。

从产权效率上看，这种产权制度比完全的公有产权或私有产权具有更大的弹性。政府作为代理的公有产权所有权主体，不必逐一保护资源产权，只需从法律角度在总体上维护经济主体的私有产权，并通过对法律的相应修改，仍然保持对资源一定程度的控制。而使用权主体虽然不拥有包括所有权在内的完整的产权关系，但使用权在不同经济主体之间的分配，即相应权利与义务的分配，使使用者具有了独立的经济激励与约束，在一定程度上实现了国家生态效益追求与产权主体经济效益追求的激励相容，因而更适合我国的国情，也取得了一定的制度绩效。

四、借鉴他国自然资源治理的经验

随着单边的政府在进行干预、调控和管制时遭遇失败，多元的社会主体在协助处理公共事务上显现出力量以及国际社会对国际组织对创建国际规则和解决全球性问题的认可，国际治理理论的不断完善。中国基于国际治理理论对自身的适用性，逐步探索适合自身的治理模式，具备较好的后发优势。

首先，治理理论兴起背后的逻辑来自西方国家经历了政府失败与市场失灵交替出现的现象，而中国认识到自身面临的现实问题是市场不完善与政府能力不足，这对中国未来的治理模式发展具有警示意义。中国逐渐认识到没有必要非得等市场和政府发展到极致的病症显现出来之后再向治理理论回归。此外，治理理论的倡导者虽然侧重于强调分权和社会自治，但由于本质上未否认政府在治理体系中扮演的重要角色。因此，中国学界和政策制定者意识到治理理论是可建立在对政府作用的理性认识的基础之上，但要强调政府手臂延伸的控制。同理，政府除了要加强对自身权力的监管，也需要让渡一定的空间，让市场、社会和社区参与到对政府管制管理和调控权力的监督中。

其次，自组织作为第三种协调机制的治理理论，在西方赢得普遍认同，但这一理论有赖于特殊的前提条件，而我们应当意识到我国不完全具备这些前提条件。我们应根据各地条件和问题的不同，发展符合需要和切合实际的治理形式。中国在试图探索多样化的善治模式。比如，在经济发达的沿海地区，公益团体和志愿组织的数量较多且成立较早，它们逐步被吸纳到其所属领域公共事务的治理；在少数民族聚居地区，为增进民族间的情感和维护民族团结，少数民族干部和该民族自然形成的非正式权威得到了重视；在宗教信仰浓厚地区，宗教事务管理部门要大力打击非法宗教活动，注重与宗教界代表人士的沟通（陈刚，2015）。

最后，随着全球治理的兴起，中国结合自身利益需求，逐步探寻适宜的国际自然资源治理的合作对象和方式，试图参与、组织有较大影响力的国际性、区域性合作组织，以及享有国际声誉且对华友好的国际非政府组织，在跨国合作的过程中积累全球治理的经验和能力。

第二节 我国自然资源治理面临的挑战

一、自然资源治理理论尚不完善

中国的环境治理理念日益明确，环境治理成效显著增强，环境治理法律、法规逐步完善，环境治理机构不断健全。但是，自然资源治理理论体系的特点是碎片化，且实践重于理论。因此，一直以来，中国资源环境治理的理念、知识体系、成功经验由于缺乏交流而被国际社会大幅度低估。欧盟和北美主导的资源环境管理思想及其形成的理论和技术体系尽管没有有效地解决人类，尤其是发展中国家的资源环境问题，但是始终主导国际学者和政策制定者的话语体系。这导致包括中国在内的广大发展中国家只能被迫顺应西方的话语、理论逻辑，再结合自己的问题以寻求技术上的突破，这极大地限制了我国理论工作者、政策制定者的想象力。理性而言，中国资源环境治理的理念中缺乏与国际社会对话的能力，导致其还不具备影响全球自然资源治理理论和政策制定的实力。中国需要培育一批扎根中国大地，并能与西方一线学者深度对话的人才。中国政界和社会需要给予一线资源环境治理的学者适度的宽容和空间，让他们成长为一线自然资源治理的国际顶级学者。

二、多元治理发育不足

当前，我国的自然资源治理模式呈现出政府主导，企业、社区、社会组织被边缘化的格局。在这一情况下，政府活动往往难以得到有效的制约、市场机制运行不流畅、公民社会参与自然资源治理的难度非常大。主要的原因之一是当前自然资源领域的法律文件中赋予政府较多的在自然资源管理领域的权利，但分配给市场主体、社区主体和社会主体的则较少，企业和社会组织承担了较多义务（黄智宇，2017）。因此，造成了社会参与自然资源治理与环境保护的制度还不够完善，市场驱动的企业以及非政府主体参与不足，甚至受制于政府，难以充分发挥其作用。主体间由于缺乏良好的决策、沟通、监督机制，多元化的治理格局难以形成。以老君山国家公园为例，老君山国家公园管理局、玉龙黎明老君山国家公园地质公园和三江并流风景名胜区三块牌子、一套人马管理国家公园，不同类型保护地空间重叠，各管理部门职能交叉，部门之间缺乏协调机制，造成公园内多管理部门，但又缺乏有效协调的现象，如国家公园管理主体不具备行政执法权，对于园区内土地建设没有前置审批的资格，园内私搭乱建、滥砍滥伐等违法违规行为未能得到有效管理。老君山国家公园努力分离经营主体和管理主体，但是考虑到当地政府和社会经济发展的需要，往往出现政府越位，模糊与市场之间的边界的情况。在当地政府的领导下，老君山当地积极与社会各界力量合作，试图借国家公园的机会缓和资源开发使用与保护、协调各部门之间的关系，但对于如何缓和、怎么协调，仍然处于摸索状态。

三、保护和合理利用自然资源的社会意识不足

公众的环境意识对自然资源的利用方式有极大的影响。我国保护环境和自然资源的社会基础还相当薄弱，应尽快提高民众的环境意识。先工业化国家是在人类中心主义指导下的文明实践。世界主要发达经济体最先感受到工业文明所带来的空气、土壤和水体污染、气候变化、生物多样性锐减、荒漠化等一系列环境问题，以及环境问题引发的诸如粮食

安全危机、民族冲突加剧、社会动荡等一系列经济、社会和政治问题。自19世纪中叶开始，这些发达国家从哲学、伦理、科学研究、教育、立法、全球治理等不同角度，寻求保护自然资源和维护生态系统的理论和方法。在西方工业化、殖民化过程中出现了种种环境问题的背景下，孕育出一批环境管理思想大师，并创作出一批环境管理巨著。例如，《沙乡年鉴》让人们认识到需正确处理并重新构建人和土地的伦理关系；《寂静的春天》让人类认识到工业化对自然环境的巨大损伤，认识到管理自己的生产、消费行为和自然资源开发利用行为的紧迫性；《盖娅：新视野看地球上的生命》动摇了人类中心主义基础；罗马俱乐部的《增长的极限》开启了人类悲观主义思潮的序幕。环境运动作为集环保、和平、女权为一体的全球性政治和社会运动重要组成部分，对推动全球化学制品生产和管理、生产和消费废弃物管理、自然资源可持续管理、生物多样性保护、气候变化缓解等起到了十分重要的作用。绿色和平运动在一些发达国家兴起，影响了全球的环境和自然资源管理。

反观先工业化国家的发展历程，环境教育、环境运动推动民众的环境意识提升是解决环境问题的根。中国在迅速工业化和城市化过程中，始终找不到一条提升民众资源环境保护意识的路子。而中国政府主导的环境建设成本受益不佳，过分的管制往往限制了当地社区和人民发展经济和改善民生，反而得不到支持。这就迫使中央政府不得不寻求其他方式来推动环境问题的治理，如山西省的环保和财政部门联合制定的对重点城市空气质量工作的奖励办法，江苏省无锡市制定的对违法排污企业的行政处罚规定和举报方式。

四、法律体系不完善

我国自然资源法律体系的构建虽然为我国自然资源的保护和管理提

供了相当的法律保障，但其体系的构成、原则的组成、制度的建设尚存在不系统、不完整、不适应、不科学的问题或缺陷，对当今生态文明体制改革的指引、规范和支撑作用显著不足。

第一，可持续发展的立法理念尚未建立。我国的自然资源单行法尽管大多进行了修订，更加关注资源的合理利用和保护，但总体来说，还没有树立可持续发展的立法理念。如在立法指导思想上，重单一资源的开发管理、轻生态系统的综合保护；侧重于从国家角度对自然资源关系进行公法调整，疏于从民事角度对自然资源予以私法规制；重视行政权力调整，缺乏激励机制设计。在制度设计、基本原则、法律责任上，重义务规范、轻权利规范，重经济效益、轻产权保护，重行政手段调整、轻市场化配置方式。这些都大大削弱了自然资源法律关系主体遵守和适用自然资源法律的利益驱动，需要根据生态文明体制改革的需要作出调整。

第二，资源立法领域还存在不少空白。主要体现在自然资源基本法律缺位，国土空间开发保护、自然资源资产管理、自然资源监管领域的基础性法律还未制定，产权保护法律制度尚不健全，自然资源法律体系中一些支柱性法律的修改进程不甚理想，一些实践中行之有效的改革经验还未上升为法律，而在自然资源管理技术规范和标准体系上，也存在一些空白。

第三，自然资源市场化配置机制未全面落实。主要体现在自然资源有偿使用制度进展不平衡，国有建设用地、水、海域海岛已建立了相对完善的有偿使用制度，国有农用地和未利用地、国有森林、国有草原等资源有偿使用制度尚未建立，形成全民所有自然资源资产有偿使用制度双轨制，不利于国家所有者权益的保护。同时，由于受传统观念的影响，资源价格制度建设未予足够重视，资源的价值没有得到真实全面的反映，加剧了资源利用效率低下、破坏浪费严重的局面，迫切需要加强相关自然资源立法来改善这种局面。

第四，自然资源法律冲突大量存在。受体制机制的影响，目前我国多部自然资源单行法之间缺乏清晰明确的整体设计，调整对象交叉、内容重复，相关法律法规的立法往往是割裂的、分散的、脱节的，自然资源法律的整合效应难以真正发挥。例如，我国的《土地管理法》《森林法》《草原法》《水法》等法律法规在土地资源、森林资源、草原资源、水资源的调查和确权登记管理方面衔接不够，在调整范围上有交叉，导致同一土地资源同时受多个资源法律的调整，有关法律主体无所适从，执法部门之间相互推诿扯皮，从而影响土地资源的保护和管理。同一种野生植物，长在林地里和长在草原上或者其他土地上，也是由不同部门来管理。同是湿地，也要有七八个部门进行不同管理。依照我国的《土地管理法》《城乡规划法》等法律法规，土地利用总体规划、城乡规划等由多个部门编制，各部门分头管理，信息沟通不畅，衔接不够，规划目标、编制方法、技术标准存在差异，规划重叠和矛盾问题屡见不鲜。"种树的只管种树、治水的只管治水、护田的单纯护田"，不但人为割裂了自然资源之间的有机联系，导致职能交叉重复以及资源浪费，而且也不利于生态系统的有效保护。

第三节　我国自然资源治理改革的原则

一、开发与保护统筹管理

自然资源开发与生态环境保护的矛盾是人类社会进入工业化社会以来，人地矛盾尖锐的具体表现。我国很多地区距离全面实现工业化还有很长的路要走，因此，要正确处理开发与保护的关系，坚持两者的统一。其一，要转变传统发展观。全面贯彻落实创新、协调、绿色、开放、共享的新发展理念，树立尊重自然、顺应自然、保护自然的生态文明理念，推进我国生态文明建设。其二，要推行“多规合一”。加强各类资源规划、生态保护规划与国土规划的衔接，形成以国土规划为基础的空间规划体系。严格落实各项规划，确定保护对象，不仅要将耕地、湿地、重要生态保护区、水源地作为保护主体，还要将各类公园纳入国家公园管理体制，实行统一管理和保护。其三，要实行红线管理制度。以资源环境承载力为底线，以生产发展、生活富裕、生态良好为目标，确定开发强度，确保资源开发对环境的影响不超过生态阈值。同时，积极制定和完善资源开发与节约集约利用标准，实施生态环境影响评价和预警机制。其四，要制定生态环境损害补偿制度与责任追究机制。发挥经济杠杆作用，使资源开发的外部不经济性内部化。按照“谁破坏谁恢复、谁开发谁保护、谁受益谁补偿”的原则，将资源开发的生态环境损害纳入开发总成本。健全责任追究制度，完善资源开发与生态环境保护离任审计制度。严格落实离任审计制度，对因决策失误造成的生态破坏，要严格追究地方主要领导的责任，甚至是法律责任。其五，要加强对自然资源开发利用的监管。加强统筹协调，强化自然资源产权保护，形成从中央到地方全覆盖的监管体制。进一步理清自然资源管理体制，实现开发主体与监管主体的分离，合理划分资源开发、监管的责任主体。

二、整体性和综合性管理

山水林田湖草等各类自然要素是一个生命共同体，是具有复杂结构和多重功能的生态系统，具有相互联系、相互影响、相互转化的整体性、系统性特征。习近平总书记用“命脉”把人与山水林田湖草连在一起，指出“人的命脉在田，田的命脉在水，水的命脉在山，山的命脉在土，土的命脉在树和草。”人与自然之间存在唇齿相依、共存共荣的一体化关系，充分显示了自然资源的整体性和系统性（成金华、尤喆，2019）。由各自然资源要素组成的生态系统还具有外部性、不可逆性和不可替代性。人类在对一种资源进行开发利用的同时，很可能会对其他资源和环境要素造成一定影响，如果缺乏综合化管理，这种影响便会表现为负外部性。一旦山体被炸平，湖泊被填埋，生态屏障被破坏，生态系统在气候调节、水土保持、水源涵养等方面的功能就会减弱，很难有替代品能够补救。自然生态系统一旦被破坏就难以恢复，生命系统就难以支持，人类居住的唯一星球就会失去生命。

三、资产化管理

绿水青山本身就是金山银山。绿水青山是有价值的，或者说自然资源是有价值的。自然资源具备资源与资产的双重属性，自然资源资产是经济价值与生态价值的统一体。自然资源资产具备满足人的需要的物质属性，能够为经济社会发展提供物质原料，同时，自然资源资产也具备生态价值属性，能够为人类福祉提供生态产品和生态服务功能（严金明等，2019）。新时代人民群众对美好生活的向往更加强烈，对优美生态环境的需要已经成为社会主要矛盾的重要方面，如何提供更多的生态产品以满足人们日益增长的对优美生态环境需要是党和国家亟待解决的重大民生问题。习近平总书记指出：“要树立自然价值和自然资本的理念，自然生态是有价值的，保护自然就是增值自然价值和自然资本的过程。”对山体、河流、森林、湖泊、滩涂等自然资源实行统一资产化管理，确保这些自然资源、自然环境、生态系统和生态资本的规模、结构、质量和功能不因人类经济社会发展而改变，保证这些自然资源期末存量不少于起初存量，最大限度地实现自然资源资产的保值增值（成金华，2019）。

四、空间差异化管理

山水林田湖草等自然资源的形成过程服从一定的地域分异规律，自然资源总是相对集中于某些区域，其数量、质量、稀缺性程度及相关特性均存在明显的地区差异。这在一定程度上就决定了自然资源的开发利用和保护必须因地制宜，根据其区域特征采取针对性的措施，充分考虑自然资源空间差异化管理要求，充分发挥国土空间规划的管控作用。当前，我国已经将主体功能区规划、国土规划、城乡规划等主要空间性规划的管理职能统一集中到自然资源部门，为实现“多规合一”提供了体制保障。强化国土空间开发源头保护，特别是把用途管制制度覆盖到全部国土空间，把该保护的森林、湿地、草原、海洋、生物多样性都保护起来。要坚决树立尊重自然、顺应自然、保护自然的生态文明理念，坚持宜林则林、宜草则草、宜水则水，将自然资源保护和全过程修复治理相结合，统筹推进国土开发利用和综合整治。

五、法治化管理

具有中国特色的社会主义自然资源管理法治体系已经初步形成，自然资源管理系统的依法行政水平和执法能力不断提升。但是，我国也存在有些自然资源法律规定相对滞后，有些自然资源法律制度尚不健全，有些自然资源执法监督还不够严格规范，以及相关法律制度还存在“缺”“散”“乱”“旧”“软”等问题，难以形成自然资源集中统一、系统协调、运行高效、监管有力的制度合力，不利于自然资源的有效监管和严格保护。自然资源对经济社会发展具有基础性、战略性作用，关系公民、法人和其他组织的合法权益，只有建立系统完备的自然资源法律法规制度体系，才能让自然资源管理工作做到有法可依、运行高效。只有实行自然资源法治化管理，健全完善自然资源管理法律法规，把法治理念、法治思维和法治原则贯穿于自然资源管理的全过程和各个环节，才能严格规范权力运行，切实行使监管职责，有效打击自然资源开发利用中的违法行为。

第四节　自然资源治理改革的举措

完善政府能力建设，引入市场机制，促进社区与非政府组织融入，是我国自然资源治理领域应不断探索的方向。

一、发展中国特点自然资源治理理论

中国应在国际治理理论的基础上，不断组建中国理论话语，这样才能强化与国际对话。这要求学界和政策制定者基于自身优势，结合我国千百年来沉淀的优秀的生态文明传统思想，以及中国特有的产权体系和已有治理道路，并结合国际先进治理理论，不断理清、凝练并拓展我国自然资源领域的治理理论。以国家治理框架为例，应定位治理结构要素中“党、政、企、社、民、媒”的角色；探索治理功能体系中动员、组织、监管、服务、配置的体制创新；推动治理制度体系中法制、激励、协作三大基本制度的健全；解决治理方法体系中的法律、行政、经济、道德、教育、协商六大方法的现实作用。只有与理论对话，讲好中

国故事，才能让世界理解中国，充分了解并认可中国在自然资源治理领域所做出的努力。未来，中国应花大力气理顺自身自然资源治理的理论体系与实践经验。

中国的体量巨大，中国在资源环境问题上采取积极进取的态度，势必为全球环境改善带来红利。因此，统筹国际与中国环境管理理念、搭建对话平台势在必行。可预见的是，中国加入国际话语体系后，中国资源环境治理理论必将成为全球可持续发展管理思想、技术和制度体系重要领航者之一。

二、妥善处理中央与地方、分类管理与综合管理的关系

政府体系作为中国自然资源治理的核心部分，如何处理好“条块”间政府的关系是理顺治理体系的基础。正确处理中央与地方的关系，要重点明确中央政府在自然资源管理中的事权。在规划编制和实施上，中央政府要积极制定全国性的空间规划和专项规划，承担宏观调控职能，以便对全国范围内的自然资源开发、利用、保护、整治和供需平衡作出合理部署，积极制定跨流域、跨行政区的战略规划，协调各流域、各行政区的关系；地方政府要依据全国性规划，积极制定地方性规划。在审批上，中央政府要积极简政放权，把权力和责任放下去，把服务和监管抓起来。地方各级政府要从建设服务型政府、法治政府的要求出发，加快推进国土资源行政审批制度改革，简化流程，提升服务能力。在自然资源资产管理方面，中央政府要加快改革，细化资产的所有权、使用权和处置权，确保国家所有的自然资源资产保值增值。地方政府要依据自然资源管理权限，依法行使国务院赋予的各项权利。在自然资源监管中，中央政府起主导作用，主要是制定全国性的工作规则，明确监管对象、目标和责任追究的各项措施，并对省级政府实施监管；地方政府起

主体作用，落实各项监管要靠各级地方政府，并确保政令畅通，真正把监管抓起来。在不动产统一登记领域，中央政府要加强不动产统一登记的协调和信息化建设，为地方的确权登记创造条件；地方政府要加强基础数据库建设，依据中央的不动产统一登记要求，制定统一登记机构、统一登记依据、统一登记账簿、统一登记信息平台，对水流、森林、山岭、草原、荒地、滩涂等自然生态空间进行统一确权登记。在资源保护上，中央政府要对要江河源头、天然林保护工程和国家公园等重要资源实行统一管理；地方政府要按照中央政府分解的任务加强保护，同时强化对水源涵养区、大江大河的管理。

加强部门统筹协调，形成监管合力。部门之间分散管理、协调不畅，只关注单门类自然资源和生态要素管理而忽视生态系统的整体性、系统性管理是自然资源与生态环境监管的薄弱环节。要进一步理顺政府自然资源和生态环境管理部门间的职责关系，明确分工与合作，形成相互独立、相互配合、相互监督的“协同共治”格局。要加快推进部门内相关职能的整合，统筹自然资源管理、生态保护和污染防治，实现生态环境监管职能的有机统一。此外，为了解决跨区域、跨流域、跨海域的突出资源环境问题，要健全区域、流域、海域生态环境监管机构，加强对自然生态的统一监管。

三、健全国家自然资源资产管理体制

一是要完善自然资源资产统一确权登记制度。要坚持以不动产登记为基础，构建自然资源确权登记制度体系，适当扩大不动产登记的范围，对全部自然资源生态空间进行统一确权登记造册，清晰界定全部生态空间里自然资源资产的产权主体，着力划清“四个边界”，做到物有其主、权责分明，为各类自然资源严格保护、系统修复和综合治理奠定基础。要严格制定自然资源权力清单，明确各类自然资源产权主体、归属关系和保护责任，创新所有权实现形式，除生态功能重要的外，可推动所有权和使用权分离，适度扩大使用权权能，严格赋予产权主体占有合法性、保护主体积极性和利益分配公平性，最大限度激励各类产权主体高效利用和保护自然资源。

二是要建立公益性和经营性自然资源资产分类管理体系。要严格遵循主体功能区规划和相关空间规划的自然资源用途管制要求，对不同种类的自然资源资产实行公益性和经营性分类管理，形成自然资源资产分类管理体系。对于承担着生态产品供给和重要生态系统服务功能的国家公园和各类自然保护区、国家森林公园、风景名胜区等公益性自然资源资产，要按照国有公益性资产进行统一管理，并主要就自然资源资产的生态服务质量状况进行考核。

四、建立健全国土空间开发保护制度

一是要明确主体功能区的基础性作用，完善主体功能区配套政策。要以主体功能区规划为基础，统筹各类空间性规划，推进“多规合一”，统筹规划未来国土空间开发保护的战略格局，合理划定优化开发的城市化地区、保护基本农田和耕地的粮食主产区、修复生态环境和保护生态安全优先的生态功能区，推动形成科学、有效、全面的国土空间开发保护体系。制定、实施、健全更有针对性的区域政策和高效的考核评价预警体系，加强对我国国土空间开发保护的监督，约束开发行为、规范开发秩序，从根源上控制国土空间开发强度，缓解资源环境承载力超载的压力。

二是要建立以国家公园为主体的自然保护地体系。加强自然保护地体系的顶层设计以及系统规划。根据我国自然保护地体系现状，构建生态安全屏障，完善生态保护红线，明确自然保护区、风景名胜区、地质公园、森林公园等自然保护区的关系。合理界定国家公园的边界范围，形成具有中国特色的自然保护地体系。有序推动国家公园顶层设计，以国家公园保护为主体，兼顾人民对美好生活的需要和国家发展需求，制定国家公园建设中长期目标和总体空间规划方案，全面推进国家公园统一管理。

三是要健全国土空间用途管制制度。划定并严守生态保护红线，明确国土空间开发和利用的边界，加快构建国土空间开发保护制度体系。当前，自然资源部机构改革已全面实施，明确了自然资源部统一行使所有国土空间用途管制职责，将原本分散在各部门的空间用途管制职责统一。以土地用途管制制度为基础，将用途管制扩大到草地、湖泊、林地、湿地、河流、滩涂等所有自然生态空间，严禁任意改变生态空间用途。划分空间用途管制的层级和分工，确保中央及地方各级政府有效履行国土空间管制职责，解决区域空间用途管制缺位、越位以及交叉重复等问题，实现国土空间用途管制的全覆盖。

五、完善自然资源监管法律法规体系

一是要加强综合立法，完善自然资源监管立法体系。要制定综合性的自然资源法，完善自然资源单行法。研究制定《自然资源基本法》《国土空间规划法》等自然资源领域综合性法律，统筹自然资源的整体性和系统性开发、利用与保护，加快对我国《水法》《森林法》《草原法》等自然资源单项法律的修改和完善，形成以《宪法》为前提基础，以《自然资源基本法》为主干，以各类自然资源单行法、条例和地方性法规为补充的统一、规范、科学、高效的具有中国特色的自然资源立法体系。其中，《宪法》是根本保障，新宪法修正案明确将生态文明建设纳入其中，为我国自然资源管理和生态环境保护法治化建设注入了灵魂；《自然资源基本法》为各类自然资源单行法律的修订提供依据和指导原则，协调各类自然资源相关立法之间的关系。

二是要完善多元治理的法律依据。在自然资源相关法律的立法过程中，应坚持“良法善治”理念，充分体现反映人民共同意志、维护人民根本利益的社会主义法制的本质要求。要将试点先行和整体协调推进相结合，充分发挥中央和地方的积极性，建立健全公众参与自然资源立法的体制机制，系统总结我国自然资源管理的实践经验和存在的突出问题，既不能简单相加，也不能推倒重来（孟磊、李显冬，2018）。通过建立完善的自然资源监管多元共治法律法规体系，促进自然资源监管的“源头严防、风险严控、后果严惩”，为自然资源管理提供严密的法治保障。

三是弥补自然资源立法空白。抓住机构改革的良好契机，落实生态文明体制改革的要求，从法律完善的角度查漏补缺和机制创新。可考虑制定国土空间规划法，落实自然资源用途管制和空间规划制度，以统一、协调、权威的国土空间规划为依据建立空间规划体系。制定自然资源有偿使用法，扩大有偿使用范围，健全使用权权利体系，明确所有权具体代表，完善有偿使用规则等。制定自然资源资产核算法，构建归属清晰、权责明确、监管有效的自然资源资产产权制度。应当立法落实自然资源严格保护与集约利用制度。自然资源开发利用和保护贯穿生态文明建设全过程，坚持最严格的资源保护制度、落实最严格的资源节约制度，应包括落实耕地保护和占补平衡制度，健全草原、森林、湿地保护和占用补偿制度，建立生态保护红线、永久基本农田、城镇开发边界“三线”管控制度，创新节水、节地、节矿机制，完善建设围填海制度。应当立法落实自然资源生态修复与补偿制度。把治地、治矿、治水、治海、治山、治草、治林相结合，统筹推动山水林田湖草综合整治修复，切实提升资源环境承载能力。制定自然资源监管法，构建监管统一、执法严明、多方参与的共治体系。

六、妥善处理政府与市场的关系

政府与市场是资源配置的两种手段，两者各有长处，相互补充。正确处理政府和市场关系，就是要尊重市场经济规律，充分发挥两者的优势，取长补短，既要发挥市场在资源配置中的决定性作用，又要更好地发挥政府的指导性作用。

其一，要加快政府职能转变，提高行政效能。加快推进政府职能转变，充分尊重市场配置资源的作用，政府职能定位于服务型政府、法治政府和有限政府，简政放权、放管结合、优化服务，为市场松绑，进一步清理不必要的行政审批事项。新组建的自然资源部、生态环境部和国家林业和草原局，其职责涵盖了自然资源资产管理、生态保护修复等关键领域，标志着设立国有自然资源资产管理和自然生态监管机构的重大任务得以落实。在机构改革的推进过程中，要坚持在决策、执行、监督等环节形成相互制约、相互协调的权力结构和运行机制，确保依法行政，提高行政效能。

其二，政府要在调查评价的基础上对自然资源的开发、利用、整治和保护作出规划和年度计划，并实施用途管制，促进全部国土空间的保护。政府要在明确产权的基础上，履行全民所有者的职责，对自然资源开发利用依法进行监管，建立自然资源的有偿使用制度，全额征收资产收益。同时，要在总量控制、双向调节、差别化管理方面积极作为，促进资源开发利用与经济社会发展相协调，促使资源利用方式和经济发展方式转型，确保资源安全和经济社会发展安全。此外，政府要制定资源保护和节约集约利用标准，促使资源保护和节约集约利用，还要对自然资源收益再分配进行调节，及时化解社会矛盾，促使社会公平正义。

其三，政府要对资源开发的生态环境问题进行监管，制定生态补偿机制，促使资源开发的外部性内部化。政府应履行市场体系建设和监管职责，完善资源性产品价格形成机制，重点推进土地、矿产和水等自然资源资产领域的价格改革，加快建立反映市场供求关系、资源稀缺程度、环境损害成本的价格形成机制，更好地实现自然资源的最优配置，更好地体现自然资源资产价值。

其四，要完善由市场配置自然资源资产的有偿使用制度。要加大自然资源资产的市场交易平台建设力度，构建有利于自然资源有偿使用和自由公平交易的市场机制，明确自然资源资产的市场化配置规则，适当扩大自然资源资产有偿使用的范围和界线，让市场的价值规律、竞争规律和供求规律在自然资源资源配置过程中发挥主导性和决定性作用，最大化地实现自然资源资产的高效、合理和优化配置。要深化自然资源及其相关产品的价格形成机制改革，探索建立自然资源生态服务价值和自然资源开发生态环境影响的环境成本核算机制，使其充分反映自然资源资产的价值、环境损益和代际关系，坚决遏制自然资源的掠夺性开发与利用，让滥用自然资源和破坏生态环境的行为付出沉重的经济代价，坚决维护好国家所有者权益，最大限度地促进自然资源资产保值增值。

七、加强社区融入感与话语权

要加强对社区自然资源管理的能力建设。政府也可考虑如何适度将部分权力下放到地方政府各部门及地方组织。与中央政府相比，地方政府及社区组织更了解本地的情况和当地的需求，还可以对问题作出迅速反应。因此，中央政府可以考虑采取以下几方面的措施：首先，加强地方部门的权力及管理能力，以更好地促进社区的治理能力建设。其次，各级政府都要认真对待相互间的或社区的反馈意见并作出答复，以增加彼此的信任。再次，政府同样要落实自然资源领域的民生保障工作。落实精准帮扶土地政策，优先安排山海协作工程结对帮扶县（市、区）之间补充耕地、城乡建设用地节余指标调剂。最后，要以社区为单位强化环境教育。环境教育应该渗透到人类生活的各个领域：家庭、学校、厂矿、企事业单位等。值得注意的是，环境教育绝非某一学科的任务，而是所有学科的共同任务。它不仅包括自然科学的各个学科，而且还包括技术科学、数学科学、哲学和社会科学的各个学科。只有这些学科通力协作，环境教育才能取得更好的效果。中国只有采取多种形式，努力提高民众的环境意识，通过各种宣传舆论媒介引导民众自觉地珍惜自然资源，保护环境，才能逐步使保护资源与环境成为每个企业、每个社会组织和每个公民的自觉行动。

八、持续与非政府组织合作

非政府组织在自然资源治理过程中发挥着重要的知识普及、教育和宣传等作用。总体而言，我国在将非政府组织纳入自然资源治理事务方面相对薄弱。未来，应不断致力于非政府组织的规范发展，扩大非政府组织的知情权和议事权，着力培养志愿者组织等社会组织，鼓励企业成立环保基金会；为环保型组织提供实践和机制创新平台；鼓励自然资源领域与相关院校和科研机构建立正式的合作关系。

参考文献

［1］奥斯特罗姆·埃莉诺．公共事物的治理之道［M］．上海：上海译文出版社，2012.

［2］白杨，黄宇驰，王敏，等．我国生态文明建设及其评估体系研究进展［J］．生态学报，2011（20）：6295－6304.

［3］本·阿格尔．西方马克思主义概论［M］．北京：中国人民大学出版社，1991.

［4］蔡守秋，主编．欧盟环境政策法律研究［M］．武汉：武汉大学出版社，2002.

［5］陈波翀，郝寿义．自然资源对中国城市化水平的影响研究［J］．自然资源学报，2005（3）：394－399.

［6］陈昌笃．生态过程和生命支持系统的保护［J］．大自然，1988（4）：19－20.

［7］陈刚．治理理论的中国适用性及中国式善治的实践方略［J］．湖北社会科学，2015（2）：43－48.

［8］陈广胜．走向善治：中国地方政府的模式创新［M］．杭州：浙江大学出版社，2007.

［9］陈丽萍，汤文豪，杨杰，曹庭语．全球资源治理的现况、问题和展望［J］．国土资源情报，2017（6）：12－18，32.

［10］陈利顶，傅伯杰．黄河三角洲地区人类活动对景观结构的影

响分析［J］. 生态学报，1996（4）：337－344.

［11］陈伟华，杨曦. 世界观的转变：从人类中心主义到生态中心主义［J］. 科学技术与辩证法，2001（4）：15－19.

［12］陈耀华，黄朝阳. 世界自然保护地类型体系研究及启示［J］. 中国园林，2019（3）：40.

［13］成金华，尤喆."山水林田湖草是生命共同体"原则的科学内涵与实践路径［J］. 中国人口·资源与环境，2019（2）：1－6.

［14］崔方华. 埃莉诺·奥斯特罗姆的自主治理理论研究［D］. 沈阳：辽宁大学，2018.

［15］崔凤，赵缇，沈彬. 治理与养护：实现海洋资源的可持续利用［M］. 北京：社会科学文献出版社，2017.

［16］德内拉·梅多斯. 增长的极限［M］. 成都：四川人民出版社，1983.

［17］董光璧. 自然系统研究的兴起［J］. 科学，2014（4）：8－10，4.

［18］杜群，车东晟. 论我国湿地产权法律制度的构建与完善［J］. 南京工业大学学报（社会科学版），2017（3）：41－50.

［19］高红贵. 关于生态文明建设的几点思考［J］. 中国地质大学学报（社会科学版），2013（5）：42－48，139.

［20］高吉喜，徐梦佳，邹长新. 中国自然保护地70年发展历程与成效［J］. 中国环境管理，2019（4）：25－29.

［21］高吉喜. 可持续发展理论探索：生态承载力理论、方法与应用［M］. 北京：中国建材工业出版社，2001.

［22］高健. 渔业资源产权制度及其应用［M］. 北京：中国农业出版社，2012.

［23］高燕，邓毅，张浩，王建英，梁滨. 境外国家公园社区管理

冲突：表现、溯源及启示［J］．旅游学刊，2017（1）：111－122.

［24］谷树忠，胡咏君，周洪．生态文明建设的科学内涵与基本路径［J］．资源科学，2013（1）：2－13.

［25］谷树忠．亟须健全中国特色自然资源治理体系［EB/OL］．(2015－07－17)．［2019－09－17］．http：//www. dss. gov. cn/News_wenzhang. asp?ArticleID＝369954.

［26］谷树忠．加强资源环境审计　助力生态文明建设［J］．人民文摘，2015（7）：52－54.

［27］顾康康．生态承载力的概念及其研究方法［J］．生态环境学报，2012（2）：389－396.

［28］郭湛．反思物质需求：无限还是有限［J］．中国人民大学学报，2000（4）：64－68.

［29］国家林业局．印红副局长在京会见世界自然基金会（WWF）总干事詹姆斯·李普（James Leape）一行［EB/OL］．（2011－06－10）．［2019－09－17］．http：//www. forestry. gov. cn//portal/main/s/113/content－485648. html.

［30］韩庚辰，樊景凤．我国近岸海域生态环境现状及发展趋势［M］．北京：海洋出版社，2014.

［31］韩念勇．中国自然保护区可持续管理政策研究［J］．自然资源学报，2000（3）：201－207.

［32］何小芊，王晓伟，熊国保，刘宇．中国国家地质公园空间分布及其演化研究［J］．地域研究与开发，2014（6）：86－91.

［33］贺东航．新公共管理的回顾与检视——基于中国国家建设的视角［J］．政治学研究，2008（2）：108－115.

［34］胡志勇．积极构建中国的国家海洋治理体系［J］．太平洋学报，2018（4）：19－28.

[35] 黄朝翰. 东亚经济发展与中国的崛起 [J]. 中央社会主义学院学报, 2012 (2): 25-28.

[36] 黄承梁. 习近平新时代生态文明建设思想的核心价值 [J]. 行政管理改革, 2018 (3): 22-27.

[37] 黄翠新. 论生态自由 [D]. 南京: 南京师范大学, 2013: 21.

[38] 黄勤, 曾元, 江琴. 中国推进生态文明建设的研究进展 [J]. 中国人口·资源与环境, 2015 (2): 111-120.

[39] 黄任望. 全球海洋治理问题初探 [J]. 海洋开发与管理, 2014 (3): 48-56.

[40] 黄硕琳, 唐议, 渔业管理理论与中国实践的回顾与展望 [J]. 水产学报, 2019 (1): 211-231.

[41] 黄湘, 李卫红. 荒漠生态系统服务功能及其价值研究 [J]. 环境科学与管理, 2006 (7): 64-70.

[42] 黄智宇. 生态文明语境下我国自然资源多元治理体系之优化 [J]. 江西社会科学, 2017 (10): 226-234.

[43] 江泽慧. 中国可持续发展林业战略研究·森林问题卷 [M]. 北京: 中国林业出版社, 2006.

[44] 姜朋辉, 赵锐锋, 赵海莉, 卢李朋, 谢作轮. 黑河中游湿地景观破碎化与气候变化的关系 [J]. 应用生态学报, 2013 (6): 1661-1668.

[45] 蒋志刚. 论中国自然保护区的面积上限 [J]. 生态学报, 2005 (5): 263-270.

[46] 解振华. 深入学习贯彻党的十八大精神加快落实生态文明建设战略部署 [J]. 中国科学院院刊, 2013 (2): 132-138.

[47] 荆珍. 全球森林治理: 机制、机构、理念、前景 [D]. 长春: 吉林大学, 2015.

[48] 李龙飞. 中国海洋环境法治四十年: 发展历程、实践困境与法

律完善［J］. 浙江海洋学院学报（人文科学版），2019（3）：20 –28.

［49］李禄康. 国际森林问题的由来与发展［J］. 林业经济，1998（6）：70 –76.

［50］李瑞昌. 公共治理转型：整体主义复兴［J］. 江苏行政学院学报，2009（4）：102 –107.

［51］李双成. 自然保护学［M］. 北京：中国环境出版社，2014.

［52］李维. 自然资源管理：探索多层次适应性治理模式［N］. 中国社会科学网—中国社会科学报，2018 –09 –06.

［53］李莹. 中国海洋层级治理及其运行机制研究［D］. 湛江：广东海洋大学，2018.

［54］联合国粮农组织. 2009 年世界森林状况［M］. 罗马：联合国粮农组织，2009.

［55］联合国粮农组织. 2010 年森林资源评估［M］. 罗马：联合国粮农组织，2011.

［56］林毅夫，蔡昉，李周. 论中国经济改革的渐进式道路［J］. 经济研究，1993（9）：3 –11.

［57］刘芳. 治理理念下我国海洋区域管理中的协调机制研究［D］. 青岛：中国海洋大学，2008.

［58］刘红玉，李兆富. 流域土地利用/覆被变化对洪河保护区湿地景观的影响［J］. 地理学报，2007（11）：1215 –1222.

［59］刘红玉. 中国湿地资源特征、现状与生态安全［J］. 资源科学，2005（3）：54 –60.

［60］刘华安. 我国农村公共服务体系的例析与建构——从碎片化到整体性治理［J］. 广东行政学院学报，2014（3）：26 –31.

［61］刘金龙，董加云，李凌超. 国际森林问题的分歧及其诠释［J］. 生态经济，2013（9）：67 –71.

[62] 刘金龙，李凌超，董加云．国际森林问题、FLEGT 及其未来走向［J］．北京林业大学学报（社会科学版），2013（1）：57－62.

[63] 刘金龙，龙贺兴，涂成悦．非法采伐语境下利益攸关方的行动分析［J］．林业经济，2014（3）：83－89.

[64] 刘金龙，肖军．关于国际森林问题的思考［J］．世界林业研究，2008（6）：71－75.

[65] 刘金龙，赵佳程，徐拓远，金萌萌，等．中国国家公园治理体系研究［M］．北京：中国环境出版集团，2018.

[66] 刘然．西方绿党的绿色社会政治思想［J］．高校理论站线，2006（10）：61－64.

[67] 刘文等．资源价格［M］．北京：商务印书馆，1996.

[68] 刘小英．文明形态的演化与生态文明的前景［J］．武汉大学学报（哲学社会科学版），2006（5）：673－678.

[69] 刘胤汉．自然资源学概论［M］．西安：陕西人民教育出版社，1988.

[70] 刘铮．中国特色社会主义的生态文明理论内涵与价值意蕴［J］．毛泽东邓小平理论研究，2014（5）：60－65.

[71] 刘治彦．我国国家公园建设进展［J］．生态经济，2017（10）：136－138.

[72] 龙贺兴，刘金龙．基于多中心治理视角的京津冀自然资源治理体系研究［J］．河北学刊，2018（1）：133－138.

[73] 龙贺兴，张明慧，刘金龙．从管制走向治理：森林治理的兴起［J］．林业经济，2016（3）：19－24.

[74] 龙兴春．试论中国与南盟多边合作的机制与进程［J］．南亚研究，2009（4）：1－9.

[75] 卢风．“生态文明”概念辨析［J］．晋阳学刊，2017（5）：

63 –70.

［76］卢琦，赖政华，李向东．世界国家公园的回顾与展望［J］．世界林业研究，1995（1）：34 –40.

［77］陆文明，李禄康．国际森林问题综述［J］．世界林业研究，2000（3）：1 –10.

［78］鹿守本，宋增华．当代海洋管理理念革新发展及影响［J］．太平洋学报，2011，19（10）：1 –10.

［79］吕博．环境治理与国际发展援助策略［J］．经济研究参考，1992（Z5）：48 –52.

［80］马彩云，唐议．乡村振兴战略背景下沿岸小型海洋渔业渔民自治组织发展研究［J］．上海海洋大学学报，2020（2）：305 –312.

［81］马永欢，黄宝荣，林慧，赵晓宇，吴初国．对我国自然保护地管理体系建设的思考［J］．生态经济，2019（9）：32.

［82］马中．环境与自然资源经济学概论［M］．北京：中国人民大学出版社，2006.

［83］孟磊，李显冬．自然资源基本法的起草与构建［J］．国家行政学院学报，2018（4）：103 –108 +151.

［84］米湘成．生物多样性监测与研究是国家公园保护的基础［J］．生物多样性，2019（1）：1 –4.

［85］缪东玲．打击木材非法采伐及其相关贸易的全球治理分析［J］．国际经贸探索，2011（9）：72 –78.

［86］牛文元．绿色中国之路：从理论走向运作——评张智光教授著《绿色中国》系列专著［J］．中国人口·资源与环境，2013（4）：8 –10.

［87］欧阳志云，王效科，苗鸿，韩念勇．我国自然保护区管理体制所面临的问题与对策探讨［J］．科技导报，2002（1）：49 –52.

［88］彭本荣，郑冬梅，洪荣标等．海洋环境经济政策：理论与实

践［M］. 北京：海洋出版社，2015.

［89］彭海昫. 联合国人与生物圈计划（MAB）及其在中国的发展［J］. 资源与环境，1990（2）：89－92.

［90］秦曼. 海洋渔业资源产业化管理——制度透视与效率考量［M］. 北京：经济管理出版社，2017.

［91］荣开明. 党的十六大以来的生态文明建设思想［J］. 江汉论坛，2011（2）：29－35.

［92］上官莉娜. 走出治理破碎化困境［M］. 北京：人民出版社，2012.

［93］沈满洪. 论环境经济手段［J］. 经济研究，1997（10）：54－61.

［94］沈兴兴，虞慧怡. 中国国家级自然保护区治理模式的转型探索研究［J］. 环境科学与管理，2015（11）：10－13.

［95］史春林，马文婷. 1978 年以来中国海洋管理体制改革：回顾与展望［J］. 中国软科学，2019（6）：1－12.

［96］史学瀛，陈英达. 向发展中国家进行无害环境技术转让的知识产权困境及出路［J］. 西部法学评论，2018（3）：55－62.

［97］世界环境与发展委员会. 我们共同的未来［M］. 长春：吉林人民出版社，1997.

［98］谭江涛，章仁俊，王群. 奥斯特罗姆的社会生态系统可持续发展总体分析框架述评［J］. 科技进步与对策，2010（22）：42－47.

［99］唐芳林. 中国特色国家公园体制特征分析［J］. 林业建设，2019（4）：2.

［100］唐小平，程良，张阳武，樊勇，周天元，王隆富. 湿地产权确权理论基础与实现途径研究［J］. 湿地科学，2018，16（4）：451－456.

［101］唐小平，张云毅，梁兵宽，宋天宇，陈君帜. 中国国家公园规划体系构建研究［J］. 北京林业大学学报（社会科学版），2019

(1): 5-12.

[102] 田世政，杨桂华．中国国家公园发展的路径选择：国际经验与案例研究［J］．中国软科学，2011 (6): 14.

[103] 佟立．西方环境保护运动与绿色和平运动的崛起［J］．世界文化，2016 (7): 55-57.

[104] 王玲玲．浅析儒家的生态文明思想［J］．2014 (10): 449.

[105] 王琪，崔野．将全球治理引入海洋领域——论全球海洋治理的基本问题与我国的应对策略［J］．太平洋学报，2015 (6): 17-27.

[106] 王琪，孙立坤．海洋公共管理学：缘起及其框架体系设想［J］．中国海洋大学学报（社会科学版），2013 (1): 15-20.

[107] 王素梅，羊柳青．产权视角下建立健全自然资源审计与治理机制的路径分析［J］．中国行政管理，2018 (1): 28.

[108] 王伟，辛利娟，杜金鸿，陈冰，刘方正，张立博，李俊生．自然保护地保护成效评估：进展与展望［J］．生物多样性，2016 (10): 1177-1188.

[109] 王献溥，郭柯．中国保护区分类的研究［J］．植物资源与环境学报，2005 (2): 49-53.

[110] 王毅，黄宝荣．中国国家公园体制改革：回顾与前瞻［J］．生物多样性，2019 (2): 117-122.

[111] 王印红，渠蒙蒙．海洋治理中的“强政府”模式探析［J］．中国软科学，2015 (10): 27-35.

[112] 王卓君，孟祥瑞．全球视野下的国家治理体系：理论、进程及中国未来走向［J］．南京社会科学，2014 (11): 1-8.

[113] 肖军，鲁德，刘金龙．促进森林可持续经营资金机制分析［J］．林业经济，2009 (7): 72-75.

[114] 肖军，刘金龙，鲁德，孙艳红．国际森林规则的发展［J］．

世界林业研究，2009（3）：8－12.

［115］谢高地．生态文明与中国生态文明建设［J］．新视野，2013（5）：25－28.

［116］徐本鑫．中国自然保护地立法模式探析［J］．旅游科学，2010（5）：17－24.

［117］徐佳娈．湖南湿地资源资产产权管理体制改革的思考［J］．湖南林业科技．2014（2）：82－85.

［118］徐晋涛，陶然，危结根．信息不对称、分成契约与超限额采伐——中国国有森林资源变化的理论分析和实证考察［J］．经济研究，2004（3）：37－46.

［119］许阳．中国海洋环境治理政策的概览、变迁及演进趋势——基于1982—2015年161项政策文本的实证研究［J］．中国人口资源与环境，2018（1）：165－176.

［120］严宏谟．回顾党中央对发展海洋事业几次重大决定［EB/OL］．（2018－07－26）．［2019－09－17］．http：//www.sohu.com/a/242659999_811190.

［121］严金明，张东昇，夏方舟．自然资源资产管理：理论逻辑与改革导向［J］．中国土地科学，2019（4）：1－8.

［122］杨晨曦．全球环境治理的结构与过程研究［D］．长春：吉林大学，2013.

［123］杨庚，曹银贵，罗古拜，况欣宇，黄雨晗，王舒菲．生态系统恢复力评价研究进展［J］．浙江农业科学，2019（3）：508－513.

［124］杨杰，陈丽萍．全球资源治理对象、主题与行动［M］．北京：中央编译出版社，2018.

［125］杨锐．试论世界国家公园运动的发展趋势［J］．中国园林，2003（7）：10－15.

［126］杨锐．土地资源保护——国家公园运动的缘起与发展［J］．水土保持研究，2003（3）：145－153．

［127］杨通进．生态女性主义：精神向度与社会向度［J］．广东社会科学，2003（4）：117－123．

［128］杨泽伟．论国际法上的自然资源永久主权及其发展趋势［J］．法商研究，2003（4）：67－75．

［129］叶琪．全球环境治理体系：发展演变、困境及未来走向［J］．生态经济，2016（9）：157－161＋176．

［130］叶文虎．可持续发展引论［M］．北京：高等教育出版社，2001．

［131］伊红德，李晓红，周楠．吴忠市湿地产权确权试点工作初步研究．环境保护于循环经济［J］．2016（10）：17－20．

［132］于宏源．全球环境治理内涵及趋势研究［M］．上海：上海人民出版社，2018．

［133］余彦．环境法的伦理基础再探析——基于对主流环境伦理观的评判［J］．求索，2017（10）：138－146．

［134］俞可平．科学发展观与生态文明［J］．马克思主义与现实，2005（4）：4－5．

［135］俞可平．治理与善治［M］．北京：社会科学文献出版社，2000．

［136］俞可平．中国治理变迁30年（1978—2008）［J］．吉林大学社会科学学报，2008（3）：5－17．

［137］俞越鸿．试论非政府组织在海洋综合治理中的作用［J］．法制与社会，2015（32）：186－187．

［138］袁媛．可持续发展的哲学思考——联合国历次环境会议和环境问题宣言研究［D］．重庆：重庆大学，2008．

[139] 曾维和．西方政府改革经验对我国的启示 [J]．理论探索，2009 (1)：118－120.

[140] 曾以禹，吴柏海．部分国家 REDD＋国家战略文件背景分析 [J]．林业经济，2013 (6)：83－89.

[141] 张建龙．防治土地荒漠化助力脱贫攻坚战 [N]．人民日报，2018－06－11.

[142] 张俊峰．试论区域经济一体化下的政府间合作 [J]．商业经济研究，2013 (21)：126－127.

[143] 张丽荣，成文娟，薛达元．《生物多样性公约》国际履约的进展与趋势 [J]．生态学报，2009 (10)：5636－5643.

[144] 张汝伦．什么是"自然"？[J]．哲学研究，2011 (4)：83－94，128.

[145] 张少华，张少军．经济全球化与中国的自主研发优势 [J]．科研管理，2012 (6)：75－82.

[146] 张守攻，朱春全，肖文发．森林可持续经营导论 [M]．北京：中国林业出版社，2001.

[147] 张晓春，马春，古松，杨劼，宋炳煜，何兴东，高玉葆．生态系统动态的复杂性分析 [J]．南开大学学报（自然科学版），2009 (2)：99－104.

[148] 张晓妮．中国自然保护区及其社区管理模式研究 [D]．杨凌：西北农林科技大学，2012.

[149] 赵敏娟，徐涛，姚柳杨，颜俨，郎亮明．生态文明背景下自然资源治理体系的框架设计 [J]．中国环境管理，2015 (5)：26－32.

[150] 赵锐锋，姜朋辉，赵海莉，樊洁平．黑河中游湿地景观破碎化过程及其驱动力分析 [J]．生态学报，2013 (14)：4436－4449.

[151] 赵树丛．加快林业治理体系和治理能力现代化 [EB/OL].

(2011－08－11). [2019－09－17]. http://www.ccps.gov.cn/theory/stwm/201408/t20140811_52671_3.html.

[152] 郑海琦，胡波. 科技变革对全球海洋治理的影响 [J]. 海洋世界，2019 (3)：26－39.

[153] 郑华，欧阳志云，赵同谦，李振新，徐卫华. 人类活动对生态系统服务功能的影响 [J]. 自然资源学报，2003 (1)：118－126.

[154] 中共中央马克思恩格斯列宁斯大林著作编译局. 马克思恩格斯选集第1卷 [M]. 北京：人民出版社，1995.

[155] 中国科学院可持续发展战略研究组. 2015中国可持续发展报告——重塑生态环境治理体系 [M]. 北京：科学出版社，2015.

[156] 钟林生，肖练练. 中国国家公园体制试点建设路径选择与研究议题 [J]. 资源科学，2017 (1)：1－10.

[157] 周建华，温亚利. 中国自然保护区土地权属管理现状及发展趋势 [J]. 环境保护，2006 (11)：60－63.

[158] 周生贤. 走和谐发展的生态文明之路 [J]. 环境科学研究，2008 (1)：226－229.

[159] 周维富. 我国工业化进程中资源消耗的特征及未来的趋势展望 [J]. 经济纵横，2014 (3)：26－33.

[160] 朱靖. 中国的自然保护 [J]. 生态学报，1990 (1)：54－60.

[161] 朱璇. 美国国家公园运动和国家公园系统的发展历程 [J]. 风景园林，2006 (6)：22－25.

[162] 竺乾威. 从新公共管理到整体性治理 [J]. 中国行政管理，2008 (10)：52－58.

[163] 庄优波，杨锐，赵智聪. 国家公园体制试点区试点实施方案初步分析 [J]. 中国园林，2017 (8)：5－11.

[164] Adger W N. Social and ecological resilience: Are they related?

[J]. *Progress in human Geography*, 2000, 24 (3): 347 -364.

[165] Adhikari B, Di Falco S, Lovett J C. Household Characteristics and Forest Dependency: Evidence from Common Property Forest Management in Nepal [J]. *Ecological Economics*, 2004, 48 (2): 245 -255.

[166] Agrawal A, Ashwini C, Hardin R. Changing Governance of the World's Forest [J]. *Science*, 2008 (320): 1460 -1462.

[167] Agrawal A, Gibson C. Enchantment and disenchantment: the role of community in natural resource conservation [J]. *World Development*, 1999 (27): 629 -649.

[168] Agrawal A, Nepstad D, Chhatre A. Reducing emissions from deforestation and forest degradation [J]. *Annual Review of Environment and Resources*, 2011 (36): 373 -396.

[169] Agrawal A, Ostrom E. Collective action, property rights, and decentralization in resource use in India and Nepal [J]. *Political Science*, 2001 (29): 485 -514.

[170] Agrawal A, Ribot J C. Accountability in decentralization: A framework with South Asian and West African cases [J]. *Journal of Developing Areas*, 1999 (33): 473 -502.

[171] Agrawal A. Common property institutions and sustainable governance of resources [J]. *World Development*, 2001, 29 (10): 1649 -1672.

[172] Allen C J, Barnes F D. The Causes of Deforestation in Developing Countries [J]. *Annals of the Association of American Geographers*, 1985, 75 (2): 163 -184.

[173] Anderson T L, Hill P J. Privatizing the commons: an improvement? [J]. *Southern Economic Journal*, 1983, 50 (2): 438 -450.

[174] Andersson K, Agrawal A. Inequalities, Institutions and Forest Commons [J]. *Global Environmental Change*, 2011, 21 (1): 866 – 875.

[175] Andersson K, Ostrom E. Analyzing Decentralized Resource Regimes from a Polycentric Perspective [J]. *Policy Sciences*, 2008, 41 (1): 71 – 93.

[176] Andersson K, Gibson C. Decentralized Governance and Environmental Change: Local Institutional Moderation of Deforestation in Bolivia [J]. *Journal of Policy Analysis and Management*, 2006, 26 (1): 99 – 123.

[177] Andersson K. What motivates municipal governments? Uncovering the institutional incentives for municipal governance for forest resources in Bolivia [J]. *Journal of Environment & Development*, 2003 (12): 5 – 27.

[178] Angelsen A. Shifting Cultivation and "Deforestation": A Study from Indonesia [J]. *World Development*, 1995, 23 (10): 1713 – 1729.

[179] Ansell C, Gash A. Collaborative governance in theory and practice [J]. *Journal of Public Administration Research and Theory*, 2007 (18): 543 – 571.

[180] Baland J M, Platteau J P. Halting degradation of natural resources: Is there a role for rural communities? [M]. New York: Oxford University Press, 2000.

[181] Behera B, Engel S. Institutional analysis of evolution of joint forest management in India: A new institutional economics approach [J]. *Forest Policy and Economics*, 2006, 8 (4): 350 – 362.

[182] Berkes F. Community-based conservation in a globalized world [J]. *PNAS*, 2007, 104 (39): 15188 – 15193.

[183] Berkes F. Devolution of environment and resources governance: trends and future [J]. *Environmental Conservation*, 2010, 37 (4): 489 – 500.

[184] Betsy A. Beymer-Farris, Thomas J Bassett. The REDD menace: Resurgent protectionism in Tanzania's mangrove forests [J]. *Global Environmental Change*, 2012 (12): 332 -341.

[185] Blaikie P. Is small really beautiful? Community based natural resource management in Malawi and Botswana [J]. *World Development*, 2006, 34 (11): 1942 -1957.

[186] Bramwell B, Lane B. Sustainable tourism and the evolving roles of government planning [J]. *Journal of Sustainable Tourism*, 2010, 18 (1): 1 -5.

[187] Briand F, Cohen J E. Environmental correlates of food chain length [J]. *Science*, 1987 (4829): 956 -960.

[188] Brooks T, Mittermeier R, Da Fonseca G, et al. Global biodiversity conservation priorities [J]. *Science*, 2006, 313 (5783): 58 -61.

[189] Cashore B, Stone M W. Can legality verification rescue global forest governance? [J]. Analyzing the potential of public and private policy intersection to ameliorate forest challenges in Southeast Asia [J]. *Forest Policy and Economics*, 2012 (18): 13 -22.

[190] Chan S, Pattberg P. Private Rule-Making and the Politics of Accountability: Analyzing Global Forest Governance [J]. *Global Environmental Politics*, 2008, 8 (3): 103 -121.

[191] Charney S, M R Poe, Community Forestry in Theory and Practice: Where Are We Now? [J]. *The Annual Review of Anthropology*, 2007 (36): 301 -336.

[192] Chhatre A, Agrawal A. Forest commons and local enforcement [J]. *PNAS*, 2008 (105): 13286 -13291.

[193] Convention on Biological Diversity. Working group on the review

of the implementation [EB/OL]. http://www-cbd-int.

[194] Dagger R. Metropolis, Memory, and Citizenship [J]. *American Journal of Political Science*, 1981, 25 (4): 715 – 737.

[195] DeLong D C. Definingbiodiversity [J]. *Wildlife Society Bulletin (1973 – 2006)*, 1996, 24 (4): 738 – 749.

[196] Development Programme United Nations. Governance for sustainable human development: A UNDP policy document [M]. UNDP, 1997.

[197] Dietz T, et al. The Struggle to Govern the Commons [J]. *Science*, 2003, 302 (5652): 1907 – 1912.

[198] Fahrig L. Effects of Habitat Fragmentation on Biodiversity [J]. *Annual Review of Ecology Evolution and Systematics*, 2003, 34 (1): 487 – 515.

[199] Geist H, Lambinf, E. Proximate Causes and Underlying Driving Forces of Tropical Deforestation [J]. *BioScience*, 2002, 52 (2): 143 – 150.

[200] Gibson C G, Williams J T, Ostrom E. Local enforcement and better forests [J]. *World Development*, 2005, 33 (2): 273 – 284.

[201] Giessen L, Buttoud G. Defining and Assessing Forest Governance [J]. *Forest Policy and Economics*, 2014 (49): 1 – 3.

[202] Giessen L. Reviewing the Main Characteristics of the International Forest Regime Complex and Partial Explanations for its Fragmentation [J]. *International Forestry Review*, 2013, 15 (1): 60 – 70.

[203] Graham J, Amos B, Plumptre T W. Governance principles for protected areas in the 21st century [M]. Ottawa: Institute on Governance, Governance Principles for Protected Areas, 2003.

[204] Haeuber R. Development and Deforestation: Indian Forestry in

Perspective [J]. *Journal of Developing Areas*, 1993, 27 (4): 485 –514.

[205] Hamzah A, Ee G, Majid M, Hosen N, Halim, N, Baharudin, N, Yaik, J. Natural Resource Governance Framework: Asia Scoping Work Report [M]. IUCN, 2016.

[206] Hanski Ilkka. Landscape fragmentation, biodiversity loss and the societal response [J]. *Embo Reports*, 2005, 6 (5): 388 –392.

[207] Hardin G. The tragedy of the commons [J]. *Science*, 1968 (162): 1243 –1248.

[208] Holopainen J, Wit M. Financing sustainable forest management [M]. European tropical forest research network (ETFRN), 2008.

[209] Kohler F, Holland T G, Kotiaho, J S, et al. Embracing diverse worldviews to share planet Earth [J]. *Conservation Biology*, 2019, 33 (5): 1014 –1022.

[210] Krott M. Forest Policy Analysis [M]. Netherlands: Springer Netherlands, 2005.

[211] Kummer M D, Turner, B L. The Human Causes of Deforestation in Southeast Asia [J]. *BioScience*, 1994, 44 (5): 323 –328.

[212] Lane J E. New publicmanagement [M]. Taylor & Francis US, 2000.

[213] Larson A, Soto F. Decentralization of Natural Resource Governance Regimes [J]. *Annual Review of Environment and Resources*, 2008, 33 (1): 213 –239.

[214] Larson A M, Ribot J. Democratic decentralization through a natural resource lens: an introduction [J]. *European Journal of Development Research*, 2004, 16 (1): 1 –25.

[215] Larson A M. Decentralization and forest management in Latin

America: toward a working model [J]. *Public Administration & Development*, 2003 (23): 211 -226.

[216] Larson A M. Forest tenure reform in the age of climate change: Lessons for REDD + [J]. *Global Environmental Change*, 2011 (21): 540 - 549.

[217] Lemos M C, Agrawal A. Environmental governance and political science [J]. *Governance for the Environment: New perspectives*, 2009: 69 -97.

[218] Lemos M C, Agrawal A. Environmental Governance [J]. *Annual Review of Environment and Resources*, 2008, 31 (1): 475 -497.

[219] Libecap G D, Johnson R N. Property Rights, Nineteenth-Century Federal Timber Policy, and the Conservation Movement [J]. *The Journal of Economic History*, 1979, 39 (1): 129 -142.

[220] Mark B. Governance: A very shortintroduction [M]. UK: Oxford University Press, 2013.

[221] Mccarthy F J. Changing to Gray: Decentralization and the Emergence of Volatile Socio-Legal Configurations in Central Kalimantan, Indonesia [J]. *World Development*, 2004, 32 (7): 1199 -1223.

[222] McNeely J A, Mainka S A. Conservation for a new era [M]. IUCN, 2009.

[223] Miles L, Kapos V. Reducing greenhouse gas emissions from deforestation and forest degradation: Global land-use implications [J]. *Science*, 2008, 320 (5882): 1454 -1455.

[224] Millennium E A. Current state andtrends [M]. Washington, D. C. , 2005.

[225] Muhereza F. Decentralising Natural Resource Management and the Politics of Institutional Resource Management in Uganda's Forest Sub-

Sector [J]. *Africa Development*, 2006 (2): 67 – 101.

[226] Murdy W H. Anthropocentrism: a modern version [J]. *Science*, 1975, 187 (4182): 1168 – 1172.

[227] Nagendra H, Munroe D K, Southworth, J. From pattern to process: landscape fragmentation and the analysis of land use/land cover change [J]. *Agriculture, Ecosystems & Environment*, 2004, 101 (2 – 3): 111 – 115.

[228] Nagendra H, Ostrom E. Polycentric governance of multifunctional forested landscapes [J]. *International Journal of the Commons*, 2012, 6 (2): 104 – 133.

[229] Norton B G. Environmental ethics and weak anthropocentrism [J]. *Environmental Ethics*, 1984, 6 (2): 131 – 148.

[230] Noss R F. Beyond Kyoto: Forest Management in a Time of Rapid Climate Change [J]. *Conservation Biology*, 2001, 15 (3): 578 – 590.

[231] Odum E P, Barrett G W. Fundamentals of ecology [M]. Philadelphia: Saunders, 1971.

[232] Ostrom E. A diagnostic approach for going beyond panaceas [J]. *Proceedings of the National Academy of Science*, 2007 (104): 15181 – 15187.

[233] Ostrom E, Gardner R, Walker, J M. Rules, games, and common-pool resources [M]. Ann Arbor, Ml: University of Michigan Press, 1994.

[234] Ostrom E A general framework for analyzing sustainability of social-ecological systems [J]. *Science*, 2009 (325): 419 – 422.

[235] Ostrom E. Beyond markets and states: Polycentric governance of complex economic systems [J]. *American Economic Review*, 2010 (100): 1 – 33.

[236] Ostrom E. Going Beyond Panaceas Special Feature: A diagnostic approach for going beyond panaceas [J]. *The National Academy of Sciences of the USA*, 2007 (104): 15181 – 15187.

[237] Ostrom E. Governing the commons: The evolution of institutions for collective action [M]. New York, NY: Cambridge University Press, 1990.

[238] Ostrom E. Understanding institutional diversity [M]. NJ: Princeton University Press, 2005.

[239] Ostrom V, Tiebout M, Warren R. The organization of government in metropolitan areas: a theoretical inquiry [J]. *American Political Science Review*, 1961 (55): 831 – 842.

[240] Parpart J L, Veltmeyer H. The Development Project in Theory and Practice: A Review of its Shifting Dynamics [J]. *Canadian Journal of Development Studies*, 2004, 25 (1): 39 – 59.

[241] Perri. Towards Holistic Governance: The New Reform Agenda [M]. Palgrave, 2002.

[242] Persha L, Agrawal A, Chhatre A. Social and ecological synergy: local rulemaking, forest livelihoods, and biodiversity conservation [J]. *Science*, 2011 (331): 1606 – 1608.

[243] Persha L, Andersson K. Elite capture risk and mitigation in decentralized forest governance regimes [J]. *Global Environmental Change*, 2014 (24): 265 – 276.

[244] Peters B G. Governance as political theory [M]. UK: Oxford University Press, 2012.

[245] Phelps J, Webb E L, Agrawal A. Does REDD plus threaten to recentralize forest governance? [J]. *Science*, 2010, 328 (5976): 312 –

313.

[246] Pollitt C, Bouckaert G. Public management reform: A comparative analysis [M]. UK: Oxford university press, 2004.

[247] Rands M R W, Adams W M, Bennun L, Butchart S H M, Clements A, Coomes D, Entwistle A, Hodge I, Kapos V, Scharlemann J P W. Biodiversity conservation: challenges beyond 2010 [J]. *Science*, 2010, 329 (5997): 1298 – 1303.

[248] Rees W E. Consuming the earth: the biophysics of sustainability [J]. *Ecological Economics*, 1999, 29 (1): 23 – 27.

[249] Rennings K. Redefining innovation—eco-innovation research and the contribution from ecological economics [J]. *Ecological Economics*, 2000, 32 (2): 319 – 332.

[250] Rhodes R A W. The new governance: Governing without government [J]. *Political Studies*, 1996, 44 (4): 652 – 667.

[251] Ribot C J, Lund F J, Treue T. Democratic decentralization in sub-Saharan Africa: its contribution to forest management, livelihoods, and enfranchisement [J]. *Environmental Conservation*, 2010, 37 (1): 35 – 44.

[252] Ribot J C, Agrawal A, Larson M A. Recentralizing while decentralizing: how national governments reappropriate forest resources [J]. *World Development*, 2006 (34): 1864 – 1886.

[253] Robert, Costanza, Ralph d'Arge, Rudolf de Groot, 等. 全球生态系统服务与自然资本的价值估算 [J]. 生态学杂志, 1999 (2): 70 – 78.

[254] Saarinen J. Critical sustainability: Setting the limits to growth and responsibility in tourism [J]. *Sustainability*, 2014 (6): 1 – 17.

[255] Sandbrook C, Nelson F, Adams W M, et al. Carbon, forests and the REDD paradox [J]. *Oryx*, 2010, 44 (3): 330 – 334.

[256] Schmitt C B, Burgess N D, Coad L, et al. Global analysis of the protection status of the world's forests [J]. *Biological Conservation*, 2009, 142 (10): 2122 -2130.

[257] Secco L, Re R D, Pettenella D M, Gatto P. Why and how to Measure Forest Governance at Local Level: A Set of Indicators [J]. *Forest Policy and Economics*, 2014 (49): 57 -71.

[258] Settele J, Kühn E. Insect conservation [J]. *Science*, 2009, 325 (5936): 41 -42.

[259] Settele J, Spangenberg J. H. The age of man: outpacing evolution [J]. *Science*, 2013, 340 (6138): 1287.

[260] Sikor T. The allocation of forestry land in Vietnam: did it cause the expansion of forests in the northwest? [J]. *Forest policy and Economics*, 2001 (2): 1 -11.

[261] Springer J. InItIal DesIgn Document for a natural resource go Vernance framework [R]. NRGF Working Paper, 2016.

[262] Stoker G. Governance as theory: Fivepropositions [J]. *International Social Science Journal*, 1998, 50 (155): 17 -28.

[263] Tacconi L. Decentralization, forest and livelihoods: theory and narrative [J]. *Global Environmental Change*, 2007 (12): 338 -348.

[264] Tansley A G. The Use and Abuse of Vegetational Concepts and Terms [J]. *Ecology*, 1935, 16 (3): 284 -307.

[265] Thomas D, et al. The Struggle to Govern the Commons [J]. *Science*, 2003, 2 (5652): 1907 -1912.

[266] Townsend R E, Pooley S G. Distributed governance in fisheries [J]. *Property Rights and the Environment*: *Social and Ecological Issues*, 1995: 47 -58.

[267] UNEP. Global Environmental Outlook 5 (Summary for policy Makers) [R]. Nairobi: UNEP, 2012.

[268] UNEP. UNEP Year Book 2010: NEW Science and Developments in Our Changing Environmental [R]. Nairobi: UNEP, 2010.

[269] UNEP. Register of International Treaties and Other Agreements in the Field of the Environment [R]. Nairobi: UNEP, 2005.

[270] Visseren – Hamakers J I, Glasbergen P. Partnerships in forest governance [J]. *Global Environmental Change*, 2007, 17 (3): 408 – 419.

[271] Vogel R, Harrigan J. Political change in the metropolis [M]. Routledge, 2015.

[272] Wade R. The management of common property resources: collective action as an alternative to privatization or stateregulation [J]. *Cambridge Journal of Economics*, 1987 (11): 95 – 106.

[273] White A, Martin A. Who owns the world's forests? Forest tenure and public forests in transition. Forest Trends [M]. Washington, D. C.: Center for International Environmental Law, 2002.

[274] Wollenberg E, Moeliono M, Limberg G, Iwan R, Rhee S, Sudana M. Between state and society: Local governance of forest in Malinau, Indonesia [J]. *Forest Policy Economics*, 2006 (8): 21 – 33.

[275] World Bank. Governance Matters 2009: Worldwide Governance Indicators 1996 – 2009 [J/OL]. http://info. worldbank. org/governance/wgi/index/aspx#home.

[276] Wunder S. Forest decentralization for REDD? A response to Sandbrook et al [J]. *Oryx*, 2010, 44 (3): 335 – 337.

[277] Wunder S. Payments for environmental services: Some nuts and bolts [J]. *Cifor Occasional Paper*, 2005: 32.